U0142761

思想的・睿智的・獨見的

經典名著文庫

學術評議

丘為君　吳惠林　宋鎮照　林玉体　邱燮友
洪漢鼎　孫效智　秦夢群　高明士　高宣揚
張光宇　張炳陽　陳秀蓉　陳思賢　陳清秀
陳鼓應　曾永義　黃光國　黃光雄　黃昆輝
黃政傑　楊維哲　葉海煙　葉國良　廖達琪
劉滄龍　黎建球　盧美貴　薛化元　謝宗林
簡成熙　顏厥安（以姓氏筆畫排序）

策劃　楊榮川

五南圖書出版公司 印行

經典名著文庫

學術評議者簡介 （依姓氏筆畫排序）

經典名著文庫099

經濟學原理（下）

Principles of Economics

阿弗瑞德·馬夏爾 著
（Alfred Marshall）

葉淑貞 譯　吳惠林 導讀

經典永恆・名著常在

五十週年的獻禮・「經典名著文庫」出版緣起

　　五南，五十年了。半個世紀，人生旅程的一大半，我們走過來了。不敢說有多大成就，至少沒有凋零。

　　五南忝為學術出版的一員，在大專教材、學術專著、知識讀本已出版逾七千種之後，面對著當今圖書界媚俗的追逐、淺碟化的內容以及碎片化的資訊圖景當中，我們思索著：邁向百年的未來歷程裡，我們能為知識界、文化學術界作些什麼？在速食文化的生態下，有什麼值得讓人雋永品味的？

　　歷代經典・當今名著，經過時間的洗禮，千錘百鍊，流傳至今，光芒耀人；不僅使我們能領悟前人的智慧，同時也增深我們思考的深度與視野。十九世紀唯意志論開創者叔本華，在其「論閱讀和書籍」文中指出：「對任何時代所謂的暢銷書要持謹慎的態度。」他覺得讀書應該精挑細選，把時間用來閱讀那些「古今中外的偉大人物的著作」，閱讀那些「站在人類之巔的著作及享受不朽聲譽的人們的作品」。閱讀就要「讀原著」，是他的體悟。他甚至認為，閱讀經典原著，勝過於親炙教誨。他說：

> 「一個人的著作是這個人的思想菁華。所以，儘管一個人具有偉大的思想能力，但閱讀這個人的著作總會比與這個人的交往獲得更多的內容。就最重要

的方面而言，閱讀這些著作的確可以取代，甚至遠
遠超過與這個人的近身交往。」

為什麼？原因正在於這些著作正是他思想的完整呈現，是他所有的思考、研究和學習的結果；而與這個人的交往卻是片斷的、支離的、隨機的。何況，想與之交談，如今時空，只能徒呼負負，空留神往而已。

三十歲就當芝加哥大學校長、四十六歲榮任名譽校長的赫欽斯（Robert M. Hutchins, 1899-1977），是力倡人文教育的大師。「教育要教真理」，是其名言，強調「經典就是人文教育最佳的方式」。他認為：

「西方學術思想傳遞下來的永恆學識，即那些不因
時代變遷而有所減損其價值的古代經典及現代名
著，乃是真正的文化菁華所在。」

這些經典在一定程度上代表西方文明發展的軌跡，故而他為大學擬訂了從柏拉圖的「理想國」，以至愛因斯坦的「相對論」，構成著名的「大學百本經典名著課程」。成為大學通識教育課程的典範。

歷代經典·當今名著，超越了時空，價值永恆。五南跟業界一樣，過去已偶有引進，但都未系統化的完整舖陳。我們決心投入巨資，有計畫的系統梳選，成立「經典名著文庫」，希望收入古今中外思想性的、充滿睿智與獨見的經典、名著，包括：

- 歷經千百年的時間洗禮，依然耀明的著作。遠溯二千三百年前，亞里斯多德的《尼克瑪克倫理學》、柏拉圖的《理想國》，還有奧古斯丁的《懺悔錄》。
- 聲震寰宇、澤流遐裔的著作。西方哲學不用說，東方哲學中，我國的孔孟、老莊哲學、古印度毗耶娑（Vyāsa）的《薄伽梵歌》、日本鈴木大拙的《禪與心理分析》，都不缺漏。
- 成就一家之言，獨領風騷之名著。諸如伽森狄（Pierre Gassendi）與笛卡兒論戰的《對笛卡兒『沉思』的詰難》、達爾文（Darwin）的《物種起源》、米塞斯（Mises）的《人的行為》，以至當今印度獲得諾貝爾經濟學獎阿馬蒂亞・森（Amartya Sen）的《貧困與饑荒》，及法國當代的哲學家及漢學家余蓮（François Jullien）的《功效論》。

梳選的書目已超過七百種，初期計劃首為三百種。先從思想性的經典開始，漸次及於專業性的論著。「江山代有才人出，各領風騷數百年」，這是一項理想性的、永續性的巨大出版工程。不在意讀者的眾寡，只考慮它的學術價值，力求完整展現先哲思想的軌跡。雖然不符合商業經營模式的考量，但只要能為知識界開啟一片智慧之窗，營造一座百花綻放的世界文明公園，任君遨遊、取菁吸蜜、嘉惠學子，於願足矣！

最後，要感謝學界的支持與熱心參與。擔任「學術評議」的專家，義務的提供建言；各書「導讀」的撰寫者，不計代價地導引讀者進入堂奧；而著譯者日以繼夜，伏案疾書，更

是辛苦，感謝你們。也期待熱心文化傳承的智者參與耕耘，共同經營這座「世界文明公園」。如能得到廣大讀者的共鳴與滋潤，那麼經典永恆，名著常在。就不是夢想了！

總策劃　楊榮川

二〇一七年八月一日

導　讀

「溫暖的心　冷靜的腦」
讀馬夏爾《經濟學原理》

眾所周知，迄二十一世紀的今日，「經濟學」已有二百四十多年的歷史了。自 1776 年由亞當・史密斯（Adam Smith, 1723-1790）的經典巨著《原富》（*An Inquiry into the Nature and Causes of the Wealth of Nations*，簡稱 *The Wealth of Nations*，較被人知的中文譯名是「國富論」，此譯名很容易被引入「經濟國家主義」，並不合適）開展經濟學成為一門可教、可學的學科以來，主流經濟學經過不同時期、不同人物的演變。

經濟學的演化

大致說來，先是「古典經濟學（學派）」，再是「新古典經濟學（學派）」，接著「凱因斯學派」登場，而「個體經濟學」和「總體經濟學」也在此後明顯區分。其間最大的演變是引入自然科學分析法，或者是數理化和經濟計量實證技術的引進，而且漸從分析工具成為主體，如今「經濟科學」已然奠定，而經濟學也在 1968 年被列入諾貝爾獎頒獎行列，1969 年開始頒授。

　　亞當・史密斯被尊爲「經濟學始祖」，意即史密斯開創了「經濟學」，而阿弗瑞德・馬夏爾（Alfred Marshall, 1842-1924）則有「現代經濟學之父」的稱呼，顧名思義，馬夏爾開啓了「現代經濟學」。也就是說，經濟學傳到馬夏爾時有了重大的變革，在馬夏爾之前被稱爲「古典經濟學（學派）」（Classical Economics（School）），之後則是「新古典經濟學（學派）」（Neoclassical Economics（School）），迄二十一世紀的今日仍居主流。

　　史密斯是因 1776 年出版的《原富》一書開創了「經濟學」，同樣的，馬夏爾也經由一本書開創了「現代經濟學—新古典經濟學」，就是這一本 1890 年出版的《經濟學原理》（*Principles of Economics*）。這本巨著所用的分析方法和術語（專有名詞）成爲此後基本經濟學教科書通用的標竿，尤其是數學和圖形的引用，對於老師寫書、教書和學生及一般大眾的學習都變爲容易和清楚、明白。不過，也因爲經濟學數理化愈來愈深化，激發了沒完沒了的批判。

　　德國財經記者烏麗克・赫爾曼（Ulrike Herrmann）在其 2016 年出版的暢銷書《除了資本主義，我們有更好的方法解決當前的經濟危機嗎？》中，對當前主流新古典經濟學作了嚴厲批評，她譴責的主流經濟學家及其學派就是「主要以數學模型爲基礎，所謂的『新古典學派』」，她認爲此學派主導經濟學教科書市場，確保自己不受任何批判：只要在學期間深深影響學生，就不愁沒有追隨者，就能在理論戰場上大獲全勝。

　　赫爾曼指出，主流新古典學派所建構的模型，彷彿工業化進程從未發生過，經濟純粹由物物交易構成，對於生活在一個

發展已經成熟，大集團主控，而銀行「無中生有」創造貨幣的資本主義社會中，究竟意味著什麼，現代主流經濟學家大多一無所知，難怪每當金融危機出現，這些經濟學家總是目瞪口呆又無能為力。

主流經濟學受撻伐

其實，對主流經濟學的批評，在數理化模型化以致於與現實社會脫節上，早已不是新鮮事。早在 1949 年，奧國學派或奧地利學派（Austrian School）第三代掌門人米塞斯（Ludwig von Mises, 1881-1973）在他的巨著《人的行為》（*Human Action*）第 235 頁裡，有這麼一句話：「當今大多數大學裡，以『經濟學』為名所傳授的東西，實際上是在否定經濟學。」

已故的臺灣自由經濟前輩夏道平先生（1907-1995）說的更明確：「這幾十年通用的經濟學教科書，屬於技術層面的分析工具，確是愈來愈多，但在這門學科的認識上，始終欠缺清醒的社會哲學作基礎。說得具體一點，也即對人性以及人的社會始終欠缺基本的正確認識。」

1986 年諾貝爾經濟學獎得主布坎南（James M. Buchanan, 1919-2013）也在 1982 年曾嚴厲批評說：「現代經濟學缺乏一個紮實的哲學基礎，因而無法使經濟理論與我們的人生發生適切關聯。」

雖然經濟學應用數理工具分析始於馬夏爾，但真正讓數理工具登堂入室成為主角、且成為流行的應是 1970 年諾貝爾經濟學獎得主薩繆爾遜（P.A. Samuelson, 1915-2009）花了三年

才完成、1948 年出版的《經濟學》（*Economics*）這一本書。該書出版後洛陽紙貴，曾有一段不算短的時間，其在全球的銷售量被認為僅次於《聖經》。

　　薩繆爾遜的這本基本經濟學教科書之所以暢銷，天時、地利、人和齊備。一來當時第二次世界大戰結束，新的問題一籮筐，經濟學面臨一種動態階段的挑戰，「馬歇爾計畫」所揭示的政府強力策略抬頭，學生普遍渴望能有密切連結時勢的入門教科書；二來薩繆爾遜在當時已有顯赫的學術地位，可以全力撰寫教科書；三來薩繆爾遜精通數理，有充分能力在教科書中以簡單明瞭的「數理模式」搭配撰文，讓學習者更易於研讀。就在此種環境下，薩繆爾遜撰寫的基本經濟學教本轟動全球，不但讓經濟學普及且成為顯學，也奠定經濟學在不久之後列入諾貝爾獎頒授學門的基礎。

　　也就是薩繆爾遜的這本教科書，以及他在 1947 年出版的《經濟分析基礎》（*Foundation of Economic Analysis*），讓數理分析工具逐漸導入經濟學，而且也將凱因斯理論透過此一工具傳達給世人。經過半個世紀的演化，經濟學數理化已然喧賓奪主，成為主流。同時，「計量方法」也相應蓬勃開展，使得經濟學可以從事實證，讓「數量化」的結果足以「提出證據」、大聲說話；尤其重要的是，能評估政府公共政策之影響效果，得到數字答案。

　　1982 年諾貝爾經濟學獎得主史蒂格勒（G.J.Stigler，1911-1991）在 1964 年第 77 屆美國經濟學會（AEA）年會上，以會長身分演說時興奮地說道：「數理分析新技巧之威力，就像是用先進的大砲代替了傳統的弓箭手。……這是一場非常重

要的科學革命。事實上我認為，比起數量化愈來愈強大的勢力
及牽連之廣，所謂的李嘉圖（David Ricardo, 1772-1823）、
傑逢斯（W.S. Jevons, 1835-1882）或凱因斯（J.M. Keynes,
1883-1946）的理論革命，只能算是小小改革罷了。我認為，
經濟學終於要踏進它黃金時代的門檻了。不！我們已經一腳踏
入門內了。」史蒂格勒在演說辭的文末還篤定表示，經濟學家
將會變成民主社會的中堅人物、經濟政策的意見領袖！

實證經濟學的兩極評價

隨後歷史的發展，可說完全符合史蒂格勒的預期。在
1970 年代末期「停滯膨脹」（stagflation）來臨之前，經濟學
的發展的確達到頂峰。在此黃金時代，甚至有「從此經濟學家
和政府（客）之密切合作，能使經濟體系維持繁榮，不景氣
將永不再來」的豪語出現。而諾貝爾經濟學獎在 1969 年首次
頒發，得主就是兩位著名的「經濟計量學家」；隔年第二屆
得主公布，又由薩繆爾遜這位「數理經濟名家」獲得。這就
更印證：經濟學成為顯學，是因具備了「實證經濟學」的特
色。而 2000 年諾貝爾經濟學獎得主之一的黑克曼（James J.
Heckman）更堅信：「將經濟學置於可供實證的基礎上……，
如此一來，經濟學就可能會有所進展。」

可以這麼說，讓政府扮演經濟舞臺要角的總體經濟學，
加上數量方法日新月異促使實證經濟學發揮重大影響，是經濟
學能夠取得如日中天般地位的重大要因。但世事的多變複雜，
卻也讓經濟預測愈來愈失準，致經濟學家受到嘲弄，而數理化

走向愈深化，喪失經濟學本質，也讓人擔心經濟學的迷失。所以探索經濟學數理化的原委並予以返本歸眞，不啻是很重要的事。那麼，對於最先引入數理化經濟分析的馬夏爾及其巨著《經濟學原理》，就有進一步了解的必要了。

1842 年出生於英國倫敦近郊的馬夏爾，父親是英格蘭銀行的一名出納，是篤信福音派新教的虔誠教徒，爲人嚴正，希望兒子能成爲傳教士。可是，馬夏爾喜愛的是數學，19 歲時就毅然違背父親的期望，放棄牛津大學古典文學獎學金，在叔父的贊助下，進入劍橋大學修習數學。由於成績優異，馬夏爾畢業後獲聘留在劍橋任教。

在這段期間，馬夏爾一方面對貧窮階級抱持著強烈的人道關懷；另一方面在社團友人的影響下，開啓了對形而上學、倫理學、政治經濟學等社會科學的興趣，終而全心投入經濟學的研究，以期在經濟學裡找到減少貧窮、增進人類福祉的解方，也在此刻埋下一部經濟學巨著的種籽。

馬夏爾在假日時走訪了幾個城市中最貧窮的區域，從街頭走到街尾，看到許多最貧窮人的面容，就決定要盡可能將政治經濟學研讀透徹。自 1868 年被邀請擔任劍橋大學聖約翰學院的研究員兼任講師之後，馬夏爾一方面認眞研讀政治經濟學，一方面協助校方使政治經濟學成爲院中一門獨立的重要研讀學科。

1875 年，馬夏爾赴美考察四個月，爲的是要了解美國經濟情況，他遊歷整個美國東部，並到西部舊金山。他拜訪哈佛、耶魯等大學，與經濟學家暢談，並承介紹與許多產業界領袖會晤，主要目的是想要「研究這個新興國家的保護貿易問題」。

　　馬夏爾最主要的行程是參觀工廠，他在筆記本裡記滿訪問商人和勞工的內容，以及機器的圖像。馬夏爾確定，流動性是美國生活的最主要特點。不只是鐵路與電報，一波波的新移民，或是許多人從東北部製造中心移到西部新城鎮。最值得注意的是經濟、社會、心理上的行動自由，他很驚訝一般美國人能如此輕易地離開親友，前往新城鎮，轉換職業與領域，接受新信仰與行事方法。而美國人那麼樂於接受都市化的態度，也讓他印象深刻。

　　馬夏爾對物質和科技進步很關心，但他較感興趣的是，這些進步對人的思想和行為有什麼影響？我們如何保證你我個人的選擇加總起來就能促進社會的利益？高流動性伴隨而來的傳統連結的鬆動，究竟是好或壞？馬夏爾是屬於樂觀派，他見識到美國沒有嚴格的階級劃分。他認為美國的高流動性創造了平等的條件——幾乎所有人都受同樣的學校教育，這有助於個人能力的發展，也形塑了自然能享有真正民主的社會，雖然巨大的財富差距還是存在，但並無明顯的階級劃分，沒有涇渭分明的不同等級勞工。

　　馬夏爾闡述了兩種道德教育，一是英國特有的「溫和的人格形塑，讓一個人與周遭的環境和諧共處。」，另一是美國高流動性開放的「堅定意志的教育，講求克服困難，這樣的意志會依據理性的判斷引導每一項行為。」

　　當時的社會評論家，多數都擔憂工業體系不僅會破壞傳統的社會關係與生計，更會透過「無知、殘酷與道德敗壞」扭曲人性。馬夏爾在美國看到的卻是另一種可能：美國人面對道德問題時會比英國人更刻意、謹慎、自由，且大膽地運用自己的

判斷力。

自美返回英國劍橋後，34 歲的馬夏爾和 26 歲的「新經濟學」明日之星瑪莉・帕雷（Mary Paley, 1850-1944）結婚。夫妻倆投入《產業經濟學》（*The Economics of Industry*）的寫作，於 1879 年出版，書中傳達的主要訊息是：「本世紀初英國經濟學家的主要盲點並非忽略歷史與統計……他們等於將人類視爲一個定量，沒有費心研究其變化。因此，在他們眼裡，供需因素的表現比實際上更加機械化，也更固定。不過，這些人最大的盲點，是忽略了產業特性和制度有多麼容易改變。」

這本書雖然無任何新的理論，篇幅也不多，但文筆簡單直接，很適合初學者，而其內容也包含了馬夏爾新經濟學的要義。

馬夏爾專心探究企業的運作，發現在競爭市場裡，企業的經濟功能並非只爲或主要爲業主創造利益，而是爲顧客與勞工創造更高的生活水準。是以更低的成本和更少的資源去生產、銷售更高品質的產品和服務。因爲競爭迫使業主與管理者不斷追求小改變——改善產品、製造技術、銷售與行銷。企業不斷努力提高效率、節省資源、發揮事半功倍的效果，慢慢地便能以同樣或更少的資源達到更大的效益。整個經濟體的千萬家企業都如此作爲，長期下來，漸進改良的累積效果便能提高平均生產力與工資。也就是說，競爭迫使企業提高生產力以維持有利可圖。競爭迫使業者透過提高工資將成果分享給管理階層及員工，同時透過提高商品品質或降價，與顧客分享成果。

企業是工資提升的引擎

這種「企業是促進提高工資與生活水準引擎」的說法，是與當時知識分子普遍的「反商心態」相抵觸的，即使是經濟學始祖亞當・史密斯，也只形容競爭的益處恰似有如「一隻看不見的手」，來引導生產者在不自知的情況下為消費者服務，並不認為屠夫、麵包師傅、大型股份公司的角色是要提高生活水準。而馬克思（Karl Max, 1818-1883）雖認為企業能驅動科技改良與提升生產力，但不認為企業主可能提供方法讓人類得以逃離貧窮，反認為企業剝削勞工、壓榨勞工。

1879 年春，馬夏爾被診斷出罹患腎結石，當時無法以手術或藥物治療，醫生告訴他「不能再長時間散步，不能再打網球，唯有完全休息才有治癒可能。」不過，疾病雖重創其身體，卻也讓他明白必須專注精力繼續寫書，希望能寫出一本超越密爾（J.S. Mill, 1806-1873）的《政治經濟學原理》（*Principles of Political Economy*）和馬克思的《資本論》，結合新理論以及從現實世界觀察到的現象。在對自己的力不從心懷著恐懼下，卻也因視野的寬廣，馬夏爾放棄出版貿易方面的書，1881 年在義大利西西里島的巴勒摩市內的一處屋頂，開始撰寫《經濟學原理》。

1880 年代初正逢大蕭條，許多人提出解決之道，美國記者亨利・喬治（Henry George, 1839-1897）提出的土地稅最受矚目，他在 1879 年出版的《進步與貧窮》（*Progress and Poverty*）成為暢銷書，立論基礎是：貧窮增速比財富更快，這要歸咎地主。由於地租的上漲，讓商人沒資金可投資，因

而壓低獲利和實質工資。亨利‧喬治提議對土地課徵高額租金，有了土地稅之後，不但不需再課其他稅，而且能提高工資、增加資本盈餘、根除接受救濟者，貧窮就可消除。

馬夏爾不認同亨利‧喬治的說法，兩人在 1884 年曾於牛津的克萊倫登飯店作公開辯論。馬夏爾也在其他場合批評亨利‧喬治，就其提出的「隨著財富的增加，貧苦的人反而更多」，以統計資料來反映事實。馬夏爾夫妻倆蒐集了許多資料，呈現出「只有最底層的勞工階級被推向最下層，而該階層的人數比先前更少，所占人口比例較世紀初少一半以上，而整體勞工階級的購買力則增三倍，成長的果實極大部分落在勞工身上。」

提高生產力才是良藥

對於「支付低薪的雇主要為貧窮負責」的說法，馬夏爾深不以為然，他認為「雇主無法決定勞工的工資，就像他們無法控制棉花或機器的價格。雇主支付的是市場的水準，生產力較高的勞工所得較高，反之則較低。」馬夏爾也發現，很多英國勞工階級沒有得到適當的營養，極少人獲得適當的教育。他認為「很多英國人工資太低，不少人陷入真正的貧困，原因就在生產力太低。」他表示：「沒有任何方式能神奇地立即解決貧窮問題，我們必須尋求較不那麼譁眾取寵的藥方。」這個藥方就是：提高生產力，方法是「透過最廣泛意義的教育，讓無技能與無效率的勞工消失」。要讓無技術勞工數量減至合理程度，必須提供那些從事無技術工作者不錯的工資。「如果總生

產量沒增加，這些額外的工資必須從資本家與較高階勞工那裡
支付，不過，如果無技術勞工減少是因為勞工效率提高之故，
生產力就會提高，也就有更多的資金可供分配」。

馬夏爾並不反對工會、累進稅、甚至是某些相當激進的
土地改革提案，但他認為這些都無法創造出「更多的麵包與
奶油」，這需要「競爭」、「時間」，以及社會、政府、窮
人各方面的合作。他指責亨利・喬治「不該胡亂開藥方」，
問題不只是「喬治先生主張，『如果你想變富有，從土地下
手』」，而是這會讓人把關注焦點從教育訓練、努力工作、以
及節儉上移開。

1890 年，馬夏爾的《經濟學原理》終於出版，論者認為
該書為搖搖欲墜的經濟學注入了新生命，而馬夏爾的學術領袖
地位也因此確立，他也同時成為當局尋求意見的權威對象。

這本書具體展現了馬夏爾反對社會主義的立場，擁護的
是「私產」與「競爭」，樂觀相信人類和其境況是能改善的。
本書呈現的經濟學不是一種「教條」，而是「思考的工具」，
馬夏爾讓經濟學奠基在更健全的科學基礎上，讓經濟學更人性
化，注入了「人性的光輝、人性的溫度」，他認為「經濟學研
究財富，也研究人的行為」。馬夏爾主張「經濟學家應該具有
溫暖的心、冷靜的腦（warm heart, cool head）」，這在他與
亨利・喬治的論辯上，已充分的表現出來。

馬夏爾在這本書中的見解反映出他在美國遊學的心得：企
業在私產和競爭制度下，不斷承受壓力，需以相同或更少的資
源發揮更大的效益，生產力提高後也使人民生活水準提升。在
所有的社會制度裡，美國的企業較其他國家重要，占有更高地

位，同時也在形塑美國人的思想與文明上扮演重要角色。美國的企業不只是財富的主要創造者，也是促進社會改變的最重要催化劑。

　　在大文豪狄更斯筆下的商人，各個有如白痴或掠奪者，勞工則像機器人，成功的製造業是僵硬的一再重複。但馬夏爾看到的美國企業，卻是生產力以難以想像的超速成長，經理不斷尋找小小的改良，而且勞工同樣努力不斷尋求更好的機會和有用的技能，勞資雙方都一心一意想充分利用自己所掌控的資源。

　　馬夏爾知道，企業的存在為的是創造業主的利益、高階主管的薪酬與勞工的工資。亞當・史密斯指出，企業面對競爭的壓力，若要追求本身最大的收入，必須壓低成本和增加生產來造福消費者。馬夏爾則引入「時間」因素，長期而言，企業必須愈來愈有生產力，才可能獲利存活下去。在競爭下，求生存不只要不斷調適，若企業要爭取有生產力的勞工，就要由提高生產力帶來的獲益與勞工分享。

　　這種說法是密爾和其他政治經濟學者否定的，他們認為生產力的提高給予勞工階級的利益很少，甚至沒有，而工作條件還會隨著時間更加惡化。馬夏爾看到的事實並非如此，畢竟競求勞工迫使業者將得自效率與品質改良的利益與勞工分享，而勞工先是賺取工資的勞工身分，接著換以消費者的身分去分享這些果實。數據證明馬夏爾是對的，工資在 GDP 的占比是上升而非下跌，工資和勞工階級的消費水準也是上升的。事實顯示，自 1848 年《共產黨宣言》和密爾的《政治經濟學原理》問世之後，大部分年份的表現都是這樣的。

最先創用「經濟學」名稱

馬夏爾將書名取爲《經濟學原理》，棄用「政治經濟學原理」，一來要避免與馬克思學派的瓜葛，他們都稱經濟學爲政治經濟學；二來還經濟學是一種科學的本質。馬夏爾是「經濟學」這一名稱的最先使用者，此後大家也都跟著用了。

這本書的寫法是綜合理論的、數學的與歷史的方法，卻引起兩方的批評，偏於經濟史研究的經濟學家認爲「過於抽象」，主張使用抽象的數學方法論的倡導者，則因爲他對歷史方法的讚美，以及他對於理論與數學之限制的率直評論感到不快。馬夏爾是數學家，充分了解數學在經濟學家手中做爲工具的力量，但他認爲要「將數學翻譯成爲文字」，然後「以實例來說明它們在實際生活中的重要性」。馬夏爾就以此原則撰寫這本書，是爲了任何受過教育的讀者而寫的，所以書中的數學都放在附註或附錄中。本書分上下冊，共六篇，下冊除了第六篇外，其他近二分之一的篇幅都是附錄。

馬夏爾利用「部分均衡（partial equilibrium）分析法」寫這本書，爲了分析經濟中複雜的交互關係，他就先假設這些變數中有些保持不變（ceteris paribus, with other things being equal）。在任何分析開始時，許多因素都保持不變，當進行分析中，逐漸的讓較多的因素變動，因而與實際情況較爲接近。這種分析法與馬夏爾對時間長短的處理是相對應、相符合的。在「市場時期」，有時稱爲立即時期或非常短期，許多因素保持不變，隨著時間延伸從短期、長期與永久時期（非常長期），「被准許變動的時期」、「短期」、「長期」和「永久

時期」，不是按年、月、日、鐘點多少計算，是按經濟學上對
於廠商與供給的解釋來區分的。

最著名的供需平面圖

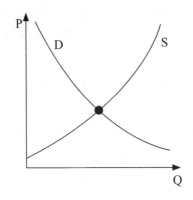

在這本書中，最有名的是「馬夏爾交叉線」（Marshallian
Cross），也就是當今大家耳熟能詳的「供需簡圖」，在一個
二度空間的平面圖中，垂直軸表示價格（P），水平軸表示
產品量（Q），D線爲需要線，S線爲供給線。書中第三篇，
係以人的欲望與滿足或者需要與消費做爲主題，以「邊際效
用遞減法則」導出邊際效用線或需要線，亦即：在其他條件
不變下，一物的價格與需要量呈反向關係，也就是：價格下
跌，需要量增加，價格上漲，需要量減少。需要線的形狀也
反映「彈性」大小，所謂「彈性」是因物品價格變動會引起
物品數量的變動，其變動的大小就稱爲彈性，也稱爲「價格
彈性」。馬夏爾利用價格與效用的關係，提出了「消費者剩

餘」（Consumer's Surplus）的概念。至於供給線，馬夏爾利用「邊際報酬遞減法則」導出邊際成本遞增的「供給線」，並得到：在其他條件不變下，一物的價格與供給量呈正向關係，亦即，價格上升、供給量上升，價格下跌、供給量減少。同樣的，由價格和成本的關係可獲得「生產者剩餘」（Producer's Surplus）。

　　供需線的交點就是「均衡點」，供需雙方都最滿意，而價格的自由調整會自動向此均衡點趨近，也是「價格機能」、「市場機能」或亞當・史密斯所說的「一隻看不見的手」機能的顯現。馬夏爾在本書第五篇就以「需要、供給與價值的一般關係」為篇名，討論了「市場」、「供需均衡」、「資源配置」、「長短期」、「邊際成本與價值的關係」等等課題。

　　馬夏爾在第六篇中討論了「國民所得分配」這個重大課題。生產要素分為土地、勞動、資本與組織或企業精神等四種，每種都有供給面和需要面，生產要素被使用是受該要素之供需相關的一般情況所控制的，且假定每一要素都會使用到它的邊際生產力與邊際成本相等為止。每一要素有它的需要價格，它是由其邊際生產力決定的。與此相對的是它的供給價格，是由其邊際成本決定的。勞動工資、資本利息和地租都是這種方式決定的，唯有利潤不是。

　　利潤是隨價格的變動而變動，其多寡由許多因素決定，利潤也不是企業家保證可獲的所得，資本之投入企業大部分是投資者所「預期利得」的多寡所決定的，其中必須有些利潤是企業家希望他的長期投資可以得到的。因此，管理的賺得（超過利息的利潤），在長期間會納入真實的供給價格。照現在一

般的說法，必要的或最低的利潤（這一數量等於它們在其他行業中可以獲得的數量）要算入生產成本之中，而純粹的利潤則代表超過此一數量的收益。馬夏爾的處理方式也將所謂的必需的利潤算作長期供給價格的一部分。

對於一種生產要素的需要，是一種引申的需要，係由一種生產要素的邊際生產價值決定的。不過，邊際生產卻是難以分辨清楚的，因為在生產技術上，要增加一個生產要素，往往要有其他生產要素的合作。馬夏爾為了解決邊際生產的測度問題，就採用了核算他所謂的到達邊際時的「淨生產」的方法。譬如，若要增加一個工人，同時就要增加一把鐵鎚，那麼勞動的淨生產就是勞動對於生產總量的增加數中減去新增的這把鐵鎚的成本。馬夏爾認為，生產要素之結合的比例，將取決於它們的邊際生產和它們的價格。一個企業家有興趣增加生產使其利潤為最大，將會生產到一個水準，其所花的成本盡可能為最低，生產要素的邊際生產實物量與它們的價格會趨於相等。

生產要素報酬的決定

對於生產要素的支付，究竟是決定產物價格的還是受產物價格所決定的，馬夏爾認為要看考慮這一問題時的時期長短，以及分析時所採的特別觀點。就地租來說，馬夏爾認為，一般來說，從整個經濟社會來看，土地的租金是其產物的價格來決定的，不是一種生產成本，但從個別農人或廠商的觀點看來，地租卻是生產成本，因此是用來決定產物價格的。但在某種情形下，即使是從整體經濟社會的觀點，地租也是決定產物價格

的，例如十九世紀時的美國，有一大批土地沒開墾，可免費使用。但是原始的拓荒者仍會認為其從墾荒中所獲的收益並非完全從墾植中所產生。一部分是由於他們將艱困的環境加以改良，以減少邊疆生活的困難，結果吸引移民進來，地價因而上漲。這種預期的地價上漲，因而是必須支付的供給價格之一部分。這種上漲的地價，等於是上漲的地租資本化後的價值，可考慮為社會成本。在此情況下，就是從整個社會的觀點來看，地租也是決定產物價格的，是一種生產成本。

就工資而言，對於某種勞動（如會計人員）工資，在長期均衡時所支付的必須足以吸引足夠人員安於其位。這種長期工資是供給價格，必須是社會支付的，因而是決定價格的。若對會計人員的需要增加，他們的工資自然上漲，在短期，他們的供給彈性比長期小，工資的增加不能吸引較多人來，所以短期工資會比長期工資漲得多。這種較高的短期工資與必須吸引足夠人員去擔任這項工作無關，因此是被價格決定的，不是決定價格的。對於這些問題的理解，關鍵在於供給曲線的彈性。

至於利潤，馬夏爾運用他的「準租」（quasi rent）概念來分析短期利潤。在完全競爭市場長期均衡時，每個廠商只賺取「正常利潤」，它是一種生產成本，如正常工資之必須支付一樣。因此，在長期，正常利潤是必須的生產成本，是決定價格的關鍵因素，短期的利潤可稱為「準租」，是被價格決定的。和工資一樣，利潤可以是決定價格的或者被價格決定的，必須看時期的長短。

關於利息，也可用準租概念分析。在長期，有正常的利率，它是必須支付的生產成本，所以是決定價格的。短期內由

於資本是固定的，或已投資了的，它的收益是一種準租。「準租」是馬夏爾最先使用的，指的是一種固定生產素在短期的報酬，是一種有限生命資產的淨收益，此一概念已被證明為不太有用。

馬夏爾秉持溫暖的心，以冷靜的腦，用手寫出這一本承先啓後的《經濟學原理》經典巨著。全書共六篇，十二則附錄和一則數學附錄，分成上下兩冊出版，上冊共有五篇，第一篇為「概論」，分成四章，第一章是「序言」，第二章是「經濟學的本質」，第三章是「經濟學的普遍原理或法則」，第四章是「經濟研究的順序和目的」。

第二篇為「基本概念」，也分成四章，第一章「序言」，第二章「財富」，第三章「生產、消費、勞動、必需品」，第四章「所得、資本」。

第三篇「論欲望及其滿足」，共有六章，第一章「序言」，第二章「欲望與活動之間的關係」，第三章「消費者需要的等級」，第四章「需要彈性」，第五章「同一物品不同用途間的選擇：立即使用及延後使用」，第六章「價值及效用」。

第四篇為「生產要素：土地、勞動、資本及組織」，共有十三章，第一章「序言」，第二章「土地的肥沃度」，第三章「土地的肥沃度（續）、報酬遞減傾向」，第四章「人口的成長」，第五章「人口的健康與強壯」，第六章「產業訓練」，第七章「財富的成長」，第八章「產業組織」，第九章「產業組織：分工、機械的影響」，第十章「產業組織：把專門的產業集中在特定的地方」，第十一章「產業組織：大規模生產」，第十二章「產業組織：企業管理」，第十三章「結論：

報酬遞增與報酬遞減傾向之間的關係」。

　　第五篇是全書的靈魂，講的是「需要、供給與價值的一般關係」，分為十五章，第一章「序言：論市場」，第二章「需要和供給的暫時均衡」，第三章「正常需要與正常供給的均衡」，第四章「資源的投資和配置」，第五章「正常需要與正常供給的均衡（續）：關於長期和短期」，第六章「連帶需要和複合需要、連帶供給和複合供給」，第七章「連帶產品與主要成本與總成本的關係、營銷成本、風險保險、再生產成本」，第八章「邊際成本與價值的關係：一般原理」，第九章「邊際成本與價值的關係：一般原理（續）」，第十章「邊際成本與農產品價值的關係」，第十一章「邊際成本與城市土地價值的關係」，第十二章「正常需要與正常供給的均衡（續）：關於報酬遞增的法則」，第十三章「正常需要與正常供給變動理論與最大滿足理論之間的關係」，第十四章「獨占的理論」，第十五章「供需均衡一般理論的彙總」。

　　本書下冊的正文只有第六篇，談的是「國民所得的分配」，分為十三章，一是「分配的初探」，二是「分配的初探（續）」，三是「勞動的報酬」，四、五都是「勞動的報酬（續）」，六是「資本的利息」，七是「資本和經營能力的利潤」，八是「資本和經營能力的利潤（續）」，九是「地租」，十是「土地的租佃」，十一是「分配概論」，十二是「經濟進步的總體影響」，十三是「進步與生活水準的關係」。另有十二則附錄和一則數學附錄，附錄依序剖析「自由產業與企業的發展」、「經濟學的發展」、「經濟學的範圍與方法」、「經濟學中抽象推理的用途」、「資本的定義」、

「物物交易」、「地方稅的歸宿及政策的一些建議」、「關於報酬遞增靜態假設使用的限制」、「李嘉圖的價值理論」、「工資基金學說」、「幾種剩餘」，以及「李嘉圖關於稅收及農業改良的學說」。

這本分成上下兩冊的《經濟學原理》，內容非常豐富，涵蓋經濟學的本質、經濟成長和所得分配諸種基本課題，但它實際上是馬夏爾在 1881 年開始撰寫時所預期完成的兩大卷的第 1 卷，第 2 卷則始終沒出版，因為涉及的是對外貿易、貨幣、經濟理論、賦稅、集體主義，以及將來的目的等等，實在太浩大了。不過，他在 1919 年出版的《產業與貿易》（*Industry and Trade*）和 1923 年出版的《貨幣、信用與商業》（*Money, Credit and Commerce*）兩本書應可算是補充吧！

這本書在 1890 年 7 月甫一出版，立即掀起一股熱烈讚美之聲，建立了馬夏爾在世界上的學術領導地位，熊彼得（Joseph Schumpeter, 1883-1950）就說：「馬夏爾創造出了一個真正的學派」，其中的分子都是以涵義明確的「科學研究方法」來思考問題。這個學派就是「新古典學派」，將數學工具引入經濟分析，引導往後數理經濟成為主流，並喧賓奪主讓經濟學逐漸喪失人文社會哲學作基礎，因而飽受詬病，箭頭直指馬夏爾。其實這是搞錯對象，研讀這本經典巨著之後就會清楚、明白矣！

最後，必須一提的是，這本中譯本是由臺大經濟系資深教授葉淑貞翻譯的，葉教授自 1983 年開始教授「經濟學原理」基礎課程，迄今已三十七年，對經濟學原理相當熟悉，加上她在〈譯者序〉中詳述的翻譯態度及過程之嚴謹，又花用兩年半

的時間持續工作勉力完成，其可讀性和正確性可見一斑，任何受過教育的讀者應都可看懂，盍興乎來？

參考文獻

1. 施建生，《偉大經濟學家馬夏爾》，天下文化，2016 年 1 月 29 日。
2. 西爾維亞 · 娜薩（Sylvia Nasar）原著，張美惠譯，《偉大的追尋－經濟學天才與他們的時代》（*Grand Pursuit: The Story of Economic Genius*），第一部，時報出版，2013 年 3 月 15 日。

吳惠林

中華經濟研究院特約研究員

2021 年 1 月 22 日

譯者序

　　有幸能夠閱讀阿弗瑞德・馬夏爾（Alfred Marshall）的《經濟學原理》（*Principles of Economics*）一書，並將之翻譯為中文，首先要感謝吳惠林教授的引薦。記得大約在兩年半以前，吳教授問我要不要翻譯這本書，當時考量自己快要退休了，接下這個工作，一方面正好可以利用退休的時間來做這個工作；再者，若能仔細閱讀該書，應該可以得知吳教授一直強調要走回傳統，這個想法在經濟學上所代表的意義。基於這些目的，我接下這個工作。

1. 翻譯前所認識的馬夏爾

　　在接下這個工作之初，我對馬夏爾的認識是很粗淺的。第一次知道有這個人是在大三修習張漢裕老師的西洋經濟思想史時。記得當時張老師提到馬夏爾是第一次有系統用圖形及數學來表達經濟學理論的人。接著在大學畢業後又聽到華嚴老師跟我說，經濟模型中的供需圖形之所以把價格放在 Y 軸，交易量放在 X 軸是始自於馬夏爾。因為一般說來價格是自變數，應該放在 X 軸才對。

　　最後為了籌備 2000 年 3 月在臺大經濟系召開的張漢裕教授紀念研討會，並為了在研討會上發表〈張漢裕老師的學術貢獻〉一文，[1]

---

[1] 請見葉淑貞（2001），〈張漢裕老師的學術貢獻〉，臺灣大學經濟研究學術基金會編，《張漢裕教授紀念研討會論文集》，頁 47-107，臺北：臺灣大學經濟研究學術基金會。

我讀了張老師文集中的大部分文章。[2]在文集三有一文，張老師提到他受到亞當・史密斯（Adam Smith）及馬夏爾的影響最大，[3]其中關於馬夏爾的部分，張老師提到：「他主張經濟學家應具有 warm heart（溫暖仁慈的心），cool head（冷靜的頭腦）。」

2. 馬夏爾書中的分析工具

翻譯這本書的過程中，譯者充分認識到以上前人所說的這些事情。首先是關於研究方法，馬夏爾書中確實有不少地方以圖表及數學做為分析工具。經濟學的分析工具就是文字的推理、圖表及數學，然而，事實上馬夏爾書中最重要的分析工具是文字的推理，圖表及數學式子只是次要的輔助工具，因此圖表都放到註解中，而數學式子則都放在數學附錄當中。

他在第一版序倒數第二段提到：「如果沒有數學符號或圖表的協助，要獲得連續性清晰完整的觀點並不容易。圖表的使用並不需要特殊的知識，而圖表通常比數學符號更準確、也更容易表達出經濟生活的條件；因此，圖表將放在本書的註解中，作為補充說明。正文的論述完全不依賴這些圖表，因而圖表可以省略；但經驗似乎顯示，相較之下，有這些圖表的協助，更能確實地掌握許多重要的原理；而且有許多純理論的問

---

② 這一套文集全名為張漢裕博士文集，總共有六冊，由張漢裕博士文集出版委員會發行。

③ 該文標題為〈師生問答──「一位經濟學人的成長歷程」〉，收錄於張漢裕博士文集（三），頁 328-337，臺北：張漢裕博士文集出版委員會。

題，任何人一旦學會使用圖表，就都再也不願意改用其他方式來處理了。」

關於數學工具的運用，他在第一版序最後一段寫到：「純粹數學在經濟問題中的主要用途似乎是幫助一個人快速、簡短、準確地寫下他的一些想法，以供他自己使用；並確保他的結論有足夠的，而且是剛好足夠的前提（即他的方程式數量要等於未知數的數目，不能多，也不能少）。但是當必須使用大量符號時，除了作者本人之外，這些符號對任何人都變得十分麻煩。……但是，是否有任何一個人願意花相當的時間，來閱讀不是他自己所改寫的，冗長的經濟學說的數學符號，這似乎頗值得懷疑。」因此，他把幾個對他的討論最有用的數學語言的實例，移到書後的數學附錄之中。

但他在第三篇第一章第 2 節說明需要或消費為何受到忽視的其中一個原因時，卻也提到了使用數學的好處。他說：「人們已養成了經濟學中精確思考的習慣，這使得他們在推論時，能更謹慎地清楚說明出所依據的前提。之所以會更加謹慎，部分是由於有些學者應用了數學語言和數學思維的習慣。使用複雜的數學公式，是否可以獲得很大的益處，的確是令人懷疑的。但數學思維習慣的應用，已帶來巨大的幫助；因為這讓人在不太確定問題是什麼之前，先不去考慮這個問題；而在進一步分析問題之前，堅持要知道什麼是需要假定的，和什麼是不需要假定的。」

在翻譯到數學附錄時，才知道馬夏爾數學造詣深厚，完全有能力用數學模型做為分析的工具。在該附錄中，他使用了相當高深的微積分做為分析工具。在驚訝於他數學造詣如此深

厚時，上網查了之後才知道他大學（1861-1865）時，在劍橋大學聖約翰學院（St. John's College）主修的就是數學，並在1865 年以高分通過數學科的榮譽考試。

3. 馬夏爾具有溫暖仁慈的心、冷靜的頭腦

此外，張漢裕老師說馬夏爾主張經濟學家應該要具有溫暖仁慈的心、冷靜的頭腦。馬夏爾在本書第一篇就主張經濟學家從事經濟研究時，要具有同情心。他在第一篇第四章第 5 節強調，在探究經濟問題時，「除了最需要智力之外，有時甚至也需要批判的能力。但是經濟研究也需要有開發同情心的能力，尤其是那種不僅能爲自己的夥伴，還能爲其他階級的人設想的罕見同情心。」

接著在同一章的第 6 節，他又提到：「事實上，幾乎所有現代經濟學的創立者，都是善良、富有同情性格，爲人道熱情所感動的人。他們很少關心自己的財富；相反地，他們卻非常關心廣大人民群眾之間財富的分布情形。他們都反對反社會的獨占組織，無論這些組織有多強大。他們幾代人都支持反對階級立法的運動，這個立法反對工會享有雇主協會所享有的那些特權；他們爲補救舊的〈濟貧法〉（Poor Law）灌輸到農業和其他勞動者心中與家庭中的毒藥而奮鬥；儘管一些政客和雇主以他們的名義，發出了強烈的反對，但他們還是支持〈工廠法〉（Factory Acts）。他們無一例外地奉行著：全民的福祉應該是所有私人努力和公共政策追求的最終目標這樣的一個信念。」

馬夏爾本人就具備了這樣的胸懷，因此當他看到倫敦貧民窮困的情形時，激發了他的同情心，想使他們脫離貧困，因而

走向經濟研究的路途。在第六篇第四章第 2 節討論到許多工人階級的慘況時，他提到：「許多工人階級的子女，連吃、穿都不足；他們的住所既無法促進身體的健康，也無法促成精神的健康；他們接受的學校教育，……，極為有限；他們沒有機會獲得較廣闊的生活觀或洞察企業、科學或藝術等較高級工作性質的內含；他們在人生的道路上，很早就過著艱辛和疲憊不堪的日子，且大部分人終生都得如此。至少他們是帶著未發揮的能力和才能進入墳墓的。」

雖然抱著這種同情心，但他卻用冷靜的頭腦分析各種問題。他在第一篇第一章第 1 節最後一段說，儘管那些伴隨著貧困普遍而來的不幸，並非是貧困必然的結果，但總的來說，「摧毀窮人的就是貧窮」，因此對於貧困原因的研究，就是研究人類中一大部分人墮落的原因。而馬夏爾本書的主旨，就在於分析如何脫離貧困。

他在第六篇第四章第 2 節提到，如果能夠讓貧困的工人充分發揮他們的才能的話，那麼從中所增加的國家物質財富就會是提供他們發展適當機會所需費用的好多倍。為了要使國民所得能長期不斷的提高，以解決貧困的問題，不僅要使工資能提高，還要使之能持續不斷地提高。而要達到這個目標，則除了要善用所得與閒暇外，還要設法提高勞動的效率。

為了要提高勞動的效率，他主張要教育非技術性勞工及其子女，使其變為技術性勞工；教育技術性勞工及其子女，使其成為技術或管理人員。因此他認為他們那一代人最重要的義務，在於使年輕人從機械性勞動中掙脫出來，使其有充分的閒暇上學，並有適當的娛樂，以發展更高的品格與健康的身體，

而成為高效率的生產者。也就是說，他提出教育是解決貧困的一個法寶。

4. 本書主要的分析方法

　　馬夏爾的分析方法是由簡而繁，一步步地逼近問題的核心，也就是他在第八版序中提到的從靜態分析到動態分析。在介紹本書的分析方法時，他提到一開始先把某特定商品的供給、需要和價格的主要關係孤立起來。在其他條件不變的假定下，先分析某些因素對某一現象的影響。到了第二階段，原來假定不變的更多因素發揮作用了；從此可以觀察到這些複雜因素之間的相互作用；動態問題的範圍逐漸擴大；而暫時的靜態假設所涵蓋的範圍逐漸縮小；最後，擴展到國民所得在眾多不同的生產要素中分配的重大核心問題。與此同時，動態的「替代」（Substitution）原理一直在發揮著作用，導致任何一組生產要素的需要和供給，都間接受到其他要素相關的供、需變動的影響，即使這些生產要素是屬於毫無關係的產業部門，其所受到的影響亦復如此。換言之，他的研究方法是從部分均衡，到總體動態過程的分析。

　　馬夏爾這本書的主要分析工具是嚴謹的文字推理，在每一篇的分析中，他都一層一層詳盡地分析所要討論的問題。例如在第三篇第四章討論需要彈性的決定因素時，他詳盡地分析了各種不同性質物品或不同情況的彈性大小，與下列因素有關：

　　(1) 一物是否為大家所普遍使用。若是，則任何物品價格的大幅下降，都會引起對該物品需要的大幅增加。

　　(2) 有一些商品，人們容易達到滿足的飽和點，而另一些商品，主要是用來炫耀的東西。後者無論價格下降到如何低，

需要的彈性仍然相當大，而前者只要低價一達到之後，需要就幾乎完全喪失彈性了。

(3) 有些商品需要彈性的大小與是富人或窮人有關：以肉類、牛奶與奶油、羊毛、菸草、進口水果和普通醫療用品的現行價格來說，工人和中下階層者對這些商品的直接需要彈性非常大，但是富人的需要並非如此。較好的魚類及其他中等昂貴奢侈品的現行價格，每一下降，就會使中產階級的消費量增加很多；換句話說，中產階級對這些物品的需要彈性非常大；富裕階級和工人階級對這些物品的需要彈性要小得多，

(4) 有些諸如罕見的酒、非當季的水果、高科技的醫療和法律服務等這些物品，現行價格仍然如此之高，以致於除了富人之外，人們對這些物品的需要甚微。但是，若一旦有需要的話，則這些物品的需要彈性往往都相當大。

(5) 對某些較昂貴食物的部分需要，實際上是獲得社會榮譽感的一種手段，對其需要幾乎是永不飽和的，但是，必需品的情況卻不是這樣。當小麥價格很高或很低時，需要彈性都非常小，但是，如果是一種非必需品，又是易腐壞的，且其需要又無彈性的物品，則其價格的變動可能較諸上述那個小麥的情況還要劇烈；例如魚可能在某一天非常昂貴，但兩、三天之後就便宜到當作肥料出售了。

(6) 水是我們能夠觀察到的，從最高一直到一文不值的任何價格之下，都要消費的少數物品之一。在適中的價格之下，對水的需要非常有彈性。但是水的所有用途都能得到完全的滿足，因此當其價格下降到接近於零時，則對水的需要就失去彈性了。鹽可以說幾乎也是這種情況，鹽在英格蘭的價格是如

此之低，以致於作為一種食物，對鹽的需要彈性很低；但在印度，則其價格比較高，且需要彈性也較大。

(7) 另一方面，在一個社會環境健康，且對整體的繁榮無阻礙的地方，由於房屋提供了便利性和社會榮譽感，因此對房屋的需要似乎總是有彈性的。而對那些不是用來炫耀之各種衣著的欲望是會飽和的；因此當這類衣服的價格很低時，對其需要幾乎沒有任何的彈性。

(8) 對高品質物品的需要主要取決於人們的感受；有些人不在乎酒的風味是否精美，只要能夠獲得足夠的量就可以了；另外，有些人則渴望高品質的酒，但其欲望卻很容易飽和。

(9) 用途多寡與彈性的關係：一般說來，對於那些諸如水等有許多不同用途物品的需要，都是最具有彈性的。另一方面，需要彈性非常低的物品有兩類，一是絕對的必需品（與習慣上的必需品和維持效率的必需品不同）；二是不會花費富人很多錢的某些奢侈品。

他也提到在討論彈性的大小時，有些困難是必須要考慮到的。其中之一是，經濟因素與其影響之間所經歷的時間。要讓一種商品價格的上漲，對消費產生全面的影響需要時間。因為消費者需要時間來熟悉漲價物品的替代品，而生產者也需要時間，才能養成生產足夠數量替代品的習慣。而熟悉新商品習慣的養成和節約使用這些新商品方法的發現，也都需要時間。比如，當木材和木炭在英格蘭變貴了的時候，人們是慢慢熟悉以煤炭作為燃料，也緩慢養成壁爐使用煤炭的習慣。

另一個要考慮到的困難是有許多物品的購買，可以很容易地在短時間內推延，但卻無法長時間推延下去。逐漸磨損的衣

著和某些其他的物品等這些在高價格的壓力下，可以比平常使用時間長一些的物品，往往會出現這種情況。

如此詳盡地討論彈性，恐怕迄今都還很少見。不僅彈性的分析如此，在其他各項問題的討論也都是如此。他的書總共有六篇，十二個附錄及一個數學附錄。全書的架構如下：第一、二篇爲概論及一些基本觀念的介紹；第三篇討論需要，即欲望與滿足，第四篇討論供給面的土地、勞動、資本與組織；第五篇探究需要、供給與價值的一般關係；第六篇論述國民所得的分配；最後這兩篇是綜合第三篇及第四篇的研究。在每一篇中，對每一個問題的分析都是這麼詳盡且有系統。

5. 馬夏爾學識淵博

在翻譯這本書的過程中，譯者深深領悟到馬夏爾之所以能成就一家之言，不僅在於他獨特的研究方法，更重要的是在於他學識的淵博。他的書中不僅徵引了超過 100 名學者的書，這些書所使用的語言雖然以英文爲主，然而卻也有很多是以德文及法文，甚至也有義大利文寫成的。

他書中提到的經濟事項雖然以英格蘭地區爲主，但是也提到了諸如德國、法國、美國、加拿大、澳洲、印度、日本及中國等等許多其他地區的經濟問題。此外，他不只關心他那個時代的經濟問題，也關心過去經濟史上的問題。除了正文所引用的歷史問題之外，他在附錄一完整描繪了自由產業與企業發展的過程。

在這個附錄中，他從野蠻人開始，然後談到腓尼基人開啓了早期的商業及製造業。他說腓尼基人是依海而生的民族，他們爲許多民族間的自由交往鋪路，並在書寫、算術和度量衡知

識的傳播上，做出了很大的貢獻；但他們把主要的精力，投入到商業和製造業當中。

接著又依次論述了希臘人、古羅馬人、條頓族及封建主義等的起落；中世紀的城市如何成爲現代工商業文明的先趨；印刷術的發明、文藝復興、宗教改革、通向新大陸和印度新航路的發現等等如何爲世界開創了新紀元；航海利益如何從西班牙擴及到荷蘭、法國及英格蘭。

最後，又分別討論了美國如何培養最佳企業人士的精力、創造力和膽識；澳大利亞人民如何透過他們各種各樣的經歷和思維習慣，相互刺激彼此的思想和企業精神；德國如何因其發展晚於英格蘭，而受益於英格蘭的經驗，並避免許多英格蘭所犯過的錯誤，又如何因其政府擁有的多過於世界上其他國家訓練有素的高級人才，而促進其發展。這些都爲新的時代開啓了新紀元，促成了自由產業與企業的發展。這個附錄可以說是論及到整個西方的經濟史了。

此外，附錄二在論述經濟學的發展時，馬夏爾一開始談到現代經濟學直接從古代思想受惠者少，而間接受惠者多，接著依次討論了十七世紀後半葉興起的重商主義如何使經濟學初步成形，及重商主義如何鬆綁了貿易的束縛；重農學派爲何對目前經濟學地位的間接影響如此之大，「首先是因爲他們論證的清晰和邏輯上的一致性，使他們對後來的思想產生了極大的影響；其次是因爲他們研究的主要動機，並不像他們大多數的前輩那樣，是要增加商人的財富，以擴大國王的財源，而是在於減少極端的貧困，所造成的苦難和墮落。因此，他們爲經濟學奠立了追求有助於提高人類生活質量的知識這個現代的

目標。」

　　其次，他指出了亞當‧史密斯的偉大，在於「他有無與倫比的觀察力、判斷力及推理能力，使他看到了我們現代所知道的幾乎所有經濟學的真理」。他認為「亞當‧史密斯是第一個就所有主要社會層面，撰寫財富論著的人，僅憑這個理由，他就足以被譽為現代經濟學的創始人了。」且亞當‧史密斯大力闡揚自由貿易學說，不過他的主要成就在於為價值理論找到統一經濟學的一個共同的核心。

　　接著，他提到亞當‧史密斯同時代及不久之後的直接後繼者，雖然都沒有像亞當‧史密斯那樣開闊和有條不紊的頭腦，但也都有他們的貢獻。在十八世紀的其餘時間裡，主要的經濟著作都關注工人階級，特別是農業區工人階級的生活狀況。他舉了亞瑟‧楊格（Arthur Young）、艾登（Eden）及馬爾薩斯（Malthus）為例加以說明。不過，他認為總的來說，亞當‧史密斯不久之後的直接後繼者中最有影響力的人是邊沁（Bentham）。邊沁反對所有在沒有正當理由之下，對貿易習俗所設下的限制和管制，他嚴格要求這些限制和管制必須要證明其存在是正當的。這在十九世紀初大大地影響了英格蘭的經濟學家。

　　而後，他討論了「經濟學家對貨幣和國外貿易的卓越研究，而接下來的經濟學家也注重統計與工人階級狀況的調查，但他們卻缺乏比較方法的知識」。他指出「李嘉圖（Ricardo）及其追隨者有時認為全人類與城市的人都具有相同的思維習慣，並且未充分考慮到人性對環境的依賴。」然後，他介紹了社會主義學者，認為他們並未對其所攻擊的學說加以研究；同

時也未曾了解現有社會經濟組織的性質和效率。但是，由於他們對經濟學家未曾考慮到的人的行為所隱藏根源的了解，使得他們的影響逐漸開始顯露出來。其間，如孔德（Comte）、約翰·斯圖亞特·密爾（John Stuart Mill）都深受他們的影響。

後來在十九世紀後半葉，由於人性快速的變化，使經濟學家把人性的可變性納入考慮的趨勢日益增長，其中如約翰·斯圖亞特·密爾的書，就顯示了這種新變革的第一個重要跡象。此後的經濟學開始關心人性的可塑性，以及人性對財富的生產、分配和消費盛行方法的影響，同時也日益關注後者對人性的影響等這些課題。

其後，諸如克里夫·萊斯利（Cliffe Leslie）、白芝浩（Bagehot）、卡尼斯（Cairnes）、湯恩比（Toynbee）和其他許多人的著作都朝這個方向繼續前進，使經濟學中人的因素變得日益重要。但以傑逢斯（Jevons）的著作最為顯著，他把許多最優異的特點巧妙地結合起來，而在經濟史上獲得了永垂青史的地位。

接著，他敘述了之後的法國經濟學家、美國學派、李斯特（List）等德國的經濟學家。他說，「德國人支持國家主義的主張，一方面反對那些個人主義者的主張，另一方面也反對世界主義者的主張」。同時，德國經濟學家在以比較法研究經濟史，和在研究經濟史及通史等與法理學之間的關係這方面，有偉大的成就，他認為，這些分析對我們的知識貢獻良多，同時也大大擴展了經濟理論的範圍。

從以上的描述中，可以看到馬夏爾在他的《經濟學原理》這本書中，把他之前的經濟史和經濟思想史都介紹了。此外，

他的書中還提到許多其他學科的東西，例如歷史學、物理學、化學、天文學、地球科學、醫學以及生物學等等，足見他學識的淵博。

6. 翻譯中遇到的困難

在接下這個工作的初期，遇到不少困難，其中最大的困難是語言的問題。馬夏爾這本書撰寫時期是十九世紀下半葉，因此行文是古典的英文，有時一句話的主要句子當中有子句，子句當中又有子句，接著又有子句，如此好幾層關係子句，因此有時一句話長達好幾行，甚至一句話就是一整段，很難弄懂其間各子句之間的關係。再加上因為無法進入作者的思想體系當中，對於有些抽象的東西，實在難以觸及其所真正要表達的意思。特別是在翻譯第一篇第二章時，更是難以繼續下去。

後來就從第二篇開始翻譯，因為該篇討論的是經濟學的一些基本概念，諸如財富、生產、消費、勞動、必需品，所得及資本，這些東西比較具體，因此比較容易掌握。最後在翻譯完第二、三、四篇後，再回過頭來翻譯第一篇第二到第四章。

後來之所以能夠順利完成，主要還有以下幾個原因。首先是因為隨著日漸接觸，逐漸熟悉了這種行文的方式，摸索出如何解析各子句之間的關係；其次是找到了幾本過去別人的譯本；最後是得到林典寰小姐及樊家忠教授的協助。特別是林典寰小姐，除了解答了不少英文的問題之外，還幫我翻譯了附錄一及附錄五。在此，要特別向他們致上我最誠摯的謝意，不過文中若有任何錯漏之處，仍是我一人的責任。

7. 其他翻譯本

以下依次介紹一下個人所找到的幾個譯本，其間各自的特色及問題，以及本翻譯本的特點。

市面上關於馬夏爾經濟學原理一書完整的中文翻譯，目前有三本。最早的一本是 1965 年臺灣的王作榮所翻譯，由臺灣銀行經濟研究室出版，編在臺銀經濟學名著翻譯叢書第三種；接著是 2007 年中國的劉生龍先生翻譯，由中國社會科學出版社出版；最後是 2017 年中國的廉運杰先生翻譯，由華夏出版社出版。這三個版本中，王作榮版本出版的最早，當時還沒有網路，因此翻譯者遇到的所有問題都要靠自己去解決，實屬不易。而中國所出的兩個譯本，文字上比較接近，不過劉生龍那個版本的特點是有中、英文對照，這樣讀者若想知道原文，很是方便。不過，這三個版本有少數地方可能有問題，以下試舉幾例加以說明：

（1）在第一篇第二章第 5 節第 3 段原文有一句爲：the accumulation of wealth to be enjoyed after the death of him by whom it has been earned. 三個人的翻譯如下：

王作榮簡單譯爲：「遺產的累積」。

劉生龍譯爲：「將賺來的錢積累起來以留作身後之用」。

廉運杰譯爲：「將他賺來的財富積累起來留作身後使用」。

個人認爲此處不是只講遺產的累積而已，因爲文中的前一句是在講家庭情感的作用，因此該句講的是在家庭感情的作用之下，所產生的一些行爲。同時應該也不是留作身後使用，因爲若是這樣，就不牽涉到家庭情感的問題，而最重要的是人已

經去世，就無法使用累積的財富了。

　　個人認為該句話可以改為 the accumulation of wealth after the death of him to be enjoyed by whom it has been earned。因此本譯本將之翻為「他把賺來的財富累積起來，並決定這些財富在他身後由誰來享用」。

　　(2) 第五篇第十一章第 2 節第三段的最後幾句為 And that the gains resulting from such ventures are not much more than sufficient for this purpose is shown by the fact that they are not as yet very common. They are however likely to be more frequent in those industries which are in the hands of very powerful corporations. A large railway company, for instance, can found a Crewe or a New Swindon for manufacturing railway plant without running any great risk.

　　其中第一句的 they，王作榮譯為「冒險」，另外兩人譯為「它們」，但是如果從前後文來看，指的應該是利得（gains）才對。因為王作榮將之譯為冒險，緊接著那句中的 They 也就譯為冒險。因此他把這三句譯為：「從這些冒險所產生的利得除了足以補償外，並不太多，這可以從這些冒險並不很普遍的事實得到證明。不過，在掌握於少數有力的公司手中的那些產業裡面，這種冒險的次數也許多些。例如，一個大的鐵路公司可以開闢一個克魯（Crewe）或一個紐斯文頓（New Swindon）以製造鐵路設備，而不致冒任何大的風險。」這樣語意前後似乎不太一致。前一句說掌握在大公司的產業，這種冒險的次數也許多些，但是後面那句卻是大型鐵路公司不致於冒任何大的風險。

本譯本把 they 譯爲「利得」，所以把這三句譯爲「因此，從這些冒險事業而來的利得，超過抵補其麻煩與支出並不多，這可以從這些利得並非很常見這個事實得到證明。然而，在那些掌握於非常強大公司手中的產業，這些利得卻可能較常見到。舉例來說，一家大型鐵路公司不必冒任何大的風險，就可以爲製造鐵路設備，造一個克魯鎮（Crewe）或一個紐斯文頓鎮（New Swindon），而獲有利得。」

(3) 第六篇第六章第 4 節第一個註最後一句原文是 If they could always be realized without a loss, and if there were no broker's commissions to be paid on buying and selling, they would not yield a higher income than money lent "on call" at the lender's choice of time; and that will always be less than the interest on loans for any fixed period, short or long.

王作榮譯爲「假如證券可以無損失的脫手求現，假如買賣時不需要付佣金，則他們所產生的收入將不會較貸款人可以隨時收回的「拆款」爲高；而且必然會較任何長、短期的貸款利率爲低。」

劉生龍譯爲「如果這些證券總能夠變現且不會虧損，而且不必向經紀人支付佣金，那麼這些證券提供的收入就比"活期"放款要高一些，但總是要比任何定期（短期或長期）放款的利息要低。」

廉運杰譯爲「如果這些證券總能出售而且不虧本，還不用支付經紀人的佣金，那麼這些證券提供的收入要比活期放款多一些，而這種收入總小於任何定期（短期或長期）放款的利息。」

　　三者的差距主要在於這些證券提供的收入要比「活期」放款多一些或少一些。因為原文是 not yield a higher income，所以應該是不會較高，因此王作榮翻譯的應該是正確的。而且因為後面一句是「and」，不是「but」，因此無論是活期或是定期貸款的收入，都小於證券所提供的收入。

　　因此本譯本將之翻譯為「如果這些證券總能在沒有損失之下變現，且如果在買賣中不需要支付經紀人佣金，則這些證券所賺的收入不會比「隨時」（on call）可收回的貸款（譯者註：應該是指活期貸款）高；且其收入總是低於任何短期或長期定期貸款的利息。」

　　(4) 第六篇第八章第 7 節最後一段末的註中有一句話，原文是：

More than nine-tenths of them began life as journeymen; and less than ten per cent. of the sons of those who were on the list of manufacturers in 1840, 1850 and 1860, had any property in 1888, or had died leaving any.

　　王作榮譯為「十分之九以上都是從職工開始；那些在 1840、1850 和 1860 年列入製造商人名單，在 1888 年還有任何財產，或已經死去遺有任何財產的人士，其子嗣還佔不到 10%。」

　　劉生龍譯為「其中，超過十分之九以上的工業家都是從雇工開始起家的；而在 1888 年擁有財產或過世後留有任何遺產的工業家，還不到 1840 年、1850 年和 1860 年上榜工業家的後代的 10%。」

　　廉運杰譯為「其中十分之九以上的人都是從雇工起家的；

在 1888 年擁有任何財產或留有任何遺產的不到 1840 年、1850 年和 1860 年那些工業家的兒子的 10%。」

本譯本將之翻譯為「他們之中超過十分之九是從職工起家的；那些在 1840、1850 和 1860 年列入製造業者名單的人中，其子女在 1888 年還有財產或是死後留有遺產者不到 10%。」也就是說 the sons of those who were on the list of manufacturers 是指列入製造業者名單的人中的子女，且 the sons 是 had any property in 1888, or had died leaving any 的主詞。因為該句是在舉例說明前一句提到的富不過三代。

(5) 附錄九倒數第七段中的一句話，原文為 From this it appears that demand and supply govern the fluctuations of prices in all cases, and the permanent values of all things of which the supply is determined by any agency other than that of free competition. 其中的 is determined by any agency other than that of free competition，王作榮譯為由自由競爭以外的任何因素決定；劉生龍將之譯為除了自由競爭決定以外，是不能由其他媒介來決定的；廉運杰則譯為只能由自由競爭，而不能由其他中介因素決定；但應該是王作榮的翻譯較正確。

雖然如此，個人還是從這三個譯本獲得很大的助益，如果沒有這三個翻譯版本的幫助，本譯本不可能完成。

8. 本譯本的特色

本譯本除了修正前人翻譯可能有的問題之外，為了做好原書作者與讀者之間的橋梁，本書還做了兩項工作。一是在註中指出原書可能有的少數幾個誤植，但是正文仍然保持原書的敘述。

　　二是把原書中大量的地名盡量寫出所在的地方；人名盡量寫出該人是什麼樣的人物；許多名詞，例如：〈穀物法〉、〈濟貧法〉、〈工廠法〉、生育率、生殖率等等所隱含的意義，都以譯者註的方式放在註解中，這樣的註解大概有 150 個以上，這主要是拜網路查詢工具發達之賜。

　　此外，有四點要補充說明。其中的第一點是馬夏爾書中對於一些法案名稱，有時整個名稱的英文字都用小寫，例如第一篇第一章第 5 節的〈濟貧法〉是 poor law、第三篇第四章第 4 節的〈穀物法〉是 corn laws；有時整個法案名稱只有第一個字的第一個字母是大寫，例如第四篇第四章第 6 節的〈定居法〉用的是 Settlement laws；而有時則名稱的所有字的第一個字母都大寫，例如很多地方的〈濟貧法〉寫為 Poor Law、〈穀物法〉寫為 Corn Laws。為了統一起見，本譯本正文中，在這些名稱第一次出現時，中文翻譯後面都附上英文名稱；所有英文字都改為斜體；每個字的第一個字母都改為大寫。

　　第二點要說明的是原書中的名詞，有些每個字的第一個字母都用正體大寫，有些整個字都是斜體，而有些則整個字都用英文引號（" "）標起來。經過摸索及推敲之後，譯者揣摩出原書作者的一些用意，以下略為說明譯者所揣測的原書作者的用意及本譯本的處理方式：

　　(1)第一個字母是大寫者：大多都是專有名詞；也有一些是諸如 Substitution 或者是 Normal 等的重要名詞。若是專有名詞，則在第一次出現時，中文翻譯後面附上英文字。若是重要的名詞，則不管出現多少次，中文翻譯後面都附上英文且都用中文引號括起來。

(2) 一般的名詞，原文用英文引號標起來者：代表特別指稱的語詞。既然是特別指稱的語詞，譯者決定不管出現多少次，只要原文用引號標起來，中文都用中文的引號標起來且後面都附上原文。

(3) 原文是斜體字者；是強調的語詞，不過其中有一種除了強調外，又意味著特別的含意。既然斜體字都有強調之意，因此無論出現多少次，中文翻譯之後都附上英文字。不過，若只做為強調之用，則只翻出中文，不做其他處理；若還有特別含意者，則中文都用引號括起來。

第三點是關於標點符號的問題，可能因為原書是古典英文的著作，所以有許多標點符號與現代中文的使用方式有違。例如，有不少地方雖然不是用於總起下文（標題、引文、稱呼、或列舉人、事、物），也不是用於舉例說明上文，但卻用冒號；也有許多地方雖然不是用於分開複句中平列的句子，但卻用分號。譯者原本雖然處理了不適用冒號的問題，但卻維持了分號的情況。後來，經過五南圖書出版公司的特約編輯張碧娟小姐的幫忙，才將之修正。

第四點是關於註碼的安放位置：網路上有兩種馬夏爾原書的版本，一種是 word 版，請見下面網址：

https://www.econlib.org/library/Marshall/marP. html?chapter_num=3#book-reader

另一種是 pdf 版，請見下面網址：

https://b-ok.global/book/2667475/e58f1b?regionChanged= &redirect=2749858

　　這兩種版本註碼的排放位置不同，word 版把註碼放在標點符號之前，而 pdf 版是按一般的方式，放在標點符號之後。譯者原本下載的是 word 版，但是翻完正文及十二個附錄後，要翻正文中所提的數學附錄時，才發現該版本缺數學附錄的部分，幾經尋覓之後，才找到有數學附錄的 pdf 版。因此，一開始註是照原文 word 版的安放格式，後來經過張碧娟小姐的指正，才改放在標點符號之後。

　　在此，要向張碧娟小姐致上我最誠摯的謝意。她不只是提出並指正上面所說的幾個大問題，還指出不少翻譯不妥之處。真是多虧了她的指正，才使本書閱讀起來更通順且更容易明白。此外，也要感謝五南圖書出版公司侯家嵐主編及其他許多不知名人士的協助，特別是在最後排版階段，他們敬業的精神及專業的態度，也是本書得以順利出版的重要元素。

9. 結語

　　最後要回到一開始提到的吳惠林教授所說的回歸傳統，個人認為所謂經濟學的傳統，應該就是馬夏爾在書中一開始就點出的：「經濟學一方面是研究財富，更重要的另一方面是研究人的行為。」因此，無論使用何種分析工具，研究者都不能忘記自己是在處理人的經濟行為。絕不能為了建構複雜的模型，而忘了這一最重要的目的。

　　既然是要研究人的經濟行為，就要以人為討論的中心。人有感情、有思想，人的行為受到制度及習俗所規範，這些東西各個社會都不同。由於這些方面的不同，在面對同樣的經濟問題時，不同的行為會有不同的反應，最後會帶來有不同的結

果。因此，無論使用何種分析工具，討論各種經濟問題，最後都要回歸到人的身上，而這應該就是馬夏爾這本書最根本的精神所在。

臺大經濟系教授 葉淑貞

2021 年 1 月 22 日

目　次

第六篇

國民所得的分配

第一章

分配的初探

第1節

第六篇全篇
的大意。

　　本篇的主旨在於強調一個事實，亦即培養自由的人去工作所根據的原則，與機器、馬或奴隸不一樣。如果原則相同的話，那麼價值的分配和交換之間就幾乎毫無區別了；因為若是這樣的話，每一種生產因素所得到的報酬，都足以抵補其連同損耗在內的生產費用，總之，在考慮偶然的失敗後，供給都會調整到需要的水平。但事實證明，我們對大自然的控制力愈來愈大，使得大自然產生的剩餘愈來愈大過於人類所需的生活必需品；而這剩餘並未為無限制增加的人口所耗盡。因此，有以下的問題需待解答：決定這些剩餘在人們之間分配的一般因素是什麼？其中習慣上的必需品，也就是「舒適的標準」（Standard of Comfort）產生什麼樣的作用？消費和生活方式一般會如何影響效率？是透過欲望和活動，也就是透過生活水準（Standard of Life）的影響嗎？替代原理多方面的作用，以及不同階層的體力和腦力勞動者之間的生存競爭起的作用如何？資本的使用給予那些掌握資本者的權力所扮演的角色為何？與那些工作和立即消費他們努力成果的人相比，產出的總流量中的哪一部分是支付給那些工作（這裡包括從事冒險的企業）和「等待」（wait）者的酬勞？本篇將試圖對這些和一些類似的問題，提出廣泛的解答。

第一章的要
點。

　　我們將透過一個世紀以前法國和英格蘭的學者，如何認為價值幾乎完全由生產成本所決定，需要則只居於從屬地位的描述，開始對這個主題進行初探。接下來，我們

將論述在處於靜態之下，這些結論如何接近於事實；爲了使這些結論與生活和工作的實際情況相一致，需要引入哪些修正；因此，第一章的其餘部分，主要將討論勞動的需要。

　　在第二章，我們首先要討論勞動在現代條件下的供給；接著，我們將轉而概括性的檢視決定國民所得在勞動、資本家與地主之間廣泛分配界線的因素。在這個快速的討論中，我們將略過許多細節；而有一部分的細節，將在本篇其餘部分再補充；但其他的細節將留待下一本書再來論述。

第二章的要點。

第2節

　　在亞當・史密斯之前的法國經濟學家，對決定國民所得分配的因素曾提出最簡單的說明；這種說明是立基於上個世紀（按：十八世紀）下半葉法國的特殊情況。那時從法國農民那裡徵收的稅額和其他的索費，是以農民的負擔能力爲限；而少有勞動階層能夠脫離飢餓。所以，經濟學家或所謂的重農學派學者爲了簡化起見，就假定有一種人口的自然法則，據此法則，勞工的工資會保持於飢餓的界限。①他們雖然不認爲整個勞動人口的情況都是如此，但

重農學派根據手邊的事實，假設工資處於其最低的可能水準，

---

① 因此，就這一點來說，特哥可以視爲是重農學派學者，他曾說（《論財富的形成與分配》，第6節）：「在任何形式的職業當中都必然會發生，且確實也發生了以下這個現象，即技術工的

卻認為例外情況如此之少，以致於認為他們的假設所得到
的一般觀點是正確的；這有點像開始把地球形狀說成是橢
圓形球體一樣，儘管確實有幾座超出一般水面的山脈，但
凸出表面的只達到地球的千分之一，因此這種說法並無大
礙。

同時也假
定，資本的
利息也處於
最低可能的
水準。

　　再者，他們知道，在前五個世紀裡，因為「節儉通
常勝過奢侈」（economy had in general prevailed over
luxury），歐洲的利率呈現著下降之勢。但是他們對以下
事實，即資本的敏感性及人們逃脫徵稅人員的掌握，以逃
避其壓迫的敏捷性，印象非常深刻，因此他們得出的結論
認為，如果利潤減少到低於當時的水準，那麼資本就會迅
速消耗掉或流出去，這種假設並不太過。因此，為了簡化
起見，他們又假定有某種類似於自然或必要的利潤率，這
種利潤率在某種程度上與自然工資率一致；如果目前的利
潤率超過這個必要的水準，資本會迅速成長，直到把利潤
率壓回到這個水準；同樣地，如果目前的利潤率低於這個
水準，資本會迅速減縮，利潤率將會被迫再次上調。他們

工資僅限於供他維生的必要水準…他所賺的僅足以維生而已（Il ne
gagne que sa vie）」。然而，休謨（Hume）書中，卻指出這種說法
會導出以下這樣的結論，即對工資課稅必會提高工資，而這與所觀
察到的以下事實不符合，亦即稅較高的地方，工資通常較低，反
之亦然。特哥對此的回答（1767年3月），大意是說他的鐵律並
不假定在短期內，而是在長期間才會完全發揮作用。參見賽伊
（Say）的《特哥》（*Turgot*），英文版，頁53等。

認為，工資和利潤是由這種自然法則所決定的，而各種東西的自然價值便純粹由支付的工資和給生產者報酬的利潤之高低這兩者之和所決定的。②

亞當・史密斯得出的結論，比重農學派更全面；儘管在生產所需要的勞動和資本，必須以耕種的邊際來進行估算，這樣才能避開地租因素這一點，還有待李嘉圖來釐清。但是亞當・史密斯也看到了，英格蘭的勞動和資本並不像在法國那樣，處於飢餓的邊緣。在英格蘭，大部分勞工階級的工資都遠勝於僅能維持生活所必需的水準；且在這裡，豐富且安全的資本不存在消失或外流的問題。因此，當他仔細斟酌了其用詞之後，他使用了「自然工資率」（the natural rate of wages）和「自然利潤率」（the natural rate of profit）這兩個名詞，這就不會像重農學派所使用的那麼嚴苛和固定了；而且他以很好的方法解釋了

亞當・史密斯把這個僵硬的假設部分放寬了，

---

② 依據這些前提，重農學派學者從邏輯上推演出這樣一個結論，即一個國家唯一可以用來付稅的淨農產品是土地的地租；當對資本或勞動課稅時，會使淨農產品變少，直到其淨價格上升到自然水準為止。他們認為，地主必須要支付超過這個淨價格的總價格，超過的部分是稅以及徵收這些稅的一切費用，再加上稅吏加諸於產業自由運作的所有障礙，所算出來的金額；因此，如果地主作為剩餘唯一的真正所有者，他們將照國王的要求，直接支付所有的稅，則在長期損失會較少；尤其是如果國王准許「自由放任、自由流通」（laisser faire, laisser passer），也就是讓每個人都從事他所選擇要做的，並且把他的勞動和產品，賣到他喜歡的任何市場的話，更是如此。

這兩者是如何由不斷變動的需要與供給條件所決定的。他甚至堅決地主張給勞動豐厚的報酬能促使老百姓勤奮、豐富的生活會增進勞工的體力、改善勞工的生活狀況，以及讓他們餘生過得輕鬆充實等使勞工安心的希望，會激勵勞工把體力發揮到極致。因此我們總是發現工資高的地方的工人，比工資低的地方的工人更積極、勤奮且敏捷；例如拿英格蘭與蘇格蘭，大城市附近與偏遠鄉下相比，情形就是如此。③然而，他有時又回到舊的說法，因而使得粗心的讀者認為他相信勞工工資的平均水準，由工資鐵律而定於僅能維持生活所必要的水準。

馬爾薩斯把這個假設放寬了。

此外，馬爾薩斯對英格蘭從十三世紀到十八世紀工資演變的歷程令人讚嘆的檢閱，顯示了工資的平均水準如何從一個世紀到另一個世紀來回振盪，有時會下降到一天大約只有半配克（peck）④的穀物，有時又上升到1.5配克，或甚至在十五世紀時，還上升到約2配克左右。但是，儘管他觀察到「低劣的生活方式可能是貧窮的一個原因，同時也可能是貧窮的結果」，但他把這種結果幾乎完全歸因於由此而造成的人口增加；他並未料到我們這一代經濟學家會強調，生活習慣對效率，以及從而對勞動者賺錢能力的影響。⑤

---

③ 《原富》（國富論），第一篇第八章。

④ 譯者註：配克是穀物等的英、美容量單位；一配克大約等於9公升。

⑤ 《政治經濟學》的第四章第2節。對於十五世紀實際工資上漲的

　　李嘉圖的用語甚至比亞當・史密斯和馬爾薩斯更不嚴謹。的確，他曾經清楚地說過⑥：「以食物和必需品來估計勞動的自然價格，是絕對固定不變的，這個論點是不可理解的……勞動的自然價格主要取決於人們的風俗習慣。」但是，這樣說過一次之後，他就不再不厭其煩地重複這樣說；而他大部分的讀者也都忘了他曾這麼說過。在他的論證過程中，他經常採用類似於特哥和重農學派的說法；⑦似乎意味著，一旦工資上升到超過維生的必要水準時，人口成長的趨勢就會加速，這將導致工資按 「自然法則」（a natural law），固定在僅能維生的必要水準。這個法則被稱為是李嘉圖的「鐵（iron）律」或「銅（brazen）律」，特別是在德國更是如此稱呼。許多德國的社會主義學者都相信，即使在西方世界，這項法則現在還是發揮作用；並且相信只要生產依然是按「資本主義的」（capitalistic）或「個人主義的」（individualistic）方式進行，這個法則就會繼續發揮作用；他們甚至聲稱李嘉圖是他們這一主張的權威。⑧

李嘉圖似乎支持所謂的「工資鐵律」（iron law of wages），但是事實上，他認為工資主要是由可變的生活水準所決定的。

程度，還存有一些值得懷疑之處。只有在最近兩代，英格蘭普通勞動的實質工資才超過了2配克。

⑥ 《原理》，第五章。

⑦ 請參照前面第四篇第三章第8節。

⑧ 有些不是社會主義者，且相信沒有這種鐵律存在的德國經濟學家，卻堅信李嘉圖及其追隨者的學說是否有效，要看這個鐵律的真實性而定；而另外一些經濟學家（例如羅舍爾的《德國國民經

　　然而事實上，李嘉圖不僅意識到工資的必要界限或自然界限不能由鐵律來決定，也認識到這是由各時、各地的當地條件和習慣所決定的；他極爲敏銳的意識到較高「生活水平」的重要性，並呼籲人道主義的朋友們致力於促使工人階級增強決心，不要使他們的工資落在僅能維生的必要水平附近。⑨

　　許多學者堅持認爲，他相信「鐵律」只能從下面這些事實來說明，亦即他所喜歡「想像的有力例證」，及他習慣於不重複曾經給出的暗示，且爲了簡化起見，他省略了那些使其結論應用於現實生活所需要的條件和限制。⑩

　　濟學史》（*Gesch. der Nat. Oek. in Deutschland*）頁1022，則抗議社會主義者對李嘉圖的誤解。

⑨　可以引用他以下的一段話：「人道主義者必然都希望在所有的國家，勞動階層都追求舒適和享受，因此應該透過一切合法的手段，來激勵他們努力設法獲取這些享受。這是對抗超級過剩人口最可靠的方法。在勞動階層只有最少的欲望且只滿足於最便宜糧食的那些國家，人民會歷經最大的動盪和苦難。他們沒有避難的地方，無法以低下的身分去尋求安身之處；他們已經是如此低下，以致於再也無法降得更低了。當維持他們生存的主要物品有任何不足之際，可供他們利用的替代品很少，對他們而言，缺少這些物品幾乎所有飢荒的罪惡將隨之而來」（《原理》，第五章）。值得注意的是麥克洛克曾被指責，採用李嘉圖最極端的學說，且死板、僵硬地運用這些學說，這種指責並非全然不公平，而在他的《工資論》（*On Wages*）第四章卻選擇了「低工資與讓勞動者習慣食用最便宜食物的缺點；高工資的優點」這樣的標題。

⑩　李嘉圖的這種習慣將於附錄九再來討論。（也請參見第五篇第十四

　　儘管密爾清楚地強調了經濟學中人的因素，但在工資理論上，他並未超越其前人太多。然而，他遵循馬爾薩斯，專注於那些歷史教訓。這些歷史教訓指出，如果工資下降導致勞動階層降低他們的舒適標準時，「則對他們所造成的傷害將是永久性的，他們惡化的情況將成為一種新的最低點，有如之前較高的最低點會自行持續下去一樣，這個新的最低點也會持續下去」。⑪

密爾也堅持過低工資會造成越來越嚴重的傷害。

　　但是對於高工資不僅提高了由此而受益者的效率，也

但是上一代才開始首次細緻的研究工資對效率的影響。

章第5節。）英格蘭古典學派經濟學家經常認為最低工資取決於穀物的價格。但他們把「穀物」這個名詞用作一般農產品的簡稱，有點像佩帝（《租稅與捐獻》（*Taxes and Contributions*）第十四章）所說的：「我們認為所謂的種植的穀物包含了所有生活的必需品，有如在主禱文中，麵包這個詞的含義一樣。」當然，李嘉圖對工人階級前景的看法，比我們現在所持的還要悲觀。現在，即使是農業勞動者也可以很好的養家，並且還有一些剩餘；而在那時，即使是在收成不好的情況下，技術工也會要求全部的工資，來為家人購買充足的好食物。艾胥列爵士堅持認為，李嘉圖的期望比我們這個時代的期望要狹隘；他有啓發性地描述了上一個註釋中所引用的那段歷史；並指出即使是拉薩爾（Lassalle），也不認為他的銅律是絕對沒彈性的。見附錄九，第2節。

⑪ 請參見其書第二篇第十一章第2節。他曾指責李嘉圖假定舒適標準是不變的，顯然他忽略了像上一個註解中引用的那段話那樣。不過，他很清楚李嘉圖的「最低工資率」取決於流行的舒適標準，而與最低維生的必要水準無關。

提升了他們子孫後代的效率這個問題，直到上一代的學者才開始仔細研究。這方面的研究是由沃克（Walker）和其他美國經濟學家所帶領的；他們把比較研究法應用於新、舊大陸各國的產業問題，使人們愈來愈關注到高薪勞動一般都是有效率的，因而不是昂貴的勞動；雖然這樣的事實比我們所知道的任何其他事實，都對人類的未來更充滿希望，但卻對分配理論產生了非常複雜的影響。

這個問題很難，須要有一些簡單的例證來說明。

現在已經確定的一點是，分配問題比以前經濟學家所認為的要難很多，因此聲稱是這個問題的一個簡單的解決方法，可以說都不是正確的。大多數過去試圖對分配問題給出簡單答案的研究，其實都只對生活條件非常簡單的世界中一些假想的問題所提出的解答，而這些問題卻都不可能出現在我們這個世界。然而，為回答這些問題所做的努力並非是白費的。因為一個非常困難的問題，可以將之拆解成幾個部分來解決；而這些拆解了的簡單問題中的每一個，都包含了我們要解決的那個大難題中的一部分。讓我們以此一經驗，在本章的其餘部分循序漸進地來了解，那些決定現實生活中勞動和資本需要的一般因素。[12]

第3節

首先假定所有的人都同樣的勤奮，都可以互換工作，人口也都是穩定的；

讓我們從研究以下這樣一個想像的世界裡，需要對勞動報酬的影響開始。在這個世界裡，人人都擁有幫助其

---

[12] 請參照第五篇第五章，特別是第2及3節。

勞動的資本；這樣就不會有資本和勞動關係的問題了。也就是說，讓我們假設每個人都只使用少量的資本；每個人所使用的資本都是他自己所有的，而大自然的饋贈是如此豐富，以致於都可以免費地隨意使用，且都不屬於任何人的。讓我們進一步假設，每個人不僅都有同等的能力，同時也都有相同的工作意願，而又同樣努力地工作；所有的工作都是非技術性的，或說都是非專業性的，同時假設若有任何兩個人想要互換工作，每個人做的工作都和其他人一樣多且一樣好。最後，讓我們再假設每個人無須其他人的協助，都可以生產出直接銷售的物品，而且他自己把物品直接出售給最終的消費者，因此對每種物品的需要都是直接的。

在這種情況下，價值的問題就很簡單了。各種東西都以生產所花費勞動的比例，相互交換。如果任何一件物品的供給短缺，其售價可能在短時間內高於正常的價格；該物品可以換得生產需要勞動較該物多的物品；但是如果是這樣的話，人們會立刻丟下其他工作，而來生產該物品，在很短的時間內，其價值就會降到正常的水平。也許會有輕微的短暫性干擾，但一般說來，任何一個人的報酬都將與其他人的相等。換句話說，從所生產的物品和勞務的淨總額中，或我們可以稱爲國民所得或國民紅利中，每個人所得到的份額都相同，這就構成了勞動的需要。⑬

那麼，需要就是分配的主要調節器；

---

⑬ 見後面第10節。

　　如果現在有一項新發明，讓任何一個行業的工作效率都提高一倍，因此一個人不需要增加工具，就可以在一年之內製造兩倍的某物，那麼該物的交換價值就會降到原來的一半。對於每個人勞動的有效需要都會增加一些，則每個人從這個共同的報酬庫（common stream-earning）中，可以獲取的份額會比以前大一些。如果他願意的話，對這種特殊類型的東西可以多選取一倍，而對其他東西則照舊有的額度；或者也可以對任何東西，都比以前多取一些。如果許多行業的生產效率都提高了，這個共同的報酬庫或紅利將會大很多；那些生產這些商品的行業，對其他行業所生產的那些商品的需要會大很多，因而增加了每個人所得到的報酬的購買力。

第4節

下一個情況也是如此，亦即假設人口是穩定的，所有的人也都同樣勤奮，但是每個人都有其各自的職業；

　　如果我們假設每個行業都需要一些專門的技術，並假設其他條件都如前所述，也就是假定所有的工人仍然都有同等的能力和同樣的勤奮；所有的行業都同樣令人滿意，也都同樣容易學習，則情況不會有太大的改變。所有行業的正常報酬率仍然相同；因為如果一個行業一天勞動所生產的東西可以換得比其他行業勞動一天的產出要多的話，且若這種不相等有持久的跡象，那麼人們將往這種有利的行業去栽培其子女。的確，可能會有一些小的不規則存在。而從一個行業轉到另一個行業需要花時間；因此有些行業可能暫時取得比他們從報酬庫所分到的正常份額

要多，而另一些行業可能取得的會較少，或甚至找不到工作。但是，儘管有這些干擾，但每個物品當前的價值還是會在其正常價值附近波動。就像前面所說的那樣，在這種情況下，正常價值純粹取決於生產該物所花費的勞動量；這是因爲各種勞動的正常價值仍然相等。一個社會的生產力將因分工而提高；共同的國民紅利或報酬庫也會因而更大；並且拋開短暫性的干擾，每個人所得到的份額都相同，每個人都能用他自己的勞動成果，購買比他自己生產出的更有用之物。

在這個階段，正如前面所考慮的那樣，亦即每個物品的價值都與花在該物的勞動量密切一致的這一點仍然是正確的；每個人的報酬都純粹取決於大自然的恩賜和生產技術的進步。

第5節

接下來，讓我們仍然忽略養育和訓練勞工所用的大量開支對其效率的影響，把這個問題與分配供給面的其他問題，留待下一章再一起來討論；現在讓我們只檢視人口數量的變動，對大自然所產生的所得的影響。讓我們假設人口的成長率或是固定的，或者無論如何都不受工資率的影響；但可能受習俗、道德觀念和醫學知識變動所影響。我們仍然假設所有的勞動都是同一等級的，而且除了一些輕微短暫的不平均之外，每個家庭所分配到的國民所得都相等。在這種情況下，生產技術或運輸方面的每一項改善、

另外，假設人口增加，但並非經濟因素引起的，所有的工人仍然屬於同一級別。

每一個新發現，以及對自然條件的每一次新的克服，都會同等地增加每個家庭所能支配的舒適品和奢侈品。

即使報酬遞減趨勢很強，也是如此。

但這種情況與前一種情況不同，因爲在這種情況下，人口的增長如果維持足夠久的話，最終必然會超過生產技術的改進，並導致農業出現報酬遞減的現象。也就是說，那些在土地上工作的人所獲得的作爲他們勞動和資本報酬的小麥和其他農產品會較少。整個農業這個行業中，一小時的勞動所代表的小麥數量比以前少；因而在其他所有的行業也都是如此。因爲所有的勞動都假設是相同的等級，因此所有行業的報酬一般也都相等。

此外，我們也必須要注意到土地的剩餘或地租的價值將會上漲。因爲假設不管是在優或劣的土地上，生產所需要的資本數量都是一致的，則在僅僅勉強有利或邊際的條件下，任何一種農產品的價值，都必須與勞動的價值相等。而在邊際上，要生產1夸特的小麥等等，需要比以前多的勞動和資本的投入；因此，在有利條件下使用勞動，大自然所給予的小麥等等的報酬，相對於那個勞動和資本，會比以前的價值要高；或換句話說，小麥提供的剩餘價值超過用於生產小麥的勞動和資本的價值。

如果有許多級別，但是每一級別的人數並非由經濟因素所決定，則需要仍舊是價值的主要調節器。

第6節

現在讓我們拋棄以下這樣的假設，即勞動的流動性如此之高，以致於確保了整個社會中同樣的努力，可獲得相同的報酬，並讓我們更貼近於實際的生活狀況，而假設所

有的勞動在產業中，並非都是一個等級的，而是不同級別的。讓我們再假設父母總是培育自己的孩子，到自己那個級別的職業中去工作；他們在該級別中可以自由選擇，但無法在其外自由選擇職業。最後，讓我們假設每個級別的人口數量成長都決定於經濟以外的其他因素。與之前的假設一樣，人數可以是固定的，也可以受到習俗、道德觀念等等的變動所影響。在這種情況之下，總國民所得將由在目前的生產技術狀態之下，大自然給人勞動報酬的豐富程度來決定；但不同級別之間國民所得的分配將會不相等。這將由人們自身的需要來決定。愈能滿足那些在國民所得中占有很大份額者的廣泛和迫切需要的行業，則該些行業所分到的份額就愈大。

例如，假設技術工自己形成一個級別、或一個社會集團、或一個產業部門；他們的人數不變，或至少受到與報酬無關的因素所決定，則這些技術工的報酬將決定於從這些技術工的產品，獲得滿足的那些階級者之財力與渴望的程度。

第7節

我們現在可以拋開前述那個每個人都擁有協助他工作資本的假想世界，回到我們這個現實的世界，在該世界裡，勞動和資本的關係在分配問題上產生很大的作用。但讓我們依然只關注於國民所得按照各種不同生產要素的數量及該要素所提供的勞務，在各要素之間進行分配，而把

回到實際的生活情況，而只是針對需要面來考慮。

每種要素的報酬對該要素的供給所起的反射作用，留到下一章再來討論。

　　我們已經知道機敏的企業家，如何不斷尋求把他的資源應用到利潤最高的途徑上，及如何努力把各種不同的生產要素都利用到以下這樣的邊際或極限上，在這一邊際或極限上，他如果把一小部分他的支出移轉到其他的要素上，就可獲利；他如何就其影響所及，透過替代原理的中介，調整各個生產要素的使用，使其在邊際的使用上，該要素的成本與從其所得到的額外淨產值成比例。我們可以把這種普遍性的推理應用到勞動僱用的情況上。[14]

　　在謹慎企業家的心中，時常會思索一個問題，就是他僱用來為他工作的人數是否適當。在某些情況下，人數是由他的設備所決定的；每個高速火車頭都必須要有一個，且只要一個駕駛人。但有些快速火車只有一名列車長；而當車流量很大時，若有第二個列車長，就可能為乘客省下幾分鐘的時間；因此，一個機敏的經理人會不斷地衡量是否在一輛重要的火車上僱用第二個列車長，以節省乘客的

---

[14] 請參閱前面第五篇第四章第1-4節。在稍後，我們將要討論僱用人類的勞動與租用一間房屋或一部機器不同之處。但是，目前我們可以忽略這種差異，只以廣泛的要點來檢視這個問題。即使如此，在探討的過程中，也會出現一些技術上的困難。那些根據第五篇第七章結尾處的建議，而忽略了該篇最後幾章的讀者，如果不滿意這裡所提供的一般性處理的話，請回頭閱讀第五篇第八章和第九章。

時間，避免惹惱乘客，來獲得淨產值，並考慮這樣做是否值回其成本。這個問題與是否「值得」（it would pay）在時刻表上加一班列車，在類別上相似，但在形式上較簡單，後者需要較多的機器設備，同時也需要較多的勞動支出。

再者，有時我們會聽到說，某個農民急需勞動投入於其土地。也許他有足夠的馬匹和農具；但「如果他多僱用一個人，不但可以收回成本，還能有更多的賺頭」：也就是說，多僱用的這一個人的淨產值，足以抵補其工資，而又有餘。讓我們假設一個農民也同樣面臨著要僱用多少牧羊人這樣一個問題。為了簡單起見，我們可以假設增僱一個人，不會增加農具或馬匹的支出；並假定這個人為農民本身所節省的麻煩，恰好與他在其他方面所給予的麻煩一樣多，所以不需要考慮管理報酬（即使把這些報酬作廣泛的解釋，以包括風險的保險等等，也不需要考慮）；最後，再假設這個農民斷定增僱的這個工人，在防止小羊與其他方面的損失，所能做的與每年增加20隻狀況良好羊的產量一樣多。也就是說，他認為增僱的這個人的淨產值是20隻羊。如果農人能以比20隻羊的價格低很多的錢僱用到這個幫手，那麼這個機敏的農民肯定會僱用他；但是，如果兩者的金額差不多，農民就會處在猶豫的邊際上；因為此人的受僱是邊際的，所以他就可稱為是「邊際的」（marginal）牧羊人。

我們最好從頭到尾都假設這個人有正常的效率。即使他的效率是超高的，只要他的淨產值等於他的工資，他的

一個邊際受僱者。

假設這個人具有正常的效率，且在正常的情況下工作。

確就是一個邊際的牧羊人。這個農民可能判斷一個正常效率的
牧羊人只能增加16隻羊的產出；因此他只願意以高出比普通工
資四分之一的工資來僱用這個人。但是，假設他有超高的效率
是極為不方便的。他應該是要具有代表性的，亦即應假設有正
常的效率⑮。

---

⑮ 請參見後面第十三章第8、9節，對勞動標準化的論述。

下表給了一個數學的實例，以說明該問題。表中第(2)欄代表一個英國
的大型牧羊場，分別有8、9、10、11和12個牧羊人，每年可出售的羊
的數量，連同適當的羊毛。（在澳大利西亞地廣人稀，羊的價值相對
較低，除了剪毛的時間外，每2,000隻羊的照料者通常少於10個人；見
艾伯特・斯派瑟爵士（Albert Spicer）引自艾胥列的《不列顛的自治
領》（*British Dominions*）（譯者註：自治領是大英帝國殖民地制度
下特殊的國家體制）頁61。我們假設牧羊人數量從8增加到12人，不
會增加牧場經營的一般費用；並假設這使該農民在某些方面省下的麻
煩，與在其他方面增加的麻煩一樣多；增減相抵，所以不需要考慮這
些項目。而第(3)欄中列出每增加一個人所得到的產量，這是第(2)欄
中相應數量超過同一欄中前一數量的數量。把第(2)欄中的數字除以第
(1)欄的數字，可以得到第(4)欄的數字。第(5)欄是以每人值20隻羊，
所算出的牧羊人勞動成本。第(6)欄是遺留下來，作為包括農民的利潤
和地租等一般費用在內的餘額。

(1)	(2)	(3)	(4)	(5)	(6)
牧羊人數	羊數	最後一人產量	每人平均產量	工資總數	(2)-(5)
8	580	—	72½	160	420
9	615	35	68⅓	180	435

如果他是有代表性的，而且他的雇主也是有代表性的，那

10	640	25	64	200	440
11	660	20	68	220	440
12	676	16	56½	240	436

當我們往下移動時，第(3)欄的數字不斷地減少；但第(6)欄的數字先增加，然後保持不變，最後減少。這表示農民僱用10或11個人時，利益相同；但僱用8、9或12個人，獲利較差。當勞動和羊的市場是一人一年可以用20隻羊的價格僱得時，第11個人（假設該人效率是正常的）是邊際人。如果市場使僱用一個人的價格為25隻羊，那麼第(6)欄中的數字將分別為380（譯者註：等於580-25*8）、390、390、385和376。因此，這個農民也許會少僱一個牧羊人，並減少賣到市場的羊隻；同時在許多養羊的農民當中，會這樣做的人肯定是居多數。

關於類似情況已經有詳細的論述了（請參閱第五篇第八章第4、5節），對於農民來說，恰好值得僱用這個勞動所付出的價格，僅是衡量決定牧羊人工資眾多因素的結果；就好像安全閥的移動，可以衡量決定鍋爐壓力眾多因素的結果一樣。理論上說來，從這一點可以推得一個事實，亦即在市場多賣20隻額外的羊，這個農民會降低一般羊隻的價格，因此在其他羊隻的買賣上也會損失一點。在特殊的情況下，這種修正相當重要。但在像這樣一般性的討論中，我們處理的是在一個很大的市場上，許多生產者的其中之一增加非常小的供給量（在數學上為二階的小增量），因此可以忽略。（請參見前面，第五篇第八章第4節最後一段末尾的註。）

當然，在這種特殊的情況下，這個牧羊人的淨產值在決定牧羊人的工資時，所產生的作用不如牧場上任何邊際牧羊人的淨產值那麼大；在這些牧場裡，若沒有在諸如土地、建築物、工具、管理人員等其他方面，進

麼20隻羊將代表淨產值，因此也代表了一個牧羊人的賺錢能
力。但是，如果其雇主是一個不善於經營的人，例如如果他讓
他的受僱者缺少飼養羊的必需品，那麼這個雇工可能只能增加
15隻羊，而不是20隻。只有當工人和他的工作條件都在正常狀
態時，淨產值才能代表正常的工資。

這位牧羊人的勞動所獲得的額外產量，在很大程度上受
到這個農民已經僱用的牧羊人數量所影響。而後者又決定於需
要與供給的一般條件，特別是受到當代所能吸收到的牧羊人之
人數；對羊肉和羊毛的需要及從放牧區域，所能獲得的這些產
品的供給；牧羊人在所有其他農場上的效率等等這些因素所影
響。而邊際產出的數量更大程度上受到土地其他用途的競爭所
影響；牧羊用的土地會因為種植木材或燕麥、鹿的保育地等對
土地需要的增加而減少。[16]

行可觀的額外支出的話，就無法透過僱用這些邊際牧羊人而獲利。

有如第(3)欄所示，上表中的第(4)欄是從第(1)和(2)欄中推導出來的。
但是該表格顯示了當牧羊人的工資等於第(3)欄中羊隻的數量時，農
民所能僱得起的人數，因此成為工資問題的核心；而第(4)欄則與該
問題無直接的關係。因此，當霍布森（J. A. Hobson）先生在他自己
得出的一個類似的表格上作評論（不過，在他表中所選擇的數字，並
不適合於他所批評的假設）時，說：「換句話說，所謂的最終的或邊
際的生產力，變成為不過就是平均生產力罷了⋯⋯邊際生產力的整個
觀念⋯⋯完全是錯誤的」（《產業制度》（The Industrial System）頁
110），看來他似乎是弄錯了。

[16] 請參照第五篇第十章第5節。

　　以上這個實例是從一個簡單的產業中挑選出來的；儘管每個產業的形式可能不同，但是問題的本質都是一樣的。除了註解中指出的那些對我們主要目的不重要的條件外，每類勞動的工資都傾向於等於來自於該類邊際勞動的額外勞動所產生的淨產值。[17]

　　這個學說有時是作為一個工資理論而提出來的。但是任何這類的主張都沒有任何令人信服的理由。一個工人的報酬等於他工作淨產值的這種理論本身並不具實際的意義；因為為了要估計淨產值，除了此一工人的工資之外，我們還必須要把生產該商品所有的生產費用都納入考慮。

　　不過，儘管反對這個學說包含工資理論，這樣的主張是站得住腳的；但是反對這個學說把決定工資的因素之一的作用闡明得很清楚，這樣的主張卻是站不住腳的。

這個學說並非是一個工資理論；

但卻是該理論很有用的一部分。

---

[17] 這種說明勞動淨產值的方法，不易適用於需要投入大量資本和精力，以逐步建立貿易聯繫的產業，特別是依循報酬遞增法則的產業。這與在第五篇第十二章和附錄八所討論的問題，實際困難的程度都相同。同樣也可以參閱第四篇第十二章、第五篇第七章第1、2節和第十一章。也可從一個純粹抽象的觀點來研究任何一個相當大的企業增僱一人，對該企業一般經濟的影響；但這種影響太小，以致於不值得很認真地考慮。（請參閱前面，第五篇第八章第4節最後一段末尾的註。）

第8節

在往後的章節中，為了特殊的目的，我們需要另舉一些其他的例子，以說明在前面的章節中以體力勞動所說明過的那個原理；特別是要闡明當發現多用一些監督者與增僱一名普通勞工，都同樣可以增加某個企業的有效產量時，如何衡量企業管理工作某些部分的價值。同樣地，一臺機器的報酬有時可以用在某些情況下使用該部機器，不會引發任何伴隨而來的額外費用，而又能增加一個工廠的產量來估算。

從某臺特定機器的工作，一般化到有一定總價值之機器的工作時，我們可以假設在某個工廠，額外多用價值100英鎊的機器，不會引起任何其他額外的費用，且在扣除機器本身的折耗之後，每年都可以增加這個工廠4英鎊的淨產值。如果資本的投資者將這筆資金投資到可以獲得高報酬的途徑中，若這樣做了之後，達到均衡時仍是值得，且剛好值得使用這部機器，那麼我們就可以從這一事實推斷出，年利率為4%。但這類例子僅僅說明了，決定價值那些重大的因素所發揮的作用的一部分而已。我們不能把這類例子當做一種利息理論，也不能將其當做一種工資理論，否則就會陷在循環推理當中了。

不過，我們可以對其他用途的資本，其需要的性質稍做進一步的說明；並檢視對資本的總需要是如何由多種不同用途之需要所構成的。

為了確定這些觀念，讓我們舉某一特定的行業，比

如說以製帽業爲例，並探究決定其吸收資本數量的因素。假設在毫無風險之下，年利率爲4%；而製帽業吸收了一百萬英鎊的資本。這意味著製帽業可以把整個一百萬英鎊做如此好的利用，以致於寧願每年支付4%的利率，也不願放棄這筆資本而不用。⑱

對製帽業者來說，有些東西是必要的；他們不僅需要有食物、衣著以及住屋，同時也需要一些諸如原料的流動資本，和諸如工具及也許一些機器等的固定資本。雖然競爭會讓使用這種必要的資本，所獲得的利潤不超過普通行業的利潤；然而如果製帽業者不能以較低的利率取得這筆資本，就會遭受非常大的損失的話，則他們寧願對這個資本支付50%的利率，也不願意因失去這些資本而遭受損失。如果每年利率爲20%的話，該行業可能就會不想捨棄其他機器而不用；但是如果更高的話，就會棄而不用了。如果利率爲10%的話，則會使用更多的機器；如果是6%，用更多；如果是5%，用的更多；最後利率若達到4%，則他們用的機器就更多了。當他們使用這個數量的機器時，則其邊際效用，亦即恰好值得使用的那部機器之效用，就是以4%來衡量。

利率的上升會減少他們使用的機器；因爲他們會避免使用那些每年的淨剩餘不超過其價值4%的機器。而利率下降將促

⑱ 對貿易商的貸款每年的收費，一般遠遠超過4%；但正如我們將在第六章中看到的那樣，除了淨利息之外，還包含了其他東西。在最近因爲戰爭而大規模破壞資本之前，3%似乎是合理的，但戰爭結束後，有些年代裡，即使是4%也很難獲得貸款。

使他們需要較多的資本，並引進年淨剩餘略微低於其價值4%的機器。此外，利率愈低，製帽廠及製帽業者住家所使用的建築就會愈堅固、愈美觀；而且利率的下降，也會導致製帽業以原料庫存的形式及零售商手中以成品庫存的形式，而使用較多的資本。⑲

對資本的總需要。 即使在同一種行業中，資本使用的方法也可能有很大的差異。每個企業家在考慮自己的方法後，都會在其企業的各方面，投入資本，直到依據他的判斷，已經達到可獲利的邊際為止；而那個可獲利的邊際，正如我們所說過的那樣，是與每條可能投資線相繼相切的一條邊界線，無論何時只要利率一下降，可以獲得較多的資本時，這條邊界線就會不規則地從各方向往外移動。因此，對借貸資金的需要是所有各行業中所有個人需要的總和，資本也是遵循著與商品銷售相類似的法則；正如同在任何給定的價格之下，恰好會有一定數量的商品可以找到購買者一樣，當價格上漲時，可銷售的數量就會減少，資本的使用也是如此。

就像為生產目的而借入資金一樣，那些愛花錢者或政府，也透過抵押未來的資源，而取得當前支出的資金。的確，他們的行為通常很少經過冷靜的思考，他們經常只決定想要借多少錢，但卻很少考慮到他們為其借款所必須

---

⑲ 請參照第五篇第四章，還有附錄九第3節；在該些地方，對傑逢斯的利息學說提出了一些評論。

要付出的代價；但即使是這種借款，利率也起到相當的作用。

第9節

雖然對上述的全部內容，做一個總結是很困難的，但仍可以陳述如下：只要每一種生產要素，土地、機器、技術性勞動，非技術性勞動等等是有利可圖的，就都會儘量使用在生產上。如果雇主和其他企業家認為，他們多使用一點任何一種生產要素，可以獲得較好的結果，他們就會這樣做。他們會估計在這個或那個途徑，多花一點費用，所能獲得的淨產值（即扣除附帶的費用後，總產出貨幣價值的淨增加額）；如果把費用從某一途徑轉移一點到另一途徑，而能夠獲利，他們就會這麼做。[20]

因此，每個生產要素的使用都由需要與供給的一般關係所決定的；也就是說，一方面，由該要素使用於各種用途的緊迫性，連同需要這個要素的人所能支配資金的多寡所決定；另一方面，取決於該要素的儲存量。根據替代原理，由於該要素不斷地從價值較低的用途，移轉到價值較高的其他用途上，所以該要素在各種用途之間價值也維持於相等的水準。

如果非技術性勞動或任何要素的使用很少，其理由必定是在某一點上，人們對於是否值得使用該種要素，處於

在替代原理的引導下，關於需要對各生產要素報酬的影響，所做的暫時性結論。

---

[20] 這個陳述密切地依循了第五篇第四和第八章的路線。

猶豫的邊際上，而最後認爲不值得使用。也就是說，我們必須要注意各種生產要素的「邊際」（marginal）用途和「邊際」（marginal）效率的意義是什麼。我們必須要這麼做，只因爲唯有在這個邊際上，要素的任何移動才會發生，而唯有經由這種移動，已經變化了的供需關係才能自行呈現出來。

馮・邱念是第一個明白地應用這個法則於分配上的人。

如果我們忽略了勞動等級之間的差異，而把所有勞動都看作是一類的，或者至少都看作是按照某種標準效率來表示的勞動，那麼我們也許可以找出直接使用勞動和直接使用物質資本之間無差異的邊際；我們可以引用馮・邱念的話，簡單的說就是，「資本的效率必定是其報酬的衡量尺度，因爲如果資本的勞動比人的勞動便宜的話，那麼業主會解僱一些工人，在相反的情況下，他會增僱工人。」[21]

---

[21] 《孤立國》，第二篇第一章，頁123。他認爲（同書頁124）因此「利率是表現資本效率與人類勞動關係的一個元素」；最後用非常類似於傑逢斯在一個世代以後，爲了同一目的，而獨自採用的語言，他說（頁162）：「最後使用的一點點資本的效用決定（bestimmt）了利率的高低。」馮・邱念以特有的廣泛觀點清晰地闡述了，在任何一個生產部門連續使用資本，所出現的報酬遞減的一般法則；雖然他並未指出如何調和以下兩個事實，亦即在一個產業中資本使用的增加，可以使產出的增加超過資本增加的比例，以及資本繼續湧入到一個產業，最後必然會降低其中所賺利潤的比率，但他在這個主題上所說的，即使到現在仍然是很重

　　但是，當然了，在任何單一的行業中，資本一般性使用的競爭與機器使用的競爭，在性質上不同。後者會使某種特殊的勞動完全失業；而前者則無法普遍取代勞動，因為這必然會導致那些用作資本的物品，其製造者就業的增加。而事實上，以資本取代勞動，實際上是以含有較多等待的勞動，取代含有較少等待的其他形式的勞動而已[22]。

第10節

　　當我們說到國民所得或全國可分配的淨所得，分成土地、勞動和資本的份額時，我們必須要清楚哪些項目要包含進來，以及哪些項目要排除在外。在我們的論證中，無論是廣義地使用這些名詞，或是狹義地使用這些名詞，並

無論是流入國民所得，或是從國民所得流出的所得，都用習慣用語來界定。

要的。他在處理這些問題與其他重要的經濟原理時，雖然在很多方面都很原始，但他的立足點卻與他對於決定資本累積的因素，以及工資與資本存量的關係上，那種幻想和不真實的假設是不同的。從這些方面，他推導出一個古怪的結論，即勞動者的自然工資率是勞動者必需品與由資本協助下，那個勞動所生產的那個份額之間的幾何平均數。按照他所謂的自然工資率，是指可以維持的最高水平；如果勞動者在一段時間內所獲得的超過這個，那麼馮・邱念認為資本的供給會受到抑制，以致於在長期間，勞動者的損失會超過他所獲得的。

[22] 馮・邱念很清楚地認識到這一點。同前引文第127頁。另也請參閱後文第六篇第二章第9及10節。

沒有太大的差異。但重要的是，我們的用法要一致地貫穿
於任何一個論證當中，且無論是包含在土地、勞動和資本
的需要和供給帳戶中的一邊，也應該要包括在另一邊。

一國把勞動和資本用於自然資源上，每年生產一定總
量的淨商品，包括物質與非物質，以及各種勞務。為了要
考慮原料和半成品的消耗以及參與生產之工廠耗損和折舊
的部分，需要使用「淨額」這個限制詞；所有這些耗損當
然都要從總產出中扣除，以便求得真正的或淨的所得。且
必須要加上來自於國外投資的淨所得（見前文第二篇第四
章第6節）。這是該國真正的年淨所得或淨收入或者國民
所得；我們當然可以估計出以一年或任何其他時間為期的
國民所得。國民所得和國民紅利這兩個用語是可交互使用
的；只有當我們以可供分配的各種享受新來源的總和這一
特性來看國民所得時，後者才較具有意義。但在這裡最好
還是遵循常規的做法，把一般不計為個人所得的那部分，
也不計為國民所得或紅利的一部分。因此，除非提到任何
與此相反的情況，否則一個人對自己提供的勞務，以及無
償地為其家人或朋友提供的勞務；從使用他自己個人物品
或免費橋梁之類的公共財產所獲得的利益，都不算作國民
所得的一部分，而需要分開計算。

生產與消費
的關係。

生產品中的某些部分是用於增加原料、機器等等的存
量，而不僅僅是用來替代已用掉的原料或已耗損的機器，
這部分的國民所得或紅利並未直接供個人消費。但如果就
這個名詞常用的廣泛含意來說，這部分的確是供個人消費
之用，比如說，一個印刷機製造商把他某些存貨賣給印

刷業者時，的確情況就是如此。從這個廣泛的意義上來說，所有的生產都是爲了消費；因此國民所得可與淨生產總量及消費總量互換使用。在普通的產業狀態下，生產和消費是一起變動的：除非有足夠的生產供消費使用，否則不會有消費；且所有的生產之後都會有消費，生產都是爲消費而設計的。在某些特定的生產部門的確可能會出現一些錯誤的估算；而一次商業信用的崩潰，也可能會造成一時之間幾乎所有的倉庫都堆滿了賣不出的貨物。但是這種情況是例外的，並不在我們目前討論的範圍之內。（見後面的第十三章第10節和附錄10第3節）。㉓

㉓ 譯者著：原文是See below V. XIII. 10，所以是第五篇第十三章第10節，但應該是第六篇，也就是本篇才對，因爲句子當中有「後面」（below）一字，而且第五篇第十三章只有七節，沒有第10節。

第二章

分配的初探（續）

第1節

本章的目的。　　正如上一章開始時所提的那樣，我們現在藉由研究報酬對不同生產要素供給之反作用的影響，以補充需要對分配影響的研究。我們必須以初步概觀的方法，把這兩者結合起來，以對在決定不同種類的勞動、資本和土地所有者之間國民所得的分配時，生產成本及效用（utility）或願望（desirability）所產生的作用，進行研究。

李嘉圖及其　　李嘉圖和追隨其後的能幹企業家，把需要的作用過於
追隨者對於　視爲是理所當然，無需加以解釋的東西；他們既未強調，
需要強調的　也未充分仔細研究需要的作用；而這種忽視造成了許多的
不夠，但較　混亂，並掩蓋了重要的眞相。在這種反應當中，過分的強
強調生產成　調以下的事實，即每一種生產要素的報酬，都來自於其所
本則是正確　參與生產之產品的價值，且有時主要是由這種價值所決定
的。　　　　的；生產要素報酬的決定與決定土地地租的原理是如此相
同；以致於有些人甚至認爲，有可能藉由地租法則多方面的應用，來建構一個完整的分配理論。但他們卻又無法達到此一目的。當李嘉圖與其追隨者默默認定供給力量的研究較緊迫，且牽涉到更大的困難時，他們似乎自然而然地爲其直覺所引導。

　　當我們在探究是什麼決定一種生產要素的（邊際）效率時，無論該要素是任何一種勞動，或是物質資本，我們都會發現，若要即刻解答該問題，便需要知道該要素可用的供給量；因爲如果供給增加，那麼該要素就會用於需要較小，且效率較低的用途上。因此，該問題最終的解答，

也需要知道決定供給的因素。所有的東西，無論是特殊類型的勞動，還是資本或其他任何的東西，其名目價值都像一個拱門的拱心石一樣，在相反的兩邊對抗壓力之間，保持著均衡；一邊是需要的壓力，另一邊則是供給的壓力。

無論是一種生產要素，或是一種直接用於消費的商品，任何物品的生產，都會推進到需要與供給雙方力量均衡的極限或邊際。該物品的數量與其價格、製造該物所用的各種生產要素的數量，以及這些要素的價格——所有這些因素都彼此相互制約著，萬一某一外來因素改變其中的任何一個因素，擾亂的效果就會擴及到所有其他各因素上。

各生產要素的數量與價格彼此相互決定。

同樣的方式，當幾個球置於一個碗中時，這些球會相互影響彼此的位置；又如當一個重物，由幾根不同強度和長度的具有彈力的繩子（全部都拉緊），懸掛在天花板的不同位置時，所有繩子的平衡位置和該重物的平衡位置都會彼此相互影響。如果任何一根繩子縮短了，所有其他的繩子都會改變其位置，且其他每根繩子的長度和張力也都會改變。

來自物理學類似的例子。

第2節

我們已經知道，任何生產要素的有效供給，在任何時候首先都取決於其現有的存量，其次又決定於該要素的所有者將其應用於生產的意願。這種意願只是由預期的直接報酬所決定的；雖然這種意願也許有一個下限，在某些情況下，此一下限可說成是一種主要成本，報酬若低於這

報酬對於個人工作意願的影響。

個成本，根本不會生產。舉例來說，若一個製造商接受一份訂單，其收入無法彌補該訂單所引發的額外直接貨幣支出，以及機器的實際損耗時，則他會毫不猶豫地拒絕啓動他的機器；而如果考慮的是工人自身體力的損耗和工作的疲勞，以及其他的不便時，也會有類似的情況發生。而且，儘管目前我們關心的是，正常情況下的成本和報酬，而不是個人所做的任何一件特殊工作，對他帶來的直接成本；但爲了避免誤解，最好在這裡，對這個主題做一個簡短的陳述。

有些工作令人感到愉快；

　　前面已經提到，①當一個人精力充沛且熱情洋溢，去做他自己選擇的工作時，對他來說，這眞的不需要任何的代價。因爲正如一些社會主義者極力誇大主張的那樣，絕大多數的人一直要到發生某些事情，使他們完全無法工作時，才會知道適度的工作帶給自己的快樂有多大。但無論是對，還是錯，大多數人都相信，他們所賴以維生的工作，大部分都沒有帶給他們額外的快樂；恰恰相反，卻讓他們付出一些代價。當下班時間到來時，他們都很高興；也許他們忘記了工作最初的那幾個小時，並沒有像最後一小時付出的代價那樣大。他們很容易把9個小時的工作所付出的代價，視爲是最後一小時的9倍那麼多；他們很少會想到自己所得到的生產者剩餘或地租，是按足以補償最

① 請參閱第二篇第三章第2節；第四篇第一章第2節；第四篇第九章第1節。

後一小時，也是最痛苦的一小時的報酬來計算的。[2]

---

[2] 最近關於一天工作8小時的討論，往往很少觸及到勞動疲勞這方面的問題；因為的確有很多工作不用這麼費體力或腦力，以致於所帶來的費力可以說是解除厭倦，而不是造成疲勞。一個人在值班時，一定要準備隨傳隨到，但也許一天實際的工作還不到一個小時；即使這樣，他也會反對長時間的值班，因為這會剝奪他生活的多樣性，犧牲享受家庭及社會娛樂的機會，以及放棄舒適的進餐和休息。

如果某個人能隨性自由停止工作，那麼當他繼續工作所獲得的利不能抵補其弊時，就會停止工作。如果他必須與他人一起工作，則他每天工作時間的長短往往是固定的；而在一些行業中，一年的工作天數實際上也是固定的。但幾乎沒有任何行業，嚴格規定工作中努力的程度。如果他不能或不願意達到他所在地常見的最低標準而工作，則他通常可以在標準較低的其他地方找到工作；而每個地方的標準，是由在那裡定居的產業人口，對各種工作強度的利與弊進行權衡而設定的。因此，一個人的個人意願不能決定他一年的工作量，與下列情況一樣都是例外的，即一個人因為在無其他地方可住的情況下，必須住在大小與他所喜歡的相去甚遠的房屋。的確，一個情願以每小時10便士的工資率，每天工作8小時，而不是9小時，但卻被迫工作9小時，否則就沒工作的人，從第9個小時開始就要遭受損失了，但這種情況很少發生；而當這種情況發生時，他必須以天為單位。不過，成本的一般法則不受此一事實的干擾，就好像一般效用法則不受到一場音樂會或一杯茶為單位這一事實所干擾一樣。因此某人只願為半次音樂會付5先令，也不願為一次音樂會付10先令，或者願為半杯茶付2先令，也不願為一杯茶付4先令的人，則他在下半場或下半杯將會遭受損失。因此，龐巴衛克（發表在《經濟學期刊》〔*Zeitschrift für*

雖然並非總是如此，但通常是如此，即報酬增加會刺激努力的程度。

　　一個人的工作或甚至是值班時間愈長，就越想要休息一下，除非他真的因工作而麻木了；而另一方面，每多一小時的工作，都會給他較多的報酬，因而使他更接近於滿足他最迫切欲望的這個階段；報酬愈高，這個階段就愈早達到。因而，這取決於個人是否隨著報酬的增長，而產生新的欲望，以及在隨後的歲月當中，是否會產生為他人或為自己提供舒適生活的新願望；或者是否很快就會厭膩於只靠工作就能獲得的那些享受，因而會渴望更多的休息及更多的機會，以便開展那些本身就能使人愉快的活動。沒有一個普遍的法則可遵循；但經驗似乎指出，愈是愚昧和遲鈍的民族和個人，尤其是生活在南部氣候中的人，如果工資率上升，他們就能以較以往少的工作時間，而獲取習以為常的享受的話，則他們工作的時間就愈短，同時也愈不努力工作。但對於那些內心視野愈廣、性格愈堅定，且愈有彈性的人，付給的工資率愈高，則會愈努力工作，且工作時間也愈長；除非他們的確喜歡把活動轉向較高尚的目標，而不喜歡只為獲取物質利益而工作。但是，這一點需要在進步對價值的影響這個標題下，進行更充分的討論。同時，我們可以把以下這個結論當為一個法則，即提

Volkswirtschaft〕第二期的〈價值的最終標準〉〔The Ultimate Standard of Value〕第4節），所提的以下建議，似乎並沒有很好的基礎，即價值一般由需要來決定，而不是直接由成本來決定，因為勞動的有效供給量是固定的；因為即使嚴格規定一年中工作的時數，工作強度仍保持著彈性，何況事實並非如此。

高報酬通常會促成高效率工作的供給量立即增加；且剛才所
提到的這個法則的例外雖然不多，但卻並非毫無意義的。③

第3節

　　然而，當我們從工資上漲對個人工作立即的影響，轉
到在一、兩代之後達到的最終影響時，結果就比較確定了。
的確，雖然暫時的改善會給很多年輕人實現他們一直在等待
的結婚和安家立業的機會；然而繁榮的持續增長，很可能會
降低，也可能會提高出生率。但另一方面，除非工資的提高
是以母親忽視對子女責任的代價而換取的，否則工資的提高
幾乎可以肯定會降低死亡率。當我們檢視高工資對未來一代

有效率勞動
的供給長期
間取決於報
酬率及花用
這些報酬的
方式。

_____

③ 請參閱第十二章。歉收、戰時的物價和信貸的波動，在不同時期
都迫使一些男、女工人和童工過度勞動。而不斷增加勞動，以彌
補不斷下降的工資的情況，現在雖然不像所說的那麼多，但在過
去的時代卻並非十分罕見。那些情況可以與經營正處於失敗的廠
商進行比較，這個廠商努力透過簽訂報酬超過一點點其主要成本
或特殊和直接成本的契約，以補償這些費用。另一方面，幾乎每
個時代，都有一些在突然的繁榮中，滿足於只做一點點的工作，
就能掙得工資，因而促使繁榮結束的故事，但在我們這個時代也
許比其他大多數時代要來得少。不過，這些問題的探討必須要等
到研究商業波動後再來探討。在正常的時間，是由技術工、自由
職業者或有資本的企業承辦者、作為個人或同業公會的成員來決
定他不會罷工的最低價格是多少。

的身心健康的影響時，這個論點就更加有力了。

　　因為有些消費對每一等級的工作，都是絕對必要的，因此從這個意義上來說，如果削減其中任何一種消費的話，人們就不能有效率完成工作；成年人的確可能為了顧及自己，而犧牲自己的子女，但這只不過把效率的降低往後推延一代而已。其次，還有些習慣上的必需品是習俗和習慣上所絕對需要的，所以實際上人們通常寧願放棄他們大部分所謂的絕對必需品，也不願意放棄大部分這種習慣上的必需品。第三，還有一些習慣上的舒適品，有些人即使是在生活很艱困時，若非全部，也有一些這種舒適品幾乎無法完全放棄掉。許多這些習慣上的必需品和習慣上的舒適品，都是物質和精神進步的體現，且其範圍因時因地而異。這樣的物品愈多，則作為一種生產要素的人就愈不經濟。但是，如果對這些物品做明智地選擇的話，就會在最大程度上，達到一切的生產目的；因為這些物品提高了人類生活的情趣。

當工人的所得主要用在維持效率的必需品上面時，勞動的供給與勞動的需要很快就會達到一致。

　　對效率來說，任何絕對必要的那種消費的增加都是值得的，且這種消費從國民所得吸走的，與其增加的國民所得一樣的多。但是，對效率並非如此必要的消費之增加，唯有透過增加人類對自然的控制才能取得；而這要透過以下的方法，才能做得到，亦即知識和生產技術的進步，或組織的改善，和取得更大和更豐富的原料資源，最後是資本的累積和達到預期目標的物質手段的增加。

　　因此，勞動供給對其需要的反應有多密切的這個問題，在很大程度上可以歸結為以下這個問題，即人們目前

的消費中，用來維持年輕人和老年人的生活及效率的消費
上，有多大的部分是由絕對必需品所構成的；有多少是由
習慣上的必需品所構成的，這種物品在理論上是可以免除
的，但實際上，大多數人寧願選擇這種習慣上的必需品，
也不願意選擇那種對效率真正有必要的物品；雖然其中有
一部分的必需品，做為目的本身來看，當然是極其重要
的，但是做為生產手段來看，卻是真正多餘的。

　　正如我們在前一章開頭所提到的那樣，早期的法國
和英格蘭經濟學家幾乎都把工人階級的所有消費都歸入了
第一項。他們之所以這樣做，部分原因是為了簡化，而部
分原因則是因為在當時英格蘭工人階級都很窮，而在法國
更窮；且他們推斷與機械的供給會反應於其有效需要的變
動一樣，勞動的供給也會反應於勞動有效需要的變動上，
雖然速度不如機械的反應那麼快。即使是在現在，對於那
些比較不發達國家的這類問題，我們所給的答案與那些經
濟學家所提出的也相去不遠。因為對整個世界大部分地區
來說，工人階級幾乎都買不起奢侈品，甚至連許多習慣上
的必需品也幾乎都買不起；而他們任何報酬的增加，都會
導致他們的人數增加如此之大，以致於很快的就把他們的
報酬壓低到僅足以維持生活的舊水平。在世界上大部分地
區，工資幾乎都是由所謂的鐵律或銅律所決定的，而把工資
牢牢的釘在養育和維持頗為低效率的勞動階級的費用上。

　　至於現代西方世界，答案卻大不相同；在知識和自
由、在精力和財富，且在輕易進入豐富遙遠的田地，以取
得食物和原料的供給等這些方面，近來都有巨大的進步。

在落後國家，大多數工人階級的支出都有益於提升效率。

即使在富裕的西方世界，在某種程度上也同樣是正確的。

但即使在今天的英格蘭，以下這一點依然是正確的，亦即主要人口的大部分消費，都有助於維持生命和活力；消費方式也許不是最經濟的，但卻也沒有任何大的浪費。無疑地，某些放縱行為肯定是有害的；但相對於其他的，這些行為正在逐漸減少，最主要的一個例外也許是賭博。從做為一種提高效率的手段來說，那種支出對促進效率的手段來說，雖然並非完全都是經濟的，但大部分卻都有助於塑造機智靈巧的企業進取心的習慣，並賦予生活的多樣化，若沒有這種多樣化，人們會變得遲鈍、停滯，儘管他們可能埋頭苦幹，但卻事倍功半；而且一般公認的是，即使在西方國家工資最高的地方，技術性勞動也是最便宜的。同時可以承認的是，日本的工業發展正顯示出，放棄一些較昂貴的習慣上的必需品，並未相應地降低效率。儘管這種經驗可能會在未來造成深遠的影響，但對過去和現在的情況卻幾乎沒有影響。的確，就人類過去和現在的情況來講，迄今為止，在西方世界，有效率的勞動所獲得的報酬，並不比為了支付撫養和訓練有效率的工人，和維持並充分發揮他們的精力的最低費用高出很多。④

---

④ 在所有火車頭上都有一些黃銅製品或銅製品，部分作為裝飾品而設計，去除或取代這些裝飾品對蒸汽引擎的效率毫無損失。其數量事實上是隨著選擇不同鐵路引擎型號人員的嗜好而變化。但是也許會遇到這樣的情況，亦即習俗要求這種支出，而習俗是不容爭執的，且鐵路公司也不敢冒犯這種習俗。在那種情況下，如果處理該問題的時期是在習俗起支配作用的時期，我們應該把該裝飾性金屬製品的成本，與活塞的成本都一併包括在生產一定量的火車頭馬力的成本之內。而且

　　因此，我們可以下結論說，除非是在對身心有害的情況下獲得工資，否則工資的增加幾乎總會提高下一代的體力、智力，甚至是精神的力量；而在其他條件不變的情況下，勞動報酬的增加會提高勞動的成長率；換言之，勞動需要價格的上漲，會增加勞動的供給量。如果知識、社會風俗和家庭習慣都不變；那麼即使不是整個人口的數量，整個人口的活力和任何特定行業的人數和活力，在下面這個意義下，都可以說有一個供給價格就會有某個水平的需要價格，使這兩者都維持於不增不減的狀態；也就是說，價格提高，會促使人口數量與活力都增加，而價格降低，也會使這兩者同時減少。一般的結論。

　　如此，我們再次看到需要與供給對工資產生同等的影響，沒有任何一者居於主導的地位，有如一把剪刀兩個刀片的任何一片，或者是一個拱門兩個柱子的任何一個一樣。工資往往等於勞動的淨產值；勞動的邊際生產力決定其需要價格；而另一方面，工資往往與養育、訓練和維持有效率勞動的幹勁所需要的成本，保持一種雖然是間接的，但卻是密切的及錯綜複雜的關係。這個問題的各種因素（就支配而言）彼此相互決定；因此附帶地，這也促使供給價格和需要價格趨於相等。工資既不受需要價格，也不受供給價格所支配，而是由決定需要與供給的全套因素需要與供給對工資的影響是同等重要的。

　　有許多實際的問題，特別是與諸如適度長的時期有關的問題，在這些時期當中，習慣上的必需品和真正的必需品，幾乎可以放在同樣的地位上。

所決定的。[5]

對於「一般工資率」（he general rate of wages）或「一般的勞動工資」（the wages of labour in general）等常用語，應該要稍加說明。在廣泛討論分配時，特別是當我們在討論資本和勞動的一般關係時，有這些用語就很方便。但事實上，在現代文明中，並無所謂的一般工資率這樣的東西。一百個或更多的工人群體當中，每個群體都有自己的工資問題，也都有自身的一套控制著供給價格，並限制著其成員人數的自然和人為的特殊因素；每個群體也都有自身的需要價格，而該價格是由其他生產要素對這個群體的勞務需要所決定的。

第4節

對於「一般的利率」（the general rate of interest）這

---

[5] 由於各類評論家對本篇主要論點的誤解，對本節加以重複申述似乎是不可避免的；這其中還包括了敏銳的龐巴衛克教授。因為在前面註2所引用的那篇文章中（特別是請參閱第5節），他似乎認為以下的論點必然會引起自相矛盾，亦即工資既相當於勞動的淨產值，又相當於養育和培訓勞動和維持其效率的成本（或者儘管不太妥當，但更簡短的說就是勞動的生產成本）。另一方面，卡佛教授在1894年7月的《經濟學季刊》上發表的一篇精彩的文章，曾闡明了主要經濟力量的相互作用；也請參閱他的《財富分配》第四章。

個用語，也有一些類似的困難。但是，這裡主要的麻煩來自以下這個事實，亦即從已經投資於工廠或船舶等特殊東西的資本，所賺來的所得，準確的說是一種準租，只有在投資的資本價值保持不變的假設下，才能視為是利息。目前暫時把這一困難擱在一邊；⑥記住「一般的利率」（the general rate of interest）這一用語嚴格說來，只適用在從新投下的自由資本中所獲得的預期淨報酬，之後我們可以把早先對資本成長研究的結果再做一個簡短的重述。

　　我們已經了解到⑦，財富的累積決定於各種因素，包括：習俗、自制的習慣和認識未來的習慣，最重要的是家庭感情的力量；安全則是累積財富的必要條件，知識和智力的進步，在很多方面又進一步促進了財富的累積。但是，雖然除了利率之外，一般的儲蓄還受到許多因素的影響；雖然許多人的儲蓄幾乎不受利率的影響；而少數決定為自己或家人求得某一固定數額所得的人，利率高時儲蓄的錢會比利率低時要少；然而考慮各種證據，我們採信這樣的觀點，即利率或儲蓄需要價格的上漲，往往會增加儲蓄量。

先前結論的彙整。

　　既然利息是在任何市場上使用資本所支付的價格，因此往往會趨向於一個均衡的水準，使得該市場在該利率之下，對資本的總需要等於即將到來的資本總存量。如果我

在長期間，利率分別由供給與需要這兩組力量決定。

---

⑥　請參閱後面第六篇第六章第6節。

⑦　請參閱第四篇第七章第10節所做的彙總。

們所討論的市場是一個小市場，比如說一個城市，或者進步國家的某個行業，其對資本需要若有增加的話，那麼會迅速引來周邊地區或其他行業的資本，以增加其供給，從而滿足了這種需要。但如果我們把整個世界，甚至是整個大國當做是一個資本市場，我們就不能認為資本的總供給會因為利率的變動，而迅速且相當大程度的改變。因為資本的一般來源是勞動和等待的產物；而利率的上升是對於額外工作和額外等待的一種激勵，與促成現有總資本存量的工作與等待相比，那個額外的工作與額外的等待不是太多。因此，一般來說，資本需要的大幅增加之所以能在短時間內得到滿足，來自於供給增加的力量不如來自於利率的上漲；因為利率的上漲將導致部分資本，從其邊際效用最低的那些用途中退出。利率的提高只能緩慢逐漸地增加資本的總存量。

第5節

土地與其他
生產要素立
於不同的基
礎上。

土地與人本身及人所製造出來的生產要素立於不同的基礎；而所謂人所製造出來的生產要素，包括人對土地本身所進行的改良在內。[8]因為儘管所有其他生產要素的供給都是在不同程度上，以不同的方式，對其勞務的需要的反應，但土地卻無這樣的反應。因此，任何一類勞動的報

---

⑧ 本節的論證是廣泛的。對於專門且更全面的討論，讀者可參考第五篇第十章。

酬出現大量的增加時，往往都會增加該類勞動的人數或效率，或兩者兼而有之；而該類勞動有效率的工作，其供給的增加往往都會降低其為社會所帶來勞務的價格。如果所增加的是來自於他們的人數，那麼其中每個人的報酬率都會降到舊的水準。但是，如果所增加的是他們的效率，那麼，雖然他們每人的報酬也許比以前要多，但他們所獲得的都是來自於增加的國民所得，不會降低其他生產要素的報酬。至於資本也是如此；但該論點就不適用於土地了。因此，雖然與其他生產要素的價值一樣，土地的價值也會受到前一章末尾所討論的那些因素所影響，但卻不受目前所討論的這些因素所影響。

　　的確，從個別製造商或耕作者的角度來看，土地只不過是一種特殊形式的資本。而且土地也受到上一章所討論的需要法則和替代法則的影響，因為就好像現有的資本存量或任何類型的勞動存量一樣，土地現有的存量往往也會從一種用途，移轉到另一種用途，直到任何進一步的移轉都不可能為生產帶來任何的利益為止。因此，就上一章的討論而言，從一個工廠、一個倉庫或一把耕犁（扣除耗損等等）所獲致的所得，其決定方式與從土地而來的所得一樣。在每一種情況之下，所得都往往等於要素的淨邊際產值；在每種情況之下，要素的所得在短期間之內，都決定於要素的總存量和其他要素對該要素所提供幫助的需要。

　　這只是問題的一面。另外一方面是土地（在一個早開發的國家）並不具有本章所討論的那些反射影響，亦即高報酬率對其他生產要素供給的影響，及這些生產要素對國民所得所做貢獻的影響，以及對其他生產要素購買這些生產要素的勞務，所

付出的實際成本等的影響。在一個工廠加蓋一層樓，或在
一個農場上多加一把犁，一般都不是從另一個工廠取來一
層樓，或從另一個農場取來一把犁；這個國家為其企業增
加一層樓或一把犁，就好像個人為其企業增加這些東西是
一樣的。因此，就有較多的國民所得可以分配；從長期來
看，製造商或農民報酬的增加，通常並不是以減少其他生
產者的報酬為代價。與此相反的，（在一個早開發的國
家）任何時候土地的存量都是所有時候的存量；當一個製
造商或耕作者決定為他的企業增加一點土地時，他實際上
是決定從別人的企業中拿過來這一點的土地。他為自己的
企業增加一點土地，但整個國家並沒有增加土地，這種變
動的本身並不會增加國民所得。

第6節

國民所得將
按照各生產
要素各自的
邊際勞務所
得到的報酬
完全分配出
去。

　　總結我們這一階段的論述如下：所有生產的商品其淨
總量本身，就是所有這些商品需要價格的真正來源，因此
也是用來製造這些商品之生產要素需要價格的真正來源。
或者，以另一種方式來說，國民所得既是該國所有生產要
素的淨產值的總額，也是給該國所有生產要素報償的唯一
來源。這些報償分為勞動報酬、資本利息、最後是土地以
及其他在生產中具有差別優勢要素的生產者剩餘或是地
租。這些分子構成了國民所得的全部，而國民所得的全部
又在這些組成分子之間分配；國民所得愈大，其他條件不
變之下，各個分子之間所分得的份額也就愈大。

　　一般說來，國民所得在這些要素之間的分配，與人們對該些要素所提供勞務的需要成比例，這裡的需要不是指總（total）需要，而是指邊際（marginal）需要。後者意味著在這一點上的需要，人們對於是要否要多買一點某種要素的勞務（或勞務的成果），或是否要進一步投入他們的財力，以購買其他要素的勞務（或勞務的成果）毫無差異。其他條件不變之下，每種要素所獲得的份額越大，其增加的速度可能也就越快，除非其的確根本就無法增加。但是每一次這樣的增加，都可填補一些對該要素的迫切需要，從而減少對該要素的邊際需要，也就降低了其在市場的價格。也就是說，任何一種要素的比例份額或報酬率的增加，都有可能發揮某種作用，因而將減少這一要素的份額，並讓其他要素分享到較大比例的份額。這種反射作用也許很慢，但是，如果生產技術或一般社會經濟狀況沒有劇烈的變化，那麼每種要素的供給就會受到其生產成本緊密的支配；但是要考慮到，隨著不斷增加的國民所得，給一個又一個的階級提供了超過維持效率所必須的剩餘，這種習慣上的必需品也會不斷擴大。

第7節

　　在研究一種行業中提高效率和增加報酬，對別的行業情況的影響時，我們可以從以下的一般事實開始，即在其他條件不變之下，任何生產要素的供給量愈大，就愈不得不把其推向非特別用途的地方；因此在種種用途中，該

任何一種要素供給的增加，將使大多數其他要素獲益，但未必所有要素都獲益。

要素就必須安於需要價格愈低的那些用途，而其利用也就處於無利可圖的邊際上；而且，因為競爭會使其在所有用途，所獲得的價格都相等，這個較低的價格將成為該要素在所有用途的價格。該生產要素的增加所產生的額外產量，將會加大國民所得，其他生產要素也將因此而受益；但該要素本身將不得不接受較低的報酬率。

　　例如，如果沒有任何其他的變動，資本快速的增加，則利率必會下降；如果其他條件都不變，那些可做某種特殊種類工作的勞動人數增加的話，則他們的工資必會下滑。無論是哪種情況，都會導致產量增加，國民所得也會增加；無論是哪種情況，一種生產要素的損失，會讓其他生產要素獲益；但未必所有其他要素都會受益。因此，豐富的石板採石場的開發，或採石工人數的增加或效率的提高，都會改善所有各階層的住屋狀況；這往往會增加對瓦匠和木匠勞動的需要，因而提高了他們的工資，但卻也可能會使做為建築材料生產者的瓦工利益所受的損害，大過於住房消費者所得到的利益。這個要素供給量的增加，對許多其他要素的需要，有的增加了一點，有的則增加了很多，但有的卻減少了。

暫且以各級別工人的淨產值來表示一個工人的工資。

　　我們知道任何一個工人的工資，比如鞋廠的工人，其工資往往都等於其勞動的淨產值。工資並非由該淨產值所決定的；因為與所有其他邊際用途的情況一樣，淨產值與價值都是由需要與供給的一般關係所一起決定的。⑨

---

⑨ 請參閱第五篇第八章第5節及第六篇第一章第7節。

但是，當(1)鞋業的資本和勞動的總使用量達到一個極限時，再增加資本和勞動的使用，所得到的額外產出，幾乎無法獲利；(2) 資源在設備、勞動和其他生產要素之間的配置已經是適當的了；(3)我們所考慮的是有正常的營運機運，有正常能力的人在管理的工廠。而該工廠對於是否採用一個額外的正常能力和精力，並願意以正常工資受僱的操作員，正處於猶豫不決中。當所有這些事情都確定了之後，我們可以得出以下的結論，亦即若沒有那個人的工作，可能會導致該工廠的淨產值減少，其價值大約等於他的工資。這種說法反過來說，就是他的工資大約等於他的淨產值（當然，一個人的淨產值無法死板地與其他跟他一起工作的人的淨產值分開來）。[10]

在一個鞋廠裡，各類工人所做的工作，難度並非都完全相同；但我們可以忽略各類工人產業等級上的差異，而假設所有工人的等級都相同。（這個假設大大簡化了論證的措辭，而不影響其一般的性質。）

在迅速變化的現代工作情況下，一個個的工業時不時地都處於勞動供給過多或供給不足的狀態，而這些不可避免的失衡現象，往往會因工會和其他影響而加劇。然而，勞動的流動性確實足以使同一個西方國家不同職業中，同一級別或等級的勞動者的工資趨於相等。因此，以下的陳述大致上是準確的，亦

---

[10] 請參見第六篇第一章第7節。如官方的生產普查（Census of Production）所示，現在通常認為一個工廠的淨產值就是該工廠加在其原料上的工作。因此其淨產值是產出的總值超過其所用原料價值的部分。

即一般說來，與一個能力正常的製鞋工人處於同一級別的每個工人，都能以自己所掙的工資，購買一雙任何類型的鞋子（除去材料成本後），因為這些工人掙得這一份工資所需要的時間，與一個製鞋工人為其工廠生產一雙鞋貢獻的淨產值，所需要的時間大致上相等。用更一般的方式來說，我們可以說，每個工人一般都可以用他100天的勞動報酬，來購買與他同級別的其他工人100天勞動的淨產值；他可以用任何方式進行選擇，湊成該總數。

如果另一級別的工人其正常報酬高出這個製鞋工人的報酬一半，那麼這個製鞋工人就必須花掉三天的工資，才能買到另一級別工人兩天勞動的淨產值；其餘以此比例類推。

因此，在其他條件不變的情況下，包括製鞋工人自己在內的任何行業的勞動淨效率的增加，都將以相同比例提高該行業的製鞋工人花費於那個行業那部分工資的實質價值；同時在其他情況不變之下，製鞋工人實質工資的均衡水準直接取決於，也直接隨著包括他自己在內的那些行業的平均效率，而成比例的變動，所謂那些行業包括了那些生產他花費其工資購買的那些東西的行業。相反地，在任何一個行業中的工人，拒絕提高效率10%的技術改進，也會造成製鞋工人購買那個產業產品的那部分工資損失10%。然而，如果與他自己產品相互競爭產業的那些工人效率提高的話，至少也會暫時對製鞋工人造成損害，尤其是如果製鞋工人本人不是那些工人生產產品的消費者，則他的損失會更大。

> 任何一個行業效率的提高，都有提高其他行業實質工資的傾向。

另外，不同級別勞工相對地位的改變，以致於提高了製鞋工人相對於其他工人的級別，則製鞋工人將會獲利。他偶爾生病需要醫療人員的援助，因此醫護人員的增加將使他獲利。如果無論是製造業、貿易業，還是其他任何行業中那些主要擔任管理業務的級別，吸收了其他級別大量湧入的人，則製鞋工人將獲益更多；因為這樣管理階層的報酬，相對於體力勞動的報酬，將永久性地降低，每一類體力勞動的淨產值都會有所增加；在其他條件不變之下，製鞋工人以自己的淨產值所代表那些工資，所購得的每一種商品都會較多。

不同級別之間的關係。企業才能供給量的增加，將提高體力勞動者的工資。

第8節

我們已經討論過的替代過程的**趨勢**，其實是某一種形式的競爭；而且可以再次重申我們的主張，亦即競爭並非是完全的。完全競爭要求對市場狀況有完全的了解；雖然當我們在研究倫巴底大街（Lombard Street）證券交易所或農產品的批發市場的業務過程時，假設經紀商完全了解市場的情況，該假設與實際生活相去不大；但是當我們檢視決定一個產業任何一種低級別勞動供給的因素時，做這種假設就完全不合理了。因為如果一個人有足夠的能力去了解其勞動市場的一切情況的話，他將不會在低級別的產業待太久。較早期的經濟學家不斷接觸實際的商業生活，對於這一點必定是知之甚深；但部分是為了簡潔扼要，部分是因為「自由競爭」這個詞幾乎成了一個口號，部分是

我們並不假設有十足的競爭知識與自由，

由於他們未對其學說進行充分的分類和限制，他們似乎往往暗示自己的確假設了對這種市場狀況完全的了解。

而只假設各產業等級事實都有正常的企業和商業習俗。

因此，以下這一點特別重要，就是我們並不堅持假設任何產業集團的成員，都具有較強的能力和先見，或者除了受到那些該集團成員的正常動機，以及每個知情人士認爲應歸屬的那集團成員的正常動機支配之外，還受其他動機所支配；但要考慮到時間和地點的一般條件。也許會有很多任性和衝動的行爲，卑鄙和崇高的動機交織在一起；但是每個人在爲他自己和他的子女選擇職業時，都有這樣一種經常的趨勢，亦即整體說來，他會選擇就其財力範圍之內，也是他們能夠且願意努力達到的那些最有利的職業。[11]

第9節

我們現在轉而討論一般資本和一般勞動的關係。如果對資本與勞動的就業競爭做若干限制的話，則這兩者之間在就業上確實存在著競爭。

最後一類仍有待討論的問題是關於一般資本與一般工資[12]之間的關係。很顯然的是，儘管一般資本不斷與勞動相互競爭特定行業的就業機會；可是，由於資本本身就是勞動和等待的體現，因此這種競爭實際上是發生在需要大量等待協助的某類勞動，與需要較少等待協助的其他勞動之間。比如當說到「資本主義化的機器已經取代了許多製鞋用的勞動」時，意思是說，以前手工製鞋的人很多，製

---

[11] 以下各章節將會討論商品供給與需要的調整，和勞動供給與需要調整之間的差異。

[12] 譯者註：此處應該是一般勞動才對。

造鞋鑽和其他簡單工具的人很少，因此借助於等待的量很少；然而，現在從事製鞋的人雖然較少了，可是他們借助工程師製造出來的強大的機器，因此借助於大量的等待，製鞋數量卻遠較以前多了。一般的勞動和一般的等待之間存在著真正，且有效的競爭。但這種競爭所涵蓋的範圍不大，且相對於勞動獲得廉價資本的協助，及因而對於生產物品所需要有效方法的協助，所獲得的利益相較，重要性很小。[13]

　　一般說來，增加儲蓄的能力和意願，會導致等待的勞務不斷的擴大；並使這種等待的勞務不至於要以之前一樣高的利率才能獲得。也就是說，除非的確有發明，為迂迴生產方式開闢了新的有利用途，否則利率將不斷下跌。但這種資本的成長會增加國民所得；在其他方面，為勞動打開新的和豐富的就業機會；並因此抵補了那些等待勞務對勞動勞務的替代還有餘。[14]

　　由於資本的成長和發明而帶來國民所得的增長，肯定會影響各類的商品；並使諸如鞋匠等人能夠以他的報酬，來購買更多的食物和衣著、更多與更好的飲用水、燈光和暖氣、旅行等等。必須要承認的是，少數的改良僅會影響

資本的增加將降低資本使用的邊際費用，並提高實質工資。

---

[13] 我們在此先不考慮狹義的勞動與企業家本人及其協理和工頭之間就業的競爭。第七及第八章的一大部分將討論這個困難，但重要的問題。

[14] 這裡的資本是廣義的資本，不局限於商業資本。這一點不太重要，所以放到附錄十第4節。

到富人消費的商品，至少最初是這樣的；因改良而相應增加的國民所得，並未直接流向勞動階級；因此勞動階級不會立即獲得任何的利得，以補償特定行業中某些成員可能受到的損失。但這種情況很少見，而且一般說來規模也很小；即使發生這種情況，也幾乎總有一些間接的補償。因為專為富人的奢侈品而設計的改良，很快就會擴展成為其他階層的舒適品。雖然這不是必然的結果，然而實際上奢侈品的跌價，確實一般會以各種方式增加富人對手工製品和個人勞務需要的欲望，並且也增加了他們為了滿足那些欲望所使用的資力。這又指出了一般資本與一般工資⑮關係的另一方面。

第10節

進一步的解釋。

我們可以了解的是任何一個特定的勞動階層，在某年度中所得到的國民所得的份額，包含了在該年內所製造的東西，或者是與那些東西相當之物。因為許多在那一年所製造的或部分製造的東西，可能仍然留在資本家和企業家的手中，且加入到資本存量當中；他們直接或間接地以前幾年製造的東西發給工人階級，做為他們的報酬。

勞動的報酬，確實有取決於資本對勞動預付款的意義。

勞動和資本之間的普通交易，是工資領取者得到可立即消費商品的支配權，而以使他雇主的財貨進一步推向接近於立即消費的階段做為交換。但是，儘管對於大多數受

---

⑮ 譯者註：此處的工資應該也是一般勞動才對。

僱者的確都是這樣，但對於那些完成生產過程的受僱者，卻並不是這樣。例如，那些把零件組合起來，做成手錶的人，提供給雇主的可直接消費的商品，遠遠超過他們以工資的形式所獲得的商品。如果我們把一年中幾個季節結合起來，把播種和收穫的時間計算在內，就會發現全體工人提供給他們雇主的成品，多過於他們做為以工資形式獲得的商品。然而，從一種不得不的意義上來說，我們有理由認為，勞動的報酬取決於資本對勞動的預付款。因為除了機械和工廠、船舶和鐵路之外，租給工人居住的房屋，甚至包括製造供工人消費商品之各階段的原料，所代表的是資本家預付給工人的工資，都遠遠超過工人預付給資本家的勞動或勞動產品，即使工人在工作一個月以後才取得工資也是如此。

從前面已經闡釋過的一般分配理論的架構中，可以看到沒有任何的因素使一般資本和一般勞動之間的關係，與任何其他兩種生產要素之間的關係有很大的差異。關於勞資之間關係的現代學說是這個主題所有早期學說發展的結果；且與密爾在他書中的第四篇第三章中所闡述的相比，現代學說不同之處，只是在於其更精確、更完整和更一致而已；該章是密爾把這個問題所有各種不同因素收集在一起唯一的一個地方。

對於這個論證，可做另一個總結：一般資本和一般勞動在國民所得的生產中是相互合作的，並以兩者各自的（邊際）效率，從國民所得取得各自的報酬。他們的相互依賴是最緊密的；沒有勞動，資本就無生產性；沒有自己

舊的工資理論逐漸朝向現代學說發展。

已經得出的廣泛分配理論，包含了資本及勞動的一般關係，

的或別人資本的幫助，勞動也不具有生產力。在勞動精力
充沛的地方，資本所獲得的報酬就高，成長就迅速；並
且，由於資本和知識，西方世界的普通勞動，在許多方面
比以前的王公貴族更吃得飽、穿得好，甚至住得好。資本
和勞動之間的合作，有如紡紗工和織布工之間的合作同樣
重要；紡紗工略居於優先；但是，這不會使他變得卓越出
眾。任何一方的繁榮都與另一方的力量和活動密切相關；
然而，一方以犧牲另一方的利益，如果不是永久地，但至
少可以暫時獲得較大份額的國民所得。

雖然企業家
的作用日益
重要起來。

　　在現代的世界中，其中許多個人公司的雇主和股份
公司的高層人員，很多人自己擁有的資本不多，但卻都是
巨大工業齒輪轉動的軸心。資本所有者和工人的利益，都
集中到他們這邊，並從此得到利益；他們把所有的利益都
牢牢地掌握在一起。因此，在就業和工資波動的討論中，
他們將占有很重要的地位，這些將留到本書的續篇再來討
論；而在接下來的八章，在討論勞動、資本和土地特有的
需要與供給作用模式的次要特徵時，他們雖然並非是首要
的，卻也占有重要的地位。

附錄十及
十一。

　　在附錄十，將對「工資基金」（Wages-fund）學說進
行若干說明。在該附錄中，我們將說明以下觀點的理由，
亦即這個學說太過強調勞動需要，而忽視了決定勞動供給
的因素；並說明這個學說提出的是，資本存量和工資流量
之間的相關，而不是在資本協助下，勞動產品流量和工資
流量之間的眞實關係。但也要說明下列這個觀點的理由，
即如果古典經濟學家本身──雖然也許不是所有的追隨者

都如此——進行反覆交叉的研究，他們將可以解釋清楚該
學說令人誤解的部分；並且因而已經使該學說與現代學說
接近一致了。在附錄十一中，將對各類生產者和消費者的
剩餘進行研究；提出若干抽象上有趣的，但實際上不怎麼
重要的問題。

　　正如前面所提示過的那樣，各種生產要素的效率（總
的和邊際的），對總淨產值或對國民所得的直接和間接的
貢獻；以及這些要素各自從國民所得分到的份額，經由許
多相互作用而發生關聯，其間的關係是如此複雜，以致於
不可能以一個陳述道出其全貌。但是，藉由簡練、嚴謹、
精確的數學語言，可以得出一個相當一致的一般見解；儘
管這一見解當然無法考慮到質上的差異，除非儘量把這些
質上的差異，粗略地解釋成量的差異。⑯

我們的問題太複雜，以致於如果不用專門術語的話，就無法聚焦於一個單一的觀點上。

---

⑯ 這樣的一個全面的考察，集中在數學附錄註14到21中，其中的
　　註21很容易理解，且指出了問題的複雜性。其餘大部分的註，
　　則是從註14的細節所發展出來的，其中一部分的內容，已在第
　　五篇第四章第4節轉換為文字了。

第三章

劳動的報酬

第1節

在上一篇需要與供給均衡一般理論的討論，以及本篇前兩章中分配與交換的核心問題的概述時，我們盡可能擱置所有生產要素的特性和細節。我們並未詳細的深究生產工具的價值與其幫助製造的產品價值之間關係的一般理論，對於雇主、就業人員，或是自由職業人員，經由他們天賦的能力，或經由很久以前就獲得的技能與知識而賺取的所得，可以適用到何種程度。為了避免與利潤分析相關的許多困難，我們並未關注市場上對利潤這個用語的許多不同的用法，甚至連利息這個更基本的用語都未加考慮；我們也沒有考慮到，各種不同的租期對土地需要方式的影響。所有這些與其他的一些不足，將會藉由以下三章，分別對勞動、資本及企業經營能力，和對土地的需要及供給，更詳細的分析來補足。

關於本章所討論的估計和計算工資方法的問題，主要屬於算術或簿記的範疇；但是，如果粗心處理這些問題的話，就會產生很多的錯誤。

第2節

競爭使得相同工作的週工資不相等，但使週工資與工人的效率成比例。

當我們在觀察某一個物質商品需要和供給的作用時，經常遇到以下這個困難：在同一市場上，以同一名稱出售的兩種物品，事實上質量是不同的，對於購買者來說，價值也不同。或者，如果這兩種物品真的很相似，即使在最

激烈的競爭之下，因為銷售條件不同，也可能以名義上不同的價格出售。例如，部分的運送費用或運送的風險，在某一情況下，由賣方承擔，而在另一種情況下卻轉給買方承擔。但是這類的困難，在勞動的情況要遠遠大於物質商品的情況；支付給勞動的眞實價格往往差異很大，且這種差別不易從名義支付的方式上查出。

「效率」（efficiency）這個名詞存在著一個根本的困難。當我們說在長期不同職業中「效率」（efficiency）大致相等的人，獲得大約相等的報酬（或者說頗為相等的「淨利益」〔net advantages〕，見前面第二篇第四章第2節）時，「效率」一詞必須要從廣義上來解釋。有如在第四篇第五章第1節所定義的那樣，該詞必須指一般（general）產業的效率。但是，當指同一職業中不同人賺錢能力不同時，那麼就要根據該職業所需的那些特殊效率的因素來估計效率。

人們普遍認為，競爭的趨勢可以使從事同一行業或同等困難的各行業者的報酬相等；但是，這個說法需要仔細的解釋。因為競爭會使得兩個效率不同的個人，在任何給定的時間內，比如說一天或一年內，獲得的報酬不是趨於相等，而是趨於不相等；同樣地，競爭也會使平均效率標準不相等的兩個地區，其每週的平均工資不是趨於相等，而是趨於不相等。鑑於英格蘭北方工人階級的平均體力和精力比南方高，因此，「競爭使事物找到自己的價值」（competition makes things find their own level）的說法愈徹底，則北方的平均每週工資就愈會比南方高。[1]

---

① 大約50年前，英格蘭北方和南方的農民之間的來往，形成了一項共

　　克里夫・萊斯利和其他一些學者天眞地強調，工資的區域差異證明了工人階級之間的流動性很小，因此工人之間的就業競爭是無效的。但他們引用的大多數事實，都只是與按日或按週計算的工資有關；他們所引用的這些都只顯示出一半的事實而已，當補進去遺漏的另一半事實的話，所呈現的事實，一般會與他們所引述的推論相反。因爲我們發現，每週工資的地區差異和效率的地區差異，大致上是一致的，且因此只要與該問題有關係的事實，往往都可以證明競爭是有效的。然而，我們很快就會發現，對這類事實的充分解釋，是一項非常困難且複雜的工作。

「計時報酬」。

　　一個人在任何給定的時間（例如一天、一週或一年）所獲得的報酬或工資，可稱爲是他的「計時報酬」（*time-earnings*）或「計時工資」（*time-wages*）；那麼，我們可以說克里夫・萊斯利所舉的計時工資不相等的實例，整體上說來是支持，而不是削弱以下的假設，即競爭會按照工人的效率，調整同等難度的職業及鄰近地方勞工的報酬。

「計件報酬」。

　　但是，「工人的效率」一詞的含糊不清尚未完全釐

識，即把胡蘿蔔放入車子上運送，是測量體力效能的一個極好的方式；而仔細比較後得到，工資與兩個地區工人一天工作所運送的重量大致成比例。現在南方的工資和效率的標準，與當時相比，可能更接近於北方。但是，北方標準的工會工資一般說來仍然比南方要高；同時許多從南方到北方尋找較高工資率者，發現他們無法達到那裡的要求，因而又回來了。

清。當任何類型工作的報酬是按工作所產出的數量和質量計算時，就是採取一致的比率來支付的「計件」（piece-work）工資；而如果兩個人在相同條件下，且使用同樣好的工具工作，那麼當他們收到的報酬，是按照各類工作所列的同一價格表，按件計算的話，則他們的報酬就與其效率成比例。然而，如果所使用的工具不是同樣好的話，那麼一致的計件工資率，就會與工人的效率不成比例。例如，如果在使用老式機器的棉紡廠中，所採用計件工資率，與那些具有最先進的棉紡廠一樣的話，那麼表面上的平等就代表眞正的不平等。競爭愈有效，經濟自由度及企業精神發展得愈完善，則擁有老式機器工廠的計件工資率就愈高於其他工廠。

因此，爲了賦予經濟自由和企業精神使困難度相同和在同一鄰近地區的職業工資趨於相等這句話的含意正確，我們需要使用一個新的名詞。我們可以稱其爲「效率工資」（efficiency-wages），或更廣泛的稱爲「效率報酬」（efficiency-earnings）；也就是說，不像計時報酬那樣，是以獲取報酬所花費的時間爲準來計算工資；也不像計件報酬那樣，以獲致報酬所做的工作，所生產的產品數量爲準來計算工資，而是以對工人所需要的能力及所發揮的效率爲準來衡量工資的水準。

「效率報酬」。

經濟自由和企業精神（或者以常見的用詞來說，競爭）使每個人的報酬找到自己價值的趨勢，就是使同一地區的效率報酬相等的趨勢。勞動的流動愈大，專業化的程度就愈小，父母就愈熱切地爲其子女謀求最有利的工作，

效率報酬相等的趨勢。

他們適應經濟條件變化的能力就愈強，以及最後這些變化速度愈慢且愈不激烈，這種趨勢就愈強烈。

如果讓低工資的勞動使用昂貴機器的話，則勞動一般都是昂貴的。

　　然而，對於這種趨勢的陳述，仍需要稍加修正。因為直到目前為止，我們都假設，只要所付的工資總額相同，則僱用多或少人來做一件工作，對雇主來說是無差別的。但事實上並非如此。那些在一週之內賺最多的工人，若付以固定工資率的話，對雇主來說是最便宜的；且他們對社會來說，也是最便宜的，除非他們真的使自己過度且貿然粗率的工作。因為他們使用的固定資本數量與工作較慢的工作夥伴相同；且由於他們所完成的工作較多，因此每個工作所分擔的固定資本費用就較少。在這兩種情況下，主要成本雖然都相等；但是那些效率較高，且計時工資較高的工人，所做工作的總成本，低於那些計時工資較低，而按同一工資率付酬的工人，所做工作的總成本。[2]

　　上面這個論點對戶外工作就不那麼重要了，因為在戶外有充足的空間，且使用較少的昂貴機器；這時，除了監督問題之外，每件工作的工資總額都是100英鎊，無論是分給20個有效率的工人或是30個低效率的工人，對雇主來說都毫無差異。但是，如果是按工人數量的一定比例，

---

[2] 這個論點在允許採用多班制工人的行業必須加以修正。雇主付給兩班制工人每班8小時的工資，與他現在付給一班工人每天工作10小時一樣多的錢，前者往往是較值得的。因為在前者的情況下，儘管每個工人生產的產量都會較少，但每臺機器生產的產品卻要比後者多。關於這一點，我們後面再回來討論。

配用昂貴的機器時，雇主往往會發現，倘若他能以50英鎊的工資，僱用20個人，做出之前以40英鎊的工資，僱用30個人的工作，則他貨物的總成本降低了。在所有這類事情當中，美國居於世界的領導地位，在那裡流行著一個說法，即只要誰設法支付最高的工資，他就是個最好的企業家。

　　因此，經過修正的法則應該是，經濟自由和企業精神，一般會使同一地區的效率報酬趨於相等；但是，在使用許多昂貴固定資本的地方，則雇主提高效率較高勞工的計時報酬到超過他們效率的比例時，反而是有利的。當然，這種趨勢可能會受到特殊習俗和制度的反對；而且，在有些情況下，也會受到同業工會的反對。[3]

---

[3] 李嘉圖並未忽視以下這個問題的重要性，即作為工資支付給工人商品量的變動以及勞動對雇主有利程度的變動之間的區別。他知道雇主真正關心的不在於他支付給工人的工資數額，而在於這些工資數額與工人工作所生產產品價值之比率；於是他就決定把這個比率當作是工資率的測度，並認為這個比率增加時，工資就會上漲，而這個比率減少時，工資就會下降。令人遺憾的是，他沒有為此目的而發明一些新的名詞；因為他勉強使用一個熟悉的名詞，很難為別人所理解，甚至在某些情況下，連他自己都遺忘了。（請參照西尼爾《政治經濟學》，頁142-148。）他主要考慮的勞動生產力的變動，一方面是來自於生產技術的改進，而另一方面則是由於報酬遞減法則的作用，當人口增加需要從有限的土地中，生產出較多的作物時，這個法則就產生了作用。如果李嘉圖仔細的注意到勞動生產力的提高，可以直接來自於勞動者工作環境的改善，那麼經濟學的地位和國家的真正福祉，很可能

第3節

關於工作報酬的估計就討論這麼多了；接下來我們還必須要仔細探討以下這個問題，即在估算某一個職業的實際報酬時，除了貨幣收入之外，還必須要考慮很多事情，此外，除了那些與工作負擔和壓力直接有關的不利之外，也必須要考慮許多附帶的不利。

實質工資與名目工資。

正如亞當・史密斯所說的那樣，「勞動的『實質工資』（*real wages*）可以說包含了勞動所換來的生活必需品及便利品的數量；而其『名目工資』（*nominal wage*）則是貨幣數量⋯⋯勞工無論富或窮，報酬無論好或壞，都與他勞動的實質價格，而不是與名目價格成比例。」④但是，「勞動換來的」這幾個字，不應看做僅僅適用於由勞動的購買者，所直接提供的那些必需品和便利品；也必須要考慮到那些附加在該職業上，而不需要勞動者特別花費的許多利益。

特別是關於勞動階級相關的消費情況，必須要扣除貨幣購買力的變動。

在致力於確定任何地點或任何時間，一種職業的實質工資時，第一步要考慮的是以貨幣支付之名目工資其購買力的變動。唯有在我們討論整個貨幣理論之後，才能徹底地分析這一點。但可以順便提一下，即使我們有

要比現在提高的更多了。事實上，他對工資的處理，似乎不如馬爾薩斯（Malthus）在《政治經濟學》對工資的處理那麼有啓發性。

④ 《原富》（國富論）第一篇第五章。

所有商品物價史完備精確的統計數據，貨幣購買力變動的估計，也不是一個簡單的算術。因爲如果比較遙遠地方或久遠年代的情況，我們會發現，人們具有不同的欲望，以及滿足這些欲望的不同方法；即使把注意力集中在同一時間和同一地點上，我們也會發現，不同階層的人，以很不同的方法花費其所得。例如，天鵝絨、歌劇表演和科學書籍的價格，對於低階職業者並非很重要；但是，麵包或皮鞋價格的下降，對低階職業者的影響，要遠大於高階職業者。對於這種差異，必須要始終牢記，且對於這種差異，做某種粗略的考慮，通常也是可能的。⑤

第4節

我們已經注意到，一個人的實際總所得是從其總所得當中，扣除屬於生產這些總所得的支出而得到的；且這個總所得

---

⑤ 在1843年的《濟貧法委員關於農業部門中女工和童工就業的報告》（*The Report of the Poor Law Commissioners on the Employment of Women and Children in Agriculture*）頁297中，有一些在諾森伯蘭郡（Northumberland）所支付每年工資的有趣實例，其中很少出現貨幣。這裡有一例：10蒲式耳的小麥、30蒲式耳的燕麥、10蒲式耳的大麥、10蒲式耳的黑麥、10蒲式耳的豌豆、一頭母牛一年的飼料、800噸的馬鈴薯、農舍和菜園、堆煤房、現金3英鎊10先令、及以2蒲式耳的大麥來代替母雞。

包括許多非貨幣形式的支出，因而有被忽略的可能。[6]

　　首先，在支出這一方面。我們這裡並未考慮到爲進入任何行業做準備，而涉及到的一般和專門教育的費用；我們也沒考慮到，一個人在工作中所耗費的健康和體力。對於這些項目，最好以其他方式來計算。但我們必須扣除所有職業的費用，無論是自由職業者或是技術工所負擔的費用。例如，我們必須要從律師的總所得中，扣除他的辦公室租金和職員的工資；必須要從木匠的總所得中，扣除他購置工具的費用；在估算任何地區採石工人的報酬時，我們必須要了解當地的風俗，工具和爆破粉的費用由工人負擔，或由雇主負擔。這種情況比較簡單，但若要確定醫療人員的房租、交通費和社交費等的支出中，有多大部分應該視爲是職業的費用，這就較困難了。[7]

第5節

　　此外，當僕人或店員必須自費購買昂貴的服裝時，如果讓他們隨性決定的話，他們就不會購買了，這種強制性會降低他們工資的價值。當雇主爲其僕人提供昂貴的服

---

[6] 請參閱第二篇第四章第7節。

[7] 這類問題與第二篇討論所得和資本定義時，所提出的問題有密切的關係；在那一章中已經告誡了不要忽略那些以非貨幣形式表示的所得因素。甚至是自由職業者和領取工資階層的許多人，其報酬在很大程度上都取決於他們所掌握的一些物質資本。

裝、房舍和食物時，這些價值對僕人來說，通常比主人花費的要少；因此，如同一些統計學家所做的那樣，把主人供給僕人的所有東西，都按主人所花的成本計算，而計入家僕的貨幣工資，以此計算他們的實質工資，這是錯誤的。

另一方面，當一個農場主爲他僱用的工人免費運煤時，他當然會選擇他的馬沒有其他什麼事可做的時間，因此這些工人實際報酬的增加遠遠大於農場主所付的成本。這一點也同樣適用於許多額外的津貼和補助，例如，當雇主免費提供其工人商品時，這些商品雖然對這些工人有用，但由於營銷費用巨大，對雇主幾乎毫無價值；或者，當雇主讓工人以批發價格購買他們自己使用的商品時，若這些商品是由工人幫助生產的，也是一樣。然而，當這種同意購買變成強迫購買時，就開了嚴重濫用的門。過去農場主常常強迫其工人，以優質穀物的批發價格，買走劣質的穀物，因此這個農場主實際支付其工人的工資低於他表面上付的。總的來說，當某個早開發的國家的任何行業，盛行這個所謂的「實物工資制」（*truck-system*）時，我們可以適當地假設實質工資率低於名目工資率。⑧

在工資部分以實物支付的情況，必須要從這些實物給接受者的價值來計算，而不是從給付者的成本來計算。

---

⑧ 主要業務處於良好狀況的那些雇主一般說來都太忙了，除非有強烈的理由，否則他們不願意經營這樣的店鋪；因此，在早開發的國家，那些採用實物工資者，其目的往往都是打算以不正當的手段，取回一部分他們名義上支付的工資。他們強迫那些在家工作者，以高昂的租金來租用機器及工具；他們強迫所有的工人，以高價購買斤量不足的劣質貨品；且在某些情況下，甚至強迫工人

第6節

接下來，我們必須考慮成功與否的不確定和就業的不穩定，對某個行業實際報酬率的影響。

我們顯然在一開始時，就採該行業成功與失敗者報酬的平均值，做為某個行業的報酬；但要注意的是，求得的平均值是真正的平均值。因為如果成功者的平均報酬是每年2,000英鎊，而那些失敗者的平均報酬是每年400英鎊，前者的人數與後者一樣多的話，那麼全體的平均報酬為每

們把很大一部分工資，花在那些最容易賺取最高利潤率的貨物上，尤其是花在酒類上。例如，萊克（Lecky）先生就記錄了一個有趣的例子，亦即雇主們無法抗拒購買廉價戲票，並強迫他們的工人以全價向他們購買這些廉價戲票的誘惑（《十八世紀的歷史》〔*History of the Eighteenth Century*〕，第六章，頁158）。然而，當這種店鋪不是由雇主自行經營，而是由工頭或與雇主沆瀣一氣的人經營時；雖然沒有明說，而只是讓人了解到，如果不在店鋪向他購買大量物品的人，就很難得到他的好評的話，則禍害會是最大的。因為對工人有害的任何事情，雇主多少也會受損，而一個不正直的工頭很難為了他自己的最終利益，而收斂其對工人的壓榨。

總的來說，這類的惡劣行徑現在比較少了。必須要牢記在心的是，在一個新開發的國家，大企業往往設在偏遠的地方，在這些地方，甚至連普通的零售店或小店鋪都沒有；因此，為提供工人幾乎所有需要的東西，雇主可能必須以食物、衣服等方式，支付他們部分的工資，或者要為他們開設店鋪。

年1,200英鎊。但是，如果像律師的情況那樣，失敗者的人數是成功者的10倍，那麼真正的平均報酬一年就只有550英鎊。[9]同時，許多最徹底的失敗者，很可能早就完全離開該行業了，從而沒有被計算到。

再者，雖然透過採用該種平均值，我們就不必再單獨考慮風險保險費，不過，通常還需要考慮不確定性的弊端。因為有許多具有穩健個性的人，喜歡確知在他們面前發生的事情是什麼，寧願一年確定可提供400英鎊所得的某個工作，也不願意選擇某個有一半機會獲得600英鎊，另一半機只會獲得200英鎊的工作。因此，不確定性不會吸引雄心壯志和崇高抱負者，只對極少數人具有特殊的吸引力；但不確定性卻對許多在選擇職業的人起到了威懾的作用。通常，確定會成功的工作，與不確定會成功的工作，雖然都有相同的保險統計價值，但確定會成功的工作較吸引人。

但對於不確定性及焦慮這兩者所帶來的弊害，必須要分開考慮。

另一方面，如果一個職業提供了少數的極高獎金，則其吸引力會遠超過這些獎金的總價值。這有兩個原因。第一，有冒險性格的年輕人，較易為偉大的成功前景所吸引，而較不會因害怕失敗而嚇倒；第二，一種職業的社會地位取決於透過該職業所獲得的最高尊嚴和最佳地位，多過於取決於從事該種職業者的一般運氣。有一個古老的

透過少數極高的獎勵金，能帶來與這個獎勵金不成比例的巨大吸引力。

---

⑨ 譯者註：前者1,200 = 2,000*0.5 + 400*0.5；後者2,000*1/11 + 400*10/11 = 545，接近於550。

政治格言，即政府應該在其每個部門都提供一些優等獎
項；在貴族國家裡，主要官員的薪水很高，而低階官員則
由於他們有望最終將爬到一個令人稱羨的職位，以及在這
些國家，社會對公職人員都很重視，也就安於接受比市場
上類似服務之薪資要低的報酬。這種安排對於那些已經有
錢有勢的人來說，具有有利的附帶效果；部分由於這個原
因，民主國家不採用這種做法。民主國家經常走向另一個
極端，他們支付給低階公務員的薪水，超過其服務的市場
價格，而支付給高階公務員的薪水，低於其服務的市場價
格。但是，這種辦法無論在其他方面有任何的優點，都是
一種很浪費的辦法。

關於就業的
不規則性，
也是採用類
似的方法。

　　接下來，我們可以討論就業的不穩定對工資的影響。
很明顯的，在那些就業不規則的職業中，工資在比例上必
須高於所做的工作；醫療人員和擦鞋匠在有工作時，所收
到的報酬必須含括一筆維持費用，以維持他無事可做時的
支出。如果磚工、細木工及鐵路護衛者在其他方面的職業
利益一樣，工作的難度也都相同，那麼磚工在工作時所得
的報酬必須要高於細木工，而細木工又必須要高於鐵路護
衛者。因為鐵路的工作一年四季幾乎都不變；細木工和磚
工則經常處於因不景氣而陷入失業的危險，磚瓦工的工作
更常被霜凍和下雨打斷。估計這種工作中斷的報酬，其普
通方法是把很長一段時間的報酬加起來，然後取其平均值；
但這個方法並不十分令人滿意，除非我們假設一個人在失

業後得到的休息和閒暇，對他沒有直接或間接的好處。⑩

　　在某些情況下，這種假設可能完全正確；因爲在等待工作時，往往會引起很多的焦慮和擔心，以致於會導致比工作本身更大的緊張，⑪但這並非是經常出現的情況。在正常企業運轉過程中所產生的工作中斷，不僅不會引起對未來的擔憂，反而可以爲這個體系提供休養生息，以爲未來的努力蓄積精力的機會。例如，一個成功的律師，在一年中的某些時候總會很緊張；而這本身就是一個弊害。但是，當考慮到這一點時，這個律師若在合法的休假期間，沒有賺取任何報酬對他來說損失就很小。⑫

第7節

　　接下來，我們還必須要考慮到一個人的環境，是否可　　補充報酬。

---

⑩ 這些考慮對計件工作特別重要；在某些情況下，由於工作所需材料供給的短缺，或其他可避免或不可避免的停工，都會大大降低工資率。

⑪ 福克斯威爾教授在1886年的一場關於就業不規則性弊端的演講中，對該問題提出了有力的論述。

⑫ 較高級別的工人一般都可以帶薪休假；但是那些較低級別者一般若休假的話，就領不到工資。造成這種差別待遇的因素是顯而易見的；但這自然會引起一種不平的感覺，勞動委員會（Labour Commission）的調查曾吐露出這種不平。參見《報告》中乙組24，頁431-436。

以提供其他種類的工作機會，以補充他從主要職業中所獲致的報酬。並且還要考慮這些環境是否能為其家庭其他成員提供工作的機會。

家庭報酬。　　許多經濟學家甚至提議把家庭的報酬看作是一個單位；且對於整個家庭一起工作的農業和老式的家庭行業，這個做法特別有道理，只不過要考慮家庭主婦因對家務責任的忽視而導致的損失。但在現代英格蘭，這種行業是罕見的，家庭戶主的職業很少對其他成員的職業產生很大的直接影響，除非他把兒子引進到自己的行業中；當然，當他工作的地點固定時，他家庭的其他成員可以容易得到工作，但仍受到鄰近資源的限制。

第8節

一個行業的吸引力不是取決於其貨幣報酬，而是取決於其淨利得，　　因此，一個行業的吸引力，除了一方面決定於要完成工作的困難和緊張，另一方面決定於從中獲得的貨幣報酬之外，還取決於許多其他的因素。當任何一種職業的報酬被視為對勞動供給有影響，或者說這些報酬是勞動供給的價格時，我們必須要始終明白，報酬一詞僅是該職業「淨利得」（net advantages）的簡稱而已。[13]我們還必須要考慮到以下的事實，亦即一種行業是否比另一種行業健康或乾淨、是否工作的地方較衛生或較愉快，或是否社會地位較高等等；正如亞當‧史密斯所說的一句名言，亦即許多

---

[13] 請參閱第二篇第四章第2節。

人對屠夫工作及在某種程度上對屠夫本人的厭惡，使屠宰
業的報酬高於其他同等難度的行業。

　　當然，個人的特性也會造成以高的比率，或以低的比
率估計特殊的利益。例如，有些人非常喜歡自己鄉下的小
木屋，以致於他們寧願住在低工資的鄉下，也不願意住在
城市獲取較高的工資；而另外有些人則對他們房間的數量
漠不關心，且只要他們能夠獲得他們所認為的奢侈品，即
使無生活的舒適品也在所不惜。例如，1884年有一個家庭
就是這樣對皇家工人階級住宅委員會（Royal Commission
on the Housing of the Working Classes）說的；他們一家
合起來的報酬是每週7英鎊，但他們選擇住在一個房間裡
面，以便能夠把餘錢花在旅行和娛樂這些項目上。

　　諸如此類的個人特性，使我們無法確切地預測個人的
行為。但是，如果能夠考慮願意進入某一職業，或將其子
女養大以進入該職業的那群人，其每個利與弊都按其平均
貨幣價值加以計算，就有辦法大致估計出，在我們所考慮
的時間和地點（*the time and place*）裡，增加或減少該職
業勞動供給各因素的相對強度。因為這樣，根據某時和某
地的情況所得到的這種估計，在不十分謹慎之下，將其應
用到另一時間或另一地點的其他情況，就不會經常不斷重
複出現嚴重的錯誤。

　　在這方面，觀察我們這個時代民族性差異的影響是
有趣的。例如我們會看到在美國，瑞典人和挪威人遷向西
北的農業區；愛爾蘭人，如果他們還是留在農地上的話，
就會在東部原來各州選擇農地；德國人的優勢在家具業和

釀造業；義大利人在鐵路建設；斯拉夫人在肉類包裝和某些類別的礦業；愛爾蘭人和法裔加拿大人在美國的一些紡織工業中；而倫敦的猶太移民則偏好於從事服裝業和零售業。所有這些部分歸因於民族資質的差異，但部分原因還在於不同種族的人對不同行業所附帶的利與弊估計的差異。

以及行業級別的差異。

最後，如果是能力很差的人都可以勝任的工作，則工作的不愉快對整個工資的提高似乎就沒有多大的影響。因為科學的進步，使許多只適合於從事最低級工作的人都能活下來。他們激烈地競爭於少量他們能夠勝任的工作，且因為迫切需要用錢，他們完全只考慮到可賺取的工資。他們無法過於關注工作帶來的種種不適，且他們周圍環境的影響，的確已讓他們中的許多人認為一種職業的齷齪下賤，雖會令人不舒服，但卻無關緊要。

一個令人不舒服的矛盾。

因而產生了一個矛盾的結果，即某些職業的齷齪下賤，反而是造成這些職業所賺工資太低的一個因素。因為雇主會發現用品格較高的技術性工人，以較優良的工具完成這種齷齪下賤的工作，勢必增加很多的工資；所以他們往往堅持用舊的方法，僱用那些只需要品格無關緊要的非技術性工人，因為他們對任何雇主來說價值都不大，所以能夠以很低的（計時）工資僱用這些人。因而使這類勞動減少，以使之變得昂貴，是社會最迫切需要的。

第四章

勞動的報酬（續）

第1節

在勞動需要
與供給的作
用中，有很
多特點是累
積性的；

　　上一章所討論的勞動供、需的作用，指出了相對於勞動的名目價格，要確定勞動的實質價格的困難。但是這一作用中的某些特點在性質上更重要，而這仍有待研究。因為這些特點不僅影響了供、需力量的作用形式，同時也影響到其實質；在某種程度上，這些特點還限制並阻礙了供、需力量自由發揮作用。我們將會發現，許多這些特點當中的影響，完全不能以其最初的及最明顯的效果來衡量。無論那些非累積性的效果如何顯著，長期說來，一般那些累積性的效果，遠比那些非累積性的效果還要重要。

這樣就與習
俗的影響類
似。

　　因此，這個問題與探索習俗的經濟影響的問題，就有很多共同之處。因為我們已經提到，且隨著繼續探討下去，還會更加清晰的是，習俗導致一種東西有時以稍微高於，而有時以稍微低於其他情況下的價格出售，其直接影響並非真得很重要，因為任何這種歧異通常不會有持續並擴大下去的趨勢；恰恰相反，如果這種歧異變得很大時，本身往往就會引發一些力量，把這種歧異抵消掉。有時這些力量會使習俗完全失靈，無法發揮作用；但更常見的是，會透過逐漸且不易察覺的方式，改變銷售物品的特性，讓購買者在舊名稱下，以舊的價格，真正獲得了一種新的東西，以避開習俗的影響。此時，這些直接的影響是明顯的，但卻不是累積性的。相反地，在妨礙生產方法及生產者自由發展其性格上，習俗的間接影響並不明顯，但一般卻是累積性的，因此會對世界史產生深刻且有控制力

的影響。如果習俗抑制了某一代的進步，那麼下一代的起始點便會低於未受抑制時的水平，且任何這一代所遭受的阻礙也都會累積下來，加上前一代人所有的阻礙，會這樣代代相傳下去。[1]

　　因此，關於供、需對勞動報酬的作用也是如此。如果在任何時候，供、需作用對任何個人或階級造成很大的壓力，那麼這種禍害的直接結果就很顯著了。但那個結果所造成痛苦的種類卻不同，隨引發痛苦的禍害而消失的那些痛苦的影響一般說來，與那些間接引起工人性格的軟弱或阻止工人變得更堅強的痛苦所造成的影響，在重要性上是無法比擬的。因為後者會引起進一步的軟弱和進一步的痛苦，這又繼而更進一步的造成軟弱和進一步的痛苦，這樣不斷地累積下去。相反地，高報酬和堅強的性格，會促成強大的力量和更高的報酬，這又會再次促成更強大的力量和更高的報酬，這種情況也會不斷地如此累積下去。

第2節

　　我們必須注意的第一點是，人這一生產因素並非像機

第一個特點是，工人雖然出售他的勞動，但是他自身仍屬於自己所有。

---

[1] 然而，值得注意的是，習俗的某些有益影響也是累積性的。因為在廣義的「習俗」（custom）之下，包含了許多不同的東西，即高度的倫理原則、高尚和有禮貌行為的原則，以及不為小利而爭鬥等這些原則的具體形式；而這些對種族性格所發揮的好的影響，很大程度上是累積性的。請參照第一篇第二章第1及2節。

器和其他物質的生產要素那樣的可以買賣。工人出售其勞動，但他自身仍屬於自己所有；那些負擔撫養和教育他的費用的人，從他未來的勞務所獲取的報酬中，所得到的只是一點點而已。[2]

因此，對工人的投資，受限於他父母的財力、預知未來的能力，及無私的程度。

　　無論現代企業方法有何缺陷，這些方法至少具有以下這種好處，即承擔物質生產費用的人，就可以獲得為這些財貨所支付的價格。建造工廠或蒸汽機或房屋，或蓄奴的人，只要他能保有這些東西，就可以獲得這些東西所提供的所有淨勞務的利益；且當他把這些東西賣掉時，他所得到的價格就是這些東西未來勞務的估計淨值；因此，他會擴大他的投資，直到他沒有充分理由，認為任何進一步投資所帶來的收益足以抵補他的支出為止。他必須謹慎而果敢地做到這一點，否則他就會發現在與那些採取更廣泛及更有遠見政策的人的競爭中，自己將被擊敗，最終將會遭到從指導世界企業行列的人群中消失的懲罰。競爭的作用以及那些最知道如何從這個環境中，為自己謀得最大利益，並在生存鬥爭中存活下來的人，都會在長期中，把工廠及蒸氣機的建造交到那些隨時準備好，且有能力承擔各項開支的人手中，這種開支將使生產要素價值的增加超過

─────────────

[2] 這與眾所周知的奴隸勞動是不經濟這個事實一致，正如亞當・史密斯在很久以前所說的那樣，「如果我可以這樣說的話，那麼用於恢復或修補奴隸耗損的資金，通常由一個疏忽的主人或粗心的監督者所管理。而那個用於恢復或修補自由人耗損的資金，則是由自由人自己以絕對節約的方式所管理」。

開支的成本。但是，對英格蘭工人的養育和早期訓練這些方面的資本投資，則受到社會各階層父母的財力、預知未來的能力，及爲子女而犧牲的意願等這些因素所決定。

這種弊害對於較高的產業階級來說，的確相對上較不重要。因爲在那些階級中，大多數的人對未來都有很清楚的認識，並「以很低的利率對未來進行折現」（discount it at a low rate of interest）。他們致力於爲自己的子女選擇最好的職業，以及爲其子女的職業選擇最好的訓練，一般說來他們都願意且能夠爲達此目的而承擔可觀的費用。尤其是自由職業階級，一般都極想爲他們的子女儲蓄一些資本，甚至更加關注於把這些資本投資於子女身上的機會。每當產業的較高階級出現需要額外和特殊教育的新機會時，爲了要在該職位的激烈競爭中脫穎而出，相對於目前的支出，所要求的未來收益就未必要很高了。

在較高階層的社會，這種弊害較小。

但在社會較低的階層中，這種弊害卻非常大。因爲父母微薄的財力和有限的教育，以及他們明顯認識未來能力的薄弱，都會阻止他們像把資本投資於改良任何經營一個良好工廠的機器那樣，以自由且果敢的企業精神，把資本投資於子女的教育及訓練上。許多工人階級的子女，連吃、穿都不足；他們的住所既無法促進身體的健康，也無法促成精神上的健康；他們接受的學校教育，雖然以現代英格蘭角度來看，到目前爲止可能並不太差，但卻也只是極爲有限；他們沒有機會獲得較廣闊的生活觀或洞察企業、科學或藝術等較高級工作性質的內含；他們在人生道路上，很早就過著艱辛和疲憊不堪的日子，且大部分人終

但在較低的階層，這種弊害就很大，

生都得如此。至少他們是帶著未發揮的能力和才能進入墳墓的；如果他們能夠充分發揮這些才能的話，那麼從中所增加的國家物質財富 —— 更不用說更高的東西了 —— 是提供他們發展適當機會所需費用的好多倍。

且這種弊害也是累積的。

但是現在我們必須要特別強調的一點是，這種弊害是累積性的。某一代人的子女營養愈差，他們長大後所掙得的收入就愈少，而他們提供給子女足夠物質需要的能力也就愈低，就這樣代代延續下去。而且，他們自己的才能愈沒有充分的發展，他們就愈無法意識到發展其子女最佳才能的重要性，因此，他們要這樣做的動力也就愈小。相反地，任何一種可以讓一代工人賺較多錢的變動，加上發展這些工人最佳才能的機會，都會提高他們為子女提供物質和精神的優勢；同時，由於增加他們自己的知識、智慧及遠見，這樣的變動在一定程度上也會提高他們犧牲自己的快樂，為子女謀取幸福的意願；現在，即使在最貧窮的階層中，只要財力和知識允許的話，他們也具有很大的這種意願。

第3節

技術工人的子女比非技術工人的子女擁有較好的立業起點；

出生在社會較高階層的那些人，比出生在較低階層的那些人所具有的優勢，很大程度上在於，他們從父母那裡獲得較好的生活指引和較好的立業起點；而且，這一好的立業起點對生命的重要性，在比較技術工人的子女和非技術工人子女的命運時，看得最清楚了。一個非技術工人的

子女無法輕易進入很多技術性的行業；且在絕大多數情況下，他們的子女都繼承了父親的職業。在舊式的家庭工業中，這幾乎是個通則；而且，即使在現代的環境下，父親把子女介紹到他自己的行業，也有很大的便利。雇主及工頭一般說來都比較偏好他們已經認識且信任人的子女，而較不偏好那些他們必須負起全部責任照顧的孩子。在許多行業中，一個孩子即使已經進入這個工作之後，也不一定能取得很大的進步，並獲得穩固的立足點，除非能夠在他父親身邊或他父親的一些朋友那裡工作，他們會煞費苦心地教他，讓他做需要細心監督，但有教育價值的工作。

技術工人的子女還有其他的優勢。他一般住在一間較好且較乾淨的房子裡，同時他生活的物質環境，也比普通勞動者所熟悉的地方要高雅。他的父母可能受到較好的教育，對其子女有較強烈的責任感；最後一點，但並非最不重要的一點是，他的母親可能把較多的時間用來照顧其家人。

如果我們比較文明世界的一個國家與另一個國家，或比較英格蘭的一部分與另一部分，或者比較英格蘭的一個行業與另一個行業，我們會發現，工人階級的墮落，幾乎是隨著女性所做的粗工數量而呈比例的變動。所有資本中最有價值的是投資於人身上的資本；且只要母親保持著溫柔與無私的天性，且不因非女性工作的過勞及壓力，而變得冷酷麻木的話，那麼投資於人身上那部分資本中最珍貴的部分，就是母親的照顧和影響。

這就使我們注意到上述原理的另一方面，即在估算有效率勞動的生產成本時，經常必須要以家庭為單位。無論

技術工人的子女在一個較高尚的家庭長大，且母親的照顧也較多。最後這一因素是極其重要的。

如何，我們不能把有效率者的生產成本視為一個孤立的問題來處理；而必須把有效率者與婦女的生產成本結合起來，納為一個較廣泛問題的一部分，這些婦女能夠讓自己家庭幸福，並撫養子女，使其在身心方面都健康、誠實、愛乾淨、文雅和勇敢。③

---

③ 威廉·佩帝爵士以非常靈巧的方式，討論了「人的價值」；康帝榮《商業性質概論》（*Essai sur la Nature du Commerce en Général*），第一篇第十一章，則以極其科學的方式，研究了養育一個成年男子的成本與維持一個家庭單位的成本之間的關係；此後亞當·史密斯（《原富》（國富論），第一篇，第八章）也論述了該問題；在較近的時期，恩格爾博士出色的著作《勞動的價格》（*Essay der Preis der Arbeit*），以及法爾博士和其他人也討論了這個問題。許多人已經都估計過，一個移民的到來，對於一個國家財富的增加，這種移民早期的養育費用是他原生地所支付，而他在移居的國家所生產的要超過所消費的。這些估計曾用許多不同方法進行，但是所有的估計都很粗略，有些則顯然在原則上是有誤的；但大多數的估計都發現，一個移民的平均價值約為200英鎊。如果暫時忽略兩性之間的差異，我們似乎可以根據第五篇第四章第2節的論述方式，來計算移民的價值。也就是說，我們應該「折現」（discount）他將要提供的未來勞務所有可能的價值；把這些折現的價值加在一起，並從中扣除他所消費的其他人的所有財富和直接勞務的「折現」值的總和；要指出的是，以該方法，在按其可能的價值計算出的每一種生產及消費因素的價值時，我們已經附帶計算了他早夭和疾病，以及他生活中的失敗或成功的機會。或者我們可以按他原生國家為其付出的貨幣生產成本，再次估計他的價值；這個價值可以利用同樣的方式估計而得到，即把他過去消費的所有不同因素的「累計」（accumulated）值加在一起，並從中扣

第4節

隨著這個年輕人長大成人，他的父母和學校老師的影響力就減弱了；從此以後直到生命的盡頭，他的性格主要是受到工作的性質和爲了工作、爲了娛樂及爲了宗教信仰，而與之交往的人的影響。

關於成年人的技術訓練、舊學徒制度的衰微，以及難以找

除他過去生產的所有不同因素的「累計」（accumulated）值的總和，就可以得到他的價值。

到目前爲止，我們還未考慮到兩性之間的差異。但很明顯地，上述這個方法，高估了男性移民的價值，而低估了女性移民的價值；除非我們也把作爲母親、妻子和姐妹的婦女所提供的勞務都算進去，男性移民則要算進這些勞務的消費面，女性移民則要算進這些勞務的供給面（請參見數學附錄註24）。

許多學者至少都隱含地假設一個普通人的淨產值和他一生中的消費相等；換句話說，他不會增加，也不會減少一生都居住國家的物質福祉。根據這一假設，上述估算兩種移民價值的方法可以相互轉換；當然，我們應該用後面那種較簡單的方法來估計。例如，我們可能會推測，比如說占總人口五分之二的較低階層的勞動，養育一個普通的孩子要花費的總金額是100英鎊；接下來的五分之一的人口是175英鎊；再接下來的五分之一的人口是300英鎊；再來十分之一的人口是500英鎊，剩下的十分之一的人口是1,200英鎊；或說平均爲300英鎊。但是，當然人口當中有些很年輕，而另有些幾乎已經接近死亡了，花在他們身上的費用不多；因此，根據這些假設，一個人的平均價值可能是200英鎊。

在工作場所的技術訓練，很大程度上有賴於其雇主的無私。

到取而代之的制度等，已經說很多了。在這裡，我們又遇到一個困難，亦即無論是誰投入資金來發展工人的能力，而那些能力將是工人本人的財產；因此，那些幫助過工人者的美德，必須保留一大部分的報酬。

的確，對於那些具有雄心壯志，企圖在競爭中領先，並以最先進的方法，製造出最好產品的雇主們來說，高報酬的勞動實際上反而是便宜的。他們可能會付給工人高工資，並周密地訓練他們的工人；部分是因為值得這樣做，而部分是因為讓他們在生產技術上居於領先地位的性格，也會使他們對那些為他們工作者的福利產生很大的興趣。但是，這樣的雇主數量雖然在增加，但相對上說來仍然居少數。如果投資在工人身上的資本所獲得的收益與改良機器的投資所帶來的收益相等的話，甚至他們也不願冒險把資本投資在工人的訓練上。他們有時甚至也受到一種想法所阻礙，亦即認為自己所處的地位，與租期不確定，改良未得到任何補償的保證，就投下資本，以提高地主財產價值的佃農很相似。

雇主這些行為所提供的利益是累積的，但是只有一部分歸諸於他及他的後嗣所有。

此外，在支付給工人高工資，且關注他們的幸福和教養時，該慷慨的雇主所提供的利益，不會在他自己這一代就消失了。因為工人的子女也會分享這些利益，且長大後身體和性格也會比不是這種情況下更強壯。這樣的雇主為勞動所支付的價格，等於是負擔了下一代高級產業才能供給增加的生產費用；但這些才能將成為其他人的財產，而這些其他人將有權利以最好的價格受僱於人；無論是雇主或是他的後嗣，都不會指望他所做的這部分好事，會獲得

多少物質上的報酬。

第5節

　　我們必須要研究的勞動所特有的需要與供給作用的下一個特徵在於，當一個人出售他的勞務時，他本人必須要親自到場交付勞動。無論賣方把磚塊用於建造宮殿，或是下水道，對於磚的出售者來說，都是無關緊要的；但是對於在一定困難程度下，負責執行任務的勞動出售者來說，執行的地方是否是健康且愉快，同事是否會如他所願的那樣，這就很重要了。在英格蘭某些地區仍然存在的那些按年僱用的情形中，勞動者打聽他的新雇主的脾氣是哪一類的，與打聽這個雇主支付的工資率是多高一樣地仔細。

　　勞動的這種特點在許多個別的案例中都非常重要，但所發揮的影響並不像上面最後所討論的那一點那樣廣泛且深刻。一種職業愈是令人不愉快，吸引人進入該職業所要求的工資就愈高；然而這些事情是否會造成持久和廣泛的傷害，取決於這些事情是否會破壞人的身體健康和體力，或削弱他們的性格。當這些事情不屬於這一類時，則雖然這些事情本身的確是不好的，但是卻不會引起其他的弊害；那麼這些事情的影響就很少是累積性的。

　　然而，既然無人可在他本人不親自到的市場上交付其勞動，因此勞動④的流動性和勞動者的流動性是可相互

第二個特點：提供勞動的人必須要親自到場交付勞動。

第二個特點的影響並不是累積性的，且這種影響的真正重要性也不大。

――――――――――

④　譯者註：此處所謂的勞動是指勞動者所提供的勞務。

轉換的名詞；不願離開家且不願中斷舊的聯繫，也許還包括不願離開一些喜愛的小屋和祖墳，往往會對在新的地方尋求更高工資起阻礙的作用。當一個家庭的不同成員從事不同的行業，而對一個成員有利的遷移，對他人造成傷害時，工人與其工作的不可分離性，會嚴重的阻礙勞動供給調整到與勞動需要一致。對於這一點，我們以後還會做更多的討論。

第6節

第三及第四特點是勞力無法久持，

其次，由於下列這樣一組密切相關的事實，使得勞動者往往在特別不利的條件下出售其勞動，這些事實包括勞動的力量是「無法久持」（perishable），亦即勞動的賣方一般都很窮，沒有任何儲蓄，因此他們無法輕易地保留自己的勞動不出售。

勞動的供給者在討價還價中往往處於不利的地位；但是有許多物質商品也具有易腐性。

無法久持性是所有各類勞動所共有的一個特性；當工人失業時，雖然在某些情況下，其精力可以透過休息而恢復，但失業時所丟失的時間無法挽回。⑤然而，必須要記住的是，大部分物質生產要素的生產能力，在同樣的意義上都是無法久持旳；因爲這些要素若棄之不用的話，就無法獲得報酬，因而很大一部分所得就會完全喪失。當工廠或汽船閒置不用時，的確可以減少耗損；但與其所有者必須要放棄的所得相比，這部分通常很小；因爲在投下資本

⑤ 請參閱前面第六篇第三章。

所造成的利息損失，或由於新發明的出現，造成的跌價或過時等而產生的損失，這些都無法獲得補償。

此外，許多可銷售的商品也都是易腐的。在1889年倫敦碼頭工人的罷工中，許多船上的水果、肉等等的腐爛，強有力地支持了罷工者。

缺乏儲備金及缺乏長期保留勞動不出售的力量，幾乎是所有那些體力勞動者的共通現象。對於非技術性勞動者來說更是如此，這部分是因為他們所剩的工資難以讓其有儲蓄的餘地，部分是因為當他們中的任何一群人停工時，會有很多人能夠填補他們的空缺。而且，當我們討論職業工會時，將會看到非技術勞工，在形成強大持久的工會，及因而與雇主討價還價時，較難以與技術性工人立於平等的地位。因為必須要記住的是，一個僱用1,000名其他員工的人，在勞動市場的購買者當中，其本身就是1,000個單位買者的絕對堅固的結合體。

一般說來，最低級別的勞動，在討價還價上是最不利的。

但這些陳述並不適用於各種類的勞動。家庭僕人雖然沒有大量的儲備金，也很少有任何正式的同業工會組織可加入，但有時比他們的雇主更能夠採取一致的行動。與其他需要同等技術和能力的職業相比，倫敦上流社會的家庭僕人的總實際工資非常高。但另一方面，那些沒有特殊技術，且受僱於財力非常有限的人的家庭僕人，甚至無法為自己賺得像樣的工資；他們工作很辛苦，但工資卻非常低。

這些陳述並不適用於家庭僕人，

接下來檢視最高級別產業的勞動，我們會發現在與其勞動購買者的討價還價上，一般都占有優勢。許多自由職

也不適用於自由職業者。

業階級者比他們大多數的顧客更富有，儲備金更多，知識和決心更高，且在商議出售勞務的條件時，更有能力採取一致的行動。

如果需要進一步的證據，以顯示勞動出售者普遍遭受議價的不利之處，取決於他自己的環境和素質，而並非因為他要出售的特定物品是勞動的此一事實，可以經由把成功的大律師、或小律師、或醫生、或歌劇演唱家、或騎師等這些人與較貧窮的獨立商品生產者進行比較而得到。例如，那些在偏遠地區收集貝殼類，以便在大型中央市場銷售的人，幾乎沒有儲備金，且對世界及其他生產者在該國其他地區所做的事情知之甚少；而他們交易的對手卻是一個小而緊密的批發商團體，這些批發商擁有廣博的知識和大量的儲備金；因此，貝殼的賣方在議價上處於極大的劣勢。出售手工花邊的婦女和兒童，及向大而有力的經銷商出售家具的東倫敦閣樓的店主（garret masters），情況也大多如此。

然而，可以肯定的是，體力勞動者這個階級在議價上處於劣勢；且無論在何處，只要有這種劣勢存在，其影響都可能累積下去。但是，只要雇主之間存在著任何競爭，他們就有可能為爭取勞動，而不至於把勞動價格壓到低於勞動帶給他們的實際價值太多，也就是說，這個價格不會低於他們寧願支付，也不願意完全不僱用勞動的最高價格太多；然而，任何降低工資的因素，往往會降低勞動者的工作效率，所以也會降低雇主寧願支付，也不願完全不僱用勞動的價格。因此，勞動者在議價中處於不利地位有兩

相對於買者來說，那些貧窮且為數眾多的商品賣者，在討價還價中，與勞動供給者一樣都處於不利的地位。

這種不利在兩方面具有累積性。

種累積性的效果。這種不利地位的效果降低了工人的工資；而
正如我們所看到的那樣，這會降低工人的效率，從而又進一步
降低他勞動的正常價值。此外，這也降低了他做為一個議價者
的效率，從而增加了他以低於正常價值出售勞動的機會。⑥

---

⑥ 關於本節的這個主題，請參照本書第五篇第二章第3節，及附錄六關
　　於物物交易的論述。布倫塔諾（Brentano）教授是第一個呼籲關注本
　　章討論的幾個要點的人。另請參見郝威爾（Howell）的《資本與勞動
　　的衝突》（*Conflicts of Capital and Labour*）。

第五章

劳動的報酬（續）

第1節

勞動的第五個特點是額外增加專門技能的供給，需要極為長久的時間。

我們必須要討論的勞動需要與供給作用的另一個特點，與上述已經討論過的一些特點密切相關。這包括準備和訓練勞動工作所需的時間很長，以及這種訓練所帶來報酬的緩慢。

這種對未來的折現，或說審慎調整由昂貴費用訓練出來的勞動供給，使之與其需要相一致的做法，最明顯的是體現在父母為其子女選擇職業，並努力把子女提升到比他們自己要高級別的職業所做的事情。

亞當‧史密斯對機器與一個技術工人賺取的所得所進行的比較。

基於大多數機器壽命的短促，必須要對上述亞當‧史密斯所進行的比較加以修正。

正是這些原因，所以亞當‧史密斯說：「在安裝任何一臺昂貴機器之際，必須預期在該機器用壞之前，所能完成的非凡工作，要能收回投在其上的資本，並至少要能獲取普通的利潤。一個要以大量勞動和時間為代價，學習從事任何需要非常靈巧和高技術工作的人，可以與一臺昂貴的機器相互比擬。他所從事的工作，所獲的報酬要能超過普通勞動的通常工資之外，不僅要能收回他全部的教育費用，還至少要能帶來相同價值資本的普通利潤。雖然人的壽命是不確定的，但是一如機器持續時間較為確定所做的那樣，都必須要在合理的時間內達到這一切。」

但這一陳述僅能看做是對一般趨勢的概括。因為除了父母撫養和教育子女的動機，與誘使資本主義企業家安裝新機器的動機不同之外，人的賺錢能力所延續的時間也通常較機器長久；因此，決定報酬的環境也較難以預知，勞動供給調整到與需要一致的情況也較緩慢，且又較不完

全。因爲雖然工廠、房屋、礦井的主要豎井和鐵道的路堤，可能比這些東西的製造者壽命要長很多；但這些都只不過是這個通則的一個例外而已。

雖然有重要的例外。

第2節

在父母爲其子女選擇一個技術性的職業時，與該子女從他們該選擇中獲取的全部結果之間，所需的時間不會少於一代太多。且同時，該行業的性質可能已經幾乎都發生徹底的劇變，其中有些變動可能早就出現徵兆了，但是另外有一些變動，即使是最精明的人和那些最了解該行業環境的人，也無法預見得到。

父母在爲其子女選擇職業時，必須要能展望一整代以後的情況，而且他們的預測很可能是錯的。

幾乎英格蘭各地的工人階級，都不斷在爲他們自己和其子女的勞動留意有利的機會；他們向居住在其他地區的朋友和親戚，探聽關於各種行業的工資，以及這些行業所附帶的利弊。但要查明那些決定他們爲子女所選擇的行業，其遙遠未來前景的因素卻非常困難；且沒有多少人著手於這種深奧的研究。大多數人在未進一步的思索之下，就假設每個行業在他們自己時代的狀況，足以說明該行業未來會是什麼樣；而且，只要這種習慣的影響擴展下去，任何一代人的某種行業的勞動供給，往往不與那一代，而是與前一代的報酬相符。

再者，有些父母觀察到相對於同一級別的其他行業，某一行業的報酬已經持續了若干年的上升，便認爲工資會朝同一方向繼續變動下去。但經常會碰到的情況是，之前

的上漲是由於短暫性的原因造成的，即使沒有許多勞動湧入該行業，報酬的該種上升隨之也可能會出現下滑，而不會進一步的上揚。且如果有如此大量的勞動湧入，結果將會造成勞動供給過量，以致於其報酬會有許多年都維持在正常水平之下。

在這一點上，我們必需不以一個特定行業，而是要以整個級別的勞動做為討論的單位。

接下來，我們必須想到以下這個事實，即雖然有一些行業除非已經在該行業者的子女，否則很難進入，然而大多數行業都是從同級別的其他行業者的子女中召募而來的；因此當我們在討論勞動供給，有賴於那些承擔教育及訓練費用者的資金時，我們必須把整個級別，而不是以任何一種行業為單位；而且只要勞動供給受到支付其生產成本的基金所限制的話，則任何級別的勞動供給，都是由該級別上一代人，而不是當代人的報酬所決定的。

然而，必須要謹記的是，社會各級別勞動的生育率，是由多種因素所決定的，其中對未來進行縝密的考慮，只居於次要的地位；儘管如此，即使在一個不重視傳統的現代英格蘭這樣的國家，過去幾代人的經驗所累積的習俗和輿論，本身就有很大的影響力。

第3節

不過，必須要考慮到成年勞動的移動，

但是，我們不得忽略那些造成勞動供給向勞動需要調整的以下因素，即成年人從某個行業向另一個行業，從某個級別到另一個級別，以及從某個地方到另一個地方的移動，雖然有時確實會有一些特殊的機會，使較低級別勞動

的潛在能力得以迅速的大量發展出來；但是，從某個級別
到另一個級別的移動，很少會大規模的進行；例如，一個
新國土的突然開闢，或諸如美洲戰爭這類的事件，將從較
低級別的勞動中，提拔許多在艱難和擔負重責的崗位上表
現良好的人。

　　但是，成人勞動從某個行業到另一個行業，以及從某
個地方到另一個地方的移動，在某些情況下，如此之大且
迅速，以致於使勞動供給調整到與勞動需要一致的時間，
就得以大爲縮短。相對於專門針對一個產業部門的手工技
藝和專門知識而言，那些易於從某種行業轉移到另一種行
業的通才，其重要性逐年不斷提高。因此，經濟進步一方
面帶來了產業方法不斷的變化，因而預測未來一代對任何
勞動需要的難度也不斷增加；但另一方面，這也帶來了提
高糾正這種調整所發生錯誤的能力。[1]

由於對於通才的需要日益提升，因此這種通才移動的重要性也不斷提高了。

第4節

　　現在讓我們回到這樣的原理，即從商品生產工具中
所獲取的所得，從長期來看，對這些工具自身的供給和價

我們現在轉而討論在長期及短期最強有力的影響因素之間的差別。

---

[1] 關於本節的主題，請參照第四篇第六章第8節；查理斯・布斯（Charles Booth）先生的《倫敦的生活和勞工》（*Life and Labour in London*）；和胡貝特・利韋林・史密斯先生（Hubert Llewellyn Smith）的《現代勞動流動性的變遷》（*Modern Changes in the Mobility of Labour*）。

格，產生了決定性的影響，因此也對商品本身的供給和價格產生了決定性的影響；但在短期內，沒有時間發揮這種重大的影響。讓我們探究當不把這個原理應用到只是達到目的的手段，且是應用到資本家的私有財產的物質生產要素上，而是應用於既是生產目的，又是生產手段，以及可以保有他們自己的財產的人類時，這個原理要如何修正。

勞動供給的「長期」一般說來必需要非常長。

首先，我們必須要指出，由於勞動的生產和耗損都是很緩慢的，所以對於「長期」一詞，我們必須要採取較嚴格的定義，且當我們在討論勞動的正常需要和供給的關係時，一般要把長期視為比我們討論普通商品的時間要長。有許多問題，其期間長到足以使普通商品的供給，甚至製造這些商品所需的大多數物質工具，都能夠根據需要而進行調整；因此，期間長到足以使我們有理由把這些商品的平均價格視為「正常」價格，並且就其相當廣義上來說，等於其正常的生產費用；然而，這段時間卻可能仍不足以讓勞動供給完全根據其需要而進行調整。因此，在此期間勞動的平均報酬，根本無法確保給提供勞動的人正常的報酬；但應當把這些報酬視為一方面是由可用的勞動的供給所決定的，而另一方面是由勞動的需要所決定的。讓我們更仔細地討論這一點。

第5節

獨立的手藝工匠。

某一商品價格的市場變化，受到需要與在該市場該商品的儲存量或容易接觸的儲存量之間的臨時關係所支配。

當如此決定出的市場價格高於其正常水準時，那些能夠及時提供市場新供給，以利用高價先機的人，會獲得異常高的報酬；如果他們是為自己工作的小手藝工匠，那麼全部價格的上漲，就都會成為他們報酬增加的部分。

　　然而，在現代產業世界中，那些承擔生產風險及享受價格上漲任何好處及承擔價格下滑任何壞處的人，就是產業的資本家。他們所製造商品的產值，超過所投入的直接支出，也就是超過商品的主要貨幣成本的淨收入，就是他們在當時對其企業進行的各種方式的投資，包括他們自己的本領和能力的投資，所獲得的報酬。但是，當生意狀況良好時，在雇主本身之間的競爭力量之下，每個人都想要擴大其企業，且都想儘可能獲得這種高報酬，使得他們願意支付給其員工較高的工資，以獲得他們的勞務；即使雇主們採取一致的行動，且暫時不做出任何的讓步，員工之間的聯合可能也會迫使雇主們在無法取得前述好處的威脅之下，而使市場出現有利於員工的轉變。結果一般說來是不久之後，很大一部分的利得都會分配給員工；且只要繁榮持續下去，員工的報酬都會維持在正常水平之上。

以煤業當做說明的例證。

例如，在1873年達到高峰的通貨膨脹期間，礦工的高工資在當時是受到對技術性採礦勞動勞務的需要與這種勞動供給之間的關係這些因素所決定的，而進入到該行業中的非技術性勞動，被算為等同於某一數量相同效率的技術性勞動。如果根本不可能引進任何這樣勞動的話，則礦工的報酬一方面受到煤炭的需要彈性所限制，另一方面又受到新一代礦工的逐漸長到工作的年齡所限制。事實上，工

在現代產業制度之下，工資的波動。

人是從那些不急於離開的其他職業吸引過來的；既然煤炭和鐵行業的繁榮只不過是信貸膨脹浪潮的最高峰，因此他們待在原來的職業可能也會維持著高工資。這些新進入者不習慣於地面下的工作；這種工作的不舒適嚴重的影響了他們，而他們因缺乏技術知識，增加了工作上的危險，技術的不夠熟練也使他們浪費了大量的力量。因此，這些新進入者的競爭，並未縮小對礦工技術特殊報酬的增加所施加的限度。

當信用膨脹的浪潮轉向後，那些最不適應採礦的新進入者就離開了礦場；但即使如此，當時所留下來的礦工人數相對於要完成的工作來說太多了，所以他們的工資下降了；直到達到以下這個極限，即那些最不適合礦工工作和生活的人，在其他行業出售他們的勞動，可以獲得較多的報酬為止。而這個極限很低，因為1873年達到高峰的信用膨脹，已經削弱了穩固的企業，損壞了繁榮的真正基礎，幾乎讓每個行業都處於或多或少的不良和蕭條的狀態。

第6節

在估計勞工的技術報酬時，不僅要考慮到其耗損，

我們已經指出了，來自於一個正在耗損的改良所產生的報酬，只有一部分可視為是該改良的淨報酬；因為改良的資本價值的耗損，所計算出的總金額，必須從這些報酬中扣除，然後才能算為是淨報酬。同樣地，在我們算出一部機器的淨報酬之前，必須考慮機器的耗損及操作的成

本。現在礦工也像機器一樣，容易耗損；當估計他的技術的特殊報酬時，也必須要從他的報酬中扣除耗損。[2]

但是，在礦工的情況，還有更進一步的困難。因為當考慮包括耗損的操作費用之後，機器的擁有者不會遭受到機器長期操作的損失；而一個有技術才能的所有者在長期工作時，確實會遭受損害，並且他會遇到一些附帶的不便，例如會遭到娛樂和行動自由的損失等。如果礦工一週只有4天的工作，並賺1英鎊，而在下一週，他有6天的工作，並賺1英鎊10先令；這額外10先令當中只有一部分可以視為是他技術的報酬，因為其餘的部分是他額外的疲倦及耗損的報酬。[3]

> 也必須要考慮到他的疲倦及其他工作上的不便。

以下總結我們這一部分的論證。每一物品的市場價格，即其短期價格，主要取決於對該物品的需要與其可用庫存之間的關係；而對於任何生產要素來說，無論是人的或是物質的，這種需要都是從該要素製造出來的物品，其需要所「衍生」（derived）出來的。在這些相對較短的時期內，工資的波動是隨著產品銷售價格的波動，而不是先於其波動而波動。

> 結論及對於報酬波動決定於市場的狀態這一論點的重申。

但是，所有生產要素，無論是人的和物質的所得，

---

[2] 把此一特殊的報酬視為準租有一定的理由。請參閱第六篇第五章第7節及第八章第8節。

[3] 請參照前面第六篇第二章第2節。如果他們有相當數量的生產工具，則他們在那個範圍之內來說就是資本家；他們的部分所得就是這個資本的準租。

以及未來似乎可以經由他們賺到的所得，對於決定這些生產要素未來供給的人的那些行為產生了不間斷的影響。因此就會出現一個不斷趨近於正常均衡點的趨勢，在這個點上，每一種要素的供給與其勞務需要的關係，都會為那些供給各要素的努力和犧牲者，提供足夠的報酬。如果該國的經濟狀況處於不變的狀態時間夠長的話，則這種趨勢將在供、需的這種調整中自己達到，因而機器和人一般說來所賺得報酬的金額，與其撫育和訓練、習慣上的必需品、以及那些嚴格必需品等這些成本一致。但是，即使在經濟條件本身不變的情況下，習慣上的必需品也可能會受到非經濟因素的影響而發生變動：而這種變動會影響勞動的供給，並會減少國民所得，並略微改變國民所得的分配。事實上，一國的經濟狀況不斷地在變動之中，且勞動相關的正常供、需的調整點也不斷地在變動之中。

第7節

在分析個人的所得時，稀有天賦才能所賺的額外所得可視為是一種剩餘；

我們現在可以討論這樣的問題，亦即那些具有非凡天賦才能者，所賺得額外的所得是屬於哪一類。由於這些所得不是為了提高效率，而把人類的勞力投資到生產要素中的結果，因此有很強的初步理由，可以把這些所得視為是生產者的剩餘，這是來自於大自然免費的恩賜，所擁有的在生產上與眾不同的優勢。只要我們分析的僅是個人所賺所得的組成分子時，這種類比就是可令人信服且很有用。同時探究以下種種問題也是重要的，即成功者的所得中

有多少是由於運氣（chance）、機會（opportunity）和機運（conjuncture）所致；他們在生命中有多少好的立業機會；有多少是為他們的特殊訓練所投入資本的利潤，特別是努力工作的報酬有多少；由於擁有稀有天賦才能，而產生的生產者剩餘或地租有多少。

但是，當討論從事任何一個職業的全體人員時，我們不能不考慮失敗者的低報酬，而隨便把成功者的高報酬視為是地租。因為在其他條件不變的情況下，任何一種職業的勞動供給，都由其未來所提供的報酬如何而決定的。進入該職業的那些人，無法準確的預測其未來的情況；有些一開始看似最沒希望的人，結果後來變得有很強的潛能，也許又有好運氣的幫助，讓他們得以賺得巨額的財富；而另有些一開始看似有輝煌前途的人，最終卻變得一事無成。因此應該把成功和失敗的機會一起考慮，就像漁民的漁獲量有多和少，或者農民有豐收和歉收一樣；一個年輕人在選擇職業，或者父母為他選擇職業時，一定會考慮到成功者的運氣。因此，從長遠來看，這些運氣是支付給該職業的勞動和能力的供給價格的一部分；因而也計入這個職業中真正或「長期」（long period）的正常勞動供給價格之內。

然而，應該要承認的是，如果有某一類人從出生開始，就因為在某些特定職業具有特殊的天賦，而與眾不同，但在其他任何的職業則都無才能，以致於無論在何種情況下，他們都要從事那種職業，那麼當我們討論普通人成功或失敗的機會時，這類人所獲得的報酬可能就會視為

但是當我們考慮一種職業的正常報酬時，就不能視為是一種剩餘；

某一類具有稀有天賦的才能，專門適於從事某種特殊行業的這種極端情況除外。

例外而被剔除。但事實並非如此；因爲一個人在任何職業中取得成功的大部分取決於才華與品味的發展，而其強度如何，在他選擇該職業之前無法明確預測到。這樣的預測至少與新開墾者，對於可供他選擇的各塊土地，其未來的肥沃度及位置的優勢所做的預測一樣容易出錯。④部分由於這個原因，從稀有的天賦才能中所取得的額外所得，更接近於一個移民做了一個非常幸運的選擇，從他所握有的土地得到剩餘產品的比喻，而較不接近於一個早開發國家地租的比喻。但是土地和人類在很多方面都有所不同，如果推論過遠的話，即使是那種比喻也容易產生誤解；因此在把生產者剩餘一詞，應用到非凡能力的報酬時，需要格外謹愼。

　　最後，值得指出的是，第五篇第八章到十一章關於能夠在幾個生產部門中使用的工具，其特殊報酬（無論是地租或準租性質）的論點可適用於天賦才能和技術的特殊報酬上。當把能夠用來生產一種商品的土地或機器，用來生產其他商品時，第一種的供給價格會上漲，雖然所提高的數額並非取決於這些生產工具在第二種商品的使用中所產生的所得。因此，當把可用來生產某種商品之訓練過的技術或天賦才能，應用到另一種商品的生產時，由於前一種商品供給來源的縮小，則其供給價格也會上漲。

---

④ 請參照第五篇第十章第2節。

第六章

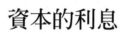

資本的利息

第1節

本篇第一章及第二章討論與資本有關的需要與供給相互作用的主要原理，現在我們接著要對此問題進行深入的探討。

關於資本的基本經濟學說並非新的，而是立基於日常生活的行為得出來的。

資本的情況與勞動的情況一樣，都不能從需要與供給關係的本身來進行研究。決定分配和交換這一重大核心問題的所有因素，都彼此相互影響著。本篇的最前面兩章，特別是與資本有直接相關的部分，可以視為是本章和下兩章的引言。但在詳細分析這幾章之前，先闡明一下資本和利息的現代研究與早先研究之間的關係。

在理解我們產業體系中，資本所扮演的角色時，經濟學提供了堅實而重大的幫助，但並未得出驚人的發現。經濟學家目前所知道的一切重要的事項，早已為能幹的商人所奉行了，雖然這些商人也許無法清楚地，或甚至無法準確地表達出他們的知識。

每個人都知道，除非預期從資本[①]的使用中獲得某些利得，否則就不會為使用該些資本（金）而付出任何的代價；且每個人也都知道，這些利得有很多種。有些人借錢是為了滿足迫切的需要，無論需要是真實的或是想像的，都是為了支付給那些為了未來，寧願犧牲現在的人酬勞，好讓他們自己可以為了現在的利益，而犧牲未來。有些人

———————————

① 譯者註：如同第二篇第四章第2節所述，資本包括物品的存量，也可以指貨幣的存量；若是後者，則其報酬稱為利息；若是前者，則其所得稱為準租。因此，以下凡是明白指借貸的capital，則翻為資金；若指的是機器之類的東西，則稱為資本；若是兩者兼而有之，則稱為資本（金）。

借錢是為了購買機器和其他「中間」（intermediate）財貨，
有了這些東西，他們可以製造並出售物品以獲利；有些人借
錢，是為了購買旅館、劇院和其他直接提供勞務的東西，對於
那些掌握這些東西的人來說，該些物品是他們利潤的來源。有
些人為了自己要居住而租屋，或借錢購買或建造他們自己的房
屋；在其他條件都不變的情況下，隨著一國這類資源的每一次
增加，以及隨之而來的利率的每一次下降，則吸收到像房屋等
這些東西的資源就會隨之而增加，就好像吸收到機器、碼頭等
這些東西的資源一樣，也會隨之而增加。對耐用石屋的需要，
取代了當時可住程度幾乎相同的木屋，這指明了一個國家的財
富正在不斷的增加，而資金也可以用較低的利率取得；這種需
要對資金市場和利率所發揮的作用，就好像新工廠或鐵路的需
要對資金市場和利率所發揮的作用一樣。

　　每個人都知道人們通常不會免費借錢給別人；因為，即使
他們自己不能善加利用這些資金或其等價物，他們也確信能夠
找到其他人來使用這些資金，因而得以讓他獲利，並願意為借
取這筆款項而付出代價，以便爭得最有利的市場條件。②

　　每個人也都知道，即使在盎格魯－撒克遜和其他堅強而自
律的民族當中，也少有人願意儲蓄大部分的所得；近年來，發
明的進步和新領土的開拓，為資金的利用提供了很多的機會；

---

② 正如第二篇第四章所指出的那樣，從其最廣泛的意義上說，資本
　（金）供給受到人們對於其使用，以及對未來是否有「前瞻性」
　（*prospectiveness*）所限制，而資本（金）的需要則來自於其「生產
　力」（*productiveness*）的高低。

因此，每個人一般都理解到，累積財富的供給量，相對於需要量如此之小，以致於財富的使用是利得來源的因素，因此在舉債時就需要付款。每個人也都知道，財富的累積之所以受到抑制，因而利率得以維持住，是因為大多數人偏好目前的滿足勝過於延後的滿足，或者換句話說，他們不願意「等待」（wait）。事實上，經濟分析在這方面的真正工作，並不是強調這種熟悉的真理，而是要指出這種一般偏好的例外情況，比乍看之下的例外情況究竟多了多少。[3]

但是在把個別的真理彙集成一個有機的整體這一方面，經濟學有重要，但困難的工作要做；

這些真理大家都很熟悉，且是資本（金）和利息理論的基礎。但在日常生活的事務當中，這些真理容易以不完整的形式出現。一次只能清楚地看出一個特殊的關係；然而，那些彼此相互自我決定的因素，卻難以聚集成一個整體。因此就資本（金）而言，經濟學的主要任務就在於把那些在生產和財富累積以及所得分配的運作中，所有發生

---

[3] 請參見第三篇第五章第3及4節和第四篇第七章第8節。注意到下列這些事實，就能有效的修正這個錯誤，亦即只要稍微改變我們自己世界的條件，就能把我們帶到另一個世界；而在另外那個世界裡，大多數人都會如此渴望提供老年人和他們身後留下的家庭所需，且在另外那個世界中，提供有利使用任何形式累積財富的新機會是如此之少，以致於人們為了妥善保管，而願意付費的財富數量，將超過其他人願意借入的數量；因此，在這樣的世界裡，即使那些看到從使用資金可以獲利的人，也能夠向財富出借者索取看管費，因此利息將始終都是負的。

作用的各種因素按順序和相互關係闡述出來；因此，同時
考慮資本（金）和其他生產要素時，就能清楚地看到這些
因素之間如何相互影響（*mutually governing*）。

　　此外，經濟學還必須要探究支配人們在現在的滿足和
延後的滿足之間進行選擇的那些影響因素，其中包括休閒
和各種活動形式本身就是報酬的那些機會。但這種工作是
心理學所要從事的，而經濟學所要從事的工作，是應用心
理學中已被接受的學說，結合其他材料，以解決自身特殊
的問題。④

　　因此，對為了要達到某些目的，而借助於累積的財
富，所取得的利得進行分析時，經濟學的工作就更加繁重
了，特別是當那個財富採取營業資金的形式時更是如此，
我們將在本章和接下來的兩章中，進行這種分析。因為
這些利得或利潤包含了許多因素，其中有些從用語的廣
泛意義上來說，屬於利用資本（金）的利息；而有的屬於
「淨」（*net*）利息或所謂的實際上的利息。有些是屬於
經營能力和企業的報酬，包括承擔風險的報酬；另有一些
則屬於不那麼像任何一種生產要素，而比較像是各種生產
要素結合起來的報酬。

　　在過去三個世紀當中，資本（金）的科學理論在上述
三個方面上歷經了長期不斷成長和改進的歷史。對於這個理
論中幾乎所有最重要的東西，亞當・史密斯所了解的似乎
都還不夠清楚，而李嘉圖卻了解地十分清楚，就像我們現

特別是在利
潤的組成分
子與組成分
子之間關係
的分析上，
更是如此。

資本（金）
的經濟理論
在持續發展
中，而未曾
出現突然的
變化。

---

④ 請參照第三篇第五章及第四篇第七章。

在所了解的那樣；儘管有些經濟學家喜歡強調許多方面中的某一面，而另一些經濟學家則喜歡強調另一面，但似乎沒有充分的理由，讓人相信自亞當・史密斯時代以來，有任何一位偉大的經濟學家曾經完全忽略了任何一面；特別可以肯定的是，像李嘉圖這種務實的金融天才，不會忽略企業人士所熟悉的任何東西。但是理論不斷在進步中，幾乎每個人都改進了某些部分的理論，並使該理論的輪廓更清晰，或者幫助解釋該理論不同部分的複雜關係。很少有任何偉大的思想家能做出以前從未有人做過的任何東西，但卻總是在不斷添加新的東西。⑤

---

⑤ 龐巴衛克教授似乎低估了他前輩的著作中關於資本和利息敏銳的分析。他所認為的那些天真理論的片斷，似乎都只是一些熟悉商業實際運作者的話語；這些人部分出於某種特殊目的，而部分則出於缺乏系統的闡釋，往往不成比例地強調問題的某些因素，而棄其他因素於不顧。也許龐巴衛克他自己的資本理論中那種矛盾的部分，就是這種類似的過於強調某些因素，和不願意承認這個問題的各個因素相互影響這一事實的結果。我們已經注意到這樣一個事實，亦即雖然他把房屋和旅館，以及不能嚴格定義為中間財貨的所有物品，都排除在他資本的定義之外，但就好像他所定義的資本對利率所發揮的直接作用一樣，對於非中間財貨的需要對利率也發揮了直接的作用。與資本一詞的這一用法相關的是，他的理論特別強調「要花費時間的生產方法具有較高的生產力」（《資本實證論》〔*Positive Capital*〕，第五篇第四章頁261），或者說「每一次把迂迴過程加長，都會伴隨著技術效果而更進一步的增長」（同書，第二篇第二章頁84）。然而，有無數的需要很長時間，同時是迂迴的方法卻不具生產力，因而無人使用；事實上他似乎倒置了因果關係。真正的理論似乎應該是，因為必須要

第2節

但是，如果我們回顧中世紀和古代歷史時，必定會發現對於資本在生產中所提供的勞務，以及為此勞務而支付利息的性質缺乏明確的概念；且由於這段早期的歷史，對我們這個時代的問題產生了間接的影響，所以在此應該對其加以闡述。

在原始社會當中，開創企業使用新資金的機會很少，任何擁有財產，而他自己不需要立即使用的人，在有良好擔保之下，無息借給別人，不會有太大的犧牲。一般來說那些借錢者是窮人和弱者，他們需錢孔急，而議價能力又很低。而那些放款的人，要麼是免費讓出多餘的錢，來幫助陷入困境的鄰居，要麼就是專業的高利貸者。在窮人需錢時，這些專業的放貸者是窮人最後的求助者；他們經常殘酷地利用自己的力量，把窮人纏在痛苦的陷阱中，若非遭受巨大的苦難，也要喪失他自己或他子女的自由，因而難以逃脫此痛苦的深淵。不僅是沒受過教育的人，古代的賢哲、中世紀教會的神父以及我們這個時代印度的英格蘭

在文明的初期階段，有息借來的款項，其濫用的程度往往超過其善用的程度；

支付利息，且資本的使用又可獲得利息；因此，要避免採用那些涉及到投入大量無法做他用的資本漫長而迂迴之方法，除非這些方法比其他方法更具生產力。許多迂迴方法在不同程度上具有生產力這一事實是影響利率的諸多因素之一；利率和迂迴方法的程度，是分配和交換核心問題的兩個彼此相互決定的因素。見附錄九第3節。

統治者，也常說放貸者「以他人的不幸做為交易，從他們⑥的痛苦中牟求利得；在同情的幌子下，他們⑦為被壓迫者挖了一個陷阱。」⑧在這樣的社會狀態下，鼓勵人們簽訂契約借出財富，以便在一段時間後增加報酬，這是否對公共利益有利；若把此類契約一個個加以考慮，是否整體上不會減少，而是會增進人類總體的幸福，這些都是值得探討的問題。

這一事實妨礙了對於資本（金）所提供勞務性質的清楚概念。

但遺憾的是，有人曾試圖對貨幣貸款利息和物質財富的租金，透過哲學的區分，來解決這一困難而重要的實際問題。亞里士多德曾說過，貨幣是不具生產性的，因而將之貸出而取得利息，就是把貨幣用在不自然的用途上。在

---

⑥ 譯者註：此處的他們是指告貸者。

⑦ 譯者註：此處的他們是指放貸者。

⑧ 摘自聖・克利索斯頓（St Chrysostom）（譯者註：為君士坦丁堡大主教）的第五訓誡（Fifth Homily），請參閱本書第一篇第二章第8節；也請參照艾胥列的《經濟史》（*Economic History*），第六篇第六章；及邊沁的《論高利貸》（*On Usury*）。在除了以色列人以外的其他許多情況，也許是所有情況，高利貸的反對之情都起源於部落關係；正如克里夫・萊斯利所說的（《論文集》〔*Essays*〕，第2版，頁244）：這是「從史前時代遺留下來的，當時每個社會的成員都仍然認為他們彼此是親屬；當財產中的共有主義至少在實際上存在時，擁有的財富超過他自己所需的人，不能拒絕與一個有需要的同族人分享他多餘的財富。」

他的帶領之下，學院派（Scholastic）的學者們也極力主張，出租房屋或馬匹的人，可以對該些東西的使用索費，因爲他放棄了對一件可以直接產生利益之物的享受。但他們無法對貨幣的利息找到類似的理由；他們說對貨幣取息是錯誤的，因爲這是對一項並未花放款人任何成本的服務而索費。⑨

　　如果這個放款眞的不會花費任何一毛錢，如果他自己不使用這筆錢，如果他富有而借款人卻是貧困且需錢孔急，那麼毫無疑問地，在道德上他應該免費借出他的錢。但是，基於同樣的理由，他也應當把自己不住的房子，或者把自己不需要用的馬匹免費出借給鄰居。因此，這些學者的學說確實暗示了一種謬論，且事實上也向人們傳達了以下這種有害的謬論，亦即除了借款人和貸款人的特殊情況之外，貨幣的出借就是對一般東西支配力的出借，與某一特定商品的出借是一樣的，不會造成出借者的犧牲，卻會給借入者帶來利益；他們掩蓋了以下的事實，即借錢的人可用借來的錢購買比如說是一匹小馬，他可以使用這匹馬的勞務，而當借款須要返還時，他能夠以原來一樣好的價錢出售這匹馬。貸款人放棄了這樣做的權力，借款人則獲得了這樣的權力；出借購買一匹馬的價錢和直接出借一

中世紀在這個主題上混淆的思想。

⑨　他們還區分了租用的物品及借用的物品，租用物品本身是要歸還的，而借用的物品只須歸還同等的物品。然而，這種區分雖然從分析的角度來看很有趣，但卻沒有多少實際上的重要性。

匹馬之間沒有明顯的差異。⑩

第3節

歷史在某種程度上是重演的；在現代西方世界（Western World）裡，又有一種新的改革衝動，從另一種利息性質的錯誤分析中取得了力量，同時強化了這種錯誤的分析。隨著文明不斷的進展，出借給需錢孔急者的財富變得愈來愈少，且在整體借款當中的重要性也下降了；而借給企業做為生產性用途的資金款項，則以不斷增長的速度在成長。因此，雖然借錢者現在不被視為被壓迫的對象，但對於以下的事實，又出現一種不滿，亦即所有的生產者，無論是否運用借來的資金，都把他們使用資金的利息，視為是他們生產費用的一部分；若要他們繼續經營企業，這些費用在長期中必須由其商品的價格中償還給他們。基於這個原因，並且由於當前產業體系提供了在投機中不斷有好運者，累積了大量財富的機會，因此，有人就認為現代利息的支付，儘管不是直接地，但卻也間接地壓迫了工人階級；而且利息的支付剝奪了由知識成長帶來的

---

⑩ 坎寧安副主教（Archdeacon）曾精彩地描述過，中世紀教會巧辯其禁止有息貸款的微妙手法，在大多數的那些情況下，這種禁令嚴重的危害了政治團體。這些微妙的手法類似於法官逐漸以法律虛構之詞，為原意可能有害的法律語詞巧辯相似。在這兩種情況下，都避免了一些實際的弊端，但卻促成了混淆和虛偽思考的習慣。

利益當中，工人階級應該公平分享的那一份。因此，從此得出的實際結論是，為了一般的幸福及因此而來的正義，除非他自己使用所需之外，任何個人都不應該擁有任何的生產工具，也不應該擁有任何直接享受的工具。

　　這個實際的結論得到了其他引起我們注意的那些論點的支持；目前我們將只關注於威廉・湯普森（William Thompson）、羅德伯特斯（Rodbertus）、卡爾・馬克思和其他支持這些論點者的學說。他們認為勞動總是能生產出超過其工資及用來幫助勞動生產之資本耗損的一個「剩餘」（Surplus）；[11]而對於勞動所做的錯事，在於其他人剝削了這種剩餘。但是，認為整個這個剩餘都是勞動生產出來的這種假設，是把他們最後表示要證明的東西視為理所當然的事；他們並未試圖證明這一點；而且這種假設也是不正確的。說在扣除機器的耗損之後，一個工廠所紡的紗全部都是工人勞動的產品，這是不正確的。紗是工人的勞動，加上雇主和下屬的經理人，和所使用的資本一起生產出來的產品；而資本本身又是勞動和等待的產品；因此，紗是多種勞動和等待的產品。如果我們承認紗只是勞動的產品，而不是勞動和等待的產品，我們無疑會為無情的邏輯所逼迫而承認，沒有正當的理由支持等待報酬利息的存在；因為結論已經隱含在前提之中了。羅德伯特斯和馬克思的確大膽地宣稱，李嘉圖的權威是他們的前提；但

羅德伯特斯和卡爾・馬克思的實際建議與他們的價值理論之間的關係。

他們的主要結論是建立在一個不真實的前提之上。

---

⑪ 這是馬克思的用語。羅德伯特斯稱之為「附加額」（Plus）。

這種前提事實上不僅違反了李嘉圖明確的陳述和他價值理論的一般要旨，同時也違反了常識。⑫

　　換個說法，如果推遲滿足，一般說來會讓推遲者遭受到犧牲，就好像額外的勞力會讓勞動者遭到犧牲一樣，這種說法是正確的；而且這種推遲使人能夠使用一開始成本很大的生產方法；但是，就像增加勞動會增加享受的總量一樣，推遲也使享受的總量增加，如果這也是正確的；那麼一個東西的價值只取決於花在上面的勞動量，這就不可能是正確的了。建立這種前提的每一個企圖，都必然要隱含地假設，資本（金）所提供的服務是一種「免費的」（free）財貨，在沒有犧牲之下就能提供，因此也就不需要利息做為誘導資本（金）繼續提供服務的報酬；而這正好就是這個前提所需要證明的結論。羅德伯特斯和馬克思對苦難者的同情，始終值得我們尊敬；但他們視為是他們實際建議的科學基礎，似乎只不過是一連串的循環論證而已，這個循環論證的大意是說，利息不存在經濟上正當的理由。而這個結果一直潛藏在他們的前提當中；雖然，在馬克思的學說中，這個結論神祕的隱藏在黑格爾式的語詞中，正如他在《資本論》的前言中告訴我們的那樣，他在「賣弄」（coquetted）這些語詞。

第4節

　　現在可以進行我們的分析了。當我們說利息只是資本

---

⑫ 請參見附錄九第2節。

（金）的報酬，或只是等待的報酬時，我們是指「淨」（*Net*）利息；但通常所稱的「利息」（Interest）這個名詞，還包括了除淨利息以外的其他因素，可稱之爲「毛」（*Gross*）利息。

淨利息及毛利息。

商業安全的狀態和信用組織的發展程度愈低、愈原始，這些其他的因素就愈重要。例如，在中世紀時期，當一個國君想要預先動用他未來的一些稅收時，他也許借了1,000盎司的白銀，並承諾年底要償還1,500盎司。然而，無十足的擔保以保證他會履行承諾；也許貸款人情願不要這一無擔保的承諾，而要絕對確定在年底獲得1,300盎司。在這種情況下，雖然貸款的名目利率爲50%，但實質利率爲30%。

毛利息包括對抗風險的保險費，

爲抵抗風險，在利息中扣除擔保費的必要性是如此的明顯，以致於往往不會爲人所忽略。但比較不明顯的是，每筆貸款都給貸款人造成了一些麻煩；從貸款的性質來看，當貸款涉及到相當大的風險時，往往會採取很多麻煩的事，以便盡量減少這些風險；因此從借款人的角度來看是利息，其中很大一部分，從貸款者的角度來看，是處理這種麻煩事務的報酬。

也包括了管理的報酬，

目前，英格蘭的資金淨利率每年略低於3%；因此投資於一流股票交易所的證券給所有者確定的所得，在沒有明顯的麻煩或費用時，可以獲得的利率就不能超過此比率。當我們看到有能力的企業家，以完全安全的抵押，用（比如說）4%的利率舉債時，我們可以把這個4%的毛利率，視爲是所含有的淨利息或利息本身略低於3%，而貸

因此隨著每一筆貸款的情況而發生變化。

款者的管理報酬略爲超過1%。[13]

毛利息很高
的情況。

其次，一個典當商的業務幾乎沒有風險；但他的貸款利率一般是每年25%或更高；其中大部分實際上是管理此麻煩事業的報酬。或者舉一個更爲極端的例子，在倫敦、巴黎以及其他地方，有人是靠借錢給水果小販來謀生。這些錢通常是在每天早上借給小販，用來購買水果等，並在當天晚上販賣結束時，再以10%的利率收回來；這個行業風險很小，少有賠錢的。[14]現在以一天10%的利率，借出一法新計算，年底將達到10億英鎊。但是沒有人可以透過借

---

[13] 放款人有時喜歡長期抵押貸款甚過於短期抵押貸款，有時則相反。前者省去了頻繁續借的麻煩，但是卻長期剝奪了貸款人對自己金錢的控制權，從而限制了他的自由。第一級股票交易所的證券同時具有很長及很短的抵押貸款的優點。因爲這些證券的持有者想要持有多久就能持有多久，當他想要時，這些證券也可以隨時變現；雖然，如果當時信用市場動盪不安，而其他人急要現金（譯者註：亦即其他人想要脫售證券），他將不得不認賠出售。如果這些證券總能在沒有損失之下變現，且如果在買賣中不需要支付經紀人佣金，則這些證券所賺的收入不會比「隨時」（on call）可收回的貸款高（譯者註：應該是指活期貸款）；且其收入總是低於任何短期或長期定期貸款的利息。

[14] 此外，傑索柏（Jessop）博士（《世外桃源》〔*Arcady*〕，頁214）告訴我們：「在牛畜市場附近，有許多小放款者企圖提供貸款給投機者」，在特殊情況下，以24小時10%的利率，貸放的總金額高達200英鎊。

錢給水果小販而致富；因爲沒有人能以這種方式借出很多錢。這種貸款所收取的所謂利息，實際上幾乎完全是某種工作的報酬，而少有資本家樂於從事這種工作。

第5節

當一個企業所使用的資金大部分是借來的，其額外風險有多大，有必要更詳加分析。讓我們假設有兩個人正在經營類似的企業，一個是用他自己的資金，另一個人則主要是用借來的資金。

對毛利息的進一步分析。

有一類風險是這兩個人都會面臨的；這可以稱之爲他們所從事的特定企業的「行業風險」（*trade risks*）。這類風險來自於原料和成品市場的波動、未預見到的樣式的變化、新的發明、新的和強大的競爭對手出現在各自的鄰近地區等等。但還有另一類風險，必須由借資金來經營企業的人，而不是由別人來承擔；我們可以稱之爲「個人風險」（*personal risks*）。因爲把資金借給他人，用於經營企業的人，必須收取高額的利息做爲保險，以防止借款人的個人品格或能力有缺陷或不足，而招致意外的損失。⑮

行業風險與個人風險。

借款人可能不如他外表看起來那麼能幹、精力充沛或誠實。他的動機和一個以自己的資金經營企業，必須要直接面對失敗，一旦出現對他不利的跡象，就立刻退出投機性企業的人不一樣。相反地，如果他的榮譽標準不高，

個人風險的分析。

⑮ 請參閱本篇第八章第2節。

可能就對他自己的損失不夠機敏。因爲如果他立刻退出投機事業的話，他將失去自己所有的一切；如果他繼續進行冒險投機事業的話，任何額外的損失都將落在他的債權人身上；而任何利得都歸爲他自己所有。許多債權人都因爲債務人的這種半詐欺性的怠惰而遭受損失，只有少數債權人的損失是因爲債務人的故意詐欺而遭致的；例如，債務人可能會以巧妙的方式，把原來屬於債權人的財產隱藏起來，直到他宣告破產以後，他就可以另外開展新的企業；他可以逐漸使用其祕密準備的資金，而不會招來太多的懷疑。

毛利息不趨於相等，　　借款人因爲借入的資金而支付的價格，從他的角度看是利息，但從放款者的角度來看，將之視爲利潤更恰當；因爲這包括了通常是非常沉重的風險保險費，以及費力管理這筆資金，以便盡可能降低其風險的報酬。這些風險和這類管理工作性質的變化，當然會導致使用貨幣，而支付之所謂毛利息的相應變化。因此，競爭的趨勢不會使這種毛利息相等；相反地，放款人和借款人愈了解其業務，某些借款人就愈確定能以較別人低的利率獲得借款。

但是淨利息會趨於相等。　　在稍後階段的分析中，我們要來研究資金如何透過極爲有效率的現代貨幣市場的組織，從一個極爲過剩的地方，轉移到另一個缺乏的地方；或者從某個正處於萎縮中的行業，轉移到另一個正在擴張的行業；而到目前我們必須理所當然地主張，同一個西方國家以兩種不同的投資方式所借到的資金，只要其淨利率有微小差異，就會引起資金從這一個投資方式流到另一個方式去，儘管是透過間接

的管道。

　　的確，如果兩種投資中的規模都很小，而且很少有人知道這種投資，那麼資金流動可能會很慢。比如說，一個人可能會對一筆小額抵押貸款支付5%的利息，而他的鄰居則也許對未必較安全的一筆抵押貸款，支付4%的利息。但在所有大型的借貸中，淨利率（只要能夠從其他利潤當中分出來利息的話）在整個英格蘭幾乎都相同。更有甚者，在西方世界不同國家，由於人們的來往變得愈來愈頻繁，尤其是所有這些國家的主要資本家都擁有大量股票交易所的證券，而這些證券都可獲致相同的收益，並於世界各地在同一天，實際上都以相同的價格出售，因此這些國家平均淨利率之間的差異正在迅速縮小。

　　當我們討論貨幣市場時，必須要研究是什麼因素，導致可立即使用的資金供給量，在某些時候比其他時候大很多；以及是什麼因素在某些時候，會讓銀行家和其他人，如果有很好的擔保，且如果在需要時可以迅速把錢拿回來的話，就願意以極低的利率提供貸款。在這種時候，他們願意以不是很高的利率，短期借給即使提供的擔保不是一流的借錢者。因為如果他們看到借款者有任何經營不善的跡象時，透過拒絕續借的權力，便可大大降低損失的風險；而且由於有良好擔保的短期借款，只收取一種名目利息而已，放款者從借款者那裡獲得的利息，幾乎就只有保險費和他們自己負擔的麻煩的報酬而已。但另一方面，這些借款對於借款人來說並非真的非常便宜；這種借款對他來說充滿了風險，為了避免這種風險，他反而願意支付遠較高的利率。因為如果萬一有任何不幸發生，損害到他的信譽，或者如果萬一貨幣市場受到干擾，致使可貸資金暫時變

得缺乏的話，他可能很快就會陷入困境。因此，以較低的名目利率放款給商人，即使只是短期的放款，實際上也不會構成剛才所討論過的一般規則的例外。

第6節

利率只是嚴格的適用於新投資，舊投資的價值由其報酬決定。

在生產上，從共同來源而來的投資資源，包括兩個流向。較小的那部分是加入已累積資本存量的新投資。而較大的那部分只是用來置換已消耗的那部分資本；這些消耗的部分包含了經由像食品、燃料等這些立即消費、經由如鐵軌那種耗損、經由如茅草屋頂或商品樣本（trade directory）等，那種隨時間流逝而來的損失；或所有這些結合在一起而來的消耗或損失。即使在像英格蘭這樣一個資本通常以耐久形式持有的國家，第二部分（即較大的那部分）的流向，其每年的流量可能不少於資本總存量的四分之一。因此，下面這個假設並非是不合理的，亦即一般資本所有者其資本的形式，大致上都能和當時的正常條件相適應，以便從各種投資中獲得一樣好的淨所得。

只有在上述這種假設下，我們才能不受限地把一般的資本，說成是在預期各種形式資本的淨利息都相等的情況下所累積起來的。因為不能不反覆強調，只在非常有限的範圍之內，「利率」（the rate of interest）這個詞才適用在舊有資本的投資上。例如，我們也許可以估計出，這個國家的不同行業以大約3%的淨利率，投資了約70億英鎊的行業資本。但是這種說法，雖然在許多情況下都很方便，

也蠻有道理的，但卻不準確。準確的說應該是，如果在那些行業中的各行業，新資本投資（即邊際投資）的淨利率都約為3%的話；那麼，如果以33年的期限，把投資於各行業的全部行業資本所產生的總淨所得資本化，則大約等於70億英鎊（即以利率3%為基礎而計算的）。因為已投入於改良土地、建造建築物、建造鐵路或製造機器的資本之價值，是估計其未來淨所得（或準租）的折現值之和；如果該些資本預期賺取所得的能力下降，則其價值將相應下跌，且會等於把該較少的所得，扣除折舊後，資本化的價值。

第7節

　　在本書全書中，若沒有任何特別相反的陳述時，我們都假設一切價值都是以固定購買力的貨幣來表示，正如天文學家告訴我們的那樣，決定一天的開始或結束，不是參照實際太陽的移動，而是假設太陽均勻地在天空中移動。尤有甚者，貨幣購買力的變化對貸款條件所發揮的影響，在短期貸款市場中最顯著，所謂短期貸款市場是指一個在許多細節中都與眾不同的市場，而對這些影響在稍後才會進行充分的討論。但是，從抽象理論的觀點來看，在這裡無論如何都應該要順便提一提這些影響。因為借款人願意支付的利率，衡量了他預期從資金的使用中獲得的利益，但是這只能建立在借錢和還錢時，貨幣具有相同的購買力這個假設之上。

與名目利率對比，實質利率的估計是建立在對貨幣未來購買力的假設之上。

在短期，最好以商品來衡量貨幣的購買力。貨幣價值的上升使得實質利率高於名目利率。

例如，讓我們假設某個人借了100英鎊，立契約要在年底時返還105英鎊。與此同時，如果貨幣的購買力上升了10%，（或者也可以說，一般價格下滑了10%），則在年初，他不多賣十分之一的商品，就無法得到他年底必須返還的105英鎊。也就是說，假設他經銷的物品相對於一般的物品來說，價值沒有變化，那麼在開始時，為了返還他的借款100英鎊及利息，他必須在年底出售在年初花費他115英鎊10先令[16]的商品，因此除非他手中的商品增加了15.5%，否則他會有損失。雖然為了使用這筆錢，名目上他支付5%的利息，但實質上卻支付了15.5%的利息。

另一方面，如果在這一年當中，價格上漲使得貨幣的購買力下降了10%，且在年初花費他90英鎊的物品，他可以換得100英鎊的錢；那麼，對於這筆借款，則他不僅不需要付5%的利息，他反而因為處理這筆錢，而從中卻得到了5.5%的報酬。[17]

我們將會發現物價的波動，來自於貴金屬供給波動的程度很小；而且，採用金銀複本位，而不採用金本位，物價的波動不會減少太多。但是物價的波動所造成的禍害是

---

[16] 譯者註：年底的價值為105*1/10 + 100 = 115.5英鎊，而1英鎊 = 20先令，所以115.5英鎊等於115英鎊10先令。

[17] 請參照費雪1896年的《漲價與利息》（*Appreciation and Interest*）；及1907年的《利率》（*The rate of interest*），特別參見第五章、十四章及其各自的附錄。譯者註：此處的5.5%求算過程為105*(−0.1) + 100 = 89.5, 100 − 89.5 − 5 = 5.5。

如此之大，以致於為了要減少一點點物價的波動，費很大的力氣也是值得的。然而，這些禍害並不一定是貨幣購買力變動緩慢所固有的，貨幣購買力是隨著人類對自然控制力的變動而變動的；在這種變動中，一般說來得失都有。在大戰[18]之前的50年裡，生產技術和豐富原料來源取得的改進，使人類在獲取他所想要的許多物品時，所用勞動的效率提高了一倍。如果以商品表示的金鎊（sovereign）[19]的購買力保持不變，而不是像過去那樣，隨著人類對自然支配力的增加而增加，則對於那些貨幣工資很大程度上受到習俗影響的工人階級來說（現在的確人數迅速減少了）可能就會受到傷害。但這個問題需要在另一個地方再進行充分的討論。

---

[18] 譯者註：是指第一次世界大戰。

[19] 譯者註：英國舊時的一鎊金幣。

第七章

資本和經營能力的利潤

第1節

本章及下一章要繼續第四篇第十二及十三章的分析。

在第四篇的最後幾章中，我們對各種形式的企業管理及其所需的才能進行了一些研究；我們得知在運用資本時，經營能力的供給如何可以視為是由下列三個因素所組成的：即資本的供給、調度資本的經營能力之供給，及把兩者有效結合在一起，使用於生產組織之供給。在上一章中，我們關注的主要是利息，即這三個因素中第一個因素的報酬。在本章的前半部分，我們要把第二個和第三個因素的報酬放在一起討論，並稱之為管理的「毛」（*gross*）報酬；接著我們要轉到這個管理的毛報酬與第二個因素，即經營能力本身所得到的報酬之間的關係，我們把後者稱為管理的「淨」（*net*）報酬。[1]對於那些操辦和管理企業的人，提供給社會的勞務之性質，以及他們工作的報酬，我們必須要更仔細地探討；且我們將會發現決定這些報酬的因素，不如通常所想像的那麼變化無常，而與決定其他類型報酬因素類似的程度，比通常所想像還要大。

任何形式的企業管理的成功，都取決於其立即的，而非最終的效率。

然而，我們必須在開始時做出一個區分。我們必須首先要記住這樣一個事實，[2]亦即生存競爭往往使那些最適合在其所處環境中茁壯成長（*thrive*）的組織方法得以盛行；但那些對所處環境最有益（*benefit*）的卻不一定得以盛行，除非這些組織方法所提供的無論是直接，或間接的

---

① 請參閱第四篇第十二章第12節。

② 請參閱第四篇第八章。

所有利益，恰好等於其所應得的報酬，然而事實並非如此。因為做為一般的原則是，當一種產業組織方法能以較低的價格，提供直接和立即的勞務時，替代法則往往會使這種產業組織取代另一種，這個替代法則只不過是最適者生存法則的一種特殊和有限的應用而已。做為一般的原則，相對於直接和立即的勞務，兩種組織方法當中的任何一種所提供的間接和最終的勞務，就顯得無足輕重了；結果有許多只要能有好的起點，在長期間可能對社會有益的企業，都會萎縮，而終致停業。這對於某些形式的合作社尤其是如此。

在這一點上，我們可以把雇主和企業的其他操辦人分為兩類，一類是開闢新的和改進經營方法者，另一類則是那些因循苟且的守舊者。後一類為社會所提供的勞務主要都是直接的，很少會拿不到他們充分的報酬，但是前一類情況卻不同。

比如說，最近一些製鐵業經由減少從鐵礦石到鐵冶煉過程中加熱的次數，引進了較經濟的製鐵方法；這些新發明中，有些具有既無法申請專利，也無法保密這樣的性質。讓我們假設一個有50,000英鎊資本的製造商，在正常情況下每年獲得4,000英鎊的淨利潤，其中1,500英鎊是他的管理報酬，其餘的2,500英鎊則為其他兩類利潤因素的報酬。我們假設到目前為止，他一直與其他鋼鐵製造商，用相同的方法生產，且表現出的能力雖然很大，但卻不超過那些擔任這個特別困難職位者的正常或平均能力；也就是說，我們假設1,500英鎊是他做這類工作每年的正常報酬。但隨著時間的推移，他想出了一種方法，可以省去一次慣用的加熱方法；結果，在不增加費用的情況下，他所能夠增加的年產量，出售後可以獲得2,000英鎊的

淨收入。因此，只要他能夠以原來的價格出售其產品，他的
管理報酬一年將比平均高出2,000英鎊；同時從其對社會所提
供的勞務中，他也獲得了充分的報酬。然而，其他製造鋼鐵的
商人，會抄襲他的方法，可能在短期內獲得超過平均水準的利
潤。但很快的競爭就會增加供給量，降低產品的價格，直到利
潤降到原來的水平為止；因為在哥倫布（Columbus）立蛋的③
祕密被公開後，就沒有人可以從立蛋獲得額外的高工資了。

　　許多企業家的發明，在長期間，對世界幾乎都是無價之
寶，但他們的發明所賺得的報酬，甚至比密爾敦④（Milton）
的《失落的天堂》（*Paradise Lost*）或米勒（Millet）的「晚

_____

③ 譯者註：哥倫布立蛋的故事如下：1492年哥倫布發現新大陸之後，
　　有個人認為這件事不值得大肆慶祝。因為哥倫布只不過是坐著船往西
　　走，碰上了一片大陸而已。任何一個人只要同樣這樣做，都會有同樣
　　的發現。

　　哥倫布就抓起桌上放著的熟雞蛋，說：「請各位試試看，誰能使熟雞
　　蛋的小頭朝下，在桌上立住呢？」大家都無法把雞蛋立起來。於是哥
　　倫布拿起一顆熟蛋，往尖頭輕輕一敲，結果那殼碎掉的蛋就立刻立在
　　桌上了。那人就叫道：「這不能算，他把蛋殼敲破，當然可以立起
　　來。」

　　這時，哥倫布就說：「對，你和我的差別就在這裡，你不敢敲，但我
　　敢敲。世界上的一切發現和發明，在某些人看來都是很簡單的。但是
　　他們總是在別人指出應該怎麼做以後才說出來。」

④ 譯者註：生於1608年12月9日，逝世於1674年11月8日，是英格蘭的詩
　　人及思想家。他的名著除了史詩《失落的天堂》之外，還有反對書報
　　審查制度的《論出版自由》。

禱」（*Angelus*）要少；然而許多人之所以能爲大眾提供
很重要的勞務，因而積累了巨額的財富，都是因爲好運，
而不是由於有特殊的才能。那些開拓新道路的企業家，即
使死後成了百萬富翁，但他們自己所獲的報酬，與其發明
帶給社會的利益相比，往往完全不成比例。雖然如此，我
們仍發現每個企業家的報酬，往往與他提供給社會的「直
接」（*direct*）勞務成比例，但這本身還不能完全證明現
有社會的產業組織是想像中最好的，或甚至也不能完全證
明這是可實現中最好的；同時我們也要記住，我們目前探
討的範圍，僅限於在現存社會制度之下（*under existing
social institutions*），決定企業開辦與企業管理報酬因素
的作用而已。

　　我們首先要探究普通工人、工頭和不同等級的雇主，
對社會所提供勞務的報酬是如何調整的；我們會發現，替
代原理處處都在起著作用。

第2節

　　我們已經注意到，一個小企業主自己所做的大部分
工作，在一個大企業中，都是委由受薪的部門主管、經
理、工頭和其他的人去做。這個線索對我們目前的探究很
有用。最簡單的情況就是普通工頭的報酬；我們就從此開
始。

　　舉例來說，讓我們假設某鐵路承包商或船塢經理，
發現當工頭的工資是工人的2倍時，最好每20名工人配置

對工頭勞務
需要的調
整，與普通
工人勞務需
要的調整的
比較。

一名工頭。這意味著，如果他發現自己有500名工人和24名工頭，他將預期以相同的費用，增加一名工頭，比增加2名普通工人，可以完成較多一點的工作。⑤然而如果他有490名普通工人和25名工頭，他會發現最好是再增加2名工人。⑥如果他能以工人1.5倍的工資僱到一名工頭的話，那麼也許他就會每15名工人，配置一名工頭。但是，實際上，所僱用的工頭數量是工人的二十分之一，而工頭的需要價格是工人工資的兩倍。⑦

在某些例外的情況之下，工頭也許經由過度驅使他們監督的工人工作，以賺取自己的工資。但我們現在可以假設，工頭是以合法的方式，對其工作的細節，做較好的安排，來成功地完成其工作；這樣做錯的事情會較少，而需要矯正的錯誤也就較少；每個人在移動重物時，都能隨時得到他所需要的幫助等等；所有機器和工具都按工作的順序排列，沒有人會因為用不適當的工具來工作，而必須要浪費他的時間和精力等等。做這類工作的工頭，其工資可以視為大部分管理報酬中具有代表性的例子。透過個別雇主的作為，社會對工頭的勞務提供了有效

---

⑤ 譯者註：假設工頭工資為2元，工人工資為1元，則500名工人及24名工頭的總費用為500*1 + 24*2 = 548，而增加一名工頭總費用為500*1 + 25*2 = 550，增加兩名工人總費用為502*1 + 24*2 = 550；所以預期的總成本都是550，但是因為20名工人對1名工頭是最好的配置比，所以可以完成較多的工作。

⑥ 譯者註：因為此時工人與工頭比例為19.6，少於最適比，因此應該增加工人，而不是增加工頭。

⑦ 這個論點可以與第六篇第一章第7節的論點進行比較。

需要，直到達到增加其他行業的工人比以支付同等生產成本的工資去增僱工頭，更能提高產業總效率的邊際爲止。

到目前爲止，我們一直都把雇主視爲中介者，經由他而使競爭在巧妙安排生產要素方面起作用，以便以最低的貨幣成本，獲得最大的直接勞務（以這些勞務的貨幣尺度來估算）。但是現在我們必須要轉而檢視如何透過雇主本身之間競爭的直接作用，以較隨意的方式，爲他們自己巧妙地安排工作。

第3節

接下來讓我們討論工頭和受薪經理的工作，以何種方式不斷地與企業負責人的工作進行權衡。隨著小企業的逐步擴張，觀察小企業的發展方向是很有趣的。例如，一個木匠不斷增加工具，直到他可以租用一個小工廠，並爲一些人承攬一些零工，這些人要做什麼，必須取得他的同意，雙方共同從事管理工作和承擔小風險，由於這給這些人帶來了很大的麻煩，因此他們不願意爲他的管理工作，付出很高的報酬。[7]

所以他下一步的工作就是承攬各種不同的小修理工作。他現在已經成爲一個小營造商了；如果他的事業不斷發展的話，他會逐漸退出體力的勞動，甚至在某種程度上也會退出監督細節的工作。這樣他會僱用工人來取代他自

對組織能力需要的調整。來自一個木匠逐步提升的例證。

他做爲一個小營造商的工作。

---

[7] 請參照第四篇第十二章第3節。

己的這些工作，因此在他計算利潤之前，必須從他的收入中扣除雇工們的工資；且除非他能證明自己的經營能力，達到目前他所加入的那一級行業的正常水準，否則他可能很快就會損失掉他所賺得的那一點點資金，而在經過短暫的掙扎後，又會回到他發跡之前那種較卑微的生活。如果他的能力恰好可以達到那一級行業的正常水平，他的運氣也不錯的話，就能保住他目前的地位，也許還能有一點進展；他的收入超過他的支出的數額，將代表他這一級管理工作的正常報酬。

當他的企業規模擴大時，他的工作性質也隨之而改變。

如果他的能力大於他那一級的正常水平，那麼他就能夠以一定支出的工資和其他費用，獲得比大多數支出比他要多的競爭對手所獲得的結果一樣好；他將以他在組織的特佳能力，取代那些競爭對手所必須支付的一些支出；他的管理報酬將包括他所省下的那部分支出之價值。如此，他將增加他的資本（金）和信用，且能夠以較低的利率借到較多的資金。他會對業務更熟悉，並得到更廣泛的聯繫；他將獲得更多關於原料和生產方法的知識，並得到大膽的但明智且有利可圖的冒險機會；直到最後，他甚至自己不再做勞動工作，而把那些占據他全部時間的職務，幾乎全部都委交給其他人為止。⑨

---

⑨ 擁有大量工人的雇主，必須遵循現代軍隊指揮官的做法，來節省他的精力。因為正如威爾金森先生（Mr. Wilkinson）（《軍隊的大腦》〔*The Brain of an Army*〕，頁42-46）所說：「組織意味著每個人的工作都是明確的，每個人都確切知道自己要服

第4節

在看過工頭和普通工人，以及雇主和工頭之間報酬的調整後，我們現在可以檢視一下小規模和大規模企業雇主報酬的調整了。

回到前面所討論的木匠，他已經變成一個相當大規模的營造商了，他的事業是如此之多，如此之大，以致於占用了幾十個雇主的時間和精力，來監督各種業務的所有細節。在大企業和小企業之間這場競爭的整個過程中，我們

大規模企業家與小規模企業家報酬之間的調整。

從的是什麼，都知道其權責是共存的。……〔在德國軍隊中〕每一個連以上的指揮官，都只與所屬本部打交道，除非直接負責的軍官處理有失誤的情況，否則絕不會干涉較低層內部的事務。指揮一個軍團的將軍，只要與少數部屬直接打交道……他視察並校閱所屬各個單位的狀況，但是……他盡可能不爲各種瑣事所羈絆。他可以冷靜地下決定。」白芝浩曾以其特有的方式評論到（《倫巴底大街》，第八章），如果一個大企業的首腦「非常忙碌，那就是企業出現問題的跡象」；他在〈論資本的可轉移性〉（Transferability of Capital）的論文上，曾經比較過一個原始社會的雇主與戰鬥中的赫克托爾（Hector）或阿基里斯（Achilles）（譯者註：在希臘神話和羅馬神話中記載著特洛伊的王子赫克托爾，在特洛伊戰爭中殺死了31,000名希臘戰士，但他最後被阿基里斯所殺。），也比較了典型的現代雇主與「在電話線遠端的一個人──這個人就像埋首閱讀文件的毛奇伯爵（Count Moltke）一樣──看到了該殺的人被殺了，而他也獲得了勝利。」

看到替代原理不斷地在起著作用；大雇主他自己只做一點點工作，而把大量工作委交給僱用的受薪經理和工頭，以取代小雇主所做的工作。例如，當爲建造一棟建築物而進行招標時，擁有大量資金的建築商，即使住在很遠之處，也往往會發現參加這項投標是值得的。當地的建築商由於在工地附近擁有他們的工作場所，而又有可信賴的人可用，得到了很大的經濟；而在遠處的這個大建築商，因爲通過大規模的採買原料，使用機器，特別是木工機器，甚至也許能夠以較好的條件，借到他所需要的資金，以上這些也都能讓他獲得一些好處。這兩組好處往往勢均力敵；而這兩者之間的競相承攬工作，往往會轉變成兩種商人之間效率的競爭。亦即全心全意從事管理工作的小型建築商，與較能幹且較忙碌，本身只能負起輕微的管理工作的大型建築商之間效率的競爭，雖然後者的工作，往往也有當地的經理和總部辦事員的輔助。[10]

第5節

在某些行業中，以借入資金經營企業的人，將處於不利的地位，

到目前爲止，我們所一直在討論的都是一個使用自有資金經營其企業的人，所得到的管理毛報酬，因此他自己就可以享有相當於直接和間接成本的等價物，當所用的資金都是向資金所有者借來時，則這些成本是使用資金者要承擔的，而資金的所有者並不關心到底是把資金用在他們

---

[10] 請參照第四篇第十一章第4節。

自己的企業上，或是把資金借給那些企業自有資金不足的人。

　　接下來我們要討論在某些行業中，主要使用自己資金的企業家，與在其他那些行業中，主要使用借來資金的企業家之間，在發展過程中的生存競爭。提供企業資金的放款者要求擔保的個人風險，在某種程度上，隨該企業的性質連同個別借款人情況的變動而變動。在某些情況下，這種風險非常高，舉例來說，當某人在電氣行業中開創某個新的部門時，沒有什麼過去的經驗可借鑒，且放款人無法輕易地對借款人的進展，做出任何獨立的判斷時，情況就是這樣；在所有這些情況下，使用借來的資金從事經營的人處於極大的劣勢；利潤率主要是由使用自有資金者相互之間的競爭所決定的。也許剛好沒有多少這類的人可從事這種行業；在這種情況下，競爭也許並不激烈，利潤率也許會很高；也就是說，利潤率也許超過資金的淨利息連同管理的報酬很多，該報酬的規模與企業經營的難度相稱，儘管這種難度也許會高於平均的水平。

　　另外，在發展緩慢，且在獲有報酬之前要下很多努力的行業中，則擁有自己資金不多的新人也處於劣勢。

　　但在所有那些只要具有果敢與不倦的企業精神，擁有自己資金不多的新人也能快速獲得報酬的產業中；尤其是那些用較便宜的方式，就可以再生產昂貴商品，因此在一段時間內就能獲得高額利潤的產業，新人就可得心應手了；只要他是個能快速決斷和靈巧的策劃，也許還要有一點不顧一切的天性的人，他就能「取得先機」（forces the pace）。

但在另一些行業中，卻處於領導地位；

因為他將為
一點酬勞而
努力工作。

　　而且即使在相當不利的情況下，他經常也能不屈不撓地堅持下去；因為他所處的地位給他自由及尊嚴，這對他來說是一種很大的吸引力。例如，那個有小塊地，且有沉重抵押負擔的小土地所有者，以低價承接轉包合同的所謂小「包工工頭」（sweater）或「閣樓的店主」⑪等，往往比普通工人更加努力工作，但是淨所得卻較低。那個以自己相對較少的資金，經營大型企業的製造商，幾乎都把他投入的勞動和勞煩視為無物，因為他知道無論怎樣，都必須要以此為生，且他也不願意仰人鼻息。因此，為了獲得一個與較富裕競爭對手一樣多的收入，他會拼命工作，這點收入對於這個富裕的競爭對手來說不算什麼。因為這個競爭對手靠資金的利息就能在退休後過著舒適的生活，故而對於是否值得再多忍受企業的折磨，就會多加猶豫了。

　　在1873年達到高峰的物價膨脹，使一般的舉債者，特別是企業的經營者都變富裕了，這是以犧牲其他社會成員為代價的。因此，剛進入企業的新人發現開辦企業這條道路非常順遂；那些已經在經營企業而累積或繼承財富的人，發現從積極工作中退休下來，也可以過得很順遂。因此，白芝浩在描述那個時代時，⑫就認為新企業家的發展，使英格蘭的企業變得愈來愈民主化；雖然他也承認「就像動物界一樣，社會偏好的變化是進步的原理」，他

---

⑪ 譯者註：其工作請參見本篇第四章倒數第二段的介紹。

⑫ 《倫巴底大街》緒論那一章。

遺憾地指出，商業鉅子的長期存在，原本可以讓這個國家獲得很大的利益，但近年來部分由於社會的原因，部分是因為價格持續下跌的影響，出現了一些相反的情況。企業家的子女比他們上一代人，更以他們父親的職業為傲；因為他們發現，如果他們退出企業之後，就更難以其所得來滿足日益增加的奢侈需要。

第6節

但是，以股份公司為例，在某些方面可以更清楚地比較雇員的勞務及其由此而產生的報酬與企業家的管理報酬。因為在這些股份公司當中，大部分的管理工作都由受薪董事（他們自己的確都只持有少數的股份）和受薪經理及其他下屬職員來分擔，這些人當中的大多數人都只有很少，甚或完全沒有任何種類的資金；他們的報酬幾乎都是純粹的勞動報酬，從長期來看，其報酬是由那些一般的因素所決定的，這些因素也決定了普通職業中，難度和令人厭惡程度相同的勞動報酬之高低。

股份公司。

正如前面已經描述過的那樣，[13]股份公司受到內部的摩擦和股東與公司債權人之間、普通股股東與優先股股東之間、及所有這些股東與董事之間利益的衝突，以及需要一套精心設計的審查和覆核制度等等這些因素所牽制。這些企業很少擁有個人企業的那種積極進取、幹勁、目標一

---

[13]　請參見第四篇第十二章第9及10節。

致以及行動敏捷等等的特質。但是這些缺點在某些行業中相對上比較不重要。而在許多製造業和投機性的商業部門中，這種公開性是公開招股公司的主要不利條件之一，但對普通銀行業與保險業，和同類的企業來說，則反而確實是一個有利的條件；在這些行業以及大多數交通運輸業（鐵路、電車及運河）以及公用事業（煤氣、水和電力供給）中，他們籌集資金的無限力量，給予他們幾乎無可置疑的支配力量。

當強大的股份公司以和諧的方式經營，且未直接或間接涉及到證券交易的投機性活動，或者未打擊或兼併競爭對手時，他們一般展望的都是遙遠的未來，採取即使是緩慢，但卻是遠大的政策。他們很少願意為了暫時的利得，而犧牲自己的聲譽；他們並不願意與其員工嚴苛的討價還價，以致於使員工的服務不得人心。

第7節

現在企業運作的方法整個說來，有一種按管理的難度調整報酬的強烈趨勢。

因此，在許多企業的現代經營方法中，每一種都有其自身的優點和缺點；且每種經營方法的應用都向各方面擴展，直到達到一個使用某種方法的特殊優點，不再超過其缺點的界線或邊際為止。或者，換句話說，為任何特殊的目的，而採用的不同企業組織方法，其有利可圖的邊際，不能看作是任何一條線上的一點，應該看作是與每一條企業組織可能的線相交的不規則形狀的一條界線；部分由於這些現代的方法種類繁多，而部分也由於許多的這些現代

方法提供了缺乏資金，但有經營能力的人士得以發展的機
會，使得創業和管理的報酬與為獲得這些報酬而提供的管
理與勞務之間的一致性，比資金幾乎從未被所有者以外的
人用於生產的原始制度還要緊密。因為在那種原始制度之
下，有資金又有機會從事大眾所需要的任何行業或勞務，
同時又具有這種工作所需要的天資與能力者，也僅能是一
種幸運的偶然而已。不過，實際上，通常歸類為商品正常
生產費用的那部分利潤，在各方面都受到替代原理作用的
支配，這種利潤不能長期偏離下列三個項目的正常供給價
格，即所需的資金、管理企業所需的能力和精力，以及使
適當的企業能力和必要的資金結合在一起的組織。

　　因為經營能力所取自的範圍很廣，因此其供給大而
有彈性。每個人都有自己的事務要處理；如果他天生就適
合於企業管理的話，他就可以在這一方面獲得一些訓練。
因此，任何一種稀有的，因而可獲得高薪的有用才能，仰
賴於「天賦才能」是如此之少，而仰賴於為獲得該種能力
所付出的勞動和費用卻是如此之多。尤有甚者，經營能力
是高度非專業化的；因為在絕大多數行業中，相對於諸如
判斷、敏捷、智謀、謹慎和堅決等這些廣泛的和非專業
的能力來說，專門的知識和技術已變得愈來愈不那麼重要
了。[14]

經營企業的
能力是從廣
泛的領域中
獲取的，而
不是從專一
的領域中獲
取的。

---

[14] 請參見第四篇第十二章第12節。當生產形式不再那麼少樣且簡
　　單時，「一個人之所以變成雇主，就是因為他是資本家，這就不
　　再是事實了。人們掌握資本，是因為他們有僱用勞動的有利條

　　的確，在那些老闆差不多就只是個工頭的小企業當中，專業的技術就非常重要。而且也的確，「每種行業都有自己從未形諸於文的傳統，也許根本無法形諸於文，而只能一點一滴地學習，且這些傳統最好是在心靈形成及觀念固定之前的幼年時期就能學到。不過，現代商業中，每一行業都爲種種熟悉這個行業想法的附屬和同類行業所圍繞，使得這一行業的狀態爲人所知悉[15]」。此外，隨著企業規模的擴大，作爲現代企業家特質的一般才能，其重要性也日益提高。正是這些一般的才能，使企業家變成爲人們的領袖；這種一般的才能也使他得以直接進到他必須處理的實際問題的核心，幾乎僅憑直覺就能看到事物的相對重要性，構想出明智和有遠見的政策，並冷靜和堅決地執行這些政策。[16]

件。依賴這些工業的領袖……資本和勞動才能有機會，完成其各自的職能。」（沃克〔Walker〕，《工資問題》〔*Wages Question*〕，第十四章。）

[15] 白芝浩，《英國政治經濟學的假設》（*The Postulates of English Political Economy*），簡稱爲《假設》（*Postulates*），頁75。

[16] 白芝浩（同上書，頁94-95）說過，大規模的現代商業具有「某些一般的原則，這些原則爲各種類型的商業所共同遵循，如果一個人理解這些原則，並具有這種適當的智慧，則他便不只在一種商業中有很大的用處而已。但是這種共同因素在商業中的出現，就像在政治中一樣，是一種量大的表現，而原始商業中在量上卻都很小。在早期的部落中，只有裁縫、泥水匠、武器製造者等這些專門人才；每個行業都試圖對本行業以外的人保密，而且幾乎都能做到這樣。每種行業所需的知識都只爲少數人所掌握並爲這些少數人所保密，除了那些獨占

要獲得關於各行業真正的管理報酬確切信息的難度。

必須要承認的是，難以精確地計算出各行業中支付給企業能力的價格是多少這個因素，的確多少妨礙了企業能力供給和需要的調整。只要計算各種不同程度效率的人所獲得的工資之間的平均值，再扣除他們就業不穩定性的損失，就可以比較容易找出磚匠或泥水匠的工資。但是，只有仔細計算出某人經營企業的實際利潤，並從中扣除其資金的利息後，才能找到這個人獲得的管理毛報酬。他自己往往也搞不清楚業務的確切狀態；即使那些與他同行的人，也很難完全準確地揣測出其業務的狀況。即使是現今，在一個小村莊裡，每個人也都不知道所有他的鄰居的事務。正如克里夫・萊斯利所說的：「村裡發了一點小財的小客棧老闆、酒館老闆或小零售店老闆，不會告訴鄰居他的利潤，以免招來競爭，而營業狀況不佳的人也不會暴露他的情況，以免驚動他的債權人。」[17]

但要獲得整個行業的訊息，難度並不大；

但是，儘管也許難以得知個別行業者的經驗，但整個行業的情況卻無法完全隱瞞住，且根本就不可能長久隱瞞。雖然僅憑看到打到岸上的幾個浪花，我們無法判斷是漲潮還是退潮，但是只要有一點點的耐心，就可以解決這個問題；企業家們有一個共識，即一個行業平均利潤率不

的，且往往要祖傳才能取得的技藝之外，就再也沒有別的可用的技藝了；因此在古代，沒有一般性的企業知識。賺錢這種一般技巧的觀念，是非常現代化的；幾乎所有古代的商業技巧，都是個人的和特殊的技巧。」

[17] 1879年6月的《雙週評論》，也轉載於其《論文集》中。

可能大幅漲跌，而不在短期內引起人們對此變動的普遍關注。同時，雖然對於一個企業家來說，要發現是否可以經由改變他的行業來改善他的前途，有時候比一個技術性勞工要難，然而，企業家有很大的機會可以發現其他行業的現狀和未來的情況；因此，如果他希望改變他的行業，他一般比技術工更容易做到這一點。

總的說來，我們可以得出以下的結論，即天賦才能的稀少和工作所需要的特殊訓練的昂貴程度，對管理工作的正常報酬的影響，與這些因素對技術性勞動正常工資的影響，大致上是一樣的。無論在哪一種情況之下，所賺取所得的增加往往都會使一些因素發揮作用，從而使那些能夠賺得這種所得者的供給量增加；且無論在哪一種情況之下，所得一定量的增加，對賺取所得者供給量增加的程度，取決於供給所來自的那些人的社會和經濟狀況。因為雖然一個在開辦其企業時，就擁有大量資金和良好商業關係的能幹企業家，的確可以獲得比一開始時，沒有這些優勢的同樣能幹者更高的管理報酬；然而，具有相同能力，但在開始卻有不同社會優勢的自由職業者的報酬之間，雖然也存在著類似的不相等，不過程度卻較小；甚至一個工人的工資取決於他職業生涯開始時的程度，幾乎也與取決於他父親所能為他支付的教育費用一樣的多。[18]

而且總的說來，按照工作的難度及重要性對報酬所做的調整，是相當準確的。

---

[18] 請參閱第六篇第四章第3節。關於那些承擔企業主要責任者的一般職能，請參見布倫塔諾（Brentano）在1907年出版的《企業家》（*Der Unternehmer*）。

第八章

資本和經營能力的利潤（續）

第1節

在過去50年之間，對於決定管理報酬的原因，從未曾仔細探究過。早期的經濟學家並未充分區分利潤的組成要素，而只致力於尋找決定平均利潤率的簡單的一般性法則，因此他們在這一方面未作出很大的貢獻，但是從這個課題的性質來看，這個法則是不存在的。

在一個大企
業中，有些
管理報酬歸
入到薪資，
而在一個小
企業中，則
大部分勞動
的工資歸入
到利潤。

在分析決定利潤的因素時，我們遇到的第一個困難，在某種程度上是字面上的。這是因為小企業的負責人，自己所完成的大部分工作，在大企業中，都是由受薪經理和工頭來完成的，在計算大企業的利潤時，要先從淨收入中扣除他們的報酬；而小企業主的整個勞動報酬都被計入其利潤之中。這種困難在很早以前就為人發現了。亞當‧史密斯本人就曾指出：「在一個大的市鎮裡，一個表現最好的藥材商一年所出售的全部藥材，成本也許不會超過30或40英磅。雖然他可能售得300或400的英鎊，因而獲得10倍的利潤，但這通常不會超過他唯一可以從藥材價格獲得的其勞動的合理工資。表面上的利潤大部分是隱藏在利潤外衣之下的實際工資。在某個小海港的城鎮，一個小雜貨商人以100英鎊的進貨，就可賺到40-50%的利潤，而在同一地方的一個大批發商，卻很少會從10,000英鎊的資本，賺到8%或10%的利潤。」[1]

---

[1] 《原富》（國富論），第一篇第十章。西尼爾（《政治經濟學大綱》〔*Outline of the science of Political Econoucy*〕），簡

在此，對投資於企業的資本（金）年利潤率，以及企業資本（金）每周轉一次的利潤率做區分，是很重要的；所謂企業資本（金）周轉一次的利潤率，是指營業額每等於該資本（金）一次所得到的利潤率，或稱為周轉（on the turnover）利潤率。目前我們關注的是年（*per annum*）利潤率。

如果把利潤一詞的範圍在小企業這一方面縮小，或在大企業這一方面擴大，以致於在兩種情況下，此詞都包含同類勞務的報酬的話，那麼小企業和大企業的正常年利潤率之間，名義上不相等的大部分就都會消失。的確，如果以普通的方式計算，在一些行業中，有大資本（金）企業的利潤率看起來會低於小資本（金）的企業，但是若以正確的方法計算的話，則其利潤率卻往往比小資本（金）企業的利潤率要高。因為在同一行業中競爭的兩家企業，資本（金）較大的那家企業，幾乎總能以較低的價格採買物品，並從技術和機械的專業化及其他方面上，都可以得到許多的經濟。而這些都是資本（金）較小的企業無法企及的，雖然資本（金）較小的企業也擁有唯一重要的特殊優

年利潤及資本（金）的周轉利潤。

對於這種不正確語言的修正，消除了小企業利潤較高這種觀點的來源。

稱為《大綱》〔*Outline*〕），頁203）指出100,000英鎊的資本（金），正常利潤率應該要低於10%，10,000或20,000英鎊約低於15%，5,000英鎊或6,000英鎊約低於20%，而資本（金）愈少「利潤率就愈高」。請參照本篇前一章第4節。應該要注意的是，當一個無出資的經理，與出資者結為合夥關係，把部分利潤當做報酬，而不支領工資時，該個人企業的名目利潤率會增加。

勢，就是比較便於接近客戶和比較容易顧及他們個人的需要。在後一種優勢不是那麼重要的行業中，特別是在一些製造業當中，大廠商產品的售價比小廠商要高，前者的支出相應較低，而收益則較多；因此，如果兩類企業利潤的計算都包括相同因素在內的話，則大廠商的利潤率必然會高於小廠商。

在對大資本（金）提供很大技術利益的行業中，小企業的利潤很低。

但是，正是在這些企業之間，最常發生的是大廠商在壓垮小廠商之後，要麼是彼此相互合併，從而為自己謀得有限獨占的利得，要麼是透過彼此之間的激烈競爭，使利潤率降到極低的水準。紡織業、金屬業和運輸業中的很多部門，除非有大量資本（金），否則根本就無法創業；而那些一開始時資本（金）規模不大的部門，則掙扎於巨大的困難之下，希望過一段時間之後，可以使用大量的資本（金），儘管這些資本（金）所賺得的管理報酬相對於資本（金）的比例很低，但其總額卻很高。

有些行業需要非常高的能力，但在該行業中，管理一個很大的企業卻與管理一個中型企業幾乎同樣容易。例如，在軋鋼廠中，幾乎所有的細節都能簡化為定型的工作，只要一個有才幹的人就可以輕易管理資本（金）100萬英鎊的這種工廠了。對於有些鋼鐵業的部門而言，20%的平均利潤率並不是很高，因為管理這些行業需要在細節問題上不斷思考和籌劃；但對於這些工廠的擁有者來說，每年的管理報酬可以高達15萬英鎊。最近在鋼鐵業的各部門當中，各種巨型的廠商相繼合併，甚至提供了更為顯著的例子。他們的利潤大多隨行業的狀況而波動；但是，雖

然利潤總額很大，但據說平均利潤率卻很低。

在所有不需要極高的能力，且在該行業之內的公開招股公司或個人公司擁有良好關係和大資本（金），則只要這個廠商由具有勤儉習性，又有常識，同時還有相當的創業精神者來管理，就足以與新進者相互抗衡的話，則幾乎所有那些行業利潤率就都很低。對於一家經營狀況良好的公開招股公司，或一家隨時可接收最有能力的雇員入夥的個人公司，很少感到這類人才的缺乏。

整體來說，我們可以得出下列的結論。首先是，大企業的眞正利潤率比乍看起來還要高，因爲通常計入小企業利潤中的大部分，在把其與大型企業的利潤進行比較之前，應該要歸入別的項目。其次是，即使進行了這種修正後，以普通方式所計算的利潤率，也會隨著企業規模的擴大而下降。

第2節

當管理工作的繁重程度與資本（金）成比例時，正常的管理報酬當然要成比例的高於資本（金）報酬，因此資本（金）的年利潤率就很高。因爲在組織和設計新方法時，要耗費很大的精神壓力；或者因爲會有令人焦慮之事和極大的風險；這兩件事經常同時出現，所以管理工作會很繁重。個別行業的確都有自己的特點，所有關於利潤率的規則，都可能有很大的例外情況。但是，在其他條件不變之下，以下一般的命題是可以成立的，並且可以解釋不

在那些管理工作較艱巨且風險較高的行業，一般說來年利潤率都很高；

同行業的正常利潤率何以會有許多不相等的現象。

在那裡，資本（金）相對較少，而工資總額相對較高。

首先，某個企業所需要的管理工作的量，取決於所使用的流動資本（金）的量，多過於取決於使用的固定資本的量。因此，在耐久性設備不成比例的大，而一旦這些設備安裝好之後，就不太需要再費很多心力來照料的行業中，利潤率往往比較低。正如我們所看到的那樣，這些行業大多都在股份公司的手中；這在鐵路公司、自來水公司，甚至在擁有運河、碼頭和橋梁的公司更為明顯，其董事和高級職員的薪資總額相對於所使用資本（金）所占的比例很小。

此外，如果某一企業固定資本和流動資本（金）之間的比例固定；則一般說來管理工作愈繁重，利潤率就愈高，工資總額相對於原料的成本和存貨的價值也就愈重要。

風險是利潤與成本的一個要素。

在管理昂貴原料的行業中，是否能成功大多取決於是否有好運和買賣能力；要正確解釋價格的影響因素，並給予各因素適當的重視，所需要的高超才智很稀少，因而可以獲得很高的報酬。在某些行業中，考慮這一點是非常重要的，以致於使得一些美國學者把利潤視為純粹是承擔風險的報酬；且視為是從毛利潤中扣除利息和管理報酬後的剩餘。但是總的來說，如此使用這個名詞似乎並不太有利，因為這種用法往往把管理工作歸類為例行的監督工作而已。當然的確，除非在其他條件不變之下，按持平的保險統計所估計出可能得到的利得中扣除可能的損失後，一個人預期從某個有風險的行業得到的利得會超過其他行

業，否則通常他不會從事該企業。如果在這種風險中不會有確定的弊害，人們就不會向保險公司支付保險費；他們知道所支付的這筆保險費，要超過按保險統計所算出來的大到足以支付保險公司龐大的廣告和經營開支之外，還要能產生淨利潤。如果這些風險不投保，同時企業風險的各種實際困難又可以克服的話，那麼在長期間，這些風險必須要按照保險公司所要求的那麼高的保險費給予補償。但是，許多最有能力，以其智慧和企業精神來處理困難事務的人，卻因為自己的資本不足以承擔巨大的損失，因而被排除在巨大的風險之外。因此，一個風險較大的行業容易落入敢於冒風險的人手中；或者掌握在少數強有力的資本家手中，他們把企業經營得很出色，他們之間相互商妥，好讓市場不會阻止他們獲取很高的平均利潤率。[2]

在投機因素不很重要，因而管理工作主要是監督的行業當中，管理報酬將十分密切的隨著企業所做的工作量而變動；對於這個報酬的衡量，一個非常粗略但方便的標準就是工資的總額。對於各個不同行業的利潤**趨於相等**的一般**趨勢**這一點，所能作出的所有廣泛的陳述中，最準確的也許就是，在使用相同資本（金）的行業中，利潤往往是

在普通的行業中，利潤幾乎常常隨著工資總額而變動。

---

[2] 關於風險做為一個成本要素的說明，請參閱第五篇第七章第4節。對各種風險給不同性格的人帶來的吸引力或排斥力，及各種風險對各類有風險的職業，其報酬和利潤所造成的影響，進行一個仔細的分析性和歸納性的研究，將是一件有利的事；而這可能是似乎可以從亞當・史密斯對於這個問題的論述開始。

每年總資本（金）的某一百分比，同時也是工資總額的某一百分比。③

---

③ 即使要大致確定投資於不同類別企業的各種資本額，也有很大的困難。但依據美國統計局（American Bureaux）有價值的統計，雖然在這個問題上，這些統計顯然是不精確的，我們仍然可以下結論說，在好比手錶及棉紡織等這些設備非常貴，且原料加工過程非常冗長的產業中，年產量低於其資本（金）量；但在諸如製鞋等那些原料昂貴，但加工過程很短的產業，和一些像製糖、屠宰和肉類包裝等，這些只是在原料形式上進行少許改變的產業，年產量超過資本（金）的4倍。

接下來，在分析流動資本（金）的周轉率，並對原料成本與工資總額進行比較時，我們發現鐘錶工廠原料的體積很小，原料成本遠遠小於工資總額，而石頭、磚及瓦製造業，其使用的原料是一種常見的種類，則情形也是如此；但在絕大多數的產業中，原料成本遠高於工資的總額；而所有產業的平均，原料成本為工資總額的3.5倍之大。那些只在原料形式上進行少許變動的產業，通常是25到50倍之大。

如果在計算一個產業的產出之前，先扣除原料、煤炭等等的價值，許多這樣的不相等就會消失。在估計一個國家製造業的產出時，謹慎的統計學家通常都採取這個做法，以避免重複計算比如說紗線和布料等這些原料；基於類似的理由，我們在計算一個國家的農業產值時，也要避免重複計算牛和飼料作物的價值。然而，這個做法並不十分令人滿意。因為從邏輯上來講，如同扣除紗線一樣，應該把織布廠所購買的織布機也同時都扣除。其次，如果織布廠本身也是建築業的產出，則其價值應該也要從織布業的產出中（在數年之內）扣除。農場的建築物也是一樣。農場使用的馬匹當然不應該計入，為了某些目的，也

一個具有卓越能力和旺盛精力的製造商，會採用比他的競爭對手更好的方法及機器；也會把他企業的生產和銷售組織得較好；並讓這兩者之間彼此充分配合。他將透過這些辦法來擴大他的企業；因此，他將從勞動的分工和設備的專業化，而獲取較大的利益。④如此，他將獲得遞增的報酬及遞增的利潤；因為如果他只是眾多生產者中的一員的話，他產量的增加不會大幅降低他產品的價格，全部的經濟利益幾乎都將歸諸他自己所有。如果他剛好對該產業的部門享有部分獨占的力量，那麼他將控制住產量的增加，以提高獨占利潤。⑤

一個產業的正常利潤率會隨著產量的大幅但逐漸增加而下降。

但是，當這類改良不限於一、兩個生產者；當這類改良是來自於需要和與之相應而來的產出的普遍增加；或來自於整個行業都使用改進的方法或機器；或來自附屬行業的進步以及普遍增加的「外部」（external）經濟時；那麼產品的價格將會維持於一個只能使該類產業所獲得接近於正常利潤率的水準。而在這個過程當中，該產業很可能會轉為正常利潤率低於其原來所在的那一類別中；因為與以前相比，現在該類產業變得較一致與較單調，精神緊張的程度也較以前小；或幾乎相同的說法，亦即因為該產

不能計入任何行業使用的馬匹。但是，如果能夠清楚認識到其不準確性的話，那麼不扣除其他東西，而只扣除原料的做法，仍有其用途。

④　請參閱前面第四篇第十一章第2至4節。

⑤　請參閱第五篇第十四章第4節最後兩段及第5節第一段。

業現在更適合於股份公司的管理方式。因此，某個行業產品「數量」（*quantity*）相對於勞動和資本數量的比例普遍增加，可能伴隨而來的是利潤率的下降；從某些觀點來看，這可以視為是以價值衡量的報酬遞減。⑥

第3節

周轉利潤率遠比資本（金）的年利潤率變動要來得大。

　　我們現在可以從每年的利潤，轉而檢視決定周轉利潤的原因。很明顯地，雖然每年的正常利潤率只在狹小的範圍內變動，然而周轉利潤可能在一個行業的各個部門之間有很大的變動，因為這種利潤取決於周轉所需時間的長短和工作量的大小。因此，在每個單筆的交易中都買賣大量的產品，並能非常迅速地周轉其資本（金）的批發商，雖然平均的周轉利潤不到1%，但卻仍可能會賺大錢。而且，在大宗股票交易的極端例子當中，其周轉利潤甚至只是1%的一小部分而已。但是，一個在他得以出售其船舶之前的很長一段時間裡，必須把勞動和原料投入到船舶，要為船舶提供停泊處，還要注意到與船舶相關的每一個細節的造船者，必須在他的直接和間接支出中，加上一個非常高比例的周轉利潤，以補償其勞動及已投入而無法作他用的資本。⑦

───────────────

⑥ 請參照第四篇第十三章第2節。

⑦ 然而，他對建造船舶早期階段所投下的那部分資本，不需要每年索取高額的利潤率；因為那部分資本一旦投資下去後，就不再

　　此外，在紡織業中，有的廠商從購買原料開始，並生產出成品，而有的則只限於從事紡紗、織布或最後的修整等某一項工作；很明顯地，第一類的一個廠商其周轉利潤率必須等於其他三類每一廠商的利潤率之和。[8]再有，若零售商所銷售的是屬於普遍需要，且不受時尚變化所影響的商品，其周轉利潤率通常只有5%或10%而已；因為，其銷售量很大，必要的存貨很少，投入於其中的資本（金），幾乎可以在毫無困難，也沒有任何風險之下，非常迅速地周轉。但是，對於某些銷售速度緩慢的花俏商品之零售商，周轉利潤率接近100%，因為這類商品必須保留不同種類的存貨，這需要一個很大的陳列場所，且時尚的變化可能使其虧本出售；而魚、水果、花卉和蔬菜等這些物品，其周轉利潤率甚至超過100%。[9]

　　需要特別使用其能力，也無須耗費其心力，只要把他的支出按高複利率，加以「累計」（accumulated）就夠了；但在那種情況下，他必須把自己的勞動價值算為他早期支出的一部分。另一方面，如果有任何行業需要不斷耗費心力對所有投入的資本，進行持續照管的話，那麼在該行業的早期資本中，透過加上一個「複利潤率」（compound rate of profit）（就好像複利一樣，利潤率按幾何級數增加）的方法，計算出早期投資的「累計價值」（accumulated value），這是合理的。即使在理論上，這個算法並不完全正確，但為了簡化起見，實際上卻經常採用。

[8] 嚴格說來，這將略大於這三者的總和，因為這包括了較長時期的複利。

[9] 在工人階層的居住區，魚販和蔬菜水果零售商特別會竭盡全力去做高利潤率的小生意；因為每個顧客的購買量都如此之小，以致於他們寧

第4節

那麼，我們可以看到，周轉利潤率並無相等的一般趨勢；但各行業和各行業的各個部門中，也許有，而且事實上也或多或少都有我們視爲「公平的」（fair）、或正常的、且確定的周轉利潤率。當然，隨著各行業經營方式的變更，這些周轉利潤率也總在變動著；而經營方式的變更，通常是從那些希望以較低於習慣水準的周轉利潤率，卻以較高於習慣上的每年資本利潤率，進行較大交易的個人開始。然而，如果未出現這類的重大變動，那麼對於某一特定種類的工作索取一定周轉利潤率的傳統，就會給該行業內的人提供巨大的實際利益。這類的傳統大多都是經驗的結果，這些經驗往往顯示出，如果索取的是該周轉利潤率，則爲該特定的交易所引發的所有成本（補充以及主要）以及那一類行業中每年的正常利潤率，都會納入適當的計算。如果他們索取的是一個低於周轉利潤率很多的價格，那麼幾乎就難以發展；而如果他們索取的是一個高

願以高價向附近的店購買，也不願到較遠的便宜店去買。因此，儘管零售商對不到半便士買來的東西，索取了一便士的錢，但他未必得以過很好的生活。然而，如果由漁民或農民出售的話，同樣的東西可能只要索取四分之一便士，或甚至更少；而運輸和保險的直接損失，並無法解釋上述這種價格差異的大部分。因此，一般認爲這些行業的中間商，具有透過相互結合，獲得暴利的特殊能力，這似乎有些道理。

出周轉利潤率很多的價格，就會有喪失顧客的危險，因為其他人可用較低的價格出售這些商品。如果預先沒有商議任何價格時，則一個誠實的人預計從訂貨上索取的就是這個公平的周轉利潤率；如果買賣雙方之間發生爭議，則這就是法院所認定的周轉利潤率。⑩

---

⑩ 在這些情況之下，專家所提出的證據在很多方面都對經濟學家充滿了啓示，特別是因為以或多或少有意識的認識到產生一個行業習俗的原因，且為了確保這習俗得以繼續維持所提出的訴求，而使用中世紀的用語來說明這個行業的習俗時，就更有啓示性了。而且，如果某類工作的「習慣」（customary）周轉利潤率高於另一類工作時，那麼最終的理由有以下幾項：(1)前一類的工作確實（或者不久之前確實）需要置資本於不用的時間較長；(2)前一類工作使用較多昂貴的設備（特別是易於快速折舊，或者不能一直使用，因此為使其繼續運作，不能過度使用的設備）；(3)前一類工作較困難，或是較令人討厭的工作，或者需要經營者較多的關注；(4)前一類工作有一些特殊的風險因素需要投保。而專家們對於揭露這些幾乎隱藏在其內心深處的習俗存在理由的不夠積極，使人們有理由相信，如果我們能夠使中世紀的企業家復活，並反覆盤問他們，應該就會發現對於迫切需要的特別情況，利潤率所做出的半自覺的調整，其實比歷史學家所說的還要多。許多歷史學家有時並未清楚說明他們所指的習慣利潤率，到底是一定的周轉利潤率，還是在長期間，提供資本一定年利潤率的那種周轉利潤率。當然，在中世紀，企業經營方法較一致，使得資本的年利潤率可以保持於相當一致，而不會導致像現代企業周轉率的變化那麼不可避免的大。但是仍然很明顯的是，如果一種利潤率接近於一致，則另一種利潤率就不一致；由於未清楚的確認兩種利潤率之間的差異，也未確認

第5節

利潤是正常
供給價格的
一個組成分
子。

　　在以上的探討當中，我們所關注的主要是經濟力量的最終、或長期、或真正正常的結果；我們已經討論了運用資本（金）的經營能力的供給，在長期如何調整到與需要一致的方式；我們也已經知道了如何運用這種資本（金）的經營能力，不斷尋求各種企業以及經營各種企業的各種方法，以便為那些願意為了滿足其欲望，而付出高價者，提供如此高價值的勞務，以致於這些勞務在長期，可以賺到很高的報酬。這種推動力就是企業家的競爭；每個人都嘗試每一個好的機會，都設法預測未來可能發生的事件，確定這些事件真正的相對重要性，並估量任何一個企業的收入超過其所需支出的可能的剩餘有多少。所有他預期的利得都會計入吸引他進入該企業的利潤當中；所有他在為未來生產而製造的工具，以及在為建立企業聯繫的「非物質」（immaterial）資本，所投入的資本與精力，在他投資之前都必須顯示是有利可圖的。他預期從這些投資所獲得的全部利潤，都會進入到他所從事的冒險事業所得到的長期預期報酬之中。如果他是一個具有正常能力的人（就他所從事的那類工作來說是正常的），對於是否進行這種冒險事業，正處於猶豫不決的邊際時，則這些報酬可以視為是所討論的那種勞務，其正常（邊際）生產費用的真正

─────────

分別與之相關的習俗最終認可的決定因素之間的差異，因此這似乎減損了許多中世紀經濟史著作的價值。

代表。因此，全部的正常利潤就都列入眞正或長期的供給
價格上了。

誘使某個人和他的父親投入資本（金）和勞動，以
使他成爲一名技工、自由職業者或企業人士的動機，都與
引導某個人把資本（金）和勞動，投入到建造那些物質的
機器設備和企業組織一樣。在這兩種情況下，投資（只要
人的行爲受到深思熟慮的動機所支配）都會進行到一個邊
際，在這個邊際上，任何進一步的投資都不再有任何利
得，都沒有效用超過「負效用」（dis-utility）的數額或
剩餘；因此，做爲所有這個投資預期報酬的價格，就是該
投資所提供勞務的正常生產費用的一部分。

然而，爲了要讓所有這些因素都充分發揮作用，需
要一段很長的時間，所以例外的失敗與例外的成功也許可
以相互抵消。一方面有些人是因爲在從事投機事業的特殊
事件中，或者在他們企業的總體發展上，遇到有利的機會
時，由於所具有的罕見能力或稀有的好運，因而得以屢獲
成功。而另一方面，有些人則因爲在精神上或道德上無法
充分利用他們的訓練和有利的立業機會，或對他們自己的
職業沒有特殊的才能，或他們經營投機事業時機運欠佳，
或他們的企業因競爭對手的蠶食，或者由於需要風潮的轉
向，而使其發展受到限制。

雖然在處理正常報酬和正常價值相關的問題時，可
以忽略這些干擾因素；但是，這些因素在特定時間，對特
定個人所賺的所得，具有最重要的影響力，並發揮著主導
的作用。而且，由於這些干擾因素對利潤和管理報酬的

決定正常工
資水準及各
種利潤分子
的因素，彼
此之間相似
的程度，

較那些決定
他們價值波
動的因素要
大。

影響，與其對普通報酬的影響方式很不同，因此，在討論短暫的波動和個別偶發事件時，對利潤和普通報酬做不同的處理，實屬科學上的必要。在討論貨幣、信用和對外貿易理論之前，有關市場波動的問題，的確無法做妥善的處理；但即使在這個階段，我們也可以看出剛剛所描述的，影響利潤和普通報酬的干擾因素之間，存在著以下的差異。

第6節

第一個差異是利潤隨著價格而波動，波動的幅度甚至較價格要大；但是雇員工資的變動落後於價格的變動，且波動幅度也較小。

　　第一個差異是，企業家的利潤首先是受到他的資本（包括其企業組織）、他的勞動和他所僱用人員的勞動等所生產的產品，其價格變動的影響；因此，他利潤的變動通常先於其所僱工人工資的變動，而且變動幅度也遠較工資爲大。因爲，在其他條件不變之下，他所出售產品的價格只微幅上漲，就有可能使利潤增加數倍，或者也可能轉虧爲盈。這種利潤的上升會使他急於獲取好價格的成果；同時，他也會擔心其員工離職，或拒絕工作。因此，他將較有能力，也較願意支付高工資；工資往往就會上漲。但經驗卻顯示（無論工資是否受價格的漲落所左右），工資很少與價格成比例的上升；因此，工資幾乎也不與利潤成比例的上提。

　　這一事實的另一面是當生意狀況不好時，員工最差是連一毛也賺不到，因此無法養家活口；但雇主的支出卻可能會超過他的收入，特別是如果他使用大量借入資金時更

是如此。在這種情況下，甚至連他的管理毛報酬也都是負數；也就是說，他正在虧本。在非常糟糕的時期，也許這種情況會發生在大多數雇主身上；且這種情況幾乎不斷地發生在那些時運較差，或能力較差，或相對於其他行業來說，該特定行業較不適合於他們的這些人。

第7節

　　接著要討論另一個差異，那些在企業上經營成功的人數，只占總人數的很小一部分；而在那些成功的企業家手中都集結了多過自己財富數倍的別人的財富，而這些別人的財富有些是這些人自己的儲蓄，有些則是繼承別人的儲蓄，但在企業經營失敗後，把他們所有的這些儲蓄，連同自己努力的成果全部都賠進去了。因此，爲了求得某個行業的平均利潤，我們不能把這個行業中成功者所賺到的總利潤，除以成功者的人數，甚至也不能把總利潤除以成功者與失敗者的總人數；而是從成功者的總利潤中，扣除失敗者及也許已從該行業退出者的總損失；然後再把剩餘的部分除以成功者和失敗者人數之和。眞正的毛管理報酬，即利潤超過利息的差額，很可能平均不會超過按那些成功者所獲得的利潤而估計出的一半，而在某些有風險的行業中，甚至還低於十分之一。然而，正如我們很快就會看到的那樣，基於一些理由，我們認爲行業的風險整體上說來

第二個差異在於個人利潤差異的幅度較普通報酬大，而其平均價值卻被高估，因爲那些損失掉他們全部資金的人都消失不見了。

是在下降，而不是在增加。⑪

---

⑪ 一個世紀以前，許多英格蘭人從印度帶回巨額的財富，因此人們對印度的平均利潤率很高的這種看法就傳開了。但是，正如亨特爵士（Sir W. Hunter）所指出的那樣（《孟加拉鄉村年報》〔*Annals of Rural Bengal*〕，第六章），失敗者很多，只不過就是「那些僥倖發財的人回來散布這種謊言罷了。」就在這種情況發生的時候，在英格蘭有一種傳說，即一個富人與其車夫的家庭，在三代內可能就會互換地位。的確，這部分是由於當時那些富裕的年輕繼承者之間普遍存在著奢靡的風氣，而部分是其資本（金）很難找到可靠的投資途徑。英格蘭富裕階層地位的穩定，大致上是由於節約和教育的普及，與投資方法的增加所促成的，而投資方法的增加使得富人的後代，即使沒有繼承到獲取財富所需的經營能力，也得以從其財富中，不斷安全的獲得所得。然而，甚至在現今英格蘭的許多地區，大多數的製造業者都是工人或工人的後代。在美國，雖然愚蠢的浪費現象也許不如英格蘭那麼普遍，然而社會條件的變遷愈大，企業與時俱進的難度也愈大，因而普遍流行的一句話是「富不過三代」（from shirt sleeves to shirt sleeves in three generations）。威爾斯（Wells）曾說（《近代經濟的變遷》〔*Recent Economic Changes*〕，頁351）：「在那些有能力形成意見的人之間，長期以來大致上同意，在所有試圖自己開展企業的人中，有90%無法成功。」
華克爾先生（Mr J. H. Walker）（《經濟學季刊》〔*Quarterly Journal of Economics*〕，第二卷，頁448），曾對1840至1888年間馬薩諸塞州沃斯特市（Worcester）主要產業中，製造業者的起源和事業，進行過一些詳細的統計。他們之中超過十分之九是從職工起家的；那些在1840、1850和1860年列入製造業者名單的人中，其子女在1888年還有

第8節

我們現在可以轉而探討利潤波動和普通報酬波動之間的另一個差異。我們已經知道，在投入自由資本（金）和勞動，以獲得技術工或自由職業者工作所需的技術之前，預期從中獲得的所得具有利潤的性質；儘管所要求的這種利潤的比率，由於以下兩個原因，往往都很高。首先是支付訓練技術費用的人，本身並不能從中獲得大部分的報酬；其次是他們經常處於困境中，如果沒有很強的自制力，他們就無法為遙遠的報酬而進行投資。我們已經知道，當技術工或自由職業者一旦獲得他工作所需的技術時，他的一部分報酬實際上是為了讓他能工作，而投入的資本和勞動將來的準租，這些資本及勞動除了讓他能工作外，還為他提供安身立業之機，建立他的企業關係，以及使他的才能得以發揮的機會；而只有把他的所得扣除這些準租後的剩餘，才是他勞力的真正報酬，但這個剩餘的部分，通常占全部所得很大的一部分，這就是利潤和普通報酬這兩者之間的差異所在。因為當對企業家的利潤進行類似的分析時，會發現兩者的比例是不同的；就企業家的情況來說，更大的部分是準租。

第三個差異在於真正的勞力報酬總是技術工及自由職業者所得的很大一部分；但卻不是企業家的一大部分。

財產或是死後還留有遺產者不到10%。至於法國，勒羅伊・比尤利曾說過（《財富的分配》〔*Répartition des Richesses*〕第十一章），每百家新創辦的企業當中，幾乎有20家會立即消失，50或60家呈現停滯、不上不下，而只有10或15家會成功。

一個大規模企業的經營者，從投資於其企業的物質和非物質資本中所獲致的所得是如此之大，且該所得從很大的負值到很大的正值之間的波動，其幅度是如此之巨，以致於他很少想到自己在這方面所投下的勞動。如果有利可圖的企業在他眼前展開，他把從中獲得的所得幾乎都視為是純利得；在他手上的企業無論是部分開工或全部開工，所引起的麻煩幾乎毫無差別，因此，通常他幾乎未曾想過要從那些利得中，扣除自己額外的勞動；在他心目中，自己從這些額外勞動獲得的報酬，與工匠從自己加班所獲得額外報酬不一樣。這個事實是導致大眾，甚至某些經濟學家，對於決定正常利潤和正常工資的因素根本上的一致性，在認識上有不足的一個主要原因，在某種程度上也為這一事實提供了合理的解釋。

第四個差異在於成功企業家很大部分的所得，是來自於稀有天賦才能所提供的剩餘。

但是，回到上一章末尾提到的一點，即企業經營者的階層中，含有特別多具有高度天賦才能的人；因為除了在其這個階層中所產生的有才幹者之外，還包括在較低職業階層中，所產生的很大一部分最具天賦才能的人。因此，投資於教育的資本利潤，是構成自由職業這一階層者所得中特別重要的組成分子，而只要我們把企業家視為是個人的話，則稀有天賦才能的租金，也可視為是他們所得中特別重要的構成分子。（正如我們所知道的，就正常價值而言，即使是稀有才能的報酬，也應視為準租，而不是地租本身。）

但上述這個規則有例外。某個平庸的企業家，繼承了狀況良好的企業，且所具有的力量僅足以使該企業維持下

去，但每年也許還能獲得成千上萬的所得，不過，其中含
有的稀有天賦才能的租金非常少。而另一方面，特別有成
就的律師、作家、畫家、歌手和騎師所賺的所得中的大部
分，可歸類為稀有天賦才能的租金，只要我們把他們視為
個人，且不考慮在他們各別的職業中，正常的勞動供給量
取決於他們為有抱負的青年提供了輝煌成功的前景時，至
少是如此。

　　某個特定企業的所得，往往深受其所處的產業環境、
機會或機遇的變化所影響。但許多階級的工人從技術而取
得的特殊所得，也受到類似因素的影響。在美國和澳洲發
現的豐富銅礦，對科尼什（Cornish）礦工[12]來說，只要他
們繼續留在家鄉，他們採礦技術的獲利能力就會降低；而
在新地區，每發現一處豐富的新礦區，那些已經到那裡的
礦工，其技術的賺錢能力就都會提高。其次，對戲劇娛樂
嗜好的增長，不僅會提高演員的正常報酬，促使其技術供
給量的增加，同時也會提高已經在該職業者技術的賺錢能
力，從個人的觀點來看，其中很大一部分所得是由於稀有
的天賦才能，而獲得的生產者剩餘。[13]

產業環境的
變遷對於個
別企業利潤
的影響，要
大於其對普
通報酬的影
響。

------

[12] 譯者註：在南澳洲約克半島（Yorke Peninsula）上的小鎮蒙塔
　　（Moonta）及其周圍地區挖掘出優質銅礦的礦工。

[13] 已故的沃克將軍（General Walker F）在解釋一方面決定工資，
　　另一方面決定管理報酬的因素時，曾做出了傑出的貢獻。但他堅
　　持主張（《政治經濟學》〔Political Economy〕，第311節），
　　利潤並不構成製造品價格的一部分；他並不把這種學說限制在

第9節

接下來我們要探討同一個行業中，各不同職業階層之間的

短期內，正如我們所知道的，在短期間，從各種技術，無論是否是從非凡的技術，也無論是從雇主或工人的技術，所獲得的所得，都可以視爲是準租。他其實是以一種杜撰的意義使用了「利潤」（profits）這個詞；因爲從利潤中完全排除利息後，他假設「無利潤的雇主」（No-profits employer）所賺的所得，「大體上或長期間，等於如果受僱於別人時，預期可以獲得的工資」（《最初幾課》〔*First Lessons*〕，1889，第190節。譯者註：全名爲《政治經濟學的最初幾課》〔*First Lessons in Political Economy*〕），也就是說，無論他的能力如何，「無利潤雇主」除了獲得資本利息外，還可獲得管理的正常淨報酬。因此，沃克利潤的意義，排除了五分之四在英格蘭通常歸類爲利潤的部分，（而在美國，這一比例也許低於，但在歐洲大陸則高於英格蘭）。因此，他的學說似乎只意味著雇主因爲有特殊能力或好運氣所獲取的所得那一部分，不應列入到價格之中。但是，每種職業的成敗得失，無論是否是雇主的職業，都對尋求該職業的人數，以及他們從事工作所付出精力的決定都起到作用；因此也都會列入到正常供給價格之中。沃克的論點似乎主要立基於他曾極力強調的一個重要事實之上，即在長期獲得最高利潤的那些最有能力的雇主，通常是那些支付最高工資給員工，且能以最低價格出售產品給消費者的人。但同樣是正確的，甚至是更重要的一個事實是，那些賺得最高工資的工人，通常都會把雇主的設備和原料用到最佳狀況（見第六篇第三章第2節），從而使雇主不但能獲取高額利潤，又能向消費者索取低價。

相互利害關係。

這種利害與共的關係是下述這個一般性事實的一個特例，該事實是對任何商品各生產要素的需要都是連帶需要。對這個一般性事實的說明，可以參考第五篇第六章的描述。我們在那裡看到，（比如說）泥水匠勞動供給的變動，如何以相同的方式影響所有其他建築業部門的利益，而這種變動對大眾利益的影響更強烈。事實上，從事房屋建造、生產印花布或其他任何產品的所有各種產業階層，從其專業化的資本和專業化的技術中所獲致的所得，在很大程度上取決於該行業一般的繁榮狀況。就此而言，這些所得在短期內便可視為是整個行業的複合或連帶所得的一部分。當自身效率的提升或任何的外部因素，促成這一總所得因而增加時，各階層的所得份額也會隨之而上升。但是當總所得固定不變時，則任何一個階層所得份額比以前增多，都必須以犧牲其他階層所得為代價。這對於從事任何行業的全體人員來說都是如此；對於那些在同一企業中共同度過一生的人來說，從特殊意義上來說，也是如此。

> 同一行業內不同階層勞工之間的利害關係。

第10節

從企業家本人的角度來看，一個成功企業的報酬是以下幾項報酬的總和，一是他自己能力的報酬，其次是其設備和其他物質資本的報酬，而第三則是他的信譽，或企業組織和聯繫的報酬。但實際上其報酬不僅僅是這些項目的總和而已；因為他的效率一部分取決於他所從

> 企業利得的一部分是從其聯繫與組織而得到的，如果員工離去的話，經常就會失掉這部分利得。

事的那個特定企業的狀況；以及如果他以合理的價格出售該企業，然後轉到另一企業去，則他的所得也許會大幅減少。當他利用企業的聯繫時，這種聯繫的全部價值，對他來說就是「機遇」（Conjuncture）或「機會」（Opportunity）價值的一個顯著的例子。雖然這種價值可能是好運促成的，但主要還是能力和勞動的產物。這種價值中可以轉讓的那部分，且可以由私人，或者由大公司合併而買去的那部分，必須要計入其成本之中；在某種意義上說，這是「機遇成本」或「機會成本」（Conjuncture or Opportunity *cost*）。

　　然而，雇主的觀點並不包括企業的全部利得；因為另外還有一部分是屬於其雇員的。的確，在某些情況下，出於某些目的，幾乎一個企業的全部所得都可以視為是準租，即在當時，該企業的所得是由商品的市場狀態所決定的，很少考慮到為生產該些產品，所需的各種物力與人力的成本。換句話說，這是一個「複合準租」（*composite quasi-rent*），[14]可以經由討價還價的方式，輔以習俗及公平的概念，分配給企業中不同的人，而造成這種分配結果的因素，與那些文明早期的形式，幾乎不是把從土地所得的生產者剩餘永久地分給單獨一個人，而是分給耕種的企業單位的因素類似。因此，某個企業的主管人員熟悉企業內的人和物，在某些情況下，他可以把這種對人或物熟識的長處，高價出售給競爭對手的廠商。但在其他情況下，他

---

[14] 請參照第五篇第十章第6節（譯者註：原書寫的是第十章第8節，但是該章只有6節，判斷應該是第6節，因為該節有提到此處所說的準租）。

所掌握的這種長處，對他所在的企業之外毫無價值；那麼他一旦離職後，對該企業可能造成的損失是他薪水價值的好幾倍，而他從其他地方所獲得的薪水可能還不及原來的一半。⑮

　　重要的是要知道這類雇員的地位，與那些勞務價值幾乎和大型行業中任何企業的雇員都相同的其他雇員，其地位如何的不同。正如我們已經知道的，在任何一週中，這些雇員當中任何一個所賺的所得，包括了部分對該週工作疲勞的補償，部分是他專業技術和能力的準租。同時，假設競爭有完全的效率的話，則這個準租就決定於他目前的雇主或任何其他的雇主，根據該週內他們物品的市場狀況下，願意爲他的勞務所支付的價格。因此，爲某特定類型的特定工作所支付的價格，就由該行業的一般狀況所決定，這些價格都將計入到直接支出，且必須從該行業的毛報酬中扣除，以求出當時該特定廠商的準租；但準租

當沒有這種損失的話，受僱員工技術的準租，決定於這個行業一般的繁榮狀況。

---

⑮ 當一家企業擁有自己的專長，甚至有許多普通工人會因爲離開，而失去大部分的工資，同時也會嚴重傷害到該企業時，雇主可以讓主要職員變成爲合夥人，並以分紅的方式，支付全體員工部分的工資；但無論是否這樣做，他們的報酬由競爭和替代法則所直接決定者較少，受他們與雇主之間討價還價所決定者較多，其議價的條件在理論上是武斷的。然而，實際上，員工的的報酬也許會受到「得所應得的」的想法所左右，即同意支付員工代表其各自擁有的能力、勤勞和特殊訓練的正常報酬，如果這個企業的運氣是好的，會再加上一點，如果是壞的話，會再減去一點。

的上升或下降，均與員工完全無關。然而事實上，競爭並非這樣完全有效率。即使在整個市場中，都對使用相同機器的同一工作支付相同的價格，某一企業的繁榮仍會增加每個員工晉升的機會，也會增加在行業蕭條時繼續受僱的機會，而當行業繁榮時，更會獲得很多令人稱羨的加班機會。

利潤分紅。

因此，事實上幾乎每個企業與其員工之間，都共享或共同承擔著某種的損益；這種共享或共同承擔著某種損益最高的形式，也許就是如果沒有明確合約的情況下，僅由於眞誠的友誼而得到眞誠慷慨的承認，就使那些在同一行業中同事之間的利益達到一致了。但這種情況並不常見；一般的情況是，透過分紅制度可以在經濟和道德上，同時把雇主和雇員之間這種利害與共的關係，都提升到較高的層次；特別是當把這種制度只視爲是邁向更高，但更難達到的眞正合作的一個步驟時，就更是如此。

雇主之間的聯盟與雇工之間的聯盟。

如果任何行業的雇主和雇員各自之間都能採取一致的行動的話，則工資問題的解決就變得不確定了；除透過雙方的討價還價之外，沒有其他任何的方法，可以確定當時所得超過其支出的份額，應在雇主和雇員之間如何進行分配。除了那些正遭淘汰的產業之外，工資的降低不會永遠符合雇主的利益，因爲這會把許多技術工人推向其他市場，或甚至放棄他們因該項技術帶來的特殊報酬，而轉到其他產業去，在一個普通年分裡，工資必須高到足以吸引年輕人進到該行業來。這定下了工資的下限，而工資的上限則是根據促使資本和經營能力供給相應的必要條件來設

定的。但是，在這兩個界限之間，於任何時候究竟應該採取那一點，只能透過勞資之間的討價還價來決定；然而，這種討價還價可能會受到道德方面的考慮，而多少有所緩和，特別是如果在某個行業中，有一個良好的調解處所時更是如此。

這個問題實際上甚至更爲複雜。因爲每一類員工都可能擁有自己的工會，並爲自己而戰。雇主只是充當緩衝器；但是，某一類員工爲提高工資而罷工，實際上對其他類員工的工資所造成的損失，幾乎與對雇主利潤的削減一樣多。

對於職業工會及雇主和雇員之間、貿易商和製造商之間的聯盟和反聯盟等這些組織之間所產生的因果關係，這裡不適合於探討。這些組織所發起的一連串生動事件和所呈現出的傳奇式變化，不但引起了大眾的注意，也顯示了我們社會秩序未來的變革，正在朝著一個方向，緊接著又朝著另一個方向而變動；且這些組織的重要性肯定是很大，並與日俱增；但這種重要性很容易被誇大，因爲事實上其中許多的這種組織，都只不過是進步浪潮中的一點點浪花而已。雖然這些組織在現在這個時代，其規模比以前更壯觀且更大；然而，與往常一樣，現在變動的主體決定於正常分配和交換的趨勢這種強大、深沉的暗流；但是這些「看不見的」（are not seen）暗流，卻控制了那些「看得見的」（are seen）事件的發展方向。因爲即使在調解和仲裁中，主要的困難仍在於如何找出什麼才是正常的水平，使得仲裁處所的決定不致於偏離這個水平，否則就會自毀其權威。

第九章

地　租

第1節

我們從假設
土地由其所
有人自己耕
種 開 始 探
究，以避免
受到租佃問
題的影響。

在第五篇中曾指出，土地的租金（以下簡稱為地租）
並非是一個獨特的事實，只是一大群經濟現象中主要的一
個問題；地租理論不是孤立的經濟學說，只不過是從一般
的供需理論，所得出的一個特定推論的主要應用而已；包
含的範圍從人類免費占有的自然恩賜物，所創造的真正地
租；到透過土壤的永久性改良所獲得的所得；再到農場及
工廠建築物、蒸汽機和較不耐久的財貨所提供的收入等各
種不同等級的種類。在本章和下一章中，我們要專對土地
的淨所得進行研究。該研究分為兩部分：一部分與從土地
所獲取的淨所得，或生產者剩餘的總量有關；另一部分與
該所得在那些與土地有利害關係者之間的分配方式。無論
土地租佃方式是哪一種，第一種所得都是一般性的。我們
將從這種所得開始探究，並假設土地由其所有人自己來耕
種（*suppose that the cultivation of land is undertaken by
its owner*）。

從土地固有
性質所獲致
的所得。

我們知道土地有熱量、陽光、空氣和雨水等「固有
的」（inherent）所得，這些東西不大受到人類的影響；
且土地位置的利益中大部分，完全超出了人類控制的範
圍，只有很少的一部分是其個別所有者，在土地上投入資
本和勞力所得到的直接結果。土地的主要性質是其供給不

依賴於人類的努力，因此不會因為人努力的報酬增加，而使其供給增加；且對土地所課的稅，完全由所有者來負擔。①

另一方面，在很大程度上決定土壤肥沃度的化學或物理性質，是可以用人力來改變的，在極端情況下，甚至可以完全用人力來改變。雖然對土地的改良能夠普遍的進行，但是改良卻進行得很緩慢，也消耗得很緩慢，對土地改良獲致的所得課稅，在短期內不會明顯的影響改良的供給，因而也不會明顯的影響改良所帶來農產品的供給。因而該稅主要是落在土地所有者身上；在有提供抵押的條件下，短期間也可以把租借人視為所有者。然而，在長期間，該稅會減少土地改良的供給，提高農產品的正常供給價格，因此該稅就會落在消費者身上。

従永久改良所獲致的所得。

第2節

現在讓我們轉回到第四篇中農業報酬遞減傾向的研究；仍然假設土地的所有者都自行耕種，以使我們的推理具有一般性，不受特定土地占有形式所影響。

我們知道，在一塊土地上不斷投入資本和勞動時，雖然最初投入的幾個組合，其報酬可能會增加，但是當土地充分耕種後，報酬便開始下降了。耕種者會繼續使用資本

對第四篇中關於農業報酬遞減傾向討論的摘述及應用。

---

① 請參照第五篇第十一章第2節關於位置不同，而產生地租例外的情況。

和勞動，直到達到所獲致的報酬僅足以抵補他的支出以及他自己工作的報酬為止。無論這個投入的組合是用在肥沃的土地，或是貧瘠的土地，這都是耕種邊際上的那個投入組合；對於他以前投入的每個組合的勞動與資本所要求的報酬，除了都要等於耕種邊際上那個組合所獲致的報酬，且還要足以抵補他之前每個組合投入的支出。總產值超過這一數額的部分，就是他的生產者剩餘。

土地的所有者會盡可能地往前展望；但卻不太可能看得很遠。在任何既定的時間之內，他都把永久性改良所帶來的土地肥沃視為理所當然；從這些改良中獲致的所得（或準租），連同由於土壤的原始性質所帶來的所得，構成了他的生產者剩餘或地租。從此以後，只有來自於新投資的所得，才會顯示為報酬和利潤；他把這些新投資增加到有利可圖的邊際為止；而他的生產者剩餘或地租，就是改良土地的總所得超過回報他每年所投入資本和勞動組合所需要的差額。

這種剩餘首先取決於土地的肥沃度，其次取決於土地耕種者必須要出售的那些東西以及必須要購買的那些東西的相對價值。我們已經知道，土地的富饒度或肥沃度無法絕對地衡量，因為肥沃度會隨著栽種作物的性質和耕種方法與集約度而變動。即使同一個人以相同資本和勞動的支出，耕種的兩塊土地。如果都獲得同量的大麥作物，也有可能產出不同量的小麥作物；如果兩塊土地用原始的粗放方法耕種，得到相同的小麥作物，用集約或以現代方法耕種，也可能得到不同的產量。此外，農場購入的各種必需品的價格及其出售的各種農產品的價格，都取決於工業環境；這種環境的變動也不斷的在改變著各

種不同作物的相對價值，從而改變了不同位置土地的相對價值。

最後，我們假設相對於他所從事的工作，以及所處的時間和地點，耕種者具有正常的能力。如果他的能力低於正常水平，那麼他的實際總產量，將會低於土地的正常總產量；則土地帶給他的部分將少於真正的生產者剩餘。相反地，如果他的能力超過正常水平，他除了獲得因土地而得到的生產者剩餘之外，還獲得一些因稀有能力，而產生的生產者剩餘。

必須要假設耕種者具有正常的能力和企業精神。

第3節

我們已經詳細探究了農產品價值的上漲，會增加以農產品產量衡量的各種土地生產者的剩餘，尤其是報酬遞減傾向作用微弱的那些土地更是如此。[②]我們也知道了，一般說來，相對於肥沃地來說，農產品價值的上升，對貧瘠土地價值的提高會較多；或者換句話說，如果一個人預期

農產品實質價值的上漲，一般說來會提高農產品生產者剩餘的價值，

---

② 請參閱第四篇第三章第3節。因此，我們知道如果農產品的價值從 OH' 上升到 OH（圖12、13、14），雖然農產品產量增加之前，需要一定金額 OH 來支付一個組合的資本和勞動；而在產量增加之後，OH' 金額就足夠支付了，那麼在圖12中所代表報酬遞減趨勢迅速發生的那類土地的情況下，生產者的剩餘會增加一點點；在第二類土地下，較前一類增加得多很多（圖13），而在第三類的土地下，增加得最多（圖14）。

農產品價值會提高，他可能會預期從投入一定金額於較貧瘠的土地，所獲致的按當前價格計算的未來所得，要大於投入於肥沃地的所獲致的。③

　　其次，以一般購買力衡量的生產者剩餘的實質價值相對於其產品的價值，將會與以相同方法衡量的農產品價值相同比率而上升。也就是說，農產品價值的上升，導致生產者剩餘價值雙重的上升。

　　農產品的「實質價值」（real value）一詞的確含糊不清。從歷史上看，這個詞最常用來表示從消費者角度來看的實質價值。這種用法相當危險，因為基於某些目的，最好還是從生產者的角度來看實質價值。但是，有了這個警惕之後，我們就可以用「勞動價值」（labour-value）這個詞來表示這個農產品所能購買的某一定種類的勞動；而實質價值是指一定數量的農產品可購買到的生活必需品、舒適和奢侈品的數量。農產品勞動價值的上升，可能意味著人口對生存資源的壓力愈來愈大；隨著此一因素而來的是，土地所產生的生產者剩餘的增加，這是人民生活的每況愈下的一種衡量方式。但另一方面，如果農產品實質價值的上升，是由於農業以外的生產技術的改良所造成的，那麼工資的購買力可能就會隨之而上提。

---

③ 同上註第4節。比較兩塊報酬遞減的趨勢以類似方式發揮作用的土地（圖16和17），其中第一塊是肥沃的，第二塊是貧瘠的，我們發現因為農產品價格從 OH 提高到 OH'，使生產者剩餘，從 AHC 上提到 $AH'C'$，第二塊土地增加的比例要大得多。

第4節

　　在所有這些論述當中，可以很清楚地看到，從土地所獲致的生產者剩餘，並不像重農學派及由亞當・史密斯修改過的方式所主張的那樣，是偉大的大自然恩賜的證據；反而證明了那種恩賜是有限的。但必須牢記的是，距離最佳市場位置的不同，和絕對生產力的不同一樣，都是造成生產者剩餘不同的強大因素。④

李嘉圖關於改良對生產者剩餘影響的學說，雖然陳述地很草率，但卻經過慎重考慮後才提出的。

---

④ 英格蘭土地如此之小，而人口又如此之稠密，以致於甚至需要快速銷售到市場的牛奶和蔬菜，和儘管體積很大的乾草，也都可以在不需要過多的費用就可以運到全國各地；而在英格蘭的任何地方，耕種者幾乎都能夠以相同的淨價格，出售大宗的農產品、穀物和牲畜。基於這個理由，英格蘭的經濟學家把土地的肥沃度，當做是決定農地價值最重要的因素；而把土地的位置視為是次要的因素。因此，他們經常把土地的生產者剩餘或土地的地租，視為是土地所獲得的產出當中，超過像把相同的資本及使用相同技術勞動，投入於如此貧瘠的耕種邊際土地的產出的差額；而且並未不厭其煩地明確說明，兩塊土地是否必須要相鄰，或是否必須要考慮各自在銷售費用上的差異。但是因為在新開發的國家中，最肥沃的土地離市場很遠，也許尚未開墾，所以新開發國家的經濟學家自然不會有這樣的說法。對這些經濟學家來說，在決定土地的價值時，位置至少與肥沃度同樣重要。在他們看來，那些在耕種邊際的土地，就是那些遠離市場的土地，特別是遠離進入到好市場之鐵路的土地；而對他們來說，生產者剩餘是位置良好的土地與位置最差的土地，使用相同的勞動與資本，從前者所得到

這一真理及其中許多現在看來是如此明顯的主要結果，最初其實都是由李嘉圖將之闡明的。他很高興的論證說，如果大自然恩賜的供給到處都是無限的話，則不可能從這種恩賜的所有權中取得任何的剩餘；特別是他主張如果土地的肥沃度都相同，也都同樣容易獲得，且可無限的供給的話，那麼就不可能創造出任何的剩餘了。他進一步論述了這一觀點，並指出一種耕種技術的改良同樣使用於所有的土壤上（相當於土地自然肥沃度的普遍提高），幾乎肯定地會降低小麥的總剩餘，並相當確定地會降低提供一定數量人口農產品的土地的總實質剩餘。他還指出，如果這些改良主要影響的是，那些已經是最肥沃的土地，那麼這些改良也許會提高總剩餘；但是，如果影響到的主要是較貧瘠那一類別的土地，那麼就會大大降低總剩餘。

與上面李嘉圖的主張相當一致的是，現在英格蘭土地種植技術的改良，提高了其土地的總剩餘，因為這會在不大幅降低其價格之下，增加農產品的產量，除非生產其進口農產品的那些國家，也伴隨著有類似的改良；或者，那些國家透過改善他們的交通工具，來達到與技術改良同樣的目的。正如李嘉圖自己所曾說過的，供給同一市場的所有土地都使用同樣的改良，「因為這些改良給人口帶來極大的刺激，同時也讓我們能夠以較少的勞動來耕種較貧瘠的土地，最終將帶給地主巨大的利

農產品的價值，超過從後者所得到農產品的價值。 如果必要的話，當然也要考慮肥沃度的差異。在這個意義上，不能再把美國視為是一個新開發的國家；因為所有最好的土地都已利用了，且幾乎所有這些土地都有低廉的鐵路通向良好的市場。

益。」⑤

試圖把人類經由勞動所產生的土地價值，與來自於
大自然的原始恩賜，所產生的土地價值區分開來是很有趣
的。土地價值中有一部分是來自於公路和為國家的一般目
的，而進行的其他改良所造成的，並非特別是為農業而進
行的。李斯特（List）、卡瑞、巴斯夏和其他人在計算了
這些以後，都主張把土地從原來狀態改變為現在狀態的費
用，會超過其現在的全部價值；因此，他們認為土地的
所有價值都歸功於人類的勞動。他們指出的事實也許有爭
議；但這些事實與他們得出的結論確實是不相關的。他們
論證中所需要的是，土地的現值不會超過那些為了農業目
的而花的費用，這些花費是為把土地從其原始狀態，轉為
現在這種肥沃且對農業有用的狀態所需要的。土地當中的
許多變動都是為了適應於早已過時的農業方法；其中有一
些甚至減扣了，而不是增加土地的價值。此外，促成土地
這些轉變的費用，必須是加上逐年支付的利息之後，再扣
除從頭到尾都可歸因於這種改良，所獲致額外產品的總價
值之後的淨費用。在一個人口稠密地區的土地價值，一般
要比這些費用大得多，而且往往要高出許多倍。

土地原始的與後天的性質。

第5節

到目前為止，本章的論述適用於任何形式土地私有制

到此為止的論述，都適用於所有各種土地租佃制度。

⑤ 請參閱他第三章的註。

度之下的所有土地租佃制度；因為這個論述所討論的生產者剩餘，如果土地是所有者自己耕種的，就歸於所有者所有；如果不是自己耕種的，則由所有人與其佃戶所共有，這兩者可以視為如同從事耕作業務的廠商那樣。因此，無論耕種成本或耕種成果之間的分配，是由習俗或法律或契約所安排的，本章的論述都是正確的。該論述大致上也無關乎已經達到的經濟發展的階段；即使是少有或沒有農產品運銷到市場，以及對農產品課徵實物稅等等，這一論點都是有效的。⑥

在英格蘭的制度當中，地主與佃戶之間所得到份額的分配，對於經濟學研究最為重要。

目前英格蘭在協議土地的使用時，把習俗和情感看得最輕，而把自由競爭和企業精神看得最重的那些地區，人們普遍都認為對於那些進行緩慢與耗損也很緩慢的改良，

---

⑥ 佩帝關於地租法則著名的論述（《稅收和捐獻》〔*Taxes and Contributions*〕，第四章第13節）中的措辭，可以適用於所有形式的租佃制度和文明的所有各階段：「假設一個人可以用自己的雙手，在一定範圍的土地上種植穀物，也就是說，如果他自己從事耕種這塊土地所有的工作，比如挖地、犁地、耙地、除草、收割、運回家、打穀和簸穀；同時，還要有種子留供來年播種同樣作物。我的意思是說，當這個人從他的收穫中扣除他的種子，以及他自己吃掉的，與為了用以換取衣服和其他『自然的』（Natural）生活必需品的部分；最後剩下的穀物就是該年那塊土地自然的且真正的地租；這種剩下的穀物，在7年之內的平均量（*medium*），或是在歉收與豐收所構成的循環週期的平均量，就是該土地正常的穀物地租。」

不但大部分是由地主提供，甚至也由其來支持。這樣做之後，在正常的收穫與正常的價格之下，該地地主向其佃戶所要求的一年全部生產者剩餘的估計值，就是在扣除足以使該佃戶投入資本的正常利潤之後的餘額，而佃戶在歉收之年有損失，而豐收之年有利得。在這個估計當中，隱含了以下的假設，亦即佃戶對於自己所掌握的土地，具有正常的經營能力及企業精神；因此，如果他的經營能力與企業精神超過這個正常的標準，他自己將獲益；如果低於這個標準，自己將承擔損失，且最終也許會離開這塊租地。換句話說，地主從土地中所獲得的那部分所得，在不太長的時間裡，主要由農產品的市場所決定，但與種植該農產品所使用各種要素的成本關係不大；因此，這部分的所得具有地租的性質。而佃戶所保留的那部分所得，即使是在短期內，也應視爲利潤，直接進入到農產品正常價格之中；因爲除非佃戶預期會賺取那些利潤，否則他就不會種植這些農產品。

因此，英格蘭土地租佃制度的特點發展愈充分，佃戶和地主之間所得到份額的分界線，與經濟理論中最深刻、最重要的分界線就愈吻合。⑦這個事實可能比其他任何事實，都更是造成十九世紀初期英格蘭經濟理論占上風的原因；這個事實更幫助英格蘭經濟學家開闢了前所未有的道路，以致於即使在我們這一代，當其他國家也與英格蘭一樣，把很多的知識都用在開

---

⑦ 以專門術語來說，這就是準租與利潤之間的區別。準租不直接進入到普通長度期間，農產品正常供給價格當中，而利潤則會進入到其中。

展經濟研究時，幾乎所有這些其他國家所發展出來的既新且有建設性的觀念，都只不過是潛藏在英格蘭早期著作其他觀念之中而已。

這個事實的本身看起來好像是偶然的：但也許並非如此。因為這條特殊的分界線比其他分界線，不僅引發的摩擦要少，且在反覆查驗中所花費的時間與麻煩也較少。對於所謂的英格蘭的制度是否得以持久這一點，也許會令人懷疑。這個制度有很大的缺點，而在未來的文明階段，可能會發現該制度也不是最好的。但是，當把這種制度與其他制度進行比較時，我們就會知道，此制度曾為一個國家帶來了巨大的利益，這個國家為世界開闢了自由企業發展的道路；因此，英格蘭在很早就不得不採取所有這些造就自由和活力、彈性和力量種種的變革。

第十章

土地的租佃

第1節

早期的土地
租佃的形成
一般都立基
於合夥制
度，由傳
統，而非由
明確的契約
所規範。

在古早時代，甚至在我們這個時代的一些落後國家，所有的財產權都取決於一般的共議，而不是取決於明確的法律和文件。只要這些共議可以化約爲明確的條件，並用現代商業語言來表達的話，其大意一般如下：土地的所有權不歸於個人，而是屬於一個企業單位，在這個企業當中，一個成員或者一群成員是隱名的合夥人（sleeping partner），而另一個成員或一群成員（也許是整個家庭）則是經營的合夥人。①

所謂的地主
都是隱名的
合夥人，

這個隱名的合夥人有時是國家的統治者，有時則是從這個國家的統治者那裡，繼承了從土地耕種者那裡收稅權利的個人；但是，在不知不覺中，隨著時間的推移，這種權利已成爲一種多少是明確且是絕對的所有權。如果就像一般的情況那樣，他還有向國家統治者輸納某些款項的義務，則該夥伴關係就是由三種成員構成的，其中的兩種是

① 隱名合夥人可能是一個鄉村社區；但是最近的研究，尤其是塞波姆先生（Mr Seebohm）的那些研究，已經提供了理由讓人相信，這些社區通常既非「自由」（free）的，也非土地最終的所有者。對於鄉村社區在英格蘭歷史中所扮演的角色的爭議摘要，讀者可以參考艾胥列《經濟史》（*Economic History*）第一章。關於土地所有權分割的原始形式對進步的阻礙方式，曾在第一篇第二章第2節提到過了。

隱名的合夥人。[2]

隱名合夥人或隱名合夥人中的一人，通常稱爲業主、土地持有者、地主，或甚至稱爲土地的所有者。但是，當他受到法律，或幾乎與法律具有同等效力的習俗所約束時，隱名合夥人就無法透過勒索方式，任意增加耕種者的負擔，或以任何其他方式，把耕種者排除於土地占有之外時，則這就不是一種正確的說法了。在這種情況下，土地的所有權並非歸於他一人所獨有，而是歸於整個企業所有，他只不過是個隱名合夥人而已。工作夥伴所作的支付，根本就不是地租，而是該企業的章程規定他必須支付的一個固定數額，或是總收入的一部分；而且，只要規範這些支付的習慣或法律固定不變，地租理論幾乎就毫無直接的用武之地了。

他所分得的那部分產出，並非眞正的地租。

─────────

[2] 這個隱名的合夥企業因爲引入一個可以從許多耕種者那裡收取地租，並在扣除一定份額之後，把這些地租交給公司負責人的中間人，而得以進一步擴大其規模。他通常不是英格蘭所稱的那種中間人；也就是說，他不是一個在按合約規定收取地租時期結束後，就會被解職的轉包人。他是企業的合夥人，擁有與主要合夥人一樣的土地權利，雖然所擁有的權利價值可能是低的。甚至可能有比這更複雜的情況。在實際耕種者與直接持有來自於國家的土地者之間，可以有許多中間持有人。實際耕種者利益的性質也有很大的差異；有些人有坐收完全不能提高的固定地租的權利，有些人只能在某些規定的條件下，才能提高地租，而有些人則年復一年都只是佃戶。

第2節

　　但是事實上，習俗所規定的各種稅項及輸納，幾乎都
含有不精確界定的要素；而傳統所傳承下來對這些要素的
敘述，則都模糊不清，或充其量也只不過是以一些科學上
不精確的字眼，表達出來的而已。③

　　甚至在現代的英格蘭，我們也可以在地主與佃戶之
間的協議當中，看到這種模糊所造成的影響；因為這些協
議往往要藉由習俗來詮釋，而為了符合代代不斷改變的需
要，這種習俗也在不知不覺中一直不斷在增減變化。與我
們的祖輩相比，我們更快速地改變這些習俗，且更加自覺
地意識到這種變動，也更願意把這些習俗轉變為法律條
文，使之具有一致性。④

---

③ 麥特蘭（Maitland）教授在《政治經濟學的詞典》（*Dictionary
of Political Economy*）中關於〈法院案卷〉（Court Rolls）的文
章中指出，「直到檢視這些文件之後，我們才會知道中世紀佃戶
的佃權是多麼的不穩定。」

④ 例如下議院的普西（Pusey）委員會（Committee of the House of
Commons）在1848年的報告說：「在英格蘭各郡及各區，長期
以來都有要求退耕的佃戶從事各種農業耕作的不同慣例，……
這些當地的慣例都引入到租約或協議當中，……除非協議的條
文中對此有明示或暗示否定這項要求。而在英格蘭的某些地區，
現代的慣例如雨後春筍般的湧現，都賦予地主除了上面提到的要
求佃戶從事那些農業工作之外，也有權向即將退耕的佃戶提出賠
償某些費用……。這種慣例似乎來自於改良的和生氣勃勃的農業

目前，不管立法多詳細，以及合約的制定多精心，但關於地主投資在維持與擴大農場建築及其他改良的資本數量，仍存在著很大的不確定性。有如他與佃戶的直接貨幣關係一樣，在這些情境當中，最能看出地主的慷慨和大方；而且，對於本章的一般性論點特別重要的是，如同透過調整貨幣地租一樣，地主與佃農透過私下調整所分擔的農場耕種費用，往往也能改變佃戶所繳納的實質淨地租。許多大的私人地主，經常讓他們的佃戶年復一年地繼續耕種著，未曾企圖讓貨幣地租隨著土地實質出租價值的變動而變動；1874年在農業膨脹達到高峰時，及隨後的蕭條期間，有許多不是按契約出租的農場，其名目地租都保持不變。但在較早時期，知道自己低付地租的佃戶，無法迫使其地主在排水設施上、或在新建築物上、或甚至在修繕上出資，而且不得不遷就於地主一些不合理的要求；而現在，擁有穩定佃戶的地主會做很多在協議中沒有規定的事情，以便留住這個佃戶。因此，雖然貨幣地租保持不變，但實質地租卻發生變化了。

即使現在，地租按出租土地的價值而調整，也有一部分是默默地在進行著，且幾乎都是不知不覺地在進行著。

此一事實是下述一般命題的一個重要實例說明，亦即有時也稱為李嘉圖理論的地租經濟理論，若不在內容和形式上作許多修正及限制的話，就不能適用於現代英格蘭的

因此當把李嘉圖的分析應用於現代英格蘭的土地問題時，要很小心，

制度，需要有大量的資本支出……這些〔新〕慣例已經逐漸的增加，而為某些地區所普遍接受，直到最後被認為是全國的習俗為止。」其中許多現在都是法律所強制實施的。請參閱下文，第10節。

土地租佃制度；並且對這些修正和限制作進一步的延伸，都可使該理論應用於所有中世紀和東方形式的土地租佃制度，在那些制度中，任何類型的私人所有權都得到承認，差異只在程度上而已。

第3節

應用於早先的制度也一樣要小心。

　　不過，這種程度上的區別卻非常大。這部分是因為在原始時代和落後國家，風俗的影響力往往更大；部分則是因為，在缺乏科學歷史記載的情況下，生命短暫的人類，在確定習俗是否在悄然改變時，不比今天出生明天就死去的蒼蠅，在觀察其所棲生植物的方法好到哪裡去。但主要原因還是在於合夥的條件，既無法精確的定義，又難以衡量。

因為在那些制度當中，合夥的條件是含混的、有彈性的，且能夠以許多方法進行不知不覺的修改。

　　因為該企業的高級合夥人，或者把他簡稱為地主，他所得到的份額一般包括（或者有或沒有取得一定農產品份額的權利）徵收某些勞役和輸納、服務費和禮物的權力；他在那些項目下的每一項，所獲得的金額都隨時、隨地，且因人而異。每當耕種者支付各種費用後，並扣除他和他家人的生活必需品，再加上習俗所要求的舒適品和奢侈品之後，還有餘裕時，地主可能會利用他優越的力量，以各種方式來提高耕種者的支付額。如果主要支付的是某一份額的農產品，則地主可能就會增加那個份額：但是，這樣做很容易引發激烈的對抗，因而他更有可能只是增加次要賦稅的數量和種類，或者要求耕種者更加密集耕種土地，

把更多的土地，用於需要大量勞動，以及具有較大價值的作物上。因此，變動在大多數情況下平穩地、無聲地，且幾乎無法察覺地像時鐘的時針轉動一樣進行著；但是在長期間，這些變動卻非常徹底。⑤

　　即使就這些輸納來說，習俗提供給佃戶的保護，的確也是

---

⑤ 例如，要提供多少天數勞動的勞務價值，部分取決於勞動者離開自己的牧草地，而被召喚到他地主牧草地的敏捷程度，以及他投入到工作上的精力。他自己的權利，諸如砍木材或採炭權等，都是有彈性的；他的地主以下這些權利，包括使得他要讓地主成群的鴿子不受干擾地吃掉他的作物，要在地主的磨坊裡磨他的小麥，且當他要通過地主的橋梁時要付通行費，要在地主的市場做生意時要支付使用費等，也都是有彈性的。其次，佃戶可能被要求支付的罰款或贈品，或在印度稱爲「阿布瓦布斯」（abwabs）的稅（譯者註：在印度，督辦向地主課徵的稅。），不但在數量上，而且在這些項目徵收的場合也都或多或少具有彈性。在蒙兀兒人（Moguls）（譯者註：指十六世紀征服印度，建立回教帝國的蒙古族人。）的統治下，上層的大佃戶除了要支付名目上固定的產品份額之外，還經常要支付大量此類的苛捐雜稅；他們把加重的苛捐雜稅，連同自己的那一份全都轉嫁給下層的小佃戶。英國政府本身並沒有徵收這些苛捐雜稅；但是，儘管付出了很多的努力，還是無法使下層的小佃戶免除這些苛捐雜稅。例如，在奧里薩（Orissa）邦的一些地方，漢特（Hunter）爵士曾發現，除了習慣性地租之外，佃戶還必須支付33種不同的稅。當他們子女結婚時要付錢，而他們請假去建築堤壩、去種植甘蔗、去參加劍聖節（譯者註：一種宗教性的節日。）（festival of Juggernaut）等等，也都要付錢（《奧里薩》（Orissa）第一章，頁55-59。）

習俗所提供
的保護力
量。

很重要的。因爲佃戶都很清楚，在任何特定時間，他必須
要滿足什麼要求。環繞於他周圍的道德感，無論是高尚的
或低下的，都足以對抗他的地主試圖突然和劇烈地增加那
些被認爲是一般的支付和輸納、稅金和罰款；因此習俗磨
平了改變的稜角。

更確切地說，這些模糊和變化不一的地租要素，一
般都只是整體地租的一小部分；在那些並不罕見的情況
下，貨幣地租在很長一段時間內固定不變，佃戶在土地上
就有一種合夥的關係，這部分歸功於當土地眞正的淨値上
升時，地主的寬容而沒有提高地租；但部分也是習俗和輿
論的制約力量所致。這種力量在某種程度上類似於窗簷雨
滴的力量一樣；完全是靜靜地，直到窗戶猛烈搖晃，然後
雨滴齊落爲止；同樣地，法律賦予地主長期潛伏不動的權
利，有時會在經濟上發生巨大變化時，突然發揮作用。⑥

---

⑥ 在目前的印度，我們看到各種不同形式的租佃制度並存，有時名
　稱相同，有時名稱不同。在有些地方，小佃戶和大佃戶之間，共
　同擁有需要向政府繳納一定稅的土地所有權，而小佃戶不僅免於
　被驅逐的命運，還不會因害怕暴力，而被迫向大佃戶支付超過習
　慣嚴格規定的生產者剩餘的份額。在這種情況下，小佃戶所支出
　的款項，正如已經說過的那樣，只不過是根據合夥的口頭契約，
　把企業收入中屬於另一個合夥人的那一部分，轉交給該另一個合
　夥人而已。這根本就不是地租。然而，這種形式的租佃制度僅存
　在於孟加拉（Bengal）最近幾乎沒有大規模人口遷徙的地方，警
　察在這些地方極爲活躍且正直，足以防止大佃戶欺壓小佃戶。

在印度的大部分地區，耕種者直接向政府承租土地，租約的條件可以隨時修訂。這些租約的安排原則，特別是那些正在開墾的西北和東北部新的土地，是根據當地的習慣標準，並假設他用那個地方正常的精力和技術來耕種，在扣除耕種者的必需品及少量的奢侈品之後，按土地可能有的剩餘產量，而調整所應付的地租。因此，在同一地方的人與人之間，所索取的地租具有經濟租的性質。但是，由於兩個同等肥沃的地區，其中之一區由一群有活力的人來耕種，而另一區則由一群衰弱的人來耕種，會索取不等的地租，因此調整方法像在不同地區一樣，是租稅的那種調整方法，而不是地租的那種調整方法。因為租稅是按實際獲得的淨所得來分攤的，而地租則是按一個正常能力的人所賺取的淨所得來分攤；一個成功商人的實際所得是住在同樣便利營業場所，且付相同租金的鄰居的10倍的話，則也要支付10倍的稅。

自從戰爭、飢荒和瘟疫不再侵襲我們以來，英格蘭農村地區呈現著穩定的狀態，而印度的整個歷史幾乎少有記錄過像英格蘭那樣的狀態。大規模的遷徙似乎總是不斷在進行著，部分原因是飢荒的再次發生（因為，正如《印度統計地圖集》（*Statistical Atlas of India*）所顯示的那樣，本世紀少有地區未被嚴重的飢荒侵襲過一次以上）；部分是因為各征服者相繼對這個有忍耐力的民族所加諸的毀滅性戰爭；而部分原因是最富饒的土地迅速恢復為茂密叢林。當給養人口最多的那片土地失去居民後，便很快地變成為野獸、毒蛇出沒的淵藪和瘧疾橫行之處；這些都使逃離者難以返回他們的舊居所，並使他們經常在安居之前流浪到更遠之處。當地上的居民離開後，那些掌控該土地的人，無論是政府還是私人，都會提供極為有利的條件，以吸引其他地方的人前來耕種；這項對佃戶的競逐，對他們周圍遙遠的耕種者和大佃戶之間的關係造成很大的影響；因此，除了雖然在任何時候都是無

第4節

對於耕種者為使用土地而支付的款項，究竟應以貨幣或農產品來計算這個問題，在印度和英格蘭都日益受到關注。但是目前我們可以暫時忽視該問題，而只考慮「英格蘭的」

法感知的，習慣上租佃制度不斷的變動之外，幾乎各地在許多時代，甚至連以前習俗的連續性也都打破了，使激烈的競爭居於優勢地位。戰爭、飢荒和瘟疫等這些擾亂因素，在中世紀的英格蘭也經常發生，但這些因素的激烈程度卻較小。此外，如果在印度一代人的平均壽命與在寒冷氣候下的英格蘭一樣長的話，那麼在印度幾乎所有變動的移動速度都會較英格蘭為大。因而和平與繁榮使印度人民能較快從災難恢復過來；每一代人所保留的其父執輩所作所為的傳統，可以回溯的時間也較短，因此對較近代形成的習俗，較容易被認為是古代的習性。變動在不被認為是變動時，就可以較快速地變動。

現代的分析可以應用到印度和其他東方國家當前的土地租佃關係上，我們可以反覆檢視這種制度的相關證據，以便闡釋清楚中世紀土地租佃制度的模糊和零碎的記錄。對於這種制度，我們的確可以檢視，但卻不能反覆地進行印證。把現代方法應用到原始情況，當然有很大的危險；這些方法容易誤用，但卻較難於正確的應用。但是有些時候，有人主張現代方法根本無法加以有效應用到原始情況，這種主張似乎是立基於與本文所提出的內容和其他現代論文的概念沒有什麼共同之處的分析目的、方法和結論的概念之上，請參見1892年9月號《經濟期刊》的〈一個答覆〉（A Reply）。

地租制度，⑦與新大陸⑧的「分成租」制度（holding land on shares）或歐洲大陸所謂的「對分租制」（Metayer）⑨之間根本的區別。⑩

　　在拉丁歐洲（Latin Europe）⑪的大部分地區，土地分成許多小塊而持有，而在這些土地上，佃戶利用自己和家人的勞動從事耕種，在少有的情況下，有時也僱用少數的勞動，地主則提供佃戶建築物、牛隻，有時甚至也提供農

對分租制或分成租制

在歐洲或美國都有許多的形式。

---

⑦　譯者註：此處指的應該是一般所稱的定額租制度。

⑧　譯者註：此處指的應該是美國。

⑨　譯者註：地租制度根據地租計算方式的不同，而有定額租（fixed tenancy）與定率租（share tenancy）之分。在定額租制度之下，地租的多少按面積的大小而計算的，每單位面積的地租量都相同；而定率租又稱為分益租（share tenancy），或是本書所稱的分成租（holding land on shares），就是地主根據收穫量的多少，而收取一定比率的地租，若是佃農與地主各得收穫量的一半，則稱為對分租制。

⑩　對分租制一詞僅適用於地主份額占農產量一半的情形；但是這個詞經常適用於所有這類的安排，無論地主的份額是多少。對分租制必須與家畜農具租賃制度（Stock lease system）區分開來。在家畜農具租賃制度下，地主至少要提供部分的家畜農具，但佃戶完全經營農場，風險自負，每年對地主所提供的土地、家畜及農具支付固定的費用。在中世紀的英格蘭，這個制度廣泛地使用，對分租制似乎也並非不為人所知。（參見羅傑斯，《六個世紀的工作和工資》，第十章。）

⑪　譯者註：是指其語言源自於拉丁語的歐洲國家。

具。在美國，只有很少數種類的農業租佃，但在那些少數的租佃當中，有三分之二是租給較貧窮階層的白人，或是解放了的黑人，由勞、資雙方共享農產品。⑫

這種制度提供給無資本者一些合作生產的好處，但是卻含有很多的摩擦。

　　這種分租制使一個幾乎沒有自有資本的人，能夠以比任何其他方法更低的費用獲得資本的使用，且這種制度也比他如果受僱為勞工，要擁有較多的自由和責任；因此，該制度具有合作、利潤分享和按件計酬等這三種現代制度的諸多優點。⑬雖然對分租制佃農比受僱工人有更多的自由，但比英格蘭農民⑭的自由要少。對分租制佃農的地主

⑫ 在1880年，74%的美國農場由其所有者自行耕種，其中18%，或26%的三分之二以上的農場以分成租方式出租，而只有8%採用了英格蘭的制度（譯者註：即定額租制度）。那些不是由其所有者耕種的農田，最大部分集中在南部各州。在某些情況下，當地稱為農場主的土地所有者，不僅供應馬匹和騾子，還供應飼料；而在那種情況下，耕種者（在法國不稱之為對分租佃農，而稱之為自主雇農〔Maître Valet〕）幾乎處於受僱勞動者的地位，其報酬是他耕種所得的一部分；就好像一個受僱漁民的工資是他所捕漁獲量價值的一部分那樣。佃戶所分得的份額不等，從土地肥沃，農作物只需要少量勞動的地方，可分得三分之一；到需要大量勞動，地主又供應很少資本的地方，可分得五分之四的都有。從對分制契約所立基的各種不同比率分配額度的研究中，可以獲益良多。

⑬ 出版商與作者之間關於「對分利潤」（half-profits）制度的關係，在很多方面類似於地主與對分租制佃戶之間的關係。

⑭ 譯者註：是指定額租制的農民。

必須花費很多他自己的，或是付費聘請的代理人的時間和
麻煩，好讓佃戶努力工作；為此他必須收取巨額的款項，
雖然是用其他的名義收取的，但實際上是管理的報酬。

　　因為當耕種者必須把使用於土地每個組合的資本和勞
動所獲取報酬的一半付給其地主時，他對於使用任何組合
資本和勞動的總報酬，如果不及他所獲酬勞的兩倍，則他
便不會對此感興趣。如果他按照自己的選擇自由去耕種的
話，那麼他的耕作將遠不及英格蘭制度下那麼精耕細作；
他使用的資本和勞動量，將只會給他帶來兩倍的報酬為
限。這樣他的地主得到的報酬在總報酬中的份額，會比在
定額租制度下，所得到的地租要少。⑮

如果地主的
監控不夠，
則耕種的收
益就會很
差，

---

⑮ 借助於第四篇第三章中使用的相同類型的圖表，可以很清楚地看
　到這一點。繪製一條高出OD一半（或三分之一或三分之二），
　像AC曲線那樣的佃戶份額曲線（*tenant's-share curve*）；該曲線
　下方的區域代表佃戶的份額，而曲線上方的區域代表地主的份
　額。正如以前一樣，OH是給佃戶一個組合投入所需要的報酬；
　如果讓他自己決定，他不會耕種到超過佃戶份額曲線與HC相交
　的點；因此，對於一個較少量的投入，地主的報酬比英格蘭制度
　要少。這一類的圖表可以用來說明李嘉圖對決定土地所獲生產者
　剩餘因素的分析，適用於英格蘭以外的其他租佃制度。稍加進一
　步的改變，將使這些圖表用到像在波斯（譯者註：現在伊朗的古
　名）發現的那類習俗。在那裡，土地本身的價值很小；而「收穫
　量按下列五個部分來分配：一是土地；二是灌溉用水；三是種
　子；四是勞動；五是牛隻，每部分各得一份。地主一般分得兩

在歐洲許多地方都是採用這種制度，在這種制度下，佃戶的佃權實際上是固定的；因此只有在不斷的干涉下，地主才能使佃戶維持投在農場上的勞動量，同時也才能防止佃戶把耕作的牛用在農場以外的工作上，因為地主無法分享佃戶這種農場以外的工作成果。

然而，即使在最固定不變的地區，習俗要求地主提供的資本財數量和質量，也在不知不覺中改變著，以適應不斷變動的供需關係。如果佃戶的佃權不固定的話，地主就可以任意安排佃戶提供資本和勞動的數量，並安排自己所提供的資本量，以符合每個特殊情況的需要。⑯

但是如果能夠有效的監控，則該制度所帶來的結果就會與英格蘭的制度相差不多。

份，所以他獲得了收穫量的五分之二。」

⑯ 這在美國和法國的許多地方都已經實施了；一些有好的判斷力者都認為這種做法可以大力推廣，並注入新的生機到不久前被視為衰退的「對分租制度」（Metayage）當中。如果徹底實施的話，將促使耕種進行到在土地的肥沃、投入的資本量、耕種者的正常能力和企業精神都與英格蘭相等的地方，其地主也恰好約略可以獲致與英格蘭制度相同的所得。

關於法國對分租制度的彈性，請參見希格斯（Higgs）和蘭布林（Lambelin）在1894年3月的《經濟期刊》上的一篇文章；和勒羅伊・比尤利所著的《財富的分配》，第四章。

如同上一個註解那樣，讓地主提供的流動資本，以從OD線上所截取的一線段，OK來表示。那麼，如果地主可以按照他自己的利益，自由地控制OK的數量，並且可以與他的佃戶協定他所使用的勞動量的話，則可以在幾何上證明地主會如此調整OK的

很明顯的，當佃耕地非常小、佃戶很窮，而地主又願意不厭其煩地在小事上花費心思時，對分租制的優勢是相當大的；但對於佃耕地大到足以讓一個有能力及負責任的佃戶發揮企業精神時，這種制度就不適合了。對分租制通常都與小土地所有制（peasant proprietorship）有關，我們以下就來討論這個問題。

第5節

小土地所有者的地位有很大的吸引力。他可以隨心所欲地做自己想做的事情，不必擔心地主的干擾，也不用顧慮別人會奪走他工作和辛勤的成果。他所有權的感覺會讓他有自尊心以及堅定的性格，使他變得節儉克己。他幾乎很少閒下來，很少把他的工作當作只是苦差事；這一切都是因為他如此熱愛這片土地。

亞瑟・楊格曾說過：「財產的魔力可以使沙土變成黃金。」在許多情況下，當財產所有人精力過人時，毫無疑問地的確是如此。但是，如果他們不把自己的視野局限

小土地所有者有很多的優點，也有許多幸福的來源；

但是小土地所有者是一個過度節儉及過度勤勞，但卻是缺乏效率的工作者。

量，以迫使佃戶像在英格蘭租佃制度下那樣集約地耕種土地；那麼他的份額將會與英格蘭制度之下相同。如果他不能改變OK的量，但仍然可以控制佃戶的勞動量，那麼在某些形狀的產出曲線下，耕種的集約度將比英格蘭的制度要大；但地主的份額多少會少一些。這種矛盾的結果具有一定科學的重要性，但卻沒有多少實際的意義。

於成為一個小土地所有者的狹隘希望，那麼他們也許會有同樣，或甚至更好的表現。因為的確，事情總是有其另一面。我們常聽到說：「土地是工人最好的儲蓄銀行。」有時土地其實只是第二好的。最好的是他自己和他子女的精力；小土地所有者如此專注於他們的土地，以致於他們很少關注到別的事情。有許多，甚至最富有的小土地所有者，連自己和家人的食物都很珍惜；他們以自己有體面的房屋和家具而感到驕傲；但是他們為了節省，而住在廚房裡，住得簡直不如英格蘭較富裕的佃農階層，而吃得則更差。小土地所有者中最貧窮者都長時間努力工作，但沒有完成多少工作，因為他們吃的比最貧窮的英格蘭工人還要差。他們不明白財富只是作為獲得真正幸福的手段時才有用；他們為了手段，而犧牲了目的。⑰

有一些富裕的法國及德國的農民，但是與他們相對的是，在歐洲大陸及美洲大陸有許多富裕者，都是英格蘭勞工的後代。

必須要記住的是，英格蘭的勞工代表的是英格蘭制度的失敗，而不是代表該制度的成功。他們是那些連續幾代以來都沒有善用機會的那些人的子孫，而他們能幹和較具冒險精神的鄰居，則利用了這些機會在國內爬升到領導的地位，且更重要的是利用這些機會，無條件的獲取了這種

---

⑰ 「小土地所有者」（peasant proprietor）是個很含糊的名詞；該詞包括了許多透過興旺的婚嫁，把幾代人克勤克儉的結果聚集在一人之手的人；在與德國的戰爭之後，法國有些小土地所有者能夠自由地向政府貸款。但普通農民的儲蓄還是很少；在四種情況下，就有三種情況，其土地因缺乏資金而荒廢了；他也許有少量窖藏或投資的資金，但沒有理由讓人相信他經常有很多的資金。

占地表上很大一部分財產權的繼承。而使英格蘭民族成爲新大陸主要所有者的原因之中，最重要的是使得一個富裕到足夠成爲小土地所有者勇敢的企業精神，使他拒絕滿足於農民的單調乏味生活和狹隘的所得。在培養這種企業精神的因素當中，莫過於抵禦等待小遺產，以及抵禦爲了財產，而非爲了個人自由選擇而結婚等等這些誘惑，在那些小土地所有者占主導地位的地方，這些誘惑常常減弱了青年的精力。

　　部分由於缺乏這些誘惑，因此美國的「農民」（farmers）雖然是靠自己的雙手，耕種自己土地的工人階級，但卻不像「小土地所有者」。他們自由而明智的把所得投資於發展自己和子女的能力上；而這些能力構成了他們資本的主要部分，因爲他們的土地通常價值都很小。他們的心思都很靈敏，雖然他們中有許多人對農業技術知之甚少，但他們的敏銳性和變通性，使他們在面對問題時，幾乎都能萬無一失地找到最佳的解決辦法。

　　這個問題通常是所獲得的農產品，在比例上雖然小於農民可支配的豐富土地，但卻大於花費於其上的勞動。然而，在美國的某些地區，土地正開始得到稀少性的價值，且這些地方由於緊鄰良好的市場，使得精耕細作有利可圖，耕種方法和土地租佃的方法，正在按英格蘭的模式重新安排。在最近幾年裡，有跡象顯示，本土美國人把西部農場交給最近來自於歐洲的移民，就好像他們對東部農場，以及他們在很久以前對紡織工業所做的一樣。

美國的農民。

美國的耕種方法。

第6節

英格蘭的制
度雖然有些
嚴苛，但是
卻有強大的
力量。

　　讓我們轉而討論英格蘭的租佃制度。該制度在許多
方面都不完美且嚴苛；但該制度卻刺激並利用了企業精神
與節約了精力，且得利於地理優勢和免於毀滅性戰爭的影
響，英格蘭在製造業與殖民地的開拓技術，及雖然不太明
顯，但在農業方面，也都居於領導世界的地位。英格蘭從
許多國家，特別是從荷蘭，學到了農業方面的經驗；但整
體說來，英格蘭教給世界的遠遠超過從世界上所學到的。
現在除了荷蘭之外，沒有哪個國家在肥沃土地上，每英畝
的產量可以與英格蘭相比。在歐洲，沒有任何一個國家能
夠以相同比例的勞動，獲得如此高的報酬。⑱

---

⑱ 英格蘭每英畝肥沃土地的產量，看起來似乎比尼德蘭（譯者註：
　尼德蘭與荷蘭之間的關係如下：在十六至十八世紀尼德蘭七省共
　和國時期，荷蘭（Holland）是其國內土地最大、人口最多、經
　濟最富裕的地區，因此常用荷蘭來代指尼德蘭整體。）還要多，
　儘管對此仍有些懷疑之處。尼德蘭的工業企業精神，對英格蘭的
　引領力量比其他任何國家都要大；這種企業精神已經從密布的城
　市擴散到全國。但是一般認為尼德蘭能夠支持像英格蘭一樣密集
　的人口，但仍然可以出口大量的農產品，這種看法是錯誤的。因
　為比利時（Belgium）進口了大部分的糧食；儘管荷蘭非農業的
　人口很少，然而其進口的糧食甚至與其出口一樣多。而在法國，
　農作物甚至馬鈴薯的收穫，平均大約只有英格蘭本土的一半；法
　國的牛及羊的數量與其面積相比，大約也只有英格蘭的一半而
　已。相反地，法國小種植者在家禽、水果和其他輕生產部門的表

英格蘭租佃制度的主要優點在於能夠讓地主把那部分，且只把那部分財產的責任掌握在他自己手上，又不需要費很大的心力去照顧，也不會給他的佃戶帶來很大的麻煩；這部分財產的投資，雖然需要企業精神和判斷力，但並不需要在小細節上持續地進行監督。地主所需要投資的那部分，包括土地、建築物和永久性的改良設備，在英格蘭這部分的平均數，是農民自己提供資本的5倍；且其淨地租的利息很少超過3%，而他卻願意以這麼低的利息投入這麼巨大資本於該企業上。沒有任何其他的事業，一個人能夠以如此低的利率，借入他想要的資金，或者能夠以任何的利率借得如此大的一個部分的資金。的確，對分制佃農可以說，甚至能夠借到更多的一個份額，但所支付的利率卻也高得多。[19]

英格蘭制度的第二個優點，一部分是來自於第一個優點。該優點是給地主在選擇能幹且負責的佃戶上，相當大的自由。就與土地所有權不同的土地的經營而言，英格蘭對家世的重視程度要小於歐洲其他任何國家。但是我們已經知道，即使在現代的英格蘭，在各種企業中能夠進入到指揮的職位，進入到有學問的自由職業，甚至是進入到有

因為該制度使地主得以提供他既能輕易又能有效率負責的那部分資本；

該制度給地主在選擇能幹且負責的佃戶上，相當大的自由。

現卻極為出色，因為其氣候非常適宜這類生產活動。

[19] 在長期間，可以把地主視為是企業的積極合夥人和主要合夥人；而在短期間，他的地位頗為類似於隱名合夥人。關於地主的企業精神所發揮的作用，請參照阿吉爾公爵的《看不見的社會基礎》（*Unseen Foundations of Society*），特別是頁374。

技術的手工行業中，家世仍然十分重要。而在英格蘭的農
業，家世甚至更重要一些；因為地主好和壞的素質相結合
起來，使他們未能按照嚴格的企業原則來挑選佃戶，他們
也不會經常到遠方去挑選新的佃戶。⑳

第7節

農業方面的
改良進行得
很緩慢。

　　有機會使農業技術往前推進的人數非常多。由於農
業各不同部門在一般性質上，彼此相互差異的程度小於製
造業，因此人們可能預期農業的新觀念彼此會迅速接續出
現，並會迅速傳播出去。但相反的，農業進步的速度卻很
緩慢。因為最有企業精神的農民都移居到城市，那些留下
來的人或多或少都過著孤立的生活；由於自然淘汰和教育
的關係，他們的思想總是較城市的居民古板，並且不太願
意提出，或甚至不願意使用新的方法。而且更有甚者，雖
然一個製造商模仿同一行業中其他人的辦法，幾乎總是保
險的，但對於一個農民來說卻不然；因為每個農場都有其
各自輕微的特點，以致於盲目採用鄰人運作很好的方法，
可能會失敗，而這種失敗鼓勵了其他人相信，舊的且嘗試

---

⑳ 關於地主的習慣與現有的租佃制度相結合，在多大程度上妨礙了
新的小土地所有制的形成，到現在（1907年）仍然存有相當大
的意見的分歧，這種新的小土地所有制也許可以提供聰明的勞工
開創他自己獨立事業的機會，就像一個技術工在開設一間金屬或
其他商品的零售店和修理行業一樣容易。

過的辦法是最好的。

　　此外，農業細節的多樣性，使得要對農場經營作妥善的記帳變得非常困難。連帶產品和副產品如此之多，在各種作物和飼養方法之間，借方和貸方的關係如此複雜和變換不定，以致於一個普通的農民，即使如果他喜歡記帳，事實上也會對記帳感到嫌惡，除非以半直覺的猜測，否則很難確定要付什麼樣的價格，才恰好值得讓他增加某個數量的額外產品。他也許相當確定產品的主要成本，但卻很少知道其真正的總成本；這增加了他快速吸取經驗的教訓，以及借助於這些教訓取得進步的難度。㉑

㉑ 在小農場持有者的情況，這種困難甚至更大。因為資本主義的農民無論如何都要以貨幣來衡量主要成本。但是，用自己的雙手耕種的農民，卻經常在他的土地上投入盡可能多的勞動，而不仔細估計這些工作的貨幣價值與勞動的產出之間的關係。

　　雖然小土地所有者和其他小企業的負責人一樣，都願意以比他們僱來的人要少的酬勞更努力的工作；然而，他們與製造業中小企業的負責人不同之處在於，即使值得他們僱用額外的勞動，他們通常也不會這麼做。如果他們和家人的人手不夠，以致於無法充分耕作土地的話，那麼通常就會出現耕種不足的現象；如果人手過多的話，耕種又往往會超出有利可圖的極限。一個通則是，那些把主要職業中剩餘的時間用到其他職業的人，往往認為在後一職業中所得到的報酬，不管多低，都是額外的利得；他們有時甚至情願以低於那些靠該行業為生者的工資而工作。當部分是為了樂趣，而以不完善的設備耕種一小塊土地，做為一種副業時，情況就更是如此。

在農業上，一個企業經營者若缺乏能力，無法像在製造業那樣，由另外一些人來加以彌補。

而在農業和製造業的競爭所產生作用的方式之間，還存在另一個差異。如果一個製造商沒有創業精神，其他人也許會填補上他留下的空缺；但是當一個地主沒有以最好的方式開發他的土地資源時，則其他人在報酬遞減沒有發揮作用之下，無法填補這一空缺；因此，他缺乏智慧和企業精神，使得（邊際）供給價格略高於他有這些特質下的價格。[22]然而，這兩種情況之間的差異的確只不過是程度上的；因為任何製造業部門的成長，都可能因為參與其中之主要企業，其能力和企業精神的任何下降，而受到明顯的阻礙。農業的主要改良都是由本身就是城市居民的地主，或至少與城市居民有很大關係的地主，以及由農業附屬行業的製造商所做的。[23]

第8節

在農業中，就人這部分來說，一般都遵循報酬遞增的法則。

雖然大自然對一定效率的勞動增加量，所產生的報酬，在比例上通常較低；但在農業和製造業中，就人這部分來說，一般都符合報酬遞增的法則（即總效率的增加超過工人數量增加的比例）[24]。但是，在以下兩種情況下，

---

[22] 請參閱第六篇第二章第5節，以及在那裡所提的參考文獻。

[23] 普羅瑟羅（Prothero）的《英格蘭的農業》（*English Farming*）第六章，提出了一些長期抗拒這種改變的例子，並補充了一句：在英格蘭至遲在1634年必須要通過一項〈反對以隊列耕種〉（*Agaynst Plowynge by the Taile*）的法案。

[24] 請參閱第四篇第三章第5、6節。

大規模生產的經濟卻大不相同：

首先，農業必須遍布在廣闊的土地上；農業原料可以送到製造商那裡，供他生產之用；但農民必須要就地工作。同時，農民必須使他們的工作適應於季節，且很少能夠把他們自己完全局限於某一類工作上；因此，即使在英格蘭的制度之下，農業也無法朝向製造業的方法而快速前進。

但是，仍然有相當大的力量，推動農業朝向製造業的生產方法這個方向前進。發明的進步不斷增加有用但昂貴機器的數量，一個小農戶只能在很短的時間內使用大部分的這些機器。他可以租用其中的一些；但只有透過與鄰居合作，其中的許多才可能使用；氣候的不確定性阻礙了這種合作方法在實際上順利的運作。⑤

其次，農民必須超越他自己和其父執輩的經驗所帶來的結果，以便與時俱進。他必須要能夠緊隨農業科學和實際情況的變動，以便了解如何把這些變動實際應用到他自己的農場上。要做到這一切，需要一個訓練有素且多才多藝的頭腦；擁有這些素質的農民，可以抽出時間指導幾百

農業是一個既無法區域化，也無法高度專業化的產業；

但是卻有相當大的力量，促使農業邁向製造業生產方法而前進。

這就須經常不斷地擴充知識。

⑤ 與大多數其他國家相比，英格蘭的畜力比蒸汽動力和手工力量都要貴。在改良農業蒸汽機上，英格蘭居於領先的地位。一般說來，相對於非常小的農場，中等規模的農場畜力較便宜；在非常大的農場上，則蒸汽動力和使用石油等的「馬達」（motor）動力較廉價，但只限於農田蒸汽動力機械的租用很經濟且隨時可租用的情況。

甚至幾千英畝的一般經營方針；僅僅監督他僱用的人這種工作細節，並不適合於他。他應該做的工作是和大製造商所做的那種困難的工作一樣，這個大製造商不會把自己的力量用在他可以輕易僱用下屬來做的瑣碎監督上。一個能勝任這種較高級工作的農民，除非他僱了許多群的工人，每一群都有一個工頭負責監督，否則他要是做低於自己能力的工作，必定是浪費自己的精力。但是，能提供發揮這種能力的農場並不多，因此讓真正有能力的人從事農業經營的誘因很少；一個國家最有企業精神和最有能力的人一般都避開農業，而進入到一流能力的人只做高級工作，且做很多這種高級工作，因此可以獲得很高的管理報酬的其他行業中去。㉖

如果像現代的方式一樣，假設農民並不經常與其雇工一起工作，而是親自現身鼓勵他們，那麼為了生產上的經濟，在現

㉖ 非常大規模經營農場的實驗既困難又昂貴，因為這需要專門適合於這種實驗的農場建築和交通工具，且也許還必須要克服許多來自並非完全不健康的習俗和情緒上的抗拒。風險也很大，因為在這種情況下，那些開路者經常會失敗，儘管他們的路在走通後，也許會發現是一條最容易且最好的坦途。

如果某些私人或股份公司或合作社，試辦少數所謂的「工廠農場」（Factory farms）的話，我們對許多爭議點的了解將會大為增加，並為未來獲得有價值的指導。按該計畫，會有一套中心建築物（也許不只一套），且有道路甚至是輕型電車從該建築物通向四面八方。在這些建築物中，將採用公認的工廠管理原則，機器的使用將會專業化和經濟化，以避免原料的浪費，並善加利用副產品，而最重要的是會採用最好的技術和管理能力，但僅限於用在適當的工作。

有土地租佃條件的允許之下，農場似乎應該要盡量擴大；這樣就可以提供高度專業化機器使用的機會，並使農民得以施展其巨大的能力。但是，如果農場不是很大，而且如果像常有的情況那樣，這個農民並沒有像在製造業較好階層工頭中，通常所看到的那樣大的能力和才智的話；那麼為了別人，在長期間也為了自己的最大利益，他最好還是回到與雇工們一起工作的舊方法。也許連他的妻子都應該要回去做傳統習俗上屬於農家內、外的一些較輕的工作。這些工作所需的周詳的思慮和判斷力，與教育和文化並非不協調；在與教育和文化相結合的情況下，這些工作不會降低，而是會提高她的生活格調以及社會地位。有理由讓人認為，物競天擇原理的激烈作用，現在正在淘汰那些沒有能力做艱難的腦力工作，而又拒絕做勞力工作的農民。這些受到淘汰的農民，其位置正由具有超過平均天賦能力的人所取代，這些取代那些農民的人，在現代教育的幫助下，正從勞工階級中崛起。他們頗有能力處理一個典型農場的日常工作；召喚並鼓勵他們手下的人工作，而不是告訴或命令手下的人工作的方式，因而給了農場的這種日常工作新的生命和精神。略去非常大的農場不論，英格蘭農業的前景似乎就在按照這些原理運作的相當小的農場上了。在那些需要給予很多照顧，因此不適合使用機器的個別作物，那麼小農場就有很大的優勢。但現代科學方法的應用，在一個大型苗圃中，僱用若干高薪助手，以種植鮮花和水果，所得到的技術上的經濟，其重要性正在日益提升。

在相當小的農場，那些由農民夫妻一起分擔的工作，具有某種程度的經濟。

第9節

相對於所握
有的土地面
積，小耕地
的毛地租必
定很高。

　　接下來我們可以討論地主爲了自己的利益，如何把土地的大小調整到與人們的實際需要一致。與土地畝數相比的話，小農地往往比大農地需要較昂貴的建築物、道路和圍欄，且對於地主來說，管理的麻煩和雜費也比大農地要多；一個擁有富饒土地的大農戶，可以把貧瘠的土壤善加利用，但小農地除非土壤肥沃，否則一般無法蓬勃發展。[27]因此，小農地每英畝的總租金必然總是高於大農地；但可

但是有時這
反映的是一
種稀缺的價
值；

以斷言的是，尤其是當土地因爲住宅密集時，除非地主發現他們小農地的地租，除了帶給他們的支出高額的利潤之外，還能提供一筆巨大的補償基金，以防止這些小農地又再次併在一起的機會，否則他們更是不願意負擔細分土地的費用；在英格蘭許多地方，小農地的地租很高，特別是只有幾英畝土地的地租更高。有時，地主的偏見和他對不受挑戰的權威的渴望，使他斷然拒絕出售或出租土地給那些在社會、政治或宗教問題上與他不一致的人。似乎可以

---

[27] 該名詞的解釋因當地的條件和個人的欲望而異。在城市或工業區附近的永久性牧場上，小農地的優勢也許最大，而其劣勢則最小。對於小的可耕地而言，土地不應是鬆軟的，而應該是堅硬的，且愈肥沃愈好；而耕地如此之小，以致於能夠充分利用鐵鍬的情況更是如此。耕種凹凸不平丘陵地的小耕地者，往往可以最輕鬆地支付地租，因爲在那種地方，他因不用機器而遭受的損失很少。

肯定的是，這種弊端一直局限在少數地區，而且正在迅速消失之中，但確實也引起了很多的關注；因為在各地區眾人都需要小農地和大農地，也都需要大、小園地；且一般說來，對於那些如此小的耕作地也有需要，以致於能夠讓從事其他職業者也來兼營耕種工作。[28]

最後，雖然對於英格蘭的土地、氣候和人民的性格來說，小土地所有制並不適合該國的經濟條件，然而英格蘭有一些小土地所有者，卻在這種情況下過得非常幸福；還有一些人，只要他們能夠在想要的地方，獲得他們想要

而這就違反了公共的利益。

不應當對小土地所有制設下人為的限制。

---

[28] 從事其他職業兼營耕種工作，增加了用頭腦和雙手在戶外工作的人數；這些工作提供了農業勞動者一個躍升的墊腳石，防止他為了尋求達成其抱負的機會，而被迫離開農業，從而抑制了最能幹和最勇敢的農村青年持續流向城市的這種重大弊害。這些工作還有以下的益處，亦即打破了生活的單調，從室內生活轉為室外健康的生活，在個人生活的安排上，使各種性格、愛好和想像力都有發揮的機會；提供了一個排斥粗俗的和低下娛樂的力量；經常讓一個分散的家庭得以團聚在一起；在有利的條件下，大大改善了工人的物質生活情況；減少了由於日常工作不可避免的中斷，而引起的焦慮和實際的損失。

〈關於小農地委員會上的證詞〉（The Evidence Before the Committee on Small Holdings）（1906年，第3278號）充分討論了小耕地所有權的利與弊；顯然輿論是反對這種所有權的。

在1904年，大不列顛有111,000塊面積介於1到5英畝的土地；232,000塊介於5到50英畝之間；150,000塊介於50到300英畝之間；而有18,000塊超過300英畝。請參見上引書附錄二。

的東西，他們就會買下這些小塊的地，並快樂地以此生活著。他們的性格是只要不需要叫任何人為主人的話，則他們不介意辛勤的工作，也不介意過著節儉的生活；他們喜歡安靜，而不喜歡刺激；他們強烈的熱愛著土地。應該給這樣的人提供合理的機會，好讓他們得以把積蓄投入到小塊土地上，以使他們可以用自己的雙手，把適當的作物種植在這些土地上；至少應該消減目前因為轉移小塊土地，而徵收的那些沉重的法定費用。

合作制為農業帶來了很大的發展機會，因而在農業上其前景看好。

　　合作制度似乎可能在農業中蓬勃發展，並把大規模生產經濟與小財產所有權所帶來的許多樂趣和社會利得結合起來。這種制度需要有互信的習性；而不幸的是，最勇敢和最大膽的，因此最為人所信任的鄉下人，都相繼搬到城市去，而留下來的農民則是一群多疑的族群。但是，丹麥、義大利、德國以及愛爾蘭等國，在處理乳製品、製作奶油和奶酪方面、以及購買農民的必需品和銷售農產品等方面，都領導著一個似乎充滿希望有組織的合作運動，英國則正緊隨其後。然而，該場運動的範圍有限，幾乎未觸及到田地本身的工作。

　　就好像合作制度可能會結合所有租佃制度的更多優點那樣，愛爾蘭的佃農（cottier）制度則經常結合了所有的缺點；但其最大的弊端及造成這些弊端的因素，幾乎都已經消失了，而這個問題的經濟因素，則現在正為政治因素所掩蓋。因此，我們只得對此略而不談。㉙

────────────

㉙ 對於英格蘭的立法者在十九世紀上半葉，試圖強制把英格蘭土地

第10節

英格蘭的土地租佃制度在愛爾蘭的失敗，已經明顯的呈現了該制度的困難，這些困難是該制度所與生俱來的，但這些困難由於企業習慣和人民性格的一致性，在英格蘭隱蔽下來了。這些困難主要來自於儘管該制度本質上具有競爭性，但即使在英格蘭，農業的條件也對自由競爭作用的充分發揮，產生了強烈的阻力。首先，在確定競爭發揮作用所必須立基的事實上，就存在著特殊的困難。

我們剛才曾經指出，正確農業記帳的困難；此外，還要加上農民對於值得他支付地租的計算，由於難以決定正常的收穫量與正常的價格水準，而受到進一步的阻礙。因

英格蘭的租佃制度本質上具有競爭性，但是競爭在農業難以發揮作用。

決定正常價格及正常收穫量的困難。

租佃制度推行到印度及愛爾蘭所造成的錯誤，不應該像一般所認為的那樣，把大部分的責任歸咎於李嘉圖的地租理論。該理論本身所關注的是那些決定了任何時候從土地獲得生產者剩餘的因素；而在英格蘭一篇為英格蘭人使用而寫的論文中，把這種剩餘視為是地主的份額，這並沒有太大的害處。這是法律上的錯誤，而不是經濟學上的錯誤，這種錯誤導致我們的立法者給孟加拉的收稅者和愛爾蘭的地主提供了便利，以使他們得以把一家耕作公司的全部財產都據為己有，這家耕作公司的全部財產在愛爾蘭包含了佃戶和地主的財產，而在孟加拉，則包含了政府和各級別佃戶的財產；因為在大多數情況下，收稅者並非公司的真正成員，只不過是其中的一名公僕而已。但是，現在印度政府和愛爾蘭政府都對此有較明智，且較公正的認知了。

為豐收和歉收季節的循環如此之多，以致於需要很多年，才能求得一個可靠的平均年收穫量；[30]在這許多年當中，工業環境可能已經發生很大的變化；當地的需要，在遙遠的市場上銷售自己的農產品的便利，以及幫助遙遠競爭者在本地市場銷售產品的便利，也許都已經發生變動了。

困難來自於
各地正常的
農耕技術及
企業精神標
準的差異。

地主在確定要收取多少地租，除了遇到這個困難之外，還有另一個困難是，來自於該國各地區農民能力標準的差異。一個農場的生產者剩餘或英格蘭的地租，是該農場農產品的收益超過包括農民正常利潤的種植費用在內的差額；假設該農民的能力和企業精神，在該地（*in that place*）對於該類農場來說是正常的。呈現在眼前的困難是，決定到底要對在該地這幾個字採用廣泛或狹義的解釋。

在這裡，倫
理和經濟因
素緊密地交
織在一起。

很清楚的是，如果一個農民的能力，在他自己所在地的標準之下，如果唯一的強項是在討價還價，如果他的總產值很小，而且淨產值在比例上甚至更小；在這種情況下，當地主把農場轉租給一個較有能力的佃戶時，該佃戶可以支付較高的工資，獲得較高的淨產值，並支付較高的地租，則該地主的行為符合所有人的利益。另一方面，當該地正常能力和企業精神的標準都很低時，無論從倫理的角度來看，或從地主長期的商業利益來看，則地主致力於給自己採取一個比達到那個標準的農民，所能支付要高的

---

[30] 請參照圖克和紐馬赫（Newmarch），《價格史》，第六卷附錄三。（譯者註：該書第五及六卷由圖克及紐馬赫合著，而其他卷則由圖克獨力完成。）

地租，很明顯的都是不正確的；即使可以從標準較高的其他地區，招來一個農民，以獲取較高的地租時，也是不正確的。[31]

　　與這個問題密切相關的是，佃戶應該要有負擔風險，來自由發展自己土地的天賦能力，這個理解是，如果他成功了，他將保留超過他企業精神的正常利潤。就微小的改良而言，這一困難在很大程度上，是通過長期租約來克服的。這些長期租約在蘇格蘭已經發揮很大的作用了，但這些租約也都有各自的缺點。正如人們所經常觀察到的那樣，「英格蘭的佃戶即使在沒有簽訂租約的情況下，也總是享有租約的一些權利」；而且，「即使在完全英格蘭的租佃制度中，也存在『對分租制』（*metayage*）的痕跡。」當季節和市場對農民有利時，他會支付全額地租，

佃戶進行並享有改良果實的自由；

佃戶和地主之間的潛在合夥關係。

_____

[31] 這類的困難實際上是經由妥協來解決的，而這種妥協是經驗認爲可行的，並且符合「正常」一詞的科學解釋。如果當地的佃戶顯示出有超凡的能力，若地主透過引進一個新佃戶爲要脅，而試圖強索高於當地正常農民所可以支付的土地地租，就會被認爲是貪得無厭的。另一方面，一個農場一旦空置下來，如果地主引進一個能爲該地區樹立良好模範的新佃戶，並且由於該佃戶的能力和技術雖然嚴格說來並非超常，卻仍高於當地標準，因而使地主得以均分他所帶來的額外淨剩餘的話，那麼地主的行爲便會被認爲是合理的。請參照本章第三節末尾的註所指出的，在印度移民官對於同樣優質的土地，由精力充沛和缺乏精力的種族來耕種，所採行的手段。

並避免對地主做任何要求，因爲這樣可能就會讓地主考慮，是否不應該提高地租。當收成欠佳時，地主部分是出於同情，部分是出於生意的關係而暫時減租，並承擔維修等等的費用，否則的話，這種費用是由農民自行負擔的。因此，地主和佃戶之間的名目地租，可能沒有任何的變化，但卻有很多互讓的現象。㉜

習俗總是保障英格蘭的佃戶，使其得以從自己所進行的改良獲得一部分的補償；而且，立法最近不僅趕上了習俗，甚至還超越了習俗。現在佃戶對於因爲他自己從事土壤的合理改良，致使土地收益增加，幾乎都得到保證，並不會造成地租的提高；當他離開這塊租地時，還可以要求賠償該些未耗盡的改良價值，並由仲裁來決定數額。㉝

㉜ 請參照尼科爾森的《佃戶的利得，而非地主的損失》（*Tenants' Gain not Landlords' Loss*），第十章。

㉝ 1883年的〈農業耕地法〉（*Agricultural Holdings Act*）推行了普西委員會所頌揚的，但並未提議要執行的習俗。許多改良的進行，部分由地主負擔，部分則是由佃戶負擔，前者提供原材料，而後者則提供勞動。在其他情況下，最好應該是地主爲改良的眞正承擔者，負擔全部的費用和風險，並享受全部的利得。1900年的法案承認了這一點；而部分是爲了實施的簡便，規定了有些改良只有在地主同意下進行，才得以要求補償。在排水灌溉的情況下，佃戶必須要把他的願望通知地主；以便讓地主也承擔風險，並獲得部分利益的機會。關於施肥和某些類型的維修等，佃戶可以在不照會地主的情可以況下自行處理，只是要承擔仲裁者不認爲他有權要求賠償自己支出的風險。

最後，談一談城市開放空地對私人和公共利益的影響。韋克菲爾德（Wakefield）和美國經濟學家曾告訴我們，每一個新移居者的出現，如何使人口稀少的新地區變得更加富裕。相反的事實是，一個人口稠密的地區，會因為每個人增加一座新建築物或者增高一座舊建築而變得窮困。空氣和陽光的缺乏，所有年齡層戶外寧靜休息場所的缺乏和兒童健康遊戲場所的缺乏，都耗盡了不斷流入英格蘭大城市最優秀者的精力。從商業的角度來看，允許在空地上不顧一切地建築，我們就犯下了一個很大的錯誤。為了一點物質財富，我們正在浪費所有財富的生產要素的那些精力；物質財富只不過是達到目的一個手段而已，而我們卻為了這個手段正在犧牲那些目的。㉞

在空地築蓋建築物這一問題上，公私利益是相互衝突的。

在1900年所立的法案之下，在扣除可能引起潛藏於「土壤固有能力」，而產生的那部分價值後，仲裁者會指定新的佃戶補償改良帶來的公平價值。但是1906年所立的法案淘汰了這一扣除；該些條文規定對於會引起這種潛藏能力的某些情況，改良須要得到地主的同意；並讓地主有機會承擔改良的其他風險，這些都被認為足以保障地主的利益了。

㉞ 這個問題將在附錄七中再進一步來討論。

第十一章

分配概論

第1節

一個暫時的總結補充了第五篇第十五章的總結，並描繪了與前面的那條線索連續橫向相接的線索。

　　現在可以彙總前十章的論點了。這幾章的討論遠遠不能完全解決擺在我們面前的問題，因為這其中涉及到外貿、信用和就業的波動，以及許多形式的聯合行為和集體行為的影響等相關問題。然而，那幾章把分析延展到，決定分配和交換的最基本和最永久影響的廣泛作用上。在第五篇末尾的總結中，我們描繪了一條貫穿供、需均衡一般理論的連續線索，並以這條線索把該理論在各個不同時期的應用連接起來；從生產成本不會對價值產生直接影響的如此短期，到生產工具的供給可以充分調整到其間接需要水準的那麼長期，而這種間接的需要是從這些工具所生產商品之直接需要所衍生出來的。在本篇中，我們還檢視了另一條連續的線索，這條線索與連接不同時期的線索橫向相接。這條線把各種物質及人力的生產要素與生產工具串聯起來；且不管這些物質和人力的生產要素及工具，在外在上具有多麼重要的差異，這條線索把這些東西根本上都統一起來了。

決定物質資本與人力資本正常價格的因素，在一般性質上極為相似，

　　首先，勞動的工資和其他報酬都與資本（金）的利息之間有很多共同之處。因為決定物質資本及個人資本（personal capital）[1]供給價格的因素之間存有一致性；促

---

① 譯者註：作者在這裡使用的是個人資本（personal capital）一詞，應該就是後來所說的人力資本（human capital），因此以下將其譯為人力資本。

使一個人投資於子女的教育，以累積人力資本的動機，與那些左右他爲子女累積物質資本的動機相似。從爲了能夠遺贈給子女一個富裕及根基穩固的製造業及商業企業，而工作及等待的父親，到爲了要支持子女，以逐步完成完整的醫學教育，最終爲他換取一個有利的實習機會，而工作及等待的父親，有一個連續的轉變。同樣地，從這個父親到另一個爲了子女可以長時間接受教育的父親之間，也有一個連續的轉變；那個父親工作及等待，以使其子女可以在之後幾乎沒有報酬的情況下工作一段時間，以學習到一種有技術的職業，而不用爲了養活自己，早早就被迫遷就於一個役童的職業，這種職業因爲對他們未來的發展毫無助益，因而可以爲年輕人提供較高的工資。

的確如此，在現在社會制度之下，只有父母才極有可能投入大量資金，以發展年輕人的才能；且許多一流的人才，之所以從未得到栽培，是因爲能夠開發這些才能的人，對做這樣的事無特別的興趣。這個事實實際上是非常重要的，因爲其影響是累積性的；但這個事實並未引起物質的要素與人的生產要素之間根本上的差異；因爲這與以下這個事實相類似，亦即很多優質土地之所以未能善加耕種，是因爲那些會善加耕種者無法接觸到這塊土地。

（旁註）儘管其間有重大的差異。

同樣地，既然人的成長及衰老都很緩慢，父母爲子女選擇職業，通常必須要向前展望整整一代人的前景，因此在人這種生產要素上，需要的變化要發揮其對供給充分的影響，比大多數物質生產工具所需要的時間要長；就勞動的情形而言，需要特別長的時間，才能使供、需之間正常

調整的經濟因素充分發揮作用。因此，總的來說，任何種類的勞動對其雇主的貨幣成本，在長期間，都與產生那種勞動的實質成本相當一致。[2]

第2節

　　把人力生產要素的效率和物質生產要素的效率相互權衡之後，再把兩者的效率與其各自的貨幣成本進行比較；只要一種要素的效率相對於其貨幣成本來說，高於另一種要素的話，往往人們就會使用這種要素。企業精神的主要功能在於，使這一偉大的替代原理自由發揮其作用。企業家不斷比較機械和勞動的勞務，非技術和技術勞動的勞務，以及額外的工頭和管理人員的勞務，這樣做一般是有利於公共利益的，但有時也有不利於公共利益的情況。企業家們持續不斷地設計和試驗新的方法，包括使用不同的生產要素，並爲他們自己選擇最有利的方法。[3]

　　因此，幾乎每一類勞動的效率相對於其成本，在一個或多個生產部門中，與其他各類的勞動不斷相互權衡；而這些勞動中的每一類又轉而與其他類勞動相互權衡。這種競爭根本上是「垂直的」（vertical）；是在各類不同等級的勞動群體，但在同一生產部門工作之間的競爭，就

---

[2] 請參照第四篇第五、六、七、十二章；以及第六篇第四、五及七章。

[3] 請參照第五篇第三章第3節及第六篇第七章第2節。

好像關在同一面垂直的牆內，相互競爭就業機會一樣。但與此同時，「平行的」（horizontal）競爭也總在不斷進行著，且方法更簡單；因為首先，在每個行業中，成年人在本行業中，都可以很自由地從一個企業轉到另一個企業去；其次，父母一般都可以把子女介紹到與他們自己相近的幾乎任何其他同等級的行業中。結合這種垂直的和平行的競爭，儘管事實上即使是現在，任何一個等級的勞動大部分都是從同一等級那些人的子女中招募而來，但各不同等級勞動勞務的報酬，都可得到一個有效且密切的調整。[④]

　　因此，替代原理的運作主要是間接的。當兩個裝有液體的水箱由一條水管連接起來時，則即使相當黏稠的液體，也會從靠近水管的較高水箱流到另一個較低水箱中去；因此，儘管沒有液體從該水箱的這一端，流到另一水箱的另一端，兩個水箱的一般水平面還是會趨於一致；如果用水管把多個水箱連接在一起，儘管有些水箱與其他水箱未直接連接起來，但所有水箱液體的水平面仍會趨於一致。而替代原理同樣不斷透過間接的途徑，按不同行業，甚至同一行業不同等級的效率來分配報酬，而這些不同行業或不同等級彼此之間並無直接的聯繫，且乍看之下似乎彼此並不存在競爭。

這種替代原理的作用在長期發揮得相當徹底。

----

④ 請參照第四篇第六章第7節及第六篇第五章第2節。

第3節

當從非技術工人到技術工人，再到工頭，到一個部門
的主管，到以分紅作為部分報酬的一個大企業總經理，到
大型私營企業的初級合夥人，最後到主要合夥人，其間的
連續性並未中斷；而在一個股份公司中，從董事到擔負企
業主要最終風險的普通股東，我們看到有點是從最高點往
下倒過來的漸降。然而，企業創辦者在某種程度上不在其
中，而是自成一類。

因為雖然透過替代原理有意識的運作，大企業家在一
種生產要素與另一種生產要素之間取得平衡；但對企業家
來說，除了他們自己相互競爭的間接影響之外，替代原理
沒有其他的媒介。所以該原理是以一種盲目的，或說是以
頗為浪費的方式在運作；該原理迫使許多雖然在最初如果
得到幫助的話，可能就會有非凡成就的人放棄努力，同時
再加上報酬遞增傾向，該原理會使強大的企業更強大，而
使弱小的企業落入那些已經獲得部分獨占權企業的手中。

但是另一方面，也有不斷增加的力量，以打破舊的
獨占，並提供那些自己沒什麼資本者機會，以開創新的企
業，並爬升到大的公開招股公司和個人公司的管理職位；
這些力量使運用資本所需要的經營能力得以發揮出來。

總的說來，企業管理工作仍是廉價的，也許的確不如
將來可能有的那麼低廉，因為那時人類集體的本能、責任
感和公共精神，將會更充分的發展；社會將更努力開發那
些出身卑微者的潛能，並減少企業的祕密；且較浪費的投

機和競爭方式會受到抑制。但是現在企業管理的工作是如此低廉，以致於其對生產的貢獻超過其所獲致的報酬。因為企業家就像技術工一樣，提供社會需要的勞務，如果他不提供其勞務的話，這些勞務也許就必須要以較高的代價才能取得。

的工作對社會的價值仍然超過其成本。

　　一方面決定普通能力正常報酬的因素，與另一方面決定運用資本的企業能力，其正常報酬因素之間具有相似性，但這種相似性無法適用到兩者現行報酬的波動上。因為雇主是財貨的買者和製造財貨的所有各種勞動之間的緩衝者。他收到前者的全部價格，並支付後者全部價格。他的利潤隨著他所銷售東西價格的波動而波動，且幅度更大；他的雇員工資的波動則較晚出現，且波動幅度也不那麼大。在任何特定的時間，雇主的資本和能力的報酬有時很大，但有時也可能是個負數；而他的雇員能力的報酬從來都不是很大，但也從來都不是負數。工資的收受者在失業時可能會遭受極大的痛苦，但那是因為他沒有儲蓄，而不是因為他是工資的收受者。[5]

當前利潤與工資波動的對照。

　　一個人因為擁有特殊的天賦能力，而獲致的那部分所得，對他來說是一種免費的恩賜；從抽象的觀點來看，這與其他大自然的免費恩賜，例如土地固有特性的地租有些相似之處。但是，就正常價格而言，這種所得與自由開拓

從稀有的天賦才能所獲致的所得。

---

[5] 請參照第五篇第二章第3節，第六篇第四章第6節，以及第六篇第八章第7-9節。

者從耕種新地所獲的利潤，或採珠漁夫因發現珍珠，而獲致的利潤應歸為同一類。一個開拓者從某塊土地上的收穫比預期的要好，而另一個開拓者的收穫卻比預期的要壞；採珠漁夫的一次潛水所得到的好成果，彌補了許多其他次沒有成果的潛水；一個大律師、工程師或商人，透過他的天賦才能所賺取的高所得，必須與許多其他人的失敗一起計算；後者在年輕時，看起來也許同樣有前途，接受了同樣昂貴的教育，也有同樣的立業機會，但他對生產提供的勞務，相對於該勞務成本的比例來說，卻小於有天賦才能者。最有能力的企業家一般都是那些獲得最高利潤，同時卻以最低廉的方式工作的人；如果社會把他們的工作交給那些雖然索價也較低，但是能力也較低的人去做，那將是一種浪費，就好比把鑽石交給一個工資低，但卻無技術的切工去切割一樣。

第4節

各種生產要素是彼此之間就業的唯一來源。　　回溯本篇第二章的觀點，我們可以想到各種生產要素彼此之間的雙重關係。一方面，他們往往是就業的競爭對手；以成本比例來看的話，任何一種要素比另一種較有效率時，往往會取代另一種，從而抑制了另一種要素的需要價格。而另一方面，各種生產要素都為彼此相互提供就業的機會；除非其他的要素能夠為其提供就業的機會，否則任何一種要素都沒有就業的機會；國民所得是所有要素的共同產物，且隨著每種要素供給的增加而增加，同時也是

各種要素需要的唯一來源。

因此，物質資本的增加會打開資本的許多新用途；雖然增加物質資本可能會附帶減少一些行業體力勞動的就業機會，但總的來說，這會大大增加體力勞動和所有其他生產要素的需要。因為這會大幅增加國民所得，而國民所得是所有生產要素需要的共同來源；又由於資本就業競爭的加劇，將迫使利率下降，因此，對一個組合的資本和勞動的連帶產品進行分配時，現在勞動將分到比以前多，因此對勞動較有利。

這種對勞動的新需要，部分是來自於過去一直都無法開創的新企業；還有一部分來自新的且較昂貴的機器製造商的需要。因為當說到機器代替勞動時，這意味著與大量等待相結合的某一類勞動，代替了與較少等待相結合的另一類勞動；而僅僅因為這個原因，不可能以資本普遍取代勞動，除非本地從其他地方進口資本。

然而，以下這個事實仍然是正確的，亦即資本的增加給勞動帶來的主要利益，並不是為勞動開創新的就業機會，而是經由增加土地、勞動和資本（或土地、勞動和等待）的共同產品，並透過減少任何給定數量的資本（或等待）對這個共同產品所要求的應得份額，而使勞動獲益。

資本的增加如何增進了勞動的就業機會。

第5節

在討論任何一種產業集團勞動供給的變化，對其他類型勞動就業的影響時，沒有必要提到工作的增加是來自人

如果任何一類工人變得較有效率，他們的工資會上提，其

他類工人的工資也會上提，但是如果是這類工人的人數增加時，則他們的工資會下滑，而其他類工人的工資卻會上提。

數的增加，抑或因為這些人效率的提升；因為這個問題與其他問題並無直接的關係。無論在哪種情況下，對國民所得的提升都相同；無論在何種情況下，競爭都會強迫勞動不得不在相同的程度上，把自己使用到邊際效率較低的水準；且因而他們所能主張的作為一定種類一定數量勞動報酬的共同產品份額，也會有相同程度的減少。

但這個問題對該集團內的成員至關重要。因為如果勞動這種變化使他們的平均效率提高十分之一的話，那麼他們10個人每人所獲致的所得，將與如果他們的人數增加了十分之一，但效率不變之下，11個人中每人所獲致的總所得相同。⑥

環境對工資的這種和其他的影響，在決定某一個具有正常效率的工人，所獲取的正常工資所趨近的淨產值時，發揮了一些作用。

每類工人的工資都取決於其他人的數量和效率，這是下面這個通則的一個特例，這個通則是在競爭的影響之下，在決定一個人的工資趨近於淨產值時，環境（或機運）至少與他的精力和能力起著相同的作用。

任何一類工人的正常工資所趨近的淨產值，其估計必須在這樣的假設之下進行，即生產推到產品恰好得以

---

⑥ 例如，假設該組勞動供給增加了十分之一，迫使他們進入邊際用途較低的工作，從而對於任何一定數量的工作，他們的工資將降低三十分之一；那麼，如果這種變動是來自於他們人數的增加，則他們的平均工資將下降三十分之一。但是如果這個變動是來自於他們效率的提高，則他們的工資將提升大約十六分之一。（更準確地說，他們的工資將是以前工資的 $11/10 \times 29/30 = 1\frac{19}{300}$。）

用正常利潤出售，而不多於正常利潤的那個極限；同時利潤還必須根據正常效率的工人來計算；這個工人所增加的產出，只能回報給一個正常能力、正常的好運以及正常財力的雇主正常的利潤，而不會多過於此正常的利潤。（當求算效率高於或低於正常水準工人的正常工資時，必須從此淨產值中添加或扣除某個數額。）且在估計時，還必須選擇繁榮程度正常的時間；且對不同種類勞動供給都比較合適的時間。例如，如果建築業特別蕭條或特別繁榮；或者如果磚瓦匠或木匠供給不足，使建築業的發展受到抑制，而其他類別的建築工人供給卻過剩，那麼這就不是估算磚瓦匠或木匠淨產值與正常工資關係的合適時機。⑦

---

⑦ 關於工資與勞動邊際淨產值之間的關係，見第六篇第一及二章，特別是第一章第7節和第二章第7、8節。該問題將在第六篇第十三章，尤其是該章第8節的註中再進一步討論。關於尋求出一個真正具有代表性邊際水準的必要性，見第五篇第八章第4、5節；在那裡，我們討論過（第五篇第八章第4節末尾的註），當達到這一代表性的邊際水準時，任何一類工人的供給對他類工人工資的影響都已經算進去了；且討論過任何個別工人對於一個國家產業總體經濟環境的影響是極其微小的，這種影響對估計淨產值與工資的關係是無關緊要的。在第五篇第十二章及附錄八中，提到過產量快速成長的一些障礙，即使在那裡，這樣的增加在理論上會產生巨大的經濟時，情況也是如此；同時也提到過在這種經濟中，使用「邊際」（margin）一詞時要特別小心。

第十二章

經濟進步的總體影響

第1節

資本及勞動
的就業機
會，

　　任何一個地方為勞動和資本所提供的就業機會，都取決於下列三個因素：首先是這個地方的自然資源；其次是有效利用這些自然資源的力量，這個力量是來自於知識的進步，以及社會與產業組織的進步；最後是這個地方距離可以出售多餘物品市場的遠近。最後這個條件的重要性經常為人所低估；但是，當我們檢視新開發國家的歷史時，這個條件就顯得尤為重要。

在那些沒有
便利交通能
接觸到歐洲
大陸的新開
發國家，這
種就業機會
並不夠多。

　　一般都認為，無論在何處，只要有不需要地租的大量肥沃土地，而且氣候又有益於健康時，則那裡勞動的實際報酬和資本的利息兩者必然都會很高。但這只說對了一部分。美國早期的殖民者生活都非常艱辛。大自然幾乎都免費的提供他們木材和肉類；但他們卻很少享有舒適和奢侈的生活。甚至現在還有許多地方，特別是在南美和非洲，自然資源非常豐富，但這些地方卻仍無勞動和資本的投入，因為這些地方都無便利的交通可以聯繫世界其他地方。相反地，位在一片鹼性沙漠中央的採礦區，或者在一片不毛海岸上的一個貿易中心，一旦與外界的交通打通之後，都可能提供資本與勞動高額的報酬；儘管如果靠這些地區自己的資源，只能養活稀少的人口，且過著赤貧的生活。隨著輪船交通的發展，舊大陸為新大陸產品提供了巨大的市場，使得北美洲、澳大利亞、非洲和南美洲部分地區，成為資本和勞動有史以來最充足且廣大的就業區域。

早開發的國
家為新開發
的國家提供
了一個抵押
未來所得的
市場，

　　但是畢竟新開發的國家現代繁榮的主要原因，不在於

舊大陸提供的現貨市場，而是在於其所提供的期貨市場。
少數的殖民者取得了廣闊而肥沃土地的永久財產權後，就
急於在自己這一代獲取未來的報酬；且當他們無法直接這
樣做時，便間接透過承諾出售他們土地在未來一代生產的
更大量財貨，作爲支付給舊大陸，以換取舊大陸的現貨。
他們用各種方式，把自己的新財產以極高的利率，抵押給
舊大陸。已經累積了可以立即享受物資的英格蘭人和其他
舊大陸國家的人，急於用這些物資來換取比他們在自己國
家所能得到的更多的期貨；因此大量的資本流到新開發
的國家，而這些資本的流入大幅提高了當地的工資率。
新的資本只是慢慢地滲入到邊遠地區；在那裡資金是如此
稀少，而渴望擁有資金的人又是如此之多，以致於在很長
時期當中，每月的利率都高達2%，從此逐漸下降到年利
率只有6%，或甚至5%。因爲那些殖民者充滿了進取心，
並發現他們獲得的私人財產，很快就會變得非常有價值，
因此都渴望成爲獨立的企業經營者，且如果可能的話，成
爲別人的雇主；所以必須以很高的工資方才得以吸引到工
人，這種工資大半都是以商品來支付，這些商品是以抵押
的方式從舊大陸借來的，或以其他方式取得的。

　　然而，我們卻很難準確地估計出新開發的國家邊遠
地區的實際工資率。那裡的工人都是經過精心篩選的，天
性大都偏愛冒險犯難；吃苦耐勞、堅定果決及富有企業精
神；他們都是年富力強者，不知道生病是何物；他們所經
歷的一種又一種的壓力，超過了普通的英格蘭的勞工，更
遠遠地超過了普通的歐洲勞工所能承受的。他們當中沒

因而使大批資本流到新開發的國家，

結果使得這些國家的每日工資提到相當高的程度；

但是勞動效率相當高，所以工資並不算很高。

有一個是殘弱者，所以沒有窮人；如果任何一個人生病的話，就會被迫退遷到一個人口較稠密的地方去，那裡賺的錢較少，但可能生活較閒靜，也較不緊張。如果用貨幣來計算的話，他們的報酬非常高；但他們必須以非常高的價格才能購得舒適品和奢侈品，或者甚至要完全放棄這些物品；然而，如果他們住在較僻靜的地區，可能可以免費或低價獲得這些東西。這些東西中的許多只為滿足虛假的欲望；因此這些東西在沒有人擁有，以及沒有人想要的地方很容易就可以放棄掉。

隨著時間的經過，雖然報酬遞減的作用也許並不強烈，

隨著人口的增加，位置最好的土地都已經為人占滿了，大自然對耕種者的邊際勞力，所提供農產品的報酬一般也會減少；這往往也會略微降低工資。但即使在農業方面，報酬遞增的法則也不斷地與報酬遞減的法則相互抗衡，許多最初受到忽視的土地，在精心耕種後，都會得到豐厚的報酬；與此同時，公路和鐵路的闢建以及各種市場和各種產業的發展，使得生產中無數的經濟都可能會出現。因此，報酬遞增及遞減的趨勢看起來是旗鼓相當，有時是前者，有時是後者居於優勢。

如果勞動和資本以同等的速率增加；同時整體而言，如果生產依循報酬不變的法則的話，那麼在一個組合的資本和勞動之間所分配的報酬就不會變；也就是說，資本和勞動之間以之前相同的比例相互合作；因此，工資或利息不需要有任何的改變。

然而，如果資本增加遠快過於勞動，那麼利率可能就會下降；而工資率可能會以犧牲一定數量的資本份額為代

價而上升。但是，資本總份額的增加可能快過於勞動總份額的增加。[1]

但是，無論商品的生產是否依循報酬不變的法則，土地新產權契約的生產，卻呈現著報酬迅速遞減的法則。外國資本的流入雖然也許與以往一樣多，但相對於人口的比例卻變得少了；工資不再主要是以從舊大陸借來的錢所購買的商品來支付；這就是一定效率的勞動所賺取的生活必需品、舒適品和奢侈品，隨之而減少的主要原因。但還有

但是資本的流入變得相對緩慢，且工資趨於下滑。

---

[1] 例如，假設與l量勞動合作的c量資本，可以生產出$4p$的產量；其中p歸爲資金的利息，而剩下的$3p$歸勞動所有。（勞動有包括管理在內的很多級別，但是全都以一定效率一天的非技術勞動作爲共同的標準而加以折算：見第四篇第三章第8節。）假設勞動的數量爲2倍，資本的數量爲4倍：而在任何一定數量的生產上，各種要素的絕對效率都沒改變。那麼我們可以預期到$4c$與$2l$合作，會生產$2*3p + 4p = 10p$的產品。現在假設利率，即任何資本量的報酬（管理工作的報酬除外）降至其原來利率的三分之二；所以$4c$資本的利息只有$\frac{8}{3}p$（譯者註：$4p*\frac{2}{3} = \frac{8}{3}p$），而不是$4p$；因此餘留給勞動的是$7\frac{1}{3}p$（譯者註：爲$10p - \frac{8}{3}p$），而不是$6p$。流入到每一資本量的金額都會減少；而流入到每一勞動量的金額都會增加。但是，流入到資本的總額將按8：3的比例增加；而流入到勞動的比例將按22：9較低的比例增加。

在這些問題上，最好是把利息隔開，但是當然，我們把資本家（而不是資本）的份額與受僱勞動的份額進行對比時，我們指的是利潤，而不是利息。

另外兩個原因降低了以貨幣計算的平均每日工資。一是隨著文明的舒適品和奢侈品的增加，因爲新湧入移民的性格不像早期移入者那麼剛毅不屈，勞動的平均效率通常會下降；另一個原因則是，許多這些新的舒適品和奢侈品，並未直接計入貨幣工資，而是貨幣工資的附加物。②

第2節

英格蘭目前
工業的問題
是從十八世
紀那些工業
問題發展出
來的。

　　英格蘭目前的經濟狀況是大規模生產的趨勢，和長期勞動與商品大批交易緩慢發展趨勢的直接結果；但是十八世紀英格蘭的經濟，從機械發明和從英格蘭進口的大量相同型態貨物的海外消費者的成長，得到了雙重的推動力。當時是首次用機器製造互換的零件，並用特殊的機械製造了各個工業部門所使用的特殊機械。然後，首次見到了報酬遞增法則在一個具有地區性產業及巨額資本製造業的國家，充分發揮了作用，特別是當許多大額資本合併成爲股

---

② 當我們得出報酬遞增的傾向整體上說來，可以抵消報酬遞減傾向的結論時，已經考慮到這些新的舒適品和奢侈品了；當我們在檢視實際工資的變動時，應該把這些物品的全部價值都計入其中。許多歷史學家在比較不同時代的工資時，都以那些普通的消費品視爲唯一的參考標準。但從這個問題的本質來看，這些恰好是依循報酬遞減法則的東西，且隨著人口的增加而有都變得缺乏的趨勢。因此由此而得出的論點是片面的，而在其一般的影響上也是誤導的。

份公司，或控制投資公司（Regulated companies），或現代的托拉斯公司時，更是如此。然後對運銷遙遠市場的商品開始了仔細的「分級」（grading），這已經導致了農產品市場和證券交易所出現了國內的，甚至是國際的投機聯盟；這些投機聯盟的未來，與那些企業家或工人等生產者之間至少一樣持久的聯盟，都是下一代必須處理的一些最嚴重的實際問題的根源。

現代工業變動的關鍵是，把大量工作化約為一種類型的工作；以減少各種工作之間的摩擦。這種摩擦也許使得強大的要素，無法發揮各種結合起來的效果，並且無法把其影響傳布到廣大的區域；同時也阻礙了使用新方法和新動力發展出來的運輸工具。十八世紀的碎石路和航運的改善，打破了地方性的聯盟和獨占，並為其他的聯盟和獨占的發展，提供了擴展到更廣大地區的便利條件；在我們這個時代裡，海陸交通、印刷機、電報與電話等每一種新的擴展和降價，都帶來了相同的雙重趨勢。

現代工業變動的關鍵。

第3節

但是，儘管與現在一樣，在十八世紀英格蘭真正的國民所得，在很大程度上仰賴於出口品的報酬遞增法則的作用，但是這種仰賴模式已經發生了很大的變動。當時英格蘭幾乎獨占了製造的新方法；且當這些東西的供給受到人為的限制時，其出售的每包貨物，無論如何都能換取大量的外國產品。但是，部分因為長距離運送笨重貨物的時機

在十八世紀，對外貿易主要影響到的是國民所得中的舒適品及奢侈品那部分。

尚未成熟，英格蘭從遠東和遠西的進口貨，主要是供富人用的舒適品和奢侈品；這些進口貨對降低英格蘭工人必需品的勞動成本，幾乎沒有直接的影響。這種新的貿易的確間接降低了五金器具、衣著和英格蘭工人消費的其他本國製造品的成本；因為為了海外消費者，而大規模生產這些東西，使得這些東西對英格蘭工人來說也變得便宜了。但這對於工人的食物成本影響卻很小；且在報酬遞減的傾向之下，聽任食物成本的上升。而新製造業地區人口的迅速增加，使這種報酬遞減發揮了作用，在這些地區，舊習俗對狹隘的鄉村生活的限制已不存在了。不久之後，由於法國大革命及一序列的歉收，使糧食成本提高到了歐洲前所未有的最高點。

但是現在對外貿易卻使英格蘭得以大量支配生活必需品。

　　但是，對外貿易逐漸開始影響我們主要糧食的生產成本。隨著美國人口從大西洋沿岸擴散到西部地區時，愈來愈肥沃的麥田已經都耕種了；特別是在近年來，運輸經濟成長的如此之快，以致於從耕種區外的農場進口一夸特小麥，儘管距離一直在增加，但總成本卻急速的在下降。因此，英格蘭就不需要一再的精耕細作了。在李嘉圖的時代，難以攀爬的貧瘠山坡地所開墾的麥田，現在又都變回牧場了；現在，農民只耕種那些能夠帶給自己勞動豐厚報酬的土地。相反地，如果英格蘭只靠自己的資源的話，那麼農民必須在愈來愈貧瘠的土地上辛勤工作，且必須不斷地重覆耕種那些已經充分耕種過的土地，寄望透過這種繁重的勞動，以便在每英畝地上，多增加一或二蒲式耳的產量。目前也許在一個普通的年分當中，耕種那些收穫

僅足以支付費用，或「在耕種邊際上」（on the margin of cultivation）耕種的土地，生產的產量是李嘉圖時代的2倍，而在前述那種耕種邊際的土地上，若要強迫英格蘭自己籌集現在所有人口所需的糧食的話，則其產量必須要有5倍之多。

第4節

每一次製造技術的改進，都提升了英格蘭滿足落後國家各種欲望的能力；因此，這就符合了落後國家把自己的精力從手工製造供自己使用的東西，轉移到生產原料，以此從英格蘭購買製成品的目的。以這種方式，發明的進步為英格蘭特殊產品的銷售開闢了更廣闊的市場，並使英格蘭更能把自己糧食的生產，局限在報酬遞減法則尚未充分發揮作用的情況。但這個好運卻為時不久。美國、德國和其他國家紛紛追隨英格蘭的這種改進，後來反而經常領先於英格蘭，這樣就使英格蘭的特殊產品幾乎已經完全喪失了所有的獨占價值。因此，在美國用一噸鋼鐵所能購買到的糧食和其他原料的數量，不比用新方法，在該地用製造一噸鋼鐵所需的資本和勞動，所生產的糧食及原料的數量那麼多；因此，隨著英格蘭和美國製造鋼鐵的勞動效率提高後，所能換得的糧食和其他原料的數量就下降了。正是出於這個原因，以及由於許多國家對英格蘭財貨徵收高額的關稅，因此儘管英格蘭的對外貿易很大，但製造技術發明的進步，對國民所得增加的預期卻比實際的要少。

英格蘭從製造業最近的改良所獲致的利益，比乍看之下來得少。

英格蘭最大
的利得是來
自於各種不
同的廉價交
通。

英格蘭從廉價製造本國自己使用的衣著、家具和其
他商品，所能獲致的利得不小：但英格蘭與其他國家所共
享的那些製造技術的改進，並未直接增加其以自己的資本
及勞動所生產的某一數量的產品，所能換得的其他國家農
產品的數量。在十九世紀，英格蘭從製造業的進步所獲取
的整個利益當中，也許超過四分之三是經由這些改進對降
低人及貨物的運輸成本、自來水及照明、電力及新聞等成
本，所造成的間接影響；因為在我們這個時代，首要的經
濟事實不是製造業的發展，而是運輸業的發展。正是這些
運輸業無論是在總體的容量上和個別的力量上都發展得最
快，但也引起了大資本把經濟自由的因素，轉變為毀滅那
種自由趨勢這最令人擔憂的問題；然而，另一方面也正是
運輸業對英格蘭財富的增進作了最大的貢獻。

第5節

進步對勞動
正常價值的
一些影響：
首先是對文
明必需品勞
動價值的影
響，例如小
麥、

因此，新經濟時代帶來了勞動和主要生活必需品相對
價值的巨大變動；其中許多變動的特質，並非在上個世紀
初所能預料得到的。當時的美國被認為不適合種植小麥；
而陸路上遠距離運送成本又過高。因此小麥的勞動價值，
即購買一配克小麥所需的勞動量，當時處於最高點，而現
在則是在最低點。農業日工資似乎一般都低於一配克小麥
的水平；但是，在十八世紀上半葉大約是一配克，而在
十五世紀是一配克半，或者比這個略微多一點，現在日工
資則已達到二或三配克。羅傑斯教授對中世紀的估計要高

一些；但他似乎把工資較高者的工資作爲整體的代表。在中世紀，即使在相當豐收的年分之後，小麥的質量也低於今日普通的小麥；而在歉收年分之後，大部分則都嚴重的發霉，在今日這樣的小麥根本就不能吃；同時在當時，小麥若要製成麵包，必須要向莊園領主所有的磨坊支付高額的獨占費。

　　的確，在人口非常稀少的地方，草類由大自然供應，因此動物的飼料幾乎是免費的；在南美洲，就有乞丐騎在馬上乞討的事情。然而，在中世紀，英格蘭的人口總是稠密的，因此儘管質量很差的肉類，也能獲得相當高的勞動價值。因爲當時的牛隻，雖然只有現在重量的五分之一，但卻有很大的骨架，肉主要長在最粗糙的關節部位；由於牛隻在冬季幾乎是挨餓的，接著則以夏季的草迅速養大，肉中含有大量的水，因此烹飪過程中會失去很大一部分的重量。在夏末牛隻屠宰後，把肉加以鹽醃；而鹽很貴，即使是富裕的人，在冬天也幾乎無法嚐到新鮮的肉。一個世紀以前，工人階級吃的肉很少；現在，雖然肉類價格略高於當時，但平均而言，工人階級肉的消費量，也許比英格蘭歷史上任何時候都來得多。

　　接著轉而討論住屋的租金，我們發現城市的地面租金，無論在廣度及深度上都提高了。因爲愈來愈多的人所居住的房屋，必須要以城市的標準來計算地面租金，而此一標準又不斷地在上升。但扣除地面全部租金後，剩餘的房租本身的金額，即使高出以往類似房屋的租金，可能也高出很有限；這是因爲現在投入建築業的資本，所獲致的

肉類、

住屋、

周轉利潤率不高，且建築材料的勞動成本又沒有太大的變動。必須要記住的是，那些住在城市支付高租金者，換回的是現代城市生活的娛樂和其他的好處，因爲他們獲得的利得大過於所支付的總租金，所以有許多人不願意放棄這種好處。

木材的勞動價值雖然低於十九世紀初，但仍高於中世紀；而泥、磚或石塊的勞動價值變化不大；鐵的勞動價值則下降很多，更不用說玻璃了。③

的確，人們之所以普遍認爲房租上漲了，似乎是由於對我們祖先實際居住的情況不夠了解所致。現代郊區技術工住宅的臥室設備，遠遠優於中世紀士紳的設備；在那個時代勞工階級睡覺時，只有在長滿了蟲，而發臭的鬆散草堆及潮濕的泥地上休息，沒有床可睡。即使這些泥地是裸露的，且是人畜共處，其對身心有害的程度可能都小於爲了獲得受到尊重，幾乎以長期堆積廢物的草堆當棉被；而不可否認的是，今天在我們的城市當中，最貧窮階級的住屋情況都對身心有害；但以我們目前所擁有的知識及資源，既沒有理由，也沒有藉口讓這種情況持續下去了。④

---

③ 譯者註：也就是房屋建材的勞動價值都下降了。

④ 然而，過去的惡劣狀況比通常想像的還要嚴重。這種情況參看已故的沙夫茨伯里勳爵（Lord Shaftesbury）和奧克塔維亞‧希爾女士（Miss Octavia Hill）在1885年住房委員會（Commission on Housing）所提出的驚人的證詞，就可以看出來。雖然現在倫敦的空氣中彌漫著濃煙；但與講究科學衛生時代之前相比，空氣惡劣的情況也許不那麼糟糕，儘管那時的人口相對上較少。

像草料一樣，燃料往往也是大自然賜給稀少人口的免費禮物；而在中世紀時，村民儘管不總是如此，但一般都可以取得需要保暖的小木材，好讓他們圍在小屋取火，這種小屋沒有會浪費暖氣的煙囪。然而隨著人口增加之後，燃料的缺乏給勞動階級帶來沉重的壓力，如果不是煤炭取代木材作為家庭用及煉鐵用的燃料，則英格蘭的進步會因燃料的不足，而完全停滯下來。煤炭現在如此便宜，以致於即使是比較貧窮的人，也可以保持室內的暖和，而不必生活在不健康和令人窒息的空氣中。

這是煤炭為現代文明所做的偉大貢獻之一。另一個對現代文明有巨大貢獻的是便宜內衣的供給，如果沒有這種內衣，則在寒冷的氣候下，大眾就難以維持潔淨；而這也許就是英格蘭從直接使用機械製造自用商品，所獲得的主要利益。再一項對現代文明有同樣重要的貢獻，是提供充足的自來水，即使在大城市也如此；⑤而另一項則是在礦物油的幫助下，提供了便宜的人造光，這不僅僅是人類某些工作所需要的，而更重要的是晚間休閒所必需的。在一方面來自於煤炭，另一方面來自於現代交通工具的這組文明生活所必需的物品之外，誠如剛才所提到的那樣，我們還必須依賴蒸汽印刷機、蒸氣送信工具，以及靠蒸氣製造的旅遊工具，以提供便宜且完善的新聞及思想傳播的

燃料、

衣著、自來水、照明、新聞及旅行。

---

⑤ 原始的設備把高地的水引到少許的公共水池；但是，如果沒有煤驅動的蒸汽水泵和用煤製成的鐵管，無論在水的流入或流出，根本就不可能對遍及各處的供水，實施潔淨處理的必要服務。

工具。在電力的幫助之下，這些工具使得那些氣候沒熱到使人變得衰弱的國家，其大眾文明成為可能；並為全體人類的真正自治和統一的行動鋪路，而這些不只是在諸如雅典、佛羅倫斯（Florence）、或布魯日（Bruges）[6]這樣的城市，而是遍及於一個廣大的國家，甚至在某些方面是遍及整個文明的世界。[7]

第6節

進步對主要生產要素價值的影響。

我們已經知道，國民所得是一國之內所有生產要素的總淨產值，同時也是支付所有這些生產要素的唯一來源；在其他條件不變之下，國民所得愈多，每種生產要素所得到的份額也愈多，任何要素的供給量增加一般都會降低其價格，而對其他生產要素有利。

進步有時會降低英格蘭農業用地的價值，

這個一般原理特別適用於土地的情況。提供任何一個市場產品的土地，其生產力的提高，首先都會使同一市場上，那些擁有其他生產要素的資本家及勞工獲益。且在現代，經由新交通工具對價值所造成的影響，在土地史上是最為顯著的；土地的價值隨著每一次運銷農產品到市場的交通工具的改善都會上提，也隨著每一次進入該地產品市場銷售的距離愈遠而下跌。不久之前，良好道路的建設

---

⑥ 譯者註：在比利時西北部，是西弗蘭德省的省會和最大城市，在歐洲有「北方的威尼斯」之譽。

⑦ 請參見附錄一，特別是第6節。

使英格蘭較偏遠地區在供應倫敦糧食上，與倫敦六郡的相互競爭，而使該些地區的人充滿了憂心；因為經由印度和美國的鐵路，以及由鋼製的和蒸汽輪機驅動的船舶運來的進口糧食，使英格蘭農場獨特的優勢在某些方面已經下降了。

　　但正如馬爾薩斯所主張的以及李嘉圖所承認的那樣，任何能夠使人民富足的東西，長期也會促進地主的富裕。的確，在十八世紀初，當一連串的歉收打擊了無法進口糧食的人民時，英格蘭的地租極為快速地上漲了；但是，由於如此而造成的地租上升，從事件的性質上看，不可能持續下去。十九世紀中葉所採取的穀物自由貿易，隨後美國小麥田的擴張，迅速提高了城鄉土地合起來的實質價值；也就是說，提高了所有城鄉地主以總地租所能買到的生活必需品、舒適品和奢侈品的數量。[8]

但是如果把農業用地與城市土地合起來看，則並非如此。

----

[8] 史特吉先生（W. Sturge）1872年12月在勘測員協會（Institute of Surveyors）上宣讀的一篇有啟發性的論文中估計，英格蘭農業的（貨幣）地租在1795年至1815年間增加了一倍，然後到1822年下跌了三分之一；從那之後，一直在升降之間交替；現在大約是4,500萬或5,000萬英鎊，而在1873年達到最高，大約是5,000萬或5,500萬英鎊。在1810年約為3,000萬英鎊，1770年為1,600萬英鎊，1600年只有600萬英鎊。請參閱季芬的《資本的成長》第五章，和波特爾（Porter）的《國家的進步》（*Progress of the Nation*）第二篇第一章。但是現在英格蘭都市土地的租金遠比農地的地租要高得多；為了要估計地主從人口的擴張和一般的進步

第7節

如果生產設備的價值可以與其所在地的價值分離的話，則進步可降低這些設備價值；

雖然工業環境的發展，整體上說來提高了土地的價值，但只要機器和其他固定資本的價值可以與該些土地所在地點的價值分開，則往往會降低這些資本財的價值。一場突如其來的繁榮，的確能使任何行業現有工具的存量，暫時獲致非常高的所得。但是可以無限制增加的物品，無法長期保持稀少的價值；如果這些設備相當耐用，例如船舶、高爐以及紡織機，很可能會因快速改良的進步，而蒙受巨大的折舊損失。

但是如果這些設備的所在地也納入計算的話，則進步就不會降低其價值了。

然而，諸如鐵路和碼頭等這類設備的價值，在長期主要取決於這些設備的位置。如果位置很好，即使扣除為保持這些設備與時俱進所需的折舊費用，其所處工業環境的進步，也會提高這些設備的淨價值。⑨

第8節

政治算術可以說是始於十七世紀的英格蘭；從那時

所獲得的全部利得，我們必須考慮到現在有鐵路、礦場、碼頭等等的土地價值。把全部都計算在內，英格蘭土地的貨幣地租高出〈穀物法〉廢除時的2倍之多，而實質地租也許是那時的4倍。

⑨ 當然，也有例外的。經濟的進步可以採取建造新鐵路的方式，這將吸走那些既存鐵路的許多運輸量，或者採取增加船舶噸位的方式，直到這些船舶大到無法進入船塢的淺水處為止。

起，我們發現每個人累積的財富數量，不斷且幾乎是穩定的在增長。⑩

　　雖然人們對延遲仍然有些不耐煩，但已經逐漸變得更願意犧牲目前的安逸或其他享受，以便換取將來的這些東西。他已經有「展望較遠未來」（greater telescopic）的能力了；也就是說，他已經獲得了實現未來，並使未來清晰地展現在他腦海中的強大力量了；他更勤儉且克己，因此而更願意以一個較高的比率，去估算未來的利弊——這些名詞用來廣泛地含括人類心中最高尚和最低下的情感。他更加無私，因此更願意工作和儲蓄，以確保其家人未來的生活無虞；且已經隱約顯露出更光明時代到來的跡象，在這個時代裡，人們普遍都有爲增加公共財富的儲存量，並有讓大眾都能有機會過更高品質的生活，而工作和儲蓄的意願。

　　雖然與以前的時代相比，人們更願意爲了未來的利益，而承受目前的種種苦難，但是我們是否能夠探查出人類爲了獲取無論是現在或是未來確定的快樂，而願意付出愈來愈多的努力，這仍然是值得懷疑的。在許多世代中，西方世界從事工業的人變得愈來愈勤勉；假期減少了，工作時間增加了，人們或出於選擇，或出於必要，愈來愈不追求工作以外的樂趣了。但此一動向似乎已經達到其頂點，目前正在轉而下降了。在所有各種工作中，除了最高

――――――――――

⑩ 請參見第四篇第七章。

旁註：

這已經大大的增加資本的供給了。

人們爲了未來而犧牲目前的意願提升，會促進財富的成長，

儘管長時間工作的意願在減低。

級工作以外，人們比以前更加樂於休閒，並且也愈來愈無法忍受過度工作所帶來的疲勞了。整體上說來，他們或許不像以前那樣願意為了獲得現在的奢侈品，而忍受長時間工作所帶來不斷增加的「負效用」。這些因素使他們較不願意像以前那樣，為了滿足遙遠的需要而努力工作，如果不是這樣的話，或許他們實現未來的能力甚至會增加得更快，而從擁有累積少許財富，獲得社會地位的渴望，甚至提升得更快，雖然後面這一點較令人懷疑。

最近利率的波動。

每人資本的增加，往往會減低其邊際效用；因此，新投資的利率一定會下降，儘管下降的幅度不一致。據報導，利率在中世紀很多的年代高達10％；但在十八世紀上半葉，跌至3％。隨著工業和政治對資金的巨大需要，利率再次提升了，而在大戰期間，利率相對上是較高的。當政治的需要停止後，利率就又下跌了，那時黃金供應量非常少；但在十九世紀第三季，當新的黃金充足，而鐵路和新開發國家的發展，需要資金孔急時，利率又再度上提了。在1873年之後的和平時代，加上黃金供應減少，[11] 又

---

[11] 譯者註：此處整句可能都有問題。首先是前半句，「在1873年之後的和平時代，加上黃金供應減少，又壓低了利率」可能有問題。因為黃金供應減少，使貨幣供給減少，應該會使利率提高，而不是壓低利率；所以可能應該改為黃金供應增加，又壓低了利率才對，因為前一句提到十九世紀第三季新的黃金充足，而不是不足。若以上的敘述正確的話，則後面那一句就應該改為：但是現在黃金供給減少，利率又再次上升了。所以整句可能應該改

壓低了利率；但現在部分由於黃金供給的增加，利率又再次上升了。⑫

第9節

由於對一般人的啓蒙和對年輕人責任感的增強，使英格蘭把日益增加的財富，從物質資本的投資轉變為人力資本的投資。這大大增加了訓練有素的人才的供給，而這個人才又大大增加了國民所得，並提高了全民的平均所得。不過這也減少了那些訓練有素的人才所曾經擁有的很多稀少價值，使得這些人才的報酬雖非絕對的下降，但相對於普遍增加的報酬來說，卻下滑了；而且也使許多不久前還認為是技術性的，而現在仍然稱為技術性的職業，就工資上來說，已等同於非技術性勞動了。

一個突出的例子是抄寫工作。的確，許多類辦公室的工作，需要結合稀有且高度的智力和道德的素質；但幾乎每個人都很容易學會抄寫員的工作，而在英格蘭，也許很快絕大部分的男性或女性就都很會抄寫了。當所有的人都會抄寫時，過去賺取的工資一向都比任何一類體力勞動的工資要高的抄寫工作，將會列為非技術性的行業。事實上，較好的技術工的工作，對一個人的教育，較不需要負

訓練有素的人才所獲致的報酬相對上下滑了。

為：在1873年之後的和平時代，加上黃金供給增加，又壓低了利率；但現在部分由於黃金供給減少，利率又再次上升了。

⑫ 請參閱第六篇第六章第7節。

責任的文書工作要多，也比後一工作得到較高的報酬。通常一個技術工爲他的子女所做的最好的事情，就是培育他徹底地完成他手邊的工作，好讓他可以理解這個工作的物理、化學或其他科學原理；也可以領會這個工作任何新改進的精神。萬一他的子女具有很高的天賦，那麼他們從技術工的位置上升到這個世界的高位，要比從文書工作者的職位上升到高位的可能性要高得多了。

在舊的且熟悉的技術性職業的報酬上，相對於新職業的報酬下滑了。

此外，一個新的產業部門只是因爲一般人對其不熟悉，往往難以起頭；而且需要很大魄力和技術的人來做該工作，一旦這條路被闢開之後，其工作就可以由普通能力的人或甚至婦女和兒童來做了；這種工作的工資起初會很高，但隨著人們對這種工作的熟悉就會開始下降。這會導致我們低估平均工資的上升幅度，因爲許多看起來似乎是工資一般變動的典型趨勢的統計數據，其實是來自於一、兩代以前相對較新的行業，而現在卻掌握在實際能力遠比開創這條道路者要差的那些人手中。⑬

⑬ 請參照第四篇第六章第1、2節；和第九章第6節。隨著行業的進步，機器的改良肯定會減輕完成任何一定工作量的壓力；因而會迅速降低工作的工資。但與此同時，每個工人負責的機器運轉速度和機器數量，可能會增加的如此之多，以致於一天工作所需要的總壓力程度會比以前大。在這個問題上，雇主和雇工的看法往往相左。例如，紡織業的計時工資已經上漲了；但與雇主的看法相互矛盾的是，雇工堅稱他們的壓力相對於工資來說，增加的程度要大得多。在這場爭論中，工資是用貨幣來估算的；但是，當

　　像這類變動的結果，增加了那些所謂的技術性職業的就業人數，不管技術性一詞現在的應用是否恰當；這種較高級別行業工人數目的不斷增加，已經導致所有勞動平均工資的漲幅，遠遠超過每種行業代表性工資平均值的漲幅[14]。

　　雖然在中世紀某些有很大能力的人一生都是技術工，而最終變為藝術家；然而作為一個階級，技術工的等級比現在更接近於非技術工。在十八世紀中葉，新工業時代來臨之初，技術工們已經失去了很多古老技藝的傳統，且尚未學到屬於現代技術工精確掌握他們工具，以執行困難工作的精確性與靈巧性。在十八世紀初，曾經發生了一個轉變，觀察家對技術性與非技術性勞動之間，日漸出現的社會鴻溝感到震驚；且技術工的工資，上漲到約為普通勞工的兩倍。的確，因為對高技術性勞動需要的大幅增加，

技術工的薪資相對於那些非技術性勞工的報酬，在本世紀初是上揚的，但是現在那種趨勢卻反過來了。

考慮到貨幣購買力的增加時，無疑的是實質效率工資已經上升了；也就是說，一定數量的力量、技術和精力，所得到的報酬，若以支配的商品數量來說，較諸以前要大。

[14] 舉一個例子可以讓這更清楚。如果500個甲級的人中，每人每週賺到12先令， 400個乙級的人，每人每週賺到25先令， 100個丙級的人每人每週賺到40先令，則1,000人的平均工資為20先令。如果過一段時間之後，甲級的300人轉到乙級，而乙級的300人轉到丙級，各級別的工資保持不變，那麼這1,000人的平均工資將變為28先令6便士左右。即使各級別的工資率都同時下降10%，所有人的平均工資仍然約為25先令6便士，也就是說，漲幅將超過25%。正如季芬爵士所指出的那樣，忽視這類的事實，容易造成重大的錯誤。

特別是在金屬行業，吸引了最強壯的勞動者及其子女，迅速投到技術工的行列中。就在那時，技術工舊有排他性的打破，使得他們就出生來說，低於以前的貴族，但按價值來說，卻高於以前的貴族。這種技術工素質的提高，使得他們的工資率在很長一段時間內，遠高於普通勞動。但隨著他們技術新穎性的逐漸消失，一些較爲簡單形式的技術性行業，開始逐漸失去其稀少價值；與此同時，對某些傳統上被列爲非技術性行業者的那些有能力者，其需要則不斷日益提高。例如，築路工人和農業勞動者，愈來愈需要使用昂貴而複雜的機器，這些機器在以前原本認爲僅屬於技術性行業才會用的，因此這兩種代表性職業的實際工資快速上提了。若非現代觀念傳播到農業地區去，導致許多當地最能幹的年輕人離開農田，進入到鐵路或小工廠工作，或變成城市的警察、車夫或腳夫，農業勞動者工資的上漲會比現在更爲驚人。那些仍留下來從事農業的人，接受了較以前好的教育；而且，雖然他們的天賦能力可能達不到平均的水準，但他們的實際工資卻比他們的父執輩高出很多。

諸如在製鐵工廠，那些既要求強大的體力，又很不舒服的主要爐前工和軋鋼工的職業等，都需要相當的技術和責任心，他們的工資都非常高。因爲時代的趨勢，使得那些能夠從事高級工作，並能夠輕鬆賺取高薪者，除非有非常高的工資之外，否則都拒絕忍受辛苦。[15]

---

[15] 上述對於工資發展的扼要評論，在史穆勒教授的《經濟學》（*Volkswirtschaftslehre*）第三章第7節（第二冊頁259-316）的探究中，有詳細的補充。特別值得注意的是其見識的廣闊，及其把物質和

第10節

我們接下來可以探討老年與青年男子、女子與童工相對工資的變化。

產業條件變動如此之快，以致於在某些行業中，長期經驗幾乎反而是一個不利的因素，而在許多行業中，長期經驗的價值遠遠低於能夠快速抓住新觀念，並使自己養成新習慣，以適應於新條件的價值。一個人在50歲以後，所賺的錢可能比他在30歲以前要少；而對這一點的認識，誘使技術工效仿非技術工人的做法，後者預期他們家庭的支出，可能在自己工資開始下降之前就開始下降，這種想法一直鼓勵著他們天生傾向於早婚。

第二種甚至更有害的相同趨勢是，子女的工資相對於父母的工資是增漲的。機器已經取代了許多成年男工，但取代的男童工並不多；某些行業正在放棄限制接納男童工的習俗；這些變革加上教育的普及，雖然在幾乎每一個其他方面都是有利的，但卻使得男孩，甚至女孩，蔑視他們的父母，而自立謀生，在這一方面卻是有害的。

基於類似的理由，女性的工資相對於男性來說，也增漲得很快。就發展女性的才能這一點來說，這是一個巨大的利益；但是，只要這會使得婦女忽視建立一個美滿家庭，和忽視在子女品格和能力的人力資本上，投下他們心

（側欄） 年長者的工資相對上是下跌的；

（側欄） 而男孩及女孩的工資卻是上揚的，

（側欄） 女性的工資也是上揚的。

進步的心理因素精心的結合在一起。另請參閱他第二篇的後半部分。

力的責任，那就是有害的。

第11節

非凡天才的報酬日益上揚，

　　由於許多具有非凡能力者所賺所得的上揚，使得無論多麼精心訓練的中等能力者所賺所得相對的下滑變得突出了。從來沒有任何一個時候，一幅普通的油畫賣得比現在便宜，也從未有任何一個時候，一流的畫作賣的如此昂貴。一個能力平庸和運氣平平的企業家，現在從其資本所獲得的利潤率，比以前任何時候都低；然而，一個有特殊天才和好運氣的人，可以參加的工作是如此廣泛，以致於能夠讓他以前所未有的速度，累積巨額的財富。

這種結果是兩種因素促成的，

　　促成這種變化的因素主要有以下這兩項；一是財富普遍的成長；二是新交通工具的發展。經由這種新交通工具的發展，一旦獲得指揮地位的人，就能夠把他們建設性或投機性的才能，應用到比以前區域更廣大，且範圍更大的事業上去。

僅其中的第一個因素幾乎就足以對自由業者的所得發揮了作用。

　　幾乎僅僅是第一個因素就足以讓一些大律師獲取很高的費用；因為若與聲譽或財富，或與兩者同時都利害攸關的話，一個富裕的客戶會不惜一切代價，聘請最好律師為他服務。也正是這一點，使得具有超凡才能的賽馬師、畫家和音樂家，能獲得很高的報酬。在所有這些職業當中，我們這一代人所獲得的最高所得，仍是這個世界上前所未有的高。但只要能聽到歌唱家聲音的人數很有限時，任何一位歌唱家就都不太可能賺得10,000英鎊以上，據說這是

十八世紀初貝靈頓夫人（Mrs Billington）[16]一季中賺到的金額，這幾乎與當代企業界的領袖所賺的一樣多。

　　這兩個因素已經結合起來，把巨大的能力和財富交到了我們這一代美國和其他地方那些天賦一流，且運氣很好的企業家手中。的確，在某些情況下，這些利得的很大一部分是從競爭中慘敗的投機者，在競賽中自取毀滅所獲致的。但在其他情況下，這些利得主要是來自於一個具有一流的天才，能夠自如的處理新的且重大的問題，所具有的最高經濟力量所賺取的；例如范德比爾特（Vanderbilt）家族的創始人，[17]他把混亂的紐約中央鐵路（New York Central Railroad）發展成爲一條有系統的鐵路，爲美國人民所省下的錢，比他自己累積的財富也許還要多。[18]

至於企業所得，則這兩個因素都充分發揮了作用。

─────────

[16] 譯者註：生於1765-1818年，是英格蘭女高音歌唱家。

[17] 譯者註：范德比爾特家族的創始人康內利斯・范德比爾特（Cornelius Vanderbilt）生於1794-1877年，他是一位依賴航運和鐵路致富的美國工業家與慈善家。

[18] 然而，應該要指出的是，這些利得中的一部分也許來自於少許能幹、富有且勇敢的人，他有機會操縱同業工會，以便利用一個大區域的大量製造業、商業和運輸業，來爲自己謀利。這種依賴政治環境，特別是依賴保護性關稅的這部分權力也許已經消失了。但是，美國幅員如此之廣，環境如此之多變，以致於若按英格蘭方式運作的大型股份公司那種緩慢而穩健的管理方式，與一小群富有的資本家那種具有活力且創新的策畫，敏捷且果斷的力量之間激烈的競爭的話，是處於劣勢的；這些資本家比在英格蘭的情

第12節

但是這些財富是例外的。教育的普及、人民大眾的節儉習慣，以及新企業方法爲小額資本所提供的安全投資機會，都對中等所得者愈來愈產生了影響。所得稅和房產稅的報稅單、商品消費的統計，付給政府和上市公司各級員工的工資記錄，都指出：中產階級所得的增長比富人階級還要快；技術工的報酬比自由職業階級增長也要快，而健康且精力旺盛的非技術勞動者的工資增長速度，甚至比普通技術工的工資還要快。現在英格蘭非常富有者的總所得占全國總所得的比率可能比以前要小。然而，在美國，土地的總價值正在迅速上升；家世較好的勞動人口，正在把土地轉給家世較差的移民；且大金融家正在獲得日益巨大的權力；以下這一點或許也是對的，即從財產所獲致的總所得，相對於從勞動所獲致的總所得，也正在上升，而非常富有者的總所得，是所有階層中上升最快的。

不可否認的是，如果工資上漲伴隨而來的是失業的增

況下，更願意且能夠把自己的資源用於更大事業的經營上。美國企業生活不斷變動的環境，產生的物競天擇使得一大批頭腦最好的人，能夠在廣大的人群中脫穎而出，他們當中幾乎每個人，當來到這個世上時，就決定在他去世之前要變成富翁。現代企業和企業財富的發展，對英格蘭人特別有意義及具有啓發性；但是除非能夠把舊大陸和新大陸企業生活基本的不同條件一直銘記於心，否則從中所得到的教訓就會遭到誤解。

多，則工資的上漲將失去部分的利益。就業的不穩定是一個巨大的弊害，因此應該要引起大眾的關注。但是若干因素結合起來，使該問題看起來比實際情況要嚴重。

當一家大型工廠中途停工時，謠言就會傳遍整個鄰近地區，報紙也許也會把這個消息散布到全國各地。但是當一個獨立的工人，甚至是一個小雇主，在一個月內只工作幾天，卻少有人會知道；因此，在現代無論工業出現什麼樣的停工，往往看起來都比早期的停工來得重要。在早期，有些勞工是按年僱用的；但他們並不自由，且只有透過懲罰才得以迫使其努力工作。沒有充分的理由，讓我們相信中世紀的技術工總是有工作的機會。現在歐洲所發現的最持久的就業不穩定，存在於那些產業方法最接近中世紀的西部非農業產業中，也存在於中世紀傳統最濃厚的東歐及南歐的那些產業中。⑲

在許多方面，按年僱用工人的比例在穩定地增長。例如，在許多與成長最快的運輸業有關的那些行業中，這是一個通例；而在某些方面，這些行業是十九世紀下半葉的代表性產

---

⑲ 在這裡，可以一提本書作者所觀察到的一個例子。在巴勒莫（Palermo，譯者註：位於意大利西西里島西北部），技術工和他們的顧客之間有著半封建的關係。每個木匠或裁縫師都有一或多間他做工的大房子；只要他自己表現很好，幾乎可以免於競爭。沒有商業蕭條的大波動；報紙上從來都沒有他們失業慘痛的報導，因為他們的環境少有變動。但是，在巴勒莫最好的時期，技術工失業的百分比，比英格蘭近年來蕭條最嚴重的中心還要大。關於就業的不穩定性，第六篇第十三章第10節還會再進一步討論。

業，就好像製造業是十九世紀上半葉的代表性產業那樣。雖然發明的快速、式樣的變化無常，以及最重要的是信用的不穩定，確實給現代產業帶來了擾亂的因素；然而，正如我們即將看到的那樣，其他影響正朝向相反的方向起著強烈的作用，因此，似乎沒有充分的理由，讓人認爲就業的不穩定性，整體上正在增加。

第十三章

進步與生活水準的關係

第1節

活動與欲望　　首先讓我們沿著在第三篇對欲望與活動有關的研究思路，進一步展開這一章的討論。從那一篇的研究當中，我們得知各種理由，使人認為經濟進步的真正關鍵在於，新活動的發展，而不在於新欲望的發展；現在我們可以研究對於這一代特別緊迫的問題；亦即生活方式與報酬率的變動之間有何關係；這兩者中的任何一者，有多大程度可視為是另一者的因素，而又有多大程度可視為是另一者的結果等等這些問題。

我們所謂的生活水準，是指根據欲望而調整的活動水準。　　在此處所提到的「生活水準」（standard of life）一詞，是指根據欲望而調整的活動水準。因此，生活水準的提升意味著智力、精力和自尊的提升；由此而導致對支出更審慎的判斷，以避免只滿足口味，卻未提升體力的食物和飲料，並避免身心不健康的生活方式。全民生活水準的提升，將大大增加國民所得，並提高各種職等和各種行業所得到的份額。任何一個行業或職等生活水準的提升，都會提高他們的效率，從而提高他們自己的實質工資；這會促成國民所得的略微增加；其他行業或職等也因為他們的幫助，而能使其成本相對的多少低於其效率。

當舒適水準的上升促使工資上漲時，主要是透過活動水準的提升。　　但是，許多學者都認為對工資發揮影響力，不是生活水準的提升，而是舒適水準的提升；這個名詞可能只是指人為欲望的增加，其中粗俗的欲望也許居於主導地位。的確，舒適水準每一次廣泛的增進，都可能隨之帶來較好的生活方式，並為新的和更高的活動打開方便之路；而那些

迄今為止既缺乏生活必需品，也無體面生活的人，無論對舒適品持何等粗俗的及物質化的看法，都很難不由於舒適品的增加，而使他們的活力和精力提高。因此，舒適水準的提高，也許也會引起某些生活水準的提高；而且，如果是這樣的話，舒適水準的提高往往也會增加國民所得，並改善人民的生活狀況。

　　然而，我們這一時代和較早時代的一些學者不僅於此，甚至還暗示了僅僅是欲望的增加，往往就會提高工資。但欲望增加的唯一直接效果是，讓人們比以前更悲慘。如果我們撇開欲望在增加活動所可能產生的間接影響，而只論生活水準提高的影響，則生活水準的提高只能透過減少勞動供給，提高工資來達成。對於這個問題，我們最好更仔細的加以研究。

第2節

　　我們已經指出了，如果在一個不易進口糧食的國家，人口數量以很高的幾何級數不斷地增加好幾代的話，那麼用於自然資源的勞動和資本所生產的總量，只能勉強養育和訓練新生的每一代人而已；即使我們假設幾乎全部的國民所得都流入到勞動者手上，資本家或地主幾乎都沒分到任何的份額，則這種說法依然成立。[1]如果生產低於這一

在極端形式的工資鐵律下的若干假設。

---

① 請參閱第六篇第二章第2、3節，也請參見第四篇第四章；以及第六篇第四章。

水平，人口成長率必然會減少；除非確實削減他們的培育和撫養費用，而這將導致效率的降低，從而使國民所得及報酬都降低。

在舒適標準上升的條件下，工資將提高一點，這在世界歷史上並不少見。

不過，事實上對人口快速成長的抑制可能會更早出現，因為一般人大多都不會把他們的消費限制在生活必需品上；家庭所得的某些部分，幾乎肯定會花在維持生命和效率關係不大的滿足上。也就是說，若要維持或多或少超過生活和效率所必需的舒適水準，必然會抑制人口的成長，如果按與養馬匹或奴隸支出相同的原則，來維持家庭開支的話，這一階段會更早來到。這一比喻可以進一步類推。

充分維持效率有三個必要條件，亦即希望、自由和變革，[2]這些都是奴隸所不易得到的。但是精明的奴隸主，會按提供藥物給奴隸的策略一樣，舉辦一些粗俗的音樂和其他娛樂，因而照例要承擔一些麻煩和費用；因為經驗顯示，奴隸的意氣消沉會像疾病，或者像用煤渣堵住鍋爐那樣浪費。現在如果奴隸的舒適水準上升到這樣一個水準，以致於除非提供昂貴的舒適品，甚至是奢侈品，否則無論是懲罰或死亡的恐懼，都無法使他們工作，那麼他們就可以得到那些舒適品和奢侈品；否則他們就會像一群無法自力更生的馬匹一樣地消失。如果勞動者的實際工資，真的主要是由於難以獲得食物而被迫下降，就像一百年前英格

---

② 請參閱第四篇第五章第4節。

蘭的情況那樣；那麼勞工階層的確只有透過減少人數，才得以讓自己脫離報酬遞減的壓力。

　　不過，他們現在不必這麼做了，因為沒有這樣的壓力。1846年英格蘭港口的開通，是促使連接南、北美洲和澳洲廣闊農地與海口的鐵路發展的眾多原因之一。在最有利的條件下所種植的小麥，讓英格蘭工人得以用他工資一小部分的總費用，來供應他家人足夠的糧食。人口的增加提供了許多新的機會，使勞動及資本兩者聯合起來，提升了滿足人們欲望的效率；因此只要新開發所需的資本存量增加得夠快的話，人口的增加將會使工資在某一方面所提高，與在另一方面所降低的一樣多。當然，英格蘭人並非未受報酬遞減法則的影響；英格蘭人不能像在原始廣大草原附近那樣，只用一點勞動就可以掙得其糧食。但是，現在對英格蘭人來說，糧食的成本主要受到新開發國家進口量的影響，不大會受到本國人口增加或減少的影響。如果他能讓其勞動更有效率的生產東西，以換取進口的糧食的話，那麼不論英格蘭人口是否快速成長，他都能以低於自己實際的成本獲得糧食。

　　當世界上的小麥田都充分利用時（甚至更早一點，如果糧食自由進入英格蘭港口受到阻礙的話），那麼英格蘭人口的增加的確也許會降低工資，或者不管怎樣總會抑制工資的上升，否則的話，來自於生產技術的持續改進，會促使工資上升；在這種情況下，舒適水準的提高只有透過抑制勞動人數的成長，以提高工資才能達成。

　　雖然目前英格蘭人正躬逢進口糧食豐足的盛況，不

但是在英格蘭目前的工資，並未因為人口對農業資源的極端壓力而下滑，而工資唯有透過效率的提升才會增漲。

人口數的變
動與平均工
作量的變動
之間的對
比。

過他們舒適水準的提高，不能僅僅藉由抑制勞動數量，以
增加其工資而達成。更有甚者，若爲提高舒適水準所採取
的措施，是進一步把資本利潤率壓低到甚至低於吸收資本
能量比英格蘭大的國家的水準，這不但會抑制英格蘭資本
的累積，也會加快其資本的輸出。在這種情況下，英格蘭
的工資不但會絕對地下降，也會相對於世界其他地方而下
降。另一方面，如果舒適水準的提高，與效率大幅提高同
時出現；那麼，無論勞動數量是否隨之增加，都會使國民
所得的擴大相對於人口數量的增加來得多，而且會使實質
工資的上升，建立在持久的基礎上。因此，減少十分之一
的工人數量，每個工人的工作量與以前一樣多，就不會大
幅提高工資；但是，假如每人工作量減少十分之一，人口
數量保持不變的話，工資一般就會降低十分之一。

除了提高效
率之外，即
使是單獨一
群勞工團
體，也無法
維持特別高
的工資。

　　此一論點當然與以下的觀點是一致的，亦即一個工
人的聯合團體，能夠以讓他們勞動缺乏的方式，暫時提高
他們自己的工資，而犧牲社會其他人的利益。但這種策略
只能在短時間內奏效。無論他們爲了阻止那些想要分享他
們利得者，所建立之反社會障礙有多麼堅固，闖入者總會
找到闖入的方式；有的從障礙物上方闖入，有的從障礙物
下方闖入，有的則穿過障礙物。同時，新發明的出現，也
讓人得以用其他方式或從其他地方，獲得那些工人的聯合
團體認爲是他們局部獨占所生產的東西；而且，對這些團
體來說，甚至更危險的是，新東西的發明和推廣到一般用
途，幾乎可以滿足相同的欲望，但這些東西的生產，卻不
會使用到他們的勞動。因此，過一段時間以後，那些一直

致力於巧妙利用獨占的勞動者，將會發現他們的人數不但不是減少，反而是在增加的，同時對他們勞動的總需要量卻減少了；在這種情況下，他們的工資將大幅下降。

第3節

　　產業的效率與勞動工作時數之間的關係是複雜的。如果工作太過緊張，則一個人很容易因長時間工作而感到疲乏，以致於使他難以處於最佳狀態，而常常會比這狀態要差，或甚至變成是閒混。一般說來，儘管不是普遍的原則，按件計酬的工作比按時計酬的工作來得緊張；就這種情況而言，短工時特別適合於施行按件計酬的行業。③

活動的標準與工作時數之間的關係。

③ 這些事實是很成問題的，部分是因爲這些事實在不同產業之間差異很大；而那些最熟悉這些事實的人就易於產生偏見。當按件計酬的工作可以由工會進行集體議價時，設備改善的第一個影響就是提高實質工資；且爲了使該行業按件計酬的工資，與其他職業中同樣困難且要負相同責任工作的工資相當，於是調整按件計酬工資率的責任便因此而落在雇主身上。

　在這種情況下，按件計酬工作一般都爲雇工所偏愛。在工會組織良好的地方，如在某些類別的採礦工作中，即使對於不統一的工作，雇工也會同意按件計酬的工資。但在許多其他情況下，按件計酬的工資卻會引起雇工質疑利益不公平。請參閱下面第8節。

　據史穆勒教授《經濟學》（Volkswirtschaftslehre）第208節的估計，依工人階層、行業性質和技術的不同而定，按件計酬的工作會使產量增加20%至100%。科爾（Cole）所著《工資的支付》

休閒與休息
如果善加利
用的話，對
經濟是有利
的。

當工作時間、工作的性質、工作場所的物質環境及工作的計酬方法，會造成身體或精神的大量耗損，或兩者兼而有之，並降低生活水準；當缺少促進效率所需要的休閒、休息和睡眠時；則從整個社會的角度來看，這種勞動是浪費的，正如個別資本家使其馬匹或奴隸過度勞累或營養不良是浪費的道理一樣。在這種情況下，適度減少勞動的時間，只是會暫時減少國民所得；因爲一旦改善的生活水準有時間充分發揮工人的效率時，他們精力、智力和堅毅力量的增強，就會使他們得以在較短的時間內完成和以前一樣多的工作；因此，即使從物質生產的角度來看，就像把一個病人送進醫院，以恢復其力量一樣，也不會有根本的損失。未來一代所關注的是如何使人們，特別是婦女，免於過度工作；對於這一點，至少與留給下一代大量物質財富的關注一樣多。

最低等級勞
工的例外情
況。

這個論點是假設新增加的休息和休閒可以提高生活水準。在我們現在討論的過度工作的極端情況中，這樣的結果幾乎確定會出現；因爲對於這些過度工作的情況來說，僅僅減輕緊張就是使生活水準提高的首要必要條件。那些最低級別的誠實勞工，很少會很努力工作，因爲他們沒有多少的耐力；其中許多人都過度勞累，以致於可能休息一段時間後，就能在較短的工作日內，完成他們現在較長工

（*The Payment of Wages*）一書中的第二章，對於某些行業的工人普遍反對按件支付工資，但在另一些行業卻歡迎的因素，提出了有啓發性的詳細論述。

作日所做的那麼多的工作。④

　　還有一些產業部門目前每天使用9或10小時昂貴的設備；如果能夠逐漸引入8小時，或甚至更少時間的兩班制都會是有利的。這種改變需要逐步的引入；因為現成的技術勞動還未足夠到讓所有適合的大小工廠，同時採用這樣的辦法。但是，某些類型的機器，如果用壞或陳舊時，可以在較小的規模內更換；而另一方面，許多推出一天運作10個小時無法獲利的新機器，會推出一天運作16小時；一旦引入之後，其獲利的情況就會改善。因此，生產技術的進步將會更快，國民所得也將會增加，工人們可以在不抑制資本的成長，也不會促使資本流到工資較低的國家的情況下，就能賺得較高的工資；且所有社會階層都會從這種變化中獲益。

在某些行業，短工時連同兩班制結合起來，對於所有相關的人來說，幾乎都是一種純粹的利益。

　　這種變化的重要性與日俱增，因為機器愈來愈昂貴，也淘汰得愈來愈快，這使機器在一天24小時當中，閒置16小時，將造成更大的浪費。無論在哪一個國家，這樣一種改變都會增加淨產值，從而增加每個工人的工資；因為從他的總產值中所需扣除的機器、設備、工廠租金等的費用，都比以前少很多。但是盎格魯一撒克遜

---

④ 英國產業史提供了關於勞動時間變化對產出的影響最多樣、最明確定義，和最富一般啟發性的試驗；但國際上對於該主題的研究，似乎以德國最為突出。請參見伯納德（Bernard）1909，《縮短勞動時間，提高勞動強度》（*Höhere Arbeitsintensitätbei Kurzeren Arbeitszeit*）。

的技術工無與倫比的技巧及過人的精力，如果他們能讓機器一天全速運轉16小時的話，即使他們自己只工作8小時，他們淨產值的增加也會超過任何其他國家的工人。⑤

然而，必須要記住的是，這種勞動時間減少的特殊提議，只適用於那些使用或能夠使用昂貴設備的行業；而在許多情況

---

⑤ 在整個這個主題上，請參閱刊登於《經濟期刊》第19卷的查普曼（Chapman）教授在1909年英國學術協會的演講。

歐洲大陸採用兩班制比英格蘭要多。但是在那裡，兩班制並未進行過合理的試用，因為勞動時間如此長，以致於兩班制幾乎都要徹夜工作；而夜間工作從來就不像白天工作那麼好，部分是因為那些夜間工作的人，白天不能充分的休息。無疑地，該制度可能會招致某些實際的反對；例如，當兩個人分擔輪流維護照顧機器的責任時，就不像完全由一人維護照顧那麼悉心；在所完成的工作中，若有瑕疵的話，有時難以確定責任；但是，若把機器和工作由兩個合作夥伴來負責的話，可以在很大程度上克服這些困難。再者，為了適應一天16小時的工作，而把辦公室的安排重新調整，也會有一點困難。但是，雇主及他們所僱的工頭並不認為這些困難無法克服；且經驗顯示，工人們很快就克服了他們最初對於兩班制的厭惡。其中的一班可以在中午就結束工作，然後另一班接著開始；或者也許更好的安排是，一班可以比如說從早上5點到早上10點，然到又從下午1點30分到下午4時30分，第二班工作則從上午10時15分至下午1時15分，接著再從下午4點45分到下午9點45分；這兩個班次也許可以在每週或每月結束時對調。如果把昂貴機械的奇妙力量，擴展到每個體力勞動的部門中，充分發揮其能夠把勞動時間遠遠減少到8小時以下的能力，那麼普遍採用兩班制就有必要了。

下，例如在一些礦場和鐵路的部門中，為了讓設備經常不斷地運轉，已經都採用輪班制了。

　　但是，仍然存在許多這樣的行業，減少勞動時間必定會立即減少當前的產量，但卻未必會很快地提高工人的效率，以使每人平均的工作量提高到原有的水準。在這些情況下，減少勞動時間的這種變革，將會縮減國民所得；由此而產生的物質損失的大部分，將落在勞動時間減少的那些工人身上。的確，在某些行業中，勞動稀少會在相當長的期間中，抬高這些行業勞動的工資，雖然這是以犧牲社會其他人的利益為代價而得到的。但是勞動實質工資的上漲，通常都會導致該產品需要的減少，⑥部分原因是替代品的使用增加；並且還會造成新勞動從較不利的行業湧入到該些行業中來。

第4節

　　僅僅透過勞動的缺乏通常就能提高工資這種強大持久的共同信念，最好進一步加以解釋。首先，我們很難認識到一種變革的即時和永久的影響是如何的不同，甚至往往是相反的。當人們看到在某個電車公司的辦公室外，一些稱職的人在等待工作時，那些已經有工作的人，考慮更多的是如何保住他們的工作，而不是如何爭取提高工資；

但是在許多行業中，勞動時數的縮減將會降低產量。

在探討勞動工時普遍減少對工資所產生的影響時，要牢記立即的影響無法導出最終的影響，

---

⑥ 譯者註：因為勞動成本上升，工資較高的勞動所生產的產品，其價格會上升。

如果沒有外面這些等待工作者的話，雇主就無法抗拒提高工資的要求。他們會仔細地考慮到這一事實，亦即如果電車工人工作時間變短的話，而現有路線上車子行駛的里程沒有減少，那麼就必須僱用較多的人；也許要以較高的每小時工資，也許要以較高的每日工資來僱人。他們明白當一個企業一旦開始營運後，例如一間房屋或一艘船舶的建造，必須不惜一切代價來完成，因為中途停下來，一切利得都將盡失；而任何一個人完成的工作量愈大，留給其他人的工作量就愈少。

不過，還有其他一些雖然不那麼突出，但卻更重要的後果需要加以討論。例如，如果電車工人和建築工人，人為地限制他們的勞動，電車路線的擴張將會受到抑制；受僱於電車的製造和工作的人會較少；原本可能要搭乘電車進城的許多工作的人和其他人，現在只好走路去；許多原本在郊區擁有花園和清新空氣的人，可能往城市擠；工人階級也都將無法負擔原本他們可以住得起的好房子的費用；且建築工作也會變少。

總之，限制勞動可以永久提高工資此一論點，是立基於存在永久固定的「工作基金」（*work-fund*）這樣的假設之上，亦即無論勞動的工資如何，都有一定的工作數量必須要完成。而這種假設是沒有根據的。相反地，對工作的需要來自國民所得；也就是說，來自於工作。某類工作愈少，對其他類工作的需要就會愈少；而如果勞動缺乏，所開辦的企業也會較少。

其次，就業的穩定與否取決於工商業的組織，以及那

也要牢記沒有固定的工作基金；

些安排供給的人，能否成功預測需要和價格未來的變動，從而能否成功調整他們的行為。但是，就業的穩定性這一點，不會因為短工時，就比長工時表現要好；實際上，只採用短工時，而不伴隨採用兩班制，就會阻礙那種昂貴設備的使用，而這種設備的存在，使得雇主非常不願意停工。幾乎每次人為的限制工作都會引起摩擦，因而往往都會增加，而不是減少就業的不穩定性。

　　的確，如果泥水匠或製鞋匠可以排除外來的競爭，那麼，只要以縮短勞動的時間，或以任何其他方式，來減少每個人的工作量，他們就會有提高工資的好機會；但這些利益只能以其他要素從國民所得所獲的份額，遭到較大的總損失為代價而獲取，因為國民所得是該國所有產業工資和利潤的來源。從經驗證實及從分析解釋所得到的以下這個事實，更加強調了這個結論。這個事實是經由產業工會的策略，來提高工資的最強而有力的例子，可以在以下這樣的產業部門中找到，在這些部門中，對勞動的需要不是直接的，而是間接地從許多產業部門合作製造出來之產品的需要所「衍生出來的」；因為任何一個在戰略上居於強勢地位的部門，都可以把最終產品價格的一部分據為己有，這些部分原本可能會流到其他部門那邊去。[7]

同時要記住對國民所得的每一抑制，都會一部分落在工人階級身上。

---

[7] 請參閱前面第五篇第六章第2節。

第5節

來自於國民
所得的抑
制，而受到
的損失，由
資本家所承
擔的程度有
限。

　　我們接著要討論主張通過抑制勞動供給，可以普遍且持久提高工資的這一信念，之所以長久存在的第二個原因。這個原因低估了勞動供給這種改變對資本供給的影響。

　　這是一個事實，且僅就目前而言，是一個重要的事實，由於（比如說）泥水匠或製鞋匠產量的減少，而導致損失當中的一部分，將會落在那些不屬於工人階級者的身上。其中的一部分，無疑地將落在雇主和資本家身上，他們已把其人力和物質資本都投入到建築或製鞋中了；而部分則將落在富裕的房屋或鞋子的使用者或消費者身上。更有甚者，如果所有工人階級都普遍企圖通過限制勞動的有效供給，來獲得高工資的話，那麼很大一部分國民所得萎縮的承擔，無疑地將暫時，但也只是暫時，落到這個國家的其他階層者身上，特別是資本家身上。因為如果資本（金）投資淨報酬大幅減少的話，將迅速把資本（金）的新供給推向國外。關於這種危險，有時的確會出現一種強烈的要求，禁止該國的鐵路設備和工廠出口。但是，幾乎所有的原料，以及大部分生產設備每年都會被消耗掉、或磨損掉或變得陳舊；他們都需要更換。而這種更換規模的縮小，再加上因而釋放出來的一些資本（金）的出口，可能會在幾年內減少該國對勞動的有效需要，結果反而導致工資普遍降到遠低於目前的水平。[8]

───────────────

[8] 試舉一例加以說明，讓我們假設製鞋匠和製帽工屬於同一等級，

雖然在任何情況下，資本（金）的輸出都不會有太大的困難，但是資本家有很好的商業理由以及情感的偏好，總喜歡把資本（金）留在國內。因此生活水準的提高，使一個國家更具居住的吸引力，必然會在一定程度上抵消投資淨報酬率下降所導致資本（金）輸出的趨勢。另一方面，試圖透過限制工作量，以減少產出的反社會技巧來提高工資，一定會把富裕者推向國外；尤其是那些對工人階級最爲重要的，深具進取心，並樂於克服困難的資本家，更會被推向國外去。而這些資本家永不停歇的創造力，有利於國家的領導，並使工人得以提高工作的實質工資；同時也會增加有助於提升效率的設備的供給，從而支持了國民所得的成長。

不管工資的普遍上升是如何達成的，如果這個現象擴散到全世界去，將不會導致資本（金）從任何一地流向另一地，這個事實也是眞的。且若希望體力勞動者的工資

國際工資的流動，其可能性很小。

在勞動時間普遍減少之前和之後，都工作相同的時間且都獲得相同的工資。那麼，無論在改變前或後，製帽工用一個月的工資都能夠買到製鞋匠工作一個月淨產出那麼多的鞋子量（請參見第六篇第二章第7節）。如果製鞋匠的工作時間比以前少，結果工作量也減少，那麼他的一個月勞動的淨產出就會減少，除非透過兩班制，雇主和他的資本才能賺取兩班工人所產生的利潤，否則他的利潤就會減少，減少的幅度與產量減少的數量相同。最後的這個假設與我們所知道的決定資本和經營能力供給的那些因素不一致。因此，製帽工的工資能夠購得的鞋子會比以前少得多；其他所有的行業也都可以此類推。

在全世界都可及時上升，主要還是要透過增加生產；但部分還在於利率的普遍下降，以及甚至從最高和最廣泛的意義上來說，為維持有效率工作及文化所需要的所得相對減少，如果不是絕對的減少。但是，透過降低，而不是提高效率，促使工資提高，以獲取較舒適水準的方法，是如此反社會和短視，以致於會迅速引起報復；因此，這些方法不太可能為世界上大多數國家所採行。如果有若干國家採用這類的方法，其他國家若直接提高生活水準和生產效率，就會迅速把大部分資本（金）和最有活力的力量，從那些採行低劣限制性政策的國家，吸引到自己國家來。

第6節

在這些情況下，要訴諸經驗很困難。

在討論這個問題時，我們必須要堅持一般性的推理。因為很難直接訴諸經驗；而且，如果輕易地訴諸經驗的話，可能也只會造成誤導。無論我們觀察的是剛變動之後的工資和生產的統計資料，或在很長一段時間之後的統計資料，都可以看到引致這些顯著事實的因素，可能主要還是來自於我們正期望研究以外的因素所造成的。

例如，如果成功的罷工導致工時減少的話，那麼這個機會是因為選擇罷工的時機，是在工人的戰略地位很好時，而如果罷工沒有改變勞動時間的話，但能使他們得到罷工時要求的工資，則這個時機是在行業一般景況很好的時候；因此這種改變帶給工資的直接效果，表面上看來可能較他們實際顯示的更有利。此外，許多已經簽了必須履

行合約的雇主，此時可能提供短工時者較之前的長工時者高的工資。不過，這是突然的變動所帶來的結果，且只是曇花一現而已；就如同剛才所提到的那樣，這樣一種變化的直接結果，可能與隨後出現的，且更持久的結果相反。

另一方面，如果人們已過度勞累的話，勞動時間的縮短，並不會讓他們立刻精神起來；那麼工人身心狀況的改善，以及由此而來的效率及工資的提高，都不能立即顯現出來。

更有甚者，減少工時數年後的生產和工資的統計數據，可能反映的是該國繁榮變動的景況，特別是與工時減少有關行業繁榮、生產方法和貨幣購買力這些變動等等情況的反映；要把減少勞動時間的影響分離出來，可能與把投擲一塊石頭到大海中所激起浪花分離開來有同樣的難度。⑨

---

⑨ 例如，當我們檢視澳大利亞引入一天工作8小時的歷史時，我們發現礦業及黃金供應的繁榮；牧羊場的興榮和羊毛價格的上升；從早開發的國家借來資金，以僱用澳大利亞勞工來建設鐵路等等；及在移民和在商業信用等這些方面，都有很大的波動。所有這些都是促成澳大利亞工人狀況改變的強大因素，以致於完全掩蓋和隱藏了勞動的時間從總的10小時（扣除用餐時間後淨8¾小時），減少到淨的8小時的影響。澳大利亞的貨幣工資遠低於縮短工時之前的工資；儘管貨幣購買力的確增加了，以致於事實上實質工資並未下降，然而無疑的是，澳大利亞勞動的實質工資，幾乎不像在減少勞動時間以前，高出英格蘭那麼多；同時也無法證明澳大利亞的實質工資，不會低於如果未發生改變時的水準。澳大利亞在這個改變後不久，所遭遇到的商業困境無疑地主要是由於連年的乾旱，及由之而引起的輕率的信用膨脹。但

　　那麼，我們必須要很小心不要混淆以下這兩個問題，即是否某個原因往往會產生某種結果，以及是否該原因一定會隨之出現該種結果。打開水庫的閘門，往往會降低其中的水位；但如果同時在另一端注入更大量的水，則閘門開啓之後，可能水庫中水位反而會上升的。因此，儘管縮短勞動的工時，會減少那些沒有過度工作，而又無法實施兩班制行業的產出；但卻很可能伴隨著而來的財富和知識普遍的進步，帶來產量的增加。但在這種情況下，不管工時是否縮短，工資必定會上漲，但這卻並非是工時縮短的結果。

第7節

我們轉而討論工會對生活水準、工作及工資的影響。

　　在現代的英格蘭，幾乎所有我們剛剛討論過的這類變動，都是由工會所推動的。充分評價這類工會的目的及結果，超出本書的範圍；因為這必須立基於對產業工會的一般性研究，並立基於產業景氣波動與國際貿易的研究。但是，在這裡可以對工會的政策中與生活、工作和工資水準最為密切相關部分，稍加說明。[10]

是，還有一個促成因素似乎是對縮短工時的經濟效率過於樂觀的估計，這導致了那些還不太適應這項變動的行業，過早的減少了勞動的時間。

[10] 在拙著《產業經濟學的入門：經濟學的入門》（*Elements of Economics of Industry: Being the First Volume of Elements of*

　　產業日益增加的變化和移動，使得這一代中任何一類
工人的報酬和產業政策，對下一代同一類工人的效率和賺
錢能力的影響，究竟是好還是壞，都變得十分模糊了。⑪
用於養育和訓練年輕成員的家庭所得，現在很少來自單一
的職業。現在很少找到與父親都從事同一職業的子女；任
何一個職業的報酬所培養出來的那些較強壯及較奮發向上
的人，可能都會到別處去尋求較高的報酬；而那些弱者和
自甘墮落者，可能就落到原來景況之下去了。因此，對於
任何一個特定的職業工會，在提高其成員的工資所作的努
力，經由那些高工資的幫助，所養育的下一代人的生活水
準及工作水平的提高，是否取得了豐碩的成果這個問題，
愈來愈難以用經驗來回答了。但是一些廣泛的事實卻是很
清楚的。

　　英國工會的最初目的與生活水準之間的關係，以及
與工資率之間的關係幾乎同等密切。工會第一個巨大的推
動力來自於這樣一個事實，亦即法律直接的和間接的支持
雇主之間組織公會，根據他們自己所設想的利益，控制工
資；且在嚴厲的處罰之下，嚴禁雇工有類似的工會。這項

據知他們早
期的努力在
於提高生活
水準，同時
也在於提高
獨立性與工
資。

　　Economics）第一冊中附有對工會的扼要描述，該書在其他方
面是本書的節本。而1893年〈勞動委員會的最終報告〉（Final
Report of the Labour Commission）中，對於工會的目的和方法
的說明，是在雇主和極有能力和有經驗的工會領袖合作下，所提
出來的一份唯一具有權威的報告。

⑪ 請參照前面第六篇第三章第7節及第五章第2節。

法律對工資的壓制較少，但卻大大的壓制了工人堅定不移及多采多姿的性格。工人的視野一般都如此受到限制，以致於無法完全分身去強烈和明智的關心國家大事；所以除了與自己、家人和鄰居有直接關係的事務之外，他很少思考和關心任何世俗的事。與同行其他人組成工會的自由，將會擴大他的視野，讓他思考較大的問題；這樣會提高他的社會責任感，縱然這種責任感可能爲大量階級的自私所汙染。因此，早期爲了工人應該與雇主組成公會那樣組織工會，自由作任何事情這一原則所做的奮鬥，實際上既是爲了爭取高工資而奮鬥，也爲了求得符合眞正自尊和廣泛社會利益的生活環境而奮鬥。

在這一方面，已經取得完全的勝利了。工會主義已經讓技術工，甚至許多非技術工，以在大國外交才會看到的那樣具有嚴肅、自制、尊嚴和遠見的態度，與他們的雇主進行談判。這使他們普遍認識到，單純的攻擊策略只是一種愚蠢的政策，軍事資源的主要用途是要維持有利於和談的條件。

這種對獨立性的影響，在工資調整委員會中取得了成果，這些委員會仍繼續運作得很好。

在英國許多產業當中，工資調整委員會（Boards）因爲都希望盡力避免在瑣事上浪費精力，所以工作都很平穩且順利。如果某個員工認爲其雇主或工頭，對他的工作或對報酬，所作判斷的公正性有異議時，雇主首先會要求工會祕書進行仲裁。工會祕書的判決通常會爲雇主所接受；當然，也必須爲員工所接受。如果在這種具體的個人糾紛之下，涉及到委員會無法達成明確協議的原則問題時，可以把此事提交給雇主聯合會和工會的祕書開會討論；如果

他們也無法達成協議的話，就可以送到工資調整委員會那裡。最後，如果爭議的利害關係大到雙方都不讓步的話，那麼這個問題就會轉為員工罷工或雇主關廠的方式，由雙方的力量來解決。但即使出現這種情況，也可以在衝突的行為中，看到好幾代有組織工會的優良表現；這種衝突的方法與一個世紀以前雇主和員工之間的衝突方法一般說來不同，很像現代文明人之間光明正大的戰爭與野蠻人之間激烈游擊戰爭的不同一樣。在國際勞工大會上，英國代表所展現的那種自制、謙和的舉止和對目的堅決的態度，使他們較其他國家的代表要出色很多。

但是，工會提供服務的偉大，也給工會加諸了相應的義務。「位高則責任重」（*Noblesse oblige*）；他們注定要以懷疑的眼光，看待那些誇大自己能用特殊的手段，來提高工資的人，尤其是當這種手段包含著反社會因素時，更是如此。不受指責的運動的確有，但是很少；幾乎每一項偉大而立意良善的努力，都潛藏著一些毀滅性的影響。但是，應該讓所有這些弊端呈現出來，並仔細地檢視，以便消除這些弊端。

> 位高則責任重。

第8節

工會取得與雇主進行平等協商的權力，其主要的手段是對某種按時計酬工作或某種按件計酬工作，所應支付標準工資的「共同規則」（Common Rule）。習俗和治安法官（Justices of the Peace）所作的那種相當無效的工資

> 無論好與壞，共同規則都是工會的主要手段。

判定，雖然阻止了工人工資的上升，但也保護他免以受到極端的壓迫。不過，當競爭變成自由時，孤立的工人在與雇主議價時就處於劣勢。因為，即使在亞當・史密斯的時代，雇主們一般都已有正式或非正式的協議，在僱用勞工時不得競相抬價。同時隨著時間的推移，一家各別的企業通常就能夠僱用數千名工人，因此該企業本身在議價力量上，比一個小型工會還要強大。

雇主之間的競爭往往會使勞工的工資，按效率逐步調整到其淨產值；

　　的確，雇主之間不競相抬價這種協議和諒解並非普遍的，而且常常會遭到規避或毀約。的確，當由於增加工人的勞動所獲得的淨產值大大超過支付給工人的工資時，一個莽撞的雇主確實會不顧同業者的憤慨，而以較高的工資來吸引工人；的確，在進步的工業區，這種競爭足以確保不會有太多工人的工資長期停留於遠遠低於其淨產值的水準。有必要在此重申這樣一個事實，即與一個正常效率工人的工資所接近的這種淨產值，就是一個正常效率工人的淨產值；因為有些倡議嚴格執行共同規則的人的確曾經提出，競爭往往會使有效率工人的工資等於那個效率如此差，以致於雇主根本不會僱用的工人的淨產值。⑫

---

⑫ 工會的領袖對社會福祉，在很多方面所起到的有益影響，容易由於對此問題的誤解而遭受損失。他們通常把韋伯夫婦（Mr. and Mrs. Webb）那本極為重要且精彩的書《產業的民主》（*Industrial Democracy*）視為權威，這本書即指出了工會常有的這種誤解。因此在該書的頁710，他們提出了「正如我們在〈經濟學家的判斷〉（The Verdict of the Economists）這一章中

　　但事實上競爭並非起這種作用。競爭並不會使類似的工作每週的工資都相等；而是把每週的工資按工人效率的水準來調整。如果甲的工作量是乙的兩倍，那麼對於一個猶豫於是否值得他增僱工人的雇主，以4先令僱得甲，與以2先令分別僱得乙及另一個人，這兩樁交易一樣好。透過觀察以4先令僱用甲和以2先令僱用乙的這個邊際情況，可以同樣清楚地看出決定工資的因素。⑬

而一般不是按無效率勞工的淨產值來調整工資。

　　所看到的那樣，現在理論上證明，在『完全競爭』和一個職業與另一個職業之間可完全移動之下，一般的工資水準往往不會超過『邊際勞工的勞動淨產值』，所謂邊際勞工是指處在根本不會受僱用邊緣的人！」且在第787頁的註解當中，他們把這個邊際勞工稱為職業中的病弱者或貧民時說：「如果在完全競爭下，每一階層勞動的工資都不會超過該階層邊際勞工所增加的勞動淨產值時，則透過提高邊際工資勞動者的能力，讓他們從競爭的勞動市場中脫離邊際勞動，這樣似乎就可以提高整個勞動階層的工資，而不必要讓這些貧民脫離他們自己的生產勞動。」

⑬ 要說在這些條件下，競爭使雇主願意支付給甲2倍於乙的工資，這其實是一種過於保守的說法。因為一個有效率的工人，他在相同的工廠空間、設備和監督下，產出的產品是低效率工人的2倍，所以對雇主的價值就不只是2倍的工資，實際上也許值3倍之多。（見前面第六篇第三章第2節。）當然，雇主對效率較高的工人，可能不敢按其真實淨產值的比例支付工資，以免低效率工人由於工會的支持，而高估他的利潤率，從而要求提高工資。不過，在這種情況下，當考慮到值得支付給效率較高的工人多少工資時，雇主之所以關注效率較低工人的淨產值，不是因為自由

第9節

真正標準化
對社會是有
益的。

　　那麼，廣泛說來，工會透過使用共同規則，從而使工作和工資真正的標準化，可以說使國家和他們自己都同時受益；特別是當工資的標準化與儘可能努力利用國家的資源相結合，從而促進國民所得的成長時更是如此。透過這些合理的方法，所獲得的任何工資的上漲，或生活環境與就業狀況的改善，都可能促進社會的福祉。這不可能會使企業感到擔憂與沮喪，也不會使致力於國家領導權的那些人步伐受挫；也不會造成資本（金）的大量外移。

共同規則可
能導致按錯
誤標準化而
運作的危
險。

　　這與使用造成錯誤標準化的共同規則情況不同。錯誤的標準化往往迫使雇主把效率較低的工人與效率較高的工人放在同一級別，支付同等的工資；或以這種工作在技術上不屬於某人的工作為理由，阻止他從事能力所及的工作。該規則的這種使用，初步看來是反社會的，對於這種行為的確可能有比表面上看起來更強的理由；但這些理由的重要性，往往容易因為工會人員對於他們所負責的組織，其在技術的完善性所表現的職業熱忱所誇大。因此對於這些理由，雖然外界的批評是無情的，但也許有些用

競爭，而是因為不適當的應用共同規則，對自由競爭所造成的抗拒。一些現代的「利得分享」（gain sharing）辦法，旨在差不多按他們的真實淨產值的比例，提高效率高的工人的工資；也就是說，超過「計件」（piece-work）工資率的比例；但工會總是不贊成這類辦法。

處。我們可以從現在意見分歧相對上較小的一個強有力的
例子開始討論。

　　在工會還未認識到充分自重的時代裡，錯誤標準化的
形式是很常見的。有人曾對先進方法和機械的使用設下不
少障礙；並曾試圖按早已過時的方法，去執行一種工作所
需等量的勞動，來規定這個工作的標準工資。這又有支持
相關行業特定部門工資的趨勢；但這只有透過極度抑制生
產才能辦到，如果這項政策普遍成功的話，會大大降低國
民所得，並普遍地減少這個國家在適當工資下的就業量。
工會的領導由於譴責這種反社會行為，而對這個國家所作
的貢獻永遠不會為人所遺忘。儘管某個較開明的工會，部
分偏離了高尚的原則，因而1897年引發了工程行業中巨大
的糾紛，但至少這種錯誤中最不好的那些方面，很快就被
掃除了。[14]

　　此外，還有一種錯誤標準化的做法，現在仍為許多
工會所採行，亦即不讓一個不能再完成一個全天標準工作

反對改良機
器及改良方
法的例子。

堅持完全按
標準化工資
給付老年勞
工。

---

[14] 在《產業的民主》第二篇第八章，提到一段很有用的反對機器的
歷史。在那章也一起提出了不是要普遍反對引進機器，而是不要
為了和機器競爭，而接受按舊方法工作的較低工資這樣的建議。
這對年輕人來說是個好的忠告。但是這個忠告往往不為壯年人所
接受；而如果政府行政能力增長的速度，快於政府從私營企業那
裡撥過來的新工作的話，當中年人和老年人的技術因改進的方
法，變得幾乎毫無價值時，那麼政府可以透過解決由此而引起的
這些社會的爭端，來提供優質的服務。

的老人，獲得低於標準工資的工資。這種做法對於實施的
行業，其勞動的供給有輕微的限制，而且似乎對實施這種
做法的那些人顯得有利。但是這種做法不可能長久限制人
數；也會給工會的福利基金帶來沉重的負擔，縱使從純粹
自私的角度來看，這也只是一種短視的做法。這大大降低
了國民所得；並迫使老年人或是選擇強迫的失業，或是
選擇在超越他們體能中掙扎著工作。這是苛刻的和反社會
的。

更值得懷疑
的事例是對
工作界線的
劃分。　　現在讓我們轉而檢視一個更值得懷疑的事例：對每
個產業集團的職能進行一些劃分，對於共同規則的運作是
至關重要的。每個都市的技術工，應該都力求精通某些部
門的工作，這肯定有利於產業的進步。但是當以在技術
上屬於另一個部門的工作為藉口，而不讓一個人做對他
來說是很容易的某一部分工作時，則此一好的原則就很容
易因為過度的推行，而出現弊端。在製造大批類似貨品的
企業中，這種限制受到的傷害相對較小。因為在這些企業
當中，工作大都這麼安排的：對於許多不同類一整組操作
員中的每一個人，都有相當統一的工作，所謂「一整組」
（*integral number*）是指，所有在不整齊邊緣者，都無法
在其他地方謀生的工人。但這種限制會對小雇主產生很大
的壓力；特別是對於那些在一、兩代之內也許就能取得重
大成就，成為國家領導地位的最底層雇主來說更是如此。
即使在大企業，這種限制也增加了那些在當時難以找到工
作的人，將前往其他地方尋找就業的機會；從而擴大了此
時的失業隊伍。那麼當適度並有判斷力地劃分工作職能的

界限，雖然對社會是有利的，但是如果爲了其所提供策略上的輕微利益，而推到極端時，反而會出現弊端。⑮

第10節

接下來，我們可以轉到一個更微妙且更困難的問題。這似乎是共同規則運作很糟的一個例子，不是因爲該規則被粗暴地應用，而是因爲按此規則所完成的工作，在技術上要求要比實際上還要完美，或者比所能做到的還要完美。這個問題的核心是，工資標準以貨幣表示；由於貨幣的實質價值每10年都會變動，且年年都會快速波動，因此僵硬的貨幣標準，無法眞實地反映出工資。給予這種標準適當的彈性，即使不是不可能，但也是很難的；這是反對極端應用共同規則的一個原因，因爲這個規則必須要使用這麼僵硬且不完善的工具。

由於在信用膨脹期間，提高了當時的物價，並降低了貨幣的購買力，工會自然會要求提高標準貨幣工資，上述這種考慮就更加迫切了。在當時，雇主對於那些甚至尚未達到完全正常效率標準的勞動，可能也願意支付以實質購買力衡量的高工資，和以貨幣衡量的更高工資。因此，具有二流效率的人也可以賺取高標準的貨幣工資，並實現了

與貨幣購買力的逐漸改變及商業信用的波動有關的困難。

---

⑮ 值得注意的是，剛剛所提到的工程師聯合協會（Amalgamated Society of Engineers）已經引導了性質相近的產業部門之間，走向協調一致行動的道路，這減弱了嚴格的界線劃分。

參與工會會員的主張。但很快地信用膨脹就平息下來，隨之而來的是蕭條；價格下跌，貨幣的購買力上升；勞動的實質價值下降，而其貨幣價值下降更快。在膨脹期間所獲得的高標準貨幣工資現在太高了，以致於即使具有充分效率者的工作，也難以有很好的利潤了；而那些低於效率標準的人，就更沒有支付標準工資的價值了。這種錯誤的標準化，對於該行業有效率的成員來說，並非是一種純粹的害處；因為這往往會增加對他們勞動的需要，就好像老年人被迫失業，也會使他們勞動的需要增加一樣。但這只有透過抑制生產，從而抑制該產業其他部門勞動的需要才能達到。工會愈普遍堅持這樣的政策，對國民所得造成的損害就愈深，且愈持久；而全國各地以高工資就業的總量也會愈少。

在長期，採取廣泛且慷慨的政策，將使所有的人都受益。

　　如果各產業部門都更努力為勞動設定幾個效率標準及相對應的工資標準；且當高物價的浪潮過去之後，就會更迅速地同意降低為順應這種浪潮所採取的高貨幣工資標準，那麼在長期間，各產業部門都會發展得更好。這類的調整充滿了困難；但如果能夠對通過阻礙任何一個產業部門的生產方法而獲得高工資，必然會增加其他部門失業的這一事實，有更普遍和明確的認識的話，那麼可能會加速這類調整的進展。的確，解決失業唯一有效的辦法，是信用必須要建立在相當準確預測的堅實基礎上，朝向目的不斷地調整手段；如此才能把造成一切經濟困境主要因素的信用隨意輕率的膨脹，限縮在較狹小的範圍之內。

　　這個問題無法在此加以討論；但可以進一步略為解釋

之。密爾曾正確的指出「構成對商品支付手段的東西，簡單的說就是商品。每個人支付給其他人產品的手段，都由他自己擁有的那些東西所構成的。根據這個名詞的含意來說，所有的賣方都不可避免的就是買方。如果我們都可以把這個國家的生產力驟然提高一倍，就應該可以使每個市場的商品供應量都增加一倍；但是同時也應該可以一舉使購買力上提一倍。每個人的需要和供給也都會上揚一倍；每個人所購買東西也會加倍，因為每個人供交易的東西也增加了一倍之多。」

對於最終目標是消費的商品，其需要來自於供給。

但是，雖然人們有購買力，但他們可能選擇不使用這個購買力。因為一旦失敗動搖信心時，則人們就不會把資本投入於新公司的創辦或舊公司的擴大。對鐵路的新工程乏人問津、船舶閒置不用、新船接不到訂單。對於挖土機製造的工作，幾乎沒有任何需要，對建築和蒸汽機製造行業工作的需要也不多。總之，在任何製造固定資本的行業中工作都很少。那些專門從事這些行業的技術工和資本家賺的都很少，從而對其他行業產品的購買也就很少了。而當其他行業發覺他們物品市況不佳時，就會減少產量；他們所賺的就少了，因此他們購買量也就少了；對他們商品需要的減少，使他們對其他行業的需要也會減少。因此，商業的失序到處蔓延；一種行業的失調使其他行業也脫軌失序，其他行業又對此行業做出反應，從而加劇了此行業的失序程度。

造成這種弊害的主要因素在於缺乏信心。但是，當信心已經恢復到一個程度，以其魔杖點觸所有的產業，

信用、生產及消費脫軌失序的相互關係。

並使這些產業繼續生產，以及繼續對其他產業商品的需要，則
這些弊害大部分在頃刻之間幾乎就可以消除。如果製造直接消
費品的所有行業都同意繼續生產，並像往常一樣彼此互相購買
貨品，則所有的行業將彼此提供賺取適度利潤率和工資率的手
段。製造固定資本的行業可能必須要等待一段稍微長的時間；
但是，當信心恢復如此快，以致於那些有資本投資的人，已經
決定要如何進行投資時，這些製造固定資本的行業也會獲得工
作的機會。正在恢復的信心會促使信心更加增強；且信用也會
增加購買的手段，如此物價就會回復。那些已經開業的人會賺
得豐厚的利潤，新公司將會開辦，既有的企業也會擴大；很快
地，即使是那些製造固定資本者的工作也會有很大的需要。當
然，不同行業之間對於何時要再度完全開工，以便為彼此的商
品創造市場，並沒有正式的協議。但是，產業復甦的到來是由
於許多不同行業的信心逐漸且同時增強所致；一旦商人認為價
格不會再繼續下滑，產業的榮景就會開始恢復，且隨之而來的
價格就會上漲。⑯

---

⑯ 對密爾上面那段話的引述和隨後的兩段話，都是轉載自我和內人於
　1879年共同出版的《產業經濟學》第三篇第一章第4節。這些文字指
　出了大多數追隨古典經濟學家傳統的人，對消費與生產的關係所持的
　態度。的確，在經濟蕭條時期，消費的混亂是信用和生產持續瓦解失
　序的一個促成因素。但是，解決的辦法並非像有些草率學者所提出的
　那樣，透過消費的研究就可以解決的。無疑地，透過研究時尚的任意
　變化，對就業的影響是有好處的。但所需的主要研究，還是在生產組
　織和信用組織這些方面。而且，儘管經濟學家尚未在這項研究上取得

第11節

　　這種對於分配論的研究大意表明了，已經發揮作用的社會和經濟的力量，正在使財富的分配日漸往較平均的方向發展，這些力量是持久，且日益增強的；其影響大部分也是累積的；社會經濟的有機體比乍看之下更加細微和複雜；而考慮不周的重大變革，也許會導致嚴重的不良後果。這特別顯示了，政府掌握和擁有所有的生產工具，即使這種占有像較負責任的「集體主義者」（Collectivists）所提出的那樣，逐漸的且緩慢的推動，然而，對社會繁榮根源的切斷，可能也比乍看起來更來得深。

迄今爲止，經濟變革的趨勢都是有益的，因此改革需格外謹慎的進行。

　　從國民所得的成長，取決於發明的持續進步和昂貴生產設備的累積這個事實出發；我們不得不思索，直到目前爲止，幾乎所有讓我們得以控制大自然的無數發明，都由獨立的工作者所完成；而遍及全世界的政府官員，其貢獻都相對上較小。更有甚者，幾乎所有現在由中央或地方政府集體所有的昂貴生產設備，其購買資金主要都是借自商人和其他私人的儲蓄。寡頭政府有時爲累積集體財富付出了巨大的努力；也許可以寄望在將來的時代裡，遠見和耐

集體主義對經濟及社會的危害。

成效，但他們失敗的原因在於，問題的極度含糊和形式的不斷變化，而不在於他們對這項研究的極度重要性漠不關心。經濟學自始至終都是一種對消費與生產之間，如何相互調整的研究；當討論其中之一時，絕不能遺忘另一者。

心將成為主要工人階級的共同財產。但是，實際上，把進一步控制大自然所需資源的累積，委託給一個純粹的民主體制所帶來的風險也是巨大的。

因此，除非在引進生產資料集體所有制度之前，全體人民都已有對公共利益無私奉獻的動力，否則的話，會有很強的理由讓人擔心，這個制度將會減弱人類的精力，並阻礙經濟的進步，不過，在目前這種動力相對上還是稀少的。雖然這個問題無法在這裡加以探討，但這也許會毀掉私人和家庭生活關係中最美好和最快樂東西的大半。這些是導致那些有耐心的經濟學家一般都認為，對經濟、社會和政治生活條件的突然和激烈的整頓，利益很少，但弊害卻很多的主要理由。

既有財富的不平均常被誇大，

更有甚者，我們不得不深思，國民所得的分配雖然不夠平均，但並不像一般所認為的那麼糟糕。事實上，在英格蘭有很多技術工的家庭，在美國甚至有更多這樣的家庭，儘管擁有巨大的財富，但是如果國民所得平均分配，將會蒙受很大的損失。因此，雖然所有不平均的移除，當然會給人民大眾財富暫時（*for the time*）帶來極大的改善，但是即使連暫時的，也無法提高到接近於社會主義者所期望的黃金時代，所能分配給人民大眾那樣的水準。[17]

---

[17] 幾年以前，英國約有4,900萬人的年所得超過20億英鎊。許多主要的技術工每年約賺取200英鎊；且為數眾多的有4到5名成員的技術工家庭，每人每週賺到的所得介於18先令到40先令之間。這些家庭的支出，如果不像平均分配總所得，以便每人每年約有

　　不過，這種謹慎的態度並非意味著默許目前財富分配的不均。許多世代以來，經濟學的研究愈來愈強烈地認爲，極端貧困與巨大財富的並存，實際上並非必要的，因而也不存在道德上的理由。雖然財富不均的程度並未嚴重到像一般所認爲的那樣，但卻是我們經濟組織中一個嚴重的缺陷。只要透過不會削弱自由創新泉源與品格力量的方法，因而不會顯著地抑制國民所得的成長，來達成財富不均程度的任何削減，這似乎都對社會有明顯的利益。儘管算術計算提醒我們，不可能把所有人的報酬都提高到超過特別富裕的技術工家庭已達到的那種水平，但是若能提高那些低於那個水平家庭的報酬，即使在某種程度上，要以降低那些高於這個水平者的報酬爲代價，這當然也是可取的。

但是這些不平均確實是不必要的過大，而對這些不平均的容忍也許是過度了。

第12節

　　雖然那些在體力、智力或精神上，都無法做好一整日工作，因而無法賺得一整天工資的大量賤民

對賤民的特殊處理。

40英鎊（譯者註：20億英鎊/4,900萬人）那樣大的話，也與之相去不遠了。關於該點並無最新統計數據可以佐證。但似乎可以肯定的是，工人階級所得的成長速度至少和其他階層一樣快。本章所提出的若干建議，在1907年3月《經濟期刊》關於〈經濟俠義精神的社會可能性〉（The Social Possibilities of Economic Chivalry）一文中有進一步的探討。

（Residuum），現在可望持續穩步的減少了，但是，對於這樣的人還是要及時，迅速採取一些措施。這個階層除了那些絕對無法受僱用者之外，也許還包括其他的一些人。但這是一個需要特殊處理的階層。對於那些身心相當健康的人來說，無論是從精神或從物質的觀點來看，經濟自由的制度也許是最好的制度。但賤民（Residuum）卻無法善加利用這種制度的好處；如果他們按自己的方式培養子女，那麼盎格魯—撒克遜的自由，透過他們必定會對下一代起到不好的影響。他們若處於像德國所盛行的那種家長制的紀律（paternal discipline）之下的話，對他們來說較好，對整個國家來說更好。⑱

---

⑱ 可以從對孤苦無依者提供更廣泛、更具教育性和更慷慨的公共救濟開始。而在對需要救濟的人進行區分時，必然會面對困難。而在面對這些困難時，地方和中央當局要掌握大量指導所需的信息。在極端情況下，要管控那些弱者，特別是要管控那些衰弱程度嚴重到會危害到下一代的人。對於老年人的幫助，也許要集中在經濟方面，並要符合他們個人的意願。但是，對那些負責養育幼童的人來說，需要更大量公帑的支出，並且把個人的自由更嚴格的限制在符合公共需要的事物上。讓賤民從地上消失的第一個最緊迫的步驟，是堅持要讓兒童可以穿整潔的衣服、帶著整潔的身體和吃飽的肚子，按時去上學。如果父母不能做到這樣的話，應該警告並勸告他們，並以關閉在屋內或監控他們，使他們的自由受到某些限制，做為最後的手段。這項費用很大；但沒有比這項巨額的開支更如此迫切的需要了。這會消除感染整個國家的那個大毒瘤，而當這個大毒瘤消除之後，這項支出所吸收的資源就可以釋放出來，轉而進行一些較令人愉快的，但社會責任不那麼緊迫的事情了。

這種弊害的消除是如此緊迫，以致於急需一些強而有力的措施來對付之。政府當局應該對男、女工人都訂立最低的工資，若低於這個工資，任何男、女工人都應該不工作，這樣的提議已經引起學者們注意很久了。儘管採用該建議可能會導致裝病以逃避工作和其他一些濫用的憂慮；且在無正當的理由之下，該建議會被用來作為推行嚴苛的人為工資標準的手段，但是如果該建議能夠行之有效的話，其利益是如此之大，以致於人們也許會欣然接受。儘管近年來已經對該計畫的細節進行了很大的改進，尤其是在過去的兩、三年，但似乎還未完全面對其核心的困難。除了澳大利西亞之外，幾乎還沒有任何的經驗可以指導我們，而在澳大利西亞，每個居民都擁有廣闊的地產；且最近移居到此地的都是年輕力壯的人。對於那些活力受到舊的〈濟貧法〉和舊的〈穀物法〉，以及受到當時其危害還未曾為人所理解的工廠制度的濫用所損害的人們來說，澳大利西亞的經驗幾乎沒什麼用處。任何一個宣稱已可付諸實行的計畫，都必須要建立在對那些達不到最低工資，而被迫尋求國家援助者的人數，所進行統計估計的基礎之上；尤其要注意下列這個問題，亦即這些人當中有多少人，如果任其工作，且在許多情況下，以家庭為單位，而不是以個人為單位，調整其最低工資的話，可以維持相當不錯的生活。[19]

最低工資提議的主張與困難。

---

[19] 主要是由於對「寄生性」（parasitic）工作的性質及其對工資影

第13節

只能勝任非
技術性勞動
的人，數量
相對上日益
的減少。

　　接著討論那些身心相當健康的工人，粗略估計可以
得出以下的結論：那些只能從事不太需要技術工作的人約
構成人口的四分之一；那些只能勝任較低技術的工作，
但既不適任於高技術工作，又不能在負責任的崗位上，
採取明智和迅速行動的工人，又構成人口的另外四分之
一。如果在一個世紀以前，對英格蘭做類似的估計，這個
比例會大不相同；在當時，有一半以上的人口，即超過普
通例行的農業勞動，根本就無法勝任任何技術性的工作；
也許只有不到六分之一的人，可以勝任高技術或負責任的
工作；因為當時並不認為人民的教育是國家的責任，也不
認為是國民經濟的一環。如果這是唯一的改變，那麼對非
技術性勞動的迫切需要，將迫使雇主支付給他們幾乎與技
術性工人相同的工資；技術性勞動的工資將略有下降，而
非技術性勞動的工資將會上升，直到兩者差不多相等為
止。

響的錯誤分析，使人擱置了最後的這個考慮。就地理上的遷徙來
說，家庭大致上是當做一個單一的單位；因此，在鋼鐵重工業或
其他行業占優勢的地方，男性的工資相對上較高，女性和童工的
工資較低，而在其他一些地區，父親所賺的少於家庭的貨幣所得
的一半，且男性的工資相對上較低。這種自然的調整對社會是有
益的；而那些忽視或反對對於男、女工最低工資嚴格的國家規定
做自然調整的人，勢必會抨擊這種自然的調整。

即便是如此，像以下這樣的事情也發生了：非技術勞動的工資比其他任何階層勞動的工資上升得都要快，甚至比技術性勞動的工資提升得還要快。若非自動化和其他機器取代完全非技術性勞動工作的速度，甚至比取代技術性勞動工作的速度要快，以致於所要做的完全非技術性的工作，現在比以前要少的話，這種報酬趨向均等化的變動還會更加快速。的確，有些傳統上屬於技術工的工作，現在所需要的技術性比以前要少。但是另一方面，所謂的「非技術性」（unskilled）勞工現在經常要操作相當精密且昂貴的設備，在一個世紀以前，這類的設備絕不會委交給一般的英格蘭勞工，或根本不會交給現在一些落後國家的任何人來使用。

但是機器減少了對那些過去認為是非技術性勞工的需要。

因此，機械的進步是不同種類勞動報酬之間之所以仍存在著巨大差異的一個主要因素；這乍看起來，似乎是一種嚴厲的控訴，但其實不然。如果機械進步要慢得多的話，非技術性勞動的實際工資就會低於而不是高於現在的水準：因為國民所得的成長會受到如此大的抑制，以致於即使技術性勞工通常也不得不滿足於自己一小時工作的實際購買力低於倫敦瓦工6便士的狀況；非技術性勞工的工資當然也就更低了。人們曾經認為，只要生活的幸福取決於物質條件，則當所得足以獲取最基本的生活必需品時，才能說開始有幸福的生活了；而在獲得最基本的生活必需品後，無論所得是多少，增加固定比例的所得，幸福也會提升同樣的比例。從這個粗略的假設得出一個結論：較貧窮一類工人的實際工資增加（比如說）四分之一，會比任

何其他階層相同數目人口所得增加四分之一，所增加的幸福總和要多。而這似乎是合理的，因爲這會遏制確定的痛苦，並會消除造成退化的積極因素，且打開了任何所得比例的增加都無法達到之希望的道路。從這個角度來看，貧窮階級從機械和其他方面的經濟進步中，所獲得的實際利益較大於工資統計數據所顯示的利益。但是更重要的是，社會的責任就是要致力於以如此低的成本，進一步增進福利。[20]

主要的補救措施是非技術性勞工家庭的子女得以勝任較高級的工作，

爲此，我們必須努力保持機械的全速進步，並減少只能從事非技術性工作的勞動供給，以使全國的平均所得的成長甚至比過去還要快，並讓每個非技術性勞動者的所得份額，也可以成長的更快。爲了達到這個目的，我們需要朝向近年來相同的方向前進，但要更加努力。教育必須要更加完善。學校老師必須要知道他的主要職責不只在於傳授知識，因爲用幾個錢從報刊上所購得的知識，就比一個人的大腦所裝的還要多得多。老師的主要職責在於教育品格、才能和行爲，以使那些即使父母思想不豐富的子女，也能有更多的機會接受訓練，而成爲下一代人思想豐富的父母。爲了達到這個目的，政府必須大量使用公款，並提供所有工人階層住宅區內的子女新鮮的空氣和有益於健康

---

[20] 請參見前面第三篇第六章第6節及數學附錄中的註8。還可以參照卡佛教授刊登在1908年的《經濟學季刊》中的〈機器與勞工〉（Machinery and the Laborers）一文。

的遊戲空間。㉑

　　因此，國家似乎需要為貧窮，而不易為自己提供福祉的工人階級，提供慷慨，甚至是大方的資助；同時堅持要求保持屋內乾淨，以便適合於那些經過多年努力後成為強壯而有責任感的公民居住。要穩步地，但不要過於猛烈地提高每人所需的立方英尺空氣的強制標準。這與不能有一排高層建築物矗立在前後，而沒有足夠空地的規定相結合，會加速工人階級從大城市的中心區，搬到可能有較大遊戲室的地方，而這種遷移實際上已在進行中了。與此同時，政府也要朝向醫療和衛生的補助和管理這一方面努力，以便減輕較貧困階層的兒童，迄今為止所承受的強大壓力。

　　對於非技術性工人的子女，需要使其能夠賺得技術性工作的工資；也需要透過類似的方式，讓技術性工人的子女能夠承擔責任更重的工作。把他們推入較低層的中產階級行列中，不但不會讓他們獲得多少的利益，反而更可能使他們受到損失；因為，正如已經觀察到的那樣，僅具有書寫和記帳的能力，實際是低於技術性手工勞動一個等級；而在過去的時間裡，該工作之所以能列在技術性手工勞動之上，僅僅是因為普及教育被忽視所致。當任何一個級別的小孩擠進高於他們那個級別時，社會往往有得也有

並讓那些技術工人家庭的子女，也同樣可以勝任較高級的工作。

㉑ 後面的附錄七第8及9節，極力主張，那些因人口集中而對城市土地帶來特殊價值所徵收的稅，應該首先使用於工人階級的健康，尤其是他們子女的健康上。

失。但是，我們現在還存在著最低的階層，這完全是個罪惡；絕對不應該做任何使該階層人數增加的事情，而且應該幫助出生於這個階層的子女從中掙脫出來。

物質的進步主要取決於有建設性的想像力。

在技術工的上層階級，有廣闊的容納空間；在中產階級的上層，也有容納新進者的廣闊空間。就是因為這個階層中領導者的活動力和才略，大多數的那些發明和改良才得以出現，而這些發明與改良使得今天的工人能夠擁有在前幾代最富有的人所少有或未知的舒適品及奢侈品；如果沒有這些發明和改良，英格蘭甚至連提供其現在人口足夠的普通糧食都有問題。當任何一個階層的子女擠進一個相對較小的迷人圈子中，這個圈子裡的人能創造新想法，並把那些新想法體現在具體的建設中時，這是一個巨大的及一種純粹的利得。他們的利潤有時很大；但總的來看，他們為這個世界所賺得的，也許是他們為自己賺取的百倍或更多。

有害的投機方式，對於進步是一種極嚴重的阻礙。

的確，有許多最大的財富都是來自於投機，而非來自於真正有建設性的工作。這種投機中的許多都與反社會策略有關，甚至與邪惡的操縱那些普通的投資者取得指導消息的來源有關。不容易有補救的措施，且也許永遠也不會有完美的補救措施。倉促透過簡單的法規來控制投機的企圖，無可避免的會證明是無效或有害的；不過，這是經濟研究日益強大的力量，有望在本世紀為這個世界做出巨大貢獻的事情之一。

經濟俠義行為的社會可能性。

透過對經濟俠義行為的社會可能性更廣泛的認識，可以在許多其他方面減少這種弊端。如同啟蒙運動的傳播，

富人奉獻於公共福祉，會很有助於稅收員把富人的資源，轉移爲有利於窮人的福祉，並可能讓貧困的最大禍害從這片土地上消失。

第14節

剛剛討論了財富的不平均，特別是最貧窮階層極低的報酬，對於抑制活動以及減少欲望滿足的影響。但是，在這裡和所有其他地方一樣，經濟學家的養成使其了解以下這樣一個事實，即正確使用諸如一個家庭所擁有的所得和機會的這種能力，本身就是最高級的財富，且是所有各階層都屬罕見的財富。在英格蘭花在對高尚或眞正幸福的生活甚少或毫無助益的費用，即使是工人階級每年也高達1億英鎊，而其他人口每年更是高達4億英鎊。雖然在許多情況下，縮短勞動時間的確會減少國民所得，並降低工資；然而只要透過所有階層放棄最不值得的消費方式，就可以完全抵補因工作減少而造成的物質所得的損失；且只要他們能夠學會好好度過休閒時光的話，則大多數人減少工作時間，也許都是好的。

然而不幸的是，人性的改進很緩慢，而沒有比學會如何善用閒暇這個艱難工作更慢了。在每個時代、每個國家、以及每個社會階層，那些知道如何好好工作的人，遠比那些知道如何善用休閒的人要多得多。但是另一方面，只有讓人們照自己的想法，自由使用休閒，他們才能學會如何善用休閒；沒有一個缺乏休閒的體力勞動階層可以有

善於工作比善於使用財富要容易，且比善於利用休閒更容易。

高度的自尊，並能成為完全的公民。有一段可以擺脫使人疲勞，而無教育性工作的休閒時間，是高生活水準的必要條件。

年輕人的休閒。

在這種情況下，正如所有類似的情況一樣，年輕人的才能和活力，無論對道德家和經濟學家來說，都是最重要的。這一代人最急迫的職責是，要為年輕人提供既能發揮他們旺盛的活力，又要使他們成為有效率生產者這樣的機會。而為達此目的的一個必要條件是，長期持續免於受到機械折磨的影響；加上就學與諸如加強和發展品格的遊戲之類的充足閒暇時間。

父母勞動時間對年輕一代人的影響。

即使我們只考慮到生活在父母都沉悶無趣的家庭中，對年輕人所造成的傷害，若能給他們一些調劑，也是符合社會的利益。能幹的工人和良好公民，不可能來自母親白天大部分時間都不在家的家庭；也不可能來自於父親很少在孩子們就寢之前回到家裡的家庭；因此，把離家過遠的工作時間縮短，即使是對那些工作本身並不是很難的運礦車守衛和其他人來說，對整個社會都有直接的好處。

第15節

職業的調整受到人類生命的長度所阻礙，以及留存更長久的遺傳性格所阻礙。

在討論把需要調整到與各種產業技術的供給一致時，需要注意到這種調整無法很準確的事實，因為產業生產方法變動迅速，而一個工人在獲得一種技術之後，需要使用

大約40年，甚至50年之久。[22]我們剛剛所討論過的困難，大部分在於經遺傳而獲得的思想和情感的習慣與風格持續太久所致。如果股份公司、鐵路或運河的組織不良，我們可以在10年或20年內將其改好。但是，在多少世紀的戰爭和暴力，以及貪婪和粗鄙的享樂，所已經發展起來的那些人性因素，很難在一代中就有很大的改變。

　　現在，如往常那樣，高尚且熱切的社會改造謀士，已為他們想像的制度之下所輕易建構的生活，描繪了美麗的畫面。但這是一種不負責任的想像，因為那是立基於在新制度之下，人性將歷經快速轉變的這種令人失望的假設之上。然而，這種轉變即使在一個世紀之內，也無法在有利的條件之下，合理的預期到。如果人性可以如此理想的轉變，即使在現有的私有財產制度下，經濟的俠義行為也會主宰生活。這樣無疑地，來自於人性品質的私有財產制度，也就變得無害、也變得不需要了。

如果人性能夠按理想那樣改變，則私有財產也就變得無害、也變得沒有必要了。

　　那麼就需要防止那種誇大我們這個時代經濟的弊端，並要忽視在先前時代存在的類似和更嚴重弊端的誘惑，儘管某些過份的誇張可能此時會刺激其他人及我們自己有更加強烈的決心，好讓目前這種弊端不再繼續存在下去。但為了一個正當的理由而掩蓋事實所犯的錯誤，與為了自私的理由而掩蓋事實是一樣的愚蠢，且一般說來是更愚蠢的。對我們自己這個時代悲觀的描述，加上對過去時代

對於社會的流弊極端的容忍與極端的不容忍都有害處。

---

[22] 請參閱第六篇第五章第1、2節。

幸福浪漫的誇大，必然會把那種進步雖然緩慢，但卻是牢靠的方法擱置在一旁；並且也會倉促地採用其他較有希望的方法，但這種方法卻類似於庸醫的特效藥物，雖然很快就會產生一點點藥效，卻到處播下了持久的、易腐的種子。這種不耐煩的偽善，其禍害僅次於道德的麻痺，而這種道德的麻痺會讓我們以現代的資源及知識，對人類生活中所值得擁有一切，持續不斷的破壞視若無睹，而且這種麻痺也可以讓我們以無論如何這個時代的禍害比過去少的這種想法，來安慰我們自己。

現在必須要總結我們這部分的研究。我們所得出的實際結論很少；因為在試圖解決一個實際問題之前，一般需要檢視經濟的全貌，更不用說實際問題的道德和其他層面了。在現實生活中，幾乎每個經濟問題都或多或少直接取決於信用、對外貿易以及工會與獨占的現代發展當中一些複雜的作用和反作用。但是我們在第五和第六篇中所討論過的那些問題，在某些方面，是整個經濟學領域中最困難的部分；掌握這些問題，就可以進入其他問題的研究了。

附　錄

附錄一

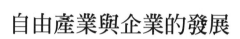

自由產業與企業的發展

第1節

第一篇第一章的最後一節描述了附錄一和附錄二的宗旨；可以作為這兩個附錄的引言。

個人行為和種族特性相互起作用，而兩者都受到自然因素很大的影響。

雖然歷史上重大事件的近因，可以在個人行為中找到，但是使這些事件成為可能的大多數條件，卻都可以從遺傳的制度和種族素質，以及自然物質條件的影響中尋得脈絡。然而，種族素質主要是在或遠或近的過去時代中，由個人的行為以及自然條件所造成的。無論是在事實上或在名義上，一個強大的種族往往都源自於一些身體和性格上特別強大的祖先。一個種族之所以得以在承平或戰爭時代強大，經常都是源自於少數幾個大思想家的智慧。他們或透過正式的格言，或透過一種安靜的幾乎無法察覺的影響，而闡釋並發展了該種族的習俗和規則。然而，倘若氣候不利於人的體力，這一切都不會有任何持久的作用；大自然所賜予的土地、河流和陽光，決定了一個種族工作的特質，並且從而產生了社會和政治制度的風貌。

野蠻人的生活受習俗及衝動所支配。

只要人類仍處於野蠻時代，這些差異就不會清楚地顯現出來。即使我們對野蠻部落的所知不夠詳盡，也不夠可信，但我們的資訊足以得出一個結論，亦即這些野蠻部落雖然在細節上有很大的差異，但一般的特徵卻都出奇地一致。無論他們的氣候或祖先如何，我們都發現，野蠻人生活在習俗和衝動的支配之下，幾乎從未為他們自己開出新的路來；永遠不會預想遙遠的未來，甚至也很少為不久的將來作打算；儘管他們受到習俗的束縛，但卻往往受到衝

動的驅使而反覆無常；有時準備做出最艱苦的努力，但卻無法堅持長期持續地工作。他們盡可能地避免繁重而乏味的工作；那些無法避免的工作，則強迫婦女去做。

只有當我們從野蠻社會進入到早期的文明社會時，自然環境的影響才大大地引起了我們的注意。這部分是由於早期的歷史很貧乏，讓我們難以窺知引導和控制國家加速往前進或向後退此一歷程的特定事件及重要人物的影響。但大部分是由於在這個階段，人類對抗大自然的力量很小，沒有大自然的慷慨賜予，人類就無能為力。大自然在地球表面劃出了為數少量的幾個特別有利於人類最初嘗試從野蠻狀態中掙脫出來的地區；而文化和工業技術最初的發展，便是由這些受到垂青地區的自然條件所引導和控制的。[1]

> 在早期的文明階段，自然因素的作用最強烈。

除非人類的努力足以為自己提供生活的必需品，否則即使是最簡單的文明也不可能出現；並且還需要有一些餘裕才能支持促成進步的心智力量。因此幾乎所有的早期文明都出現在氣候溫暖之處，那裡生活所需的物品很少，

> 文明必然出現於氣候溫暖之處。

---

[1] 關於透過查明主要職業的性質，來探究自然環境對於種族性格的直接與間接的影響這一廣泛問題，請參閱克尼斯（Knies），《政治經濟學》（*Politische Œkonomie*）（譯者註：Œkonomie 應該就是 Ekonomie），黑格爾的《歷史哲學》和巴克爾（Buckle）的《文明史》（*History of Civilization*）。也請參考亞里士多德的《政治學》和孟德斯鳩的《法的精神》（*Esprit des Lois*）。

而且即使是最原始的耕種方式，也能從大自然取得豐厚的報酬。他們經常聚集在大河周圍，河流提供了土壤水分以及便利的交通方式。統治者則一般是氣候較冷的遙遠地區或鄰近山區來的新近民族；這是因為溫暖的氣候會削弱人的精力，而統治者的力量幾乎在所有情況下，都是他們原始家園較宜人氣候的產物。在新領土上，他們的確維持了好幾代的精力，同時靠著被征服種族的勞動剩餘產品而奢侈的生活；且在統治者、戰士和牧師等工作上，找到了發揮他們能力的領域。他們原本也是無知的，但是，很快就學會了臣服者所教給他們一切東西，並超越這些臣服者。但是在這個文明階段，有進取心的有智之士，幾乎總是局限在為數稀少的統治階級，而在那些承擔產業的重任者當中，幾乎找不到這種人物。

> 統治階級把他們的精力用在戰爭和政治上，而不是用在產業上。

之所以會這樣的原因，乃是在於使早期文明出現的氣候，也注定了該文明的衰弱。[2]在較冷的氣候當中，大自然提供了一種使人精力充沛的環境；雖然人類一開始會經歷一段艱苦的奮鬥，然而隨著知識和財富的增加，就能夠取得豐富的食物和溫暖的衣服；而在往後的階段中，得以為自己蓋那些大而堅固的房屋，這些房屋是在天氣嚴寒的地方幾乎所有的家務和社交聚會都應該要有的保護之所，

> 溫暖氣候的影響。

---

[2] 孟德斯鳩離奇而有趣地說（第十四篇第二章），寒冷氣候造成了體力上的優越性，也造成了其他的影響，其中「愈有優越感……即報復欲望愈小；也愈有安全感……也就是說，較坦率，較不猜疑、較不權謀和較不狡猾。」這些美德對經濟的進步非常有幫助。

因此是寒冷地區文雅生活最昂貴的必需品。但是若無大自
然的慷慨賜予，人類根本就無法獲得充實生活所必需的那
種令人振奮的空氣。③我們的確在驕陽下能看到勞工進行
艱苦的體力勞動；能看到手工藝者展現他們的技藝本能；
智者、政治家或銀行家可能很精明敏銳；但是，高溫會使
得艱苦和持續的體力工作與高度智力的活動不相容。在氣
候與奢侈生活的共同影響下，統治階級逐漸失去力量；能
成大事者愈來愈少；最後，他們被一個更強大的、極可能
來自於較寒冷氣候的種族所推翻。有時他們會成為臣服者
及他們的新統治者之間的一個中間階級；但更多的時候，
他們在萎靡不振的廣大人群之中沉淪下去。

　　這樣一個文明對哲學史學家來說，往往很有吸引力。
其整個生命幾乎都在不知不覺中為少數幾個簡單的思想所
滲透，這些思想愉悅且和諧的交織在一起，就像東方地毯
所給的那種令人著迷的感覺。從種族、自然環境、宗教、
哲學、詩歌與從戰爭事件的綜合影響，以及重要個別人物
的主要影響，來追溯這些思想的起源，可以了解很多的東

在文明初
期，變革雖
很緩慢，但
仍然有變
革。

---

③ 如果高爾頓以下的說法證明是正確的話，則這一點可能需要略
加修正，但也只要修正一點點而已。他認為在一個熱帶國家的
少數統治民族，例如在印度的英格蘭人，如果透過大量使用人
造冰或壓縮空氣，強制膨脹，而使空氣冷卻的效果，可維持他
們身體的活力，在許多代中都不會受損害。請參見他在1881年
人類學會（Anthropological Institute）主席的致辭（Presidential
Address）。

西。所有這些對經濟學家來說，在很多方面都具有啓發性；但是，這些並不非常直接闡明經濟學家專門領域所研究的那些動機。因爲在這樣一個文明中，最有能力的人瞧不起工作；沒有大膽自由進取的工人、沒有冒險的資本家；被鄙視的產業爲習俗所控制，甚至把習俗視爲免於蠻橫暴政壓迫的唯一護衛者。

習俗並非總是站在強者這一邊。

大部分的習俗無疑的是一種壓迫和抑制的具體形式。但是，一套除了壓迫弱者之外一無是處的習俗，是無法長久存在下來的。因爲強者依賴弱者的支持，如果沒有這種支持，這些強者自身的力量是無法支撐他們自己的；而如果強者所組織的社會制度肆意地使弱者超負荷，那麼他們就會毀滅了自己。因此，每一套得以持久的習俗都含有保護弱者免受魯莽傷害的規定。④

當通訊方式很少時，習俗的確就是一種必要的保護手段。

事實上，當企業很少且缺乏有效競爭時，習俗是一種必要的盾牌，不僅是保護人們免於受到那些比自己強的人，甚至是免於受到同階級鄰居的侵害。如果一個村里的鐵匠只能把他的犁頭賣給村莊的人，同時，如果這個村里除了他之外無法向其他人買到犁頭，那麼由習俗把價格固定在適中的水平，對所有人都有利。習俗就是藉由這些方式獲得神聖的地位；在發展的最初階段中，沒有什麼能夠打破把創新者視爲異端或敵人的原始習慣。因此，經濟因

---

④ 請參閱白芝浩的《物理學和政治學》（*Physics and Politics*），也請參見赫伯特・史賓賽和緬因（Maine）的著作。

素的影響被壓在表面之下，在那裡，這些因素確實且緩慢地發揮著其影響。這些因素要能產生效果，需要幾代人，而不是幾年的時間就可做到；其作用是如此的細微，以致於很容易完全不為人所察覺，除了那些透過觀察近代一些類似因素較顯著的和較迅速的作用，因而學會了在何處尋得這些因素的人之外，的確很難追溯到這些因素。⑤

第2節

在早期的文明中，這種習俗的力量部分是個人財產權受到限制的原因，而部分則是結果。所有的財產多多少少都有一些，但特別是在土地方面，個人的權利一般都來自於，並受限於，且在各個方面都從屬於狹義的家族以及家庭。家族的權利同樣也從屬於村莊的權利；村莊若非在實質上，根據傳統的想像，往往也只是一個擴大和成長了的家庭。

所有權的分割強化了習俗的力量，並阻擋了變革。

---

⑤ 因此，在分析後，可以發現習俗規定的犁頭價格的「適度水準」（moderate level），給予鐵匠在長期間所獲取的報酬（把他所有的特權和額外補貼都算在內），大約等於與做跟他同樣難度工作的鄰居的報酬；或者換句話說，在交通便利和有效率競爭的自由企業制度之下，我們可稱之為正常報酬率。如果環境的變化，使得鐵匠包括所有間接補貼的報酬，低於或高於此報酬率，那麼習俗的內容幾乎總會開始發生變化，而把報酬率帶回到這個正常的水平，這種變動幾乎總是無法為人認出，且一般說來也不會發生任何形式的改變。

　　的確，在文明初期階段，很少有人會願意背離他們周圍盛行的作法。無論個人對於自己財產的權利有多麼完整和明確的規定，他們都不願意面對周遭對任何創新的憤怒，也不願意面對周遭對於那種自認為比祖先有智慧的任何人，所傾洩而來的嘲笑。但是對於勇敢者來說，很多小的變化都會發生；如果他們可以自由地自己去做實驗，則變化可能會以很小的，且幾乎難以察覺的進程發展出來，直到有足夠的不同常規已經建立，使得習慣法則的清晰輪廓變得模糊，並給予個人的選擇相當大的自由為止。當每個家族的兄長只被視為家庭財產的資深共同所有人和受託人時，與祖傳慣例稍有分歧，都會在每個細節上，遭到那些有權接受諮詢者的反對。

　　而更有甚者，在家庭權威者反對的背後，是村莊的反對。因為雖然每個家庭在其地面上的耕作時間內是唯一的使用者，然而許多工作通常都共同進行，因此每個家庭都必須同時要做與其他人相同的事情。每塊田地輪到休耕時，就成為共有牧場的一部分；而村莊的所有土地時時都要重新分配。⑥因此，村

---

⑥ 現在條頓族（Teutonic）的「村落公社」（Mark）制度，的確遠不如一些歷史學家所設想的那麼普遍。但是，在該制度發展完備的地方，永久的撥出一小部分的地作為村落居住的公社用地，且每個家庭都永遠保留其持分。第二部分或是可耕的村落公社地，則分成三大區，在其中每一區之內，每個家庭一般都有幾畝分散的長條地。每年只耕種其中兩大條，而另一條則休耕。第三部分也是最大的一部分，加上可耕的村落公社地當中的休耕地，是全村共同使用的公有放牧地。在某些情況之下，可耕的村落公社地偶爾會轉作牧場之用，而新的可耕公

民有明確的權力禁止任何創新；因為這可能會妨礙集體耕種的計畫；最終也可能會損害到土地的價值，從而在下一次的重新分配時損及到他們。結果是，經常會形成一套複雜的規則，嚴格地束縛著每個耕種者，即使在最微不足道的小事上，也無法使用自己的判斷力和決定權。[7]這可能是造成人類自由企業精神發展延緩的所有因素中最重要的一個。值得注意的是，這種財產集體所有權與滲透到許多東方宗教的無為主義精神不謀而合；而這種制度長期存在於印度教徒（Hindoos）中，有部分肇因於在他們的宗教經典中所灌輸的平靜安祥的精神。

雖然人們可能高估了習俗對價格、工資和地租的影響，卻可能低估了習俗對生產形式和社會總體經濟制度的影響。在某一種情況下，其影響是顯而易見的，但並非是累積的；而在另一種情況下，這些影響並不明顯，但卻是累積的。而以下這個現象幾乎是普遍的通則，亦即當一個起因的影響力，雖然在任何時候都很小，卻始終朝同一方向一致的發揮作用時，其效力將遠遠大於乍看之下的可能性。

然而，不論習俗在早期文明中的影響有多大，希臘人

習俗對生產方法的影響是累積的。

社地則從共同的公社地再劃一部分出來，如此就涉及到土地的重新分配。因此，每個家庭對其土地處理的好或壞，都會影響到該村落所有的村民。

[7] 請參照阿吉爾公爵在《未見到的社會基礎》中第九章關於對小塊土地占有制種植的描述。

和羅馬人還是充滿了冒險精神，而探究他們爲什麼對我們如此感興趣的社會經濟問題知道得如此之少，且如此漠不關心，則是一件更有趣的事情。

第3節

古老文明主要是在內陸。

　　大多數早期文明的發源地都在大河流域，這裡灌漑良好的平原，使得人民很少遭受到飢荒；因爲在一個從不缺乏熱能的氣候中，土壤的肥沃度幾乎直接隨濕度的變化而變化；河流也提供了方便的交通條件，有利於簡單形式的貿易和分工，且不會阻礙保持中央政府專制力量的大軍的移防。腓尼基人（Phoenicians）⑧的確是依海而生。這個偉大的閃族（Semitic）⑨透過爲許多民族之間的自由交往而鋪路，並在傳播書寫、算術和度量衡的知識上，提供了很大的貢獻；但他們把主要的精力，投入到商業和製造業當中。

海洋帶給希臘人知識、自由和變革的力量。

　　繼之而起的是，擁有親切同情心和清新精神的希臘人，他們吸取了海上充滿了自由的空氣；並把舊大陸最好的思想和最高的藝術，吸收到自己的自由生活當中。他們在小亞細亞（Asia Minor）、大希臘（Magna Graecia）⑩

---

⑧ 譯者註：腓尼基是古代地中海東岸的一個地區，其範圍接近於今日的黎巴嫩和敘利亞。

⑨ 譯者註：起源於阿拉伯半島和敘利亞游牧民族。

⑩ 譯者註：羅馬人對義大利南部沿海地區的命名；這些地區廣泛居

和赫拉斯（Hellas）[⑪]本部的無數殖民地，受到在他們面前爆發的新思想影響，而自由發展了自己的理想；經常彼此交流，也和那些握有關鍵舊知識的人交流；分享彼此的經歷，而不受權威的束縛。他們的精力和進取精神，不但未受到沉重的傳統習俗所壓制，反而受到鼓勵去建立新的殖民地，且毫無約束地發展新的觀念。

　　宜人的氣候使他們免於疲憊不堪的工作；他們把必須做的苦差事留給奴隸去做，而自己則自由地發揮想像力。住房、衣著和燃料花費很少；這樣的氣候也吸引他們到戶外生活，為社會和政治目的而進行的交際活動，變得容易，且無需花費。而且，地中海涼爽的微風，使他們一直都活力煥發，以致於許多代以來，一直都沒有失去從北方家鄉帶來的活躍性格和靈活的特點。在這些條件之下，孕育出各種形式的美感、奇妙的幻想和有創造力的思考、強勁的政治能量，以及個人喜歡服從國家等等，這些都是這個世界上絕無僅有的[⑫]。

　　希臘人在許多方面都比中世紀歐洲民族更現代化，且在某些方面甚至比我們這個時代更進步。但他們沒有實現

> 這種氣候使文化變得廉價，卻也未快速鬆弛其力量。

> 希臘人在許多方面都相當現代化，但卻未預期到隨著勞動尊嚴感的增長，而產生的經濟問題。

　　住著希臘的殖民者。

⑪ 譯者註：是希臘（Greece）的古名。

⑫ 請參照紐曼和帕施（Partsch），《希臘的自然地理》（*Physikalische Geographie von Griechenland*），第一章，和格羅特（Grote）的《希臘史》（*History of Greece*），第二部分，第一章。

人作為人的尊嚴概念；他們認為奴隸制是上天注定的，他們容忍農業，但他們把所有其他行業都看作是丟臉的；他們對我們這個時代感興趣的那些經濟問題知之甚少或一無所知。⑬

　　他們從未感受到貧困的巨大壓力。土地和海洋、太陽和天空結合在一起，使他們很容易獲得理想生活的物質必需品。即使是他們的奴隸，也有相當多培養文化的機會；若非如此，在希臘人的性格中，或是那個時代世界從希臘人所學得的，就沒有什麼能讓他們被看重的。希臘思想的卓越，使其成為後世許多傑出的思想家，嘗試每一次新研究的試金石；而學術界對經濟學研究所經常表現出的不耐，在很大程度上，就是源於希臘人對令人焦慮的和乏味的商業事務的不耐。

他們不耐煩於穩定勤奮的訓練，而造成其覆亡。

　　然而，從希臘的衰亡中，也許可以學到以下這個教訓，即其衰亡是由於缺乏實現目的之堅定熱忱所致，而如

――――――――――

⑬ 見本書第一篇第一章第2節。因此，甚至是柏拉圖也說：「大自然既不創造靴匠，也不創造鐵匠；這種職業使從事者被貶低，可憐的受僱者因自己這種職位，而被剝奪政治權利。」（《法律》（Laws），第十二章。）亞里士多德繼續說：「在治理最好的國家，公民……必然不可過技師或商人的生活，這樣的生活是不高尚的、有損於道德的。」（《政治學》，第七章第9節和第三章第5節。）這些段落指出了希臘人對商業想法的主要論調，但由於古希臘幾乎沒有獨立的富有者，其許多最好的思想家也都被迫從事些許程度的商業活動。

果沒有持續勤奮的鍛鍊，就沒有任何一個民族可以在很多世代都維持著這種堅定熱忱的意志。在社會和知識方面，他們都是自由的；但他們卻沒有學會好好利用其自由；他們缺乏自制，也缺乏穩定持久的決心。他們具有企業經營管理的敏捷洞察力和隨時接受新建議等這些要素；但他們在這方面的意志不穩定且不持久。溫和的氣候使他們的體力慢慢鬆弛了；他們沒有保持那種來自於在努力工作中，所培養出來的堅定不懈的性格；最後他們就陷入瑣事之中了。

第4節

　　文明持續向西移動，而下一個舞臺就在羅馬。與其說羅馬人是一個偉大的民族，還不如說是一支龐大的軍隊。他們像希臘人一樣，盡可能地把一切事務交給奴隸處理；但在大部分其他方面，卻與希臘人形成鮮明的對比。與雅典人（Athenians）生活的新鮮充實，也與雅典人自由發揮他們自己所有才能，並發展他們自己性格的青春喜悅相反，羅馬人表現出堅定的意志，鋼鐵般的決心，並表現出成熟人對明確而嚴肅的目標專心致之的精神。[14]

羅馬人堅強的性格，使他們適合於經營企業，但他們一般寧願選擇戰爭和政治。

---

[14] 黑格爾在其《歷史哲學》中，明確地闡述了希臘人和羅馬人性格上根本的對立。「從希臘人自由的最眞正形式來看，我們可以斷言，他們是不具良知的；爲國家而生存，而不進一步分析或反思的習慣，是他們主要的原則……主觀主義使希臘世界陷入毀

在某些方面，羅馬的經濟條件在形式上相當現代化。

他們不可思議地掙脫了習俗的束縛，以前所未有的審慎選擇爲自己描繪了生活。他們強壯且勇敢，目標堅定且資源眾多，舉止有條理，且判斷清晰；因此，儘管他們偏好戰爭和政治，但他們不斷使用著經營管理企業所需的所有才能。

與此同時，聯合結社原則的作用也並未停歇過。儘管缺乏自由技術工，但職業行會仍然相當活躍。那些希臘人從東方習得的爲企業目的，而採行的聯合行動方法，和使用奴隸勞動於工廠大規模生產的方法，在引進羅馬時獲得了新的力量。羅馬人的才能和性格，使他們特別適合於管理股份公司；且只需相對少數非常富有的人，不用借助中產階級，就能夠在訓練有素的奴隸和自由人的幫助之下，承攬國內外、海陸上的大合同。他們雖然讓資本變成可恨的東西，卻也使資本變得強大和有效率；他們花費了相當大的精力來發展貨幣借貸的工具；且由於帝國權力的統一以及羅馬語言的普及，在某些重要的方面，在羅馬帝國時

滅」；而希臘人的和諧詩意爲「羅馬人散文般的生活」開闢了道路，這種生活充滿了主觀性，並且「對某些自願性的目標深思熟慮」。羅舍爾在《德國國民經濟學體系》第188節中，對黑格爾間接提供給歷史經濟學的貢獻，表達了讚揚，但又帶歧視性的敬意。同時請參照莫姆森（Mommsen）的《歷史》（*History*）一書中〈關於宗教〉（on Religion）的章節，這些章節似乎深受黑格爾的影響；還有請參見考茨（Kautz），《國民經濟的發展》（*Eentwickelung der National-Œkonomie*），第一篇。

代的文明世界中，商業的自由和移居的自由，甚至比現代
還要大。

　　當我們回顧羅馬是多麼龐大的一個財富中心；個別羅
馬人的財富多的如何驚人（直到最近才被超越）；其軍事
和民政規模、所需要的生活物資，以及交通運輸機構的規
模有多大時；就無怪乎有許多學者都認為他們發現了，羅
馬的經濟問題和我們自己這個時代的經濟問題之間有很多
相似之處。但這種相似之處是表面的和虛假的。這只流於
表面的形式，並未觸及到整體國民的生活精神；同時並未
擴及到對普通人生命價值的理解上，這一點使經濟學在我
們自己這個時代受到莫大的關注。⑮

　　在古羅馬，工商業缺乏其在近代才獲得的活力。　　　但在本質上
其進口是由武力贏得的；這些進口品並不像威尼斯　　完全不具現
（Venice）、佛羅倫斯（Florence）或布魯日的產品那　　代化。
樣，以令公民驕傲的技術勞動產品所購得。交通和工業也
一樣，他們幾乎只關注於這些東西所創造的貨幣利益；
大眾的蔑視使商業生活的格調受到貶低，這種蔑視表現

---

⑮ 請參閱第一章第2節。這種誤解在某種程度上，應該歸咎於一般
　說來敏銳且明智的羅雪爾的影響。他特別喜歡指出古代和現代
　問題之間的相同之處；雖然他也指出了其間不同之處，但他著
　作的一般影響，卻往往容易令人產生誤解。（他的立場受到克尼
　斯，《從歷史的觀點看政治、經濟》（*Politische Œkonomie vom
　Geschichtliche Standpunkte*）相當的批評；特別是第二版的頁
　391。）

在「法律的和實際有效的限制」⑯元老院從事除了土地有關的以外所有形式的商業。騎士團（Equites）在包稅制，在各省的掠奪，以及在稍後的時間裡在皇帝個人的恩賜中，獲得了最豐厚的收益，但並未珍惜促使一個大國貿易所需要的正直和努力工作的精神；最終，私人企業精神為不斷增長的國家限制所扼殺。⑰

---

⑯ 佛里德蘭德（Friedländer），《羅馬民俗史》（*Sittengeschichte Roms*），頁225。莫姆森甚至說（《歷史》，第四篇第十一章。）：
「在貿易和製造業中，義大利這個國家除了在這方面，接近於野蠻時期那樣，堅持不活動外，就沒有什麼可說的了。……羅馬私人經濟唯一出色的是貨幣交易和商業。」卡尼斯《奴隸的力量》（*Slave Power*）一書中的許多段落，讀起來都像現代版本的莫姆森的《歷史》。甚至在城市裡，羅馬自由窮人的命運，也很像美國南方奴隸州的「窮苦白種人」（mean white）那樣。「義大利的大莊園制」（Latifundia perdidere Italiam）是一種像美國南方各州那樣的農場，而不像英格蘭的農場。李班納姆（Liebenam）的《羅馬工會史》（*Geschichte des Römischen Vereinswesensvu*）指出了羅馬自由勞動的軟弱。

⑰ 史穆勒在他對古代的貿易公司（Trading Companies of Antiquity）簡短而精彩的說明中，描述了這一點的某個方面。他在指出屬於一個家族的貿易團體的所有成員，如何在原始民族中茁壯成長之後，認為（《立法年鑑》（*Jahrbuch für Gesetzgebung*）第十六章，頁740-742）除非像「包稅團」（*Societas Publicanorum*）那樣，具有一些特殊的權利或優勢，否則任何現代形式的商業組合，在古羅馬所處的那種環境下，都不會長期蓬勃的發展。我們現代人之所以能夠成功地

　　雖然羅馬人對經濟學的進步沒有直接的貢獻，但他們卻透過奠定現代法學的基礎，間接地對經濟學產生了無論是好還是壞的深遠的影響。羅馬的哲學思想主要是斯多葛學派（Stoic）；⑱而大多數偉大的羅馬斯多葛學派者都源自於東方。當東方的哲學移植到羅馬時，在不失去其感情強度的基礎上，發展出了巨大的實用力量；儘管這種哲學崇尚簡樸，但卻在很大程度上與現代社會科學的主張有許多相似之處。羅馬帝國大多數偉大的法學家都是這種哲學的信徒，因此該學派影響了後來的〈羅馬法〉（*Roman Law*），並且藉由羅馬法學影響了所有現代歐洲的法律。此時羅馬的國家力量已使國家的權利，比希臘還要快速的但他們創立了現代的財產法。斯多葛學派的哲學與後來羅馬法學家的世界性經驗，

讓許多人「在同一個地點」（under the same hat）共同工作，而古代人無法做到，「這是因為現在相較以前，人類的知識和道德力量較高，較有可能透過社會同情的鎖鏈，把人類商業上自私自利的精力結合在一起。」另請參見德盧姆（Deloume），《羅馬的錢商》（*Les Manieurs d'Argent à Rome*）；布郎（W. A. Brown）在《政治科學季刊》（*Political Science Quarterly*）第二卷，發表的一篇關於〈在第四世紀，國家控制的產業〉（State Control of Industry in the Fourth Century）的文章；布朗基（Blanqui）的《政治經濟史》（*History of Political*），第五及六章。和英格拉姆（Ingram）的《歷史》（*History*），第二章。

⑱ 譯者註：是古希臘和羅馬帝國的思想流派，為哲學家織諾（Zeno）於西元前三世紀初所創立，在雅典時，他常「在門廊」講學，門廊希臘語發音為斯多葛，因此稱為斯多葛學派。該學派以倫理學為重心，強調神、自然與人為一體。

消滅了宗族和部落的權利。然而，許多雅利安人[19]對財產原始的思想習慣仍然在羅馬持續了很長時間。家長對其家庭成員的權力雖然很大，但家長所控制的財產長期以來，是把家長視為家庭的代表授予他管理，而不是當作一個個人而授予他管理的。但是，當羅馬成為帝國時，其法學家成為許多國家法律權利的最終解釋者；在斯多葛學派的影響下，他們開始認真探尋大自然的基本法則，他們認為這些基本法則隱藏在所有特定法典的基礎之下。這種對司法普遍因素，而不是對司法偶然因素的追求，是對於共同持有權強有力的解決方法，而這種共同持有權，除當地的習慣之外，就沒有其他的理由可以解釋了。因此，後來的〈羅馬法〉緩慢，但卻穩定地擴大了契約的範圍；使其更精確、更有彈性、更有力。最終幾乎所有的社會制度都在其涵蓋之下；個人的財產明確被標示出來，且可以隨心所欲地處理。現代法學家從斯多葛學派寬大和崇高的性格，繼承了高標準的責任感；他們從該學派嚴格的自決中，產生了一種明確界定個人財產權的傾向。因此，我們目前經濟制度的大部分好處與壞處，都可以間接追溯到羅馬人，特別是斯多葛學派的影響：一方面是個人在處理自己的事務時，很多無拘無束的活力；另一方面，不會在法律制度所建立的權利的掩蓋下，犯下一點點嚴厲的錯誤，這一套

使得他們逐步擴大了契約的範圍。

---

⑲ 譯者註：雅利安一詞源於大約4,000年前，而在當今學術界，雅利安人在大多數情況下指「印度－伊朗人」或「印歐人」，即講「印度－伊朗語族」或印歐語系語言的人。

法律體系之所以能夠站穩，就是因爲其主要原則是英明且合理的。

斯多葛學派從其東方發源地所帶來的強烈責任感，也多少含有東方無爲主義的色彩在內。斯多葛學派者儘管積極行善，但卻以自己超脫於世界的煩擾而感到驕傲；他們基於責任也承擔了人生的苦難，但他們從未與苦難妥協；受到生活本身失敗的意識所壓抑，他們的生活悲苦而嚴肅。正如黑格爾所說的，除非承認內在的完美是一種目標，可以只透過放棄自我而達到，否則這種內在的矛盾是無法消除的；因此，這種目標的追求，才會與那些伴隨所有社會工作而來的失敗相互協調。猶太人的強烈宗教情感，爲這一巨大變化鋪好了道路。但是，直到日耳曼民族個人對基督教深摯的愛建立以後，世人才準備好完全接受基督教的精神。即使在日耳曼各民族之間，基督教的發展也很緩慢；在羅馬帝國滅亡後的很長一段時間裡，西歐都陷入了混亂狀態。

但是須要一種新的精神。

第5節

條頓人雖然堅強而果敢，卻很難擺脫習俗和無知的束縛。賦予他們特殊力量的誠懇和忠誠，[20]使他們傾向於過

條頓人不擅長於從其所征服的民族中學習新的思想。

---

[20] 當黑格爾（《歷史哲學》，第四部分）在講述他們的精力、自由精神、絕對的自決能力（Eigensinn）及熱忱（Gemüth）後，又加上：「自由是他們第一個口號，而忠誠則是第二個口號」，他

度珍惜家庭和部族的制度和習俗。沒有任何其他偉大的征服者像條頓族那樣，不擅於從他們所征服的那些較弱小，但較有文化的民族中吸收新思想。他們以自己粗曠的力量和精力為榮，無視於知識和藝術。但這些知識和藝術在地中海東岸找到了暫時的棲息處；直到南方的另一個征服種族的到來，才給這些知識和藝術帶來新的生命和活力。

我們要感激撒拉遜人。

撒拉遜人（Saracens）[21]熱切學習著被他們征服的種族所給予的最好的東西。他們培養了藝術和科學的氣息，並在基督教世界對學術是否熄滅漠不關心之際，他們使學術的火炬得以興旺；為此，我們必須要永遠感激他們。但他們的道德本質不像條頓人那麼完美；溫暖的氣候和追求感官享受的宗教，使他們的活力迅速衰退；因此他們對現代文明幾乎沒有直接的影響。[22]

之後，文明向北及向西推進。

條頓族的教育進展較緩慢，但卻較穩當。他們把文明向北推進，在那裡堅持不懈的辛勞工作與各種堅固的文化形式，緩慢成長，且相互伴隨而來；他們也把文明向西推到了大西洋。這個文明在很久以前就已經離開大河流域，駛向大的內陸海域，最後終於橫渡了大洋。

實際上已道出事情的根源了。

[21] 譯者註：在西方的歷史文獻中，撒拉遜最常用來籠統指稱伊斯蘭的阿拉伯帝國。

[22] 德雷珀（Draper）在《歐洲知識的發展》（*Intellectual Development of Europe*）第十三章中，對他們的工作給了極高的頌揚。

但這些變化的結果是緩慢產生的。在這個新時代，我們感興趣的第一點是，在羅馬時代因大一統而暫時停止的城市與國家之間舊衝突又重新啓開了；羅馬的確是一支總部設在各城市的軍隊，但其力量卻是來自於廣闊的國土。

城市與國家之間的舊衝突又復活了。

第6節

直到幾年前，在一個大的國家，人民完全直接的自治是不可能的；這種自治只能存在於城市或非常小的區域之中。政府必然掌握在少數人手中，這些少數人視自己爲有特權的上層階級，並把勞動者視爲下層階級。因此，即使勞動者被允許管理自己本地的事務，他們往往也缺乏作爲企業經營基礎所需的勇氣、自信和從事心智活動的習慣。事實上，中央政府和當地的權貴，都直接干涉了產業的自由；禁止移民，且徵收最繁重和毫無根據的稅課和通行費。即使是那些名義上自由的下層階級者，也會遭到以各種藉口的不公平的司法力量、甚或直接暴力和公開劫掠等方式，而任意的罰款和徵收規費等等。這些負擔主要落在那些比他們的鄰居更勤勞、更節儉的人身上。這些人在一個自由國家中，恰恰是會逐漸興起勇敢的企業精神，而擺脫傳統和習俗所束縛的人。

若無電報和印刷機，則在一個大國，自由只能限於貴族。

城市居民的狀況卻遠不相同。在那裡，工業階層透過人數上的優勢而取得力量；即使無法完全占上風，他們也不像鄉村的那些同業者那樣，被視爲似乎與統治者是不同階層的人。在佛羅倫斯和布魯日，就像在古代雅典一樣，

但是在城市，人民的自治卻是可能的。

全體人民都可以聽到，有時確實聽到，政府領導人報告其公共政策計畫的內容及原因，並可以在採行下一步措施之前，表示他們贊同或反對。全體人民時常都可以一起討論當時的社會和產業的問題，相互了解彼此的意見，利用彼此的經驗，共同制定一個明確的決議，並自己來執行該些決議。但是直到電報、鐵路和廉價的印刷機發明之後，才得以在廣大的區域內做到這一切。

而在現在，自治在一個大國也首次變得可能了。

在這些發明的幫助下，一國的國民現在能在早上就得知其領導人前晚所說的話；並且能在隔天過去前，就能詳知全國人民對這些談話的反應。在這些發明的幫助下，一個大型工會的理事會能以微不足道的成本，將困難的問題交由各地的成員來討論，並在幾天內得到他們的決定。即使是一個大國，現在也可以由其人民來治理了；但到目前為止，所謂的「大眾政府」（popular Government），基於實際的需要，仍多少是一個廣泛的寡頭政府。只有少數能夠自己進入到政府中心，或者至少和政府中心保持聯繫的人，才能直接參與政府的管理。儘管透過他們所選出的代表，有更多的人可以充分知道自己的意願是否廣泛有效的實現，然而直到幾年前這些代表仍然只是國家的少數，而代議制本身更只是最近的產物。

中世紀的城市是現代工業文明的直接先驅。

第7節

中世紀城市興衰史是連續進步浪潮的起落史。中世紀城市通常源自於工商業，且並不鄙視工商業。雖然富裕的

公民有時能建立一個勞動者無法參與的小政府，但他們很少能長久維持自己的權力；大部分居民常常擁有充分的公民權利，決定自己城市的內、外政策，同時運用他們的雙手工作，並為他們的工作感到自豪。他們自己組成了行會（Gild），從而增強了他們的凝聚力，並培養出自治的精神；雖然行會通常具有排他性，同時他們的行規最終都會阻礙進步，但是，在這種不良影響出現之前，他們確實做出了巨大的貢獻。㉓

　　公民在不喪失精力的情況下加強了文化；也在不忽略他們自己企業的情況下，對於自己企業以外的許多事情，也都學會了明智的關注。他們在藝術方面發揮了帶頭的作用，在戰爭技術上也不落後。他們對於公共目的所花的大筆開支而感到驕傲；對於節約謹慎使用公共資源、公開透明的國家預算，以及按照健全企業原則而公平徵稅的租稅制度等等，都感到同樣的自豪。他們因而邁向了現代產業文明的道路；如果他們在進行中未受到干擾，並保有他們對自由和社會平等最初的愛，很可能很久以前就已經制定出許多我們現在才開始面對的社會和經濟問題的解決方案了。但是，在遭受動亂和戰爭長期蹂躪之後，他們終於屈服於圍繞在他們四周不斷壯大的那些國家；的確，在他們統治鄰國時，往往也是刻薄且殘暴的，因此當他們

㉓ 對於那些實際上是自治的大自由城市來說，這是正確的，對於英格蘭那些自治的小自由市鎮來說，在較小的程度上，這也是正確的。他們的組織甚至比他們特許權的起源還要多樣化；但現在看起來，他們似乎比一度所認為的還要民主，還要少寡頭政治。請特別參見葛洛斯（Gross），《行會商人》（*The Gild Merchant*），第七章。

最終被其他鄰國推翻時，在某種程度上也是公正的報應。他們已經為自己錯誤的行為而受苦了；但他們優良工作的成果仍然留存下來了，並且是我們這個時代，從前代那裡繼承下來許多最好的社會和經濟傳統的來源。

第8節

騎士精神並不保護貧弱者。

封建主義也許是條頓族發展過程中的一個必要階段。該主義為統治階級發揮政治能力提供了空間，並培養了普通民眾守紀律和秩序的習慣。但該主義在一些外在美的形式之下，卻隱藏了許多物質上和精神上的殘忍和邪惡。騎士精神對婦女的做法，是結合了公共場合極為尊重，而在家裡卻是暴虐的兩種態度；騎士對待成員的繁文縟節，是靠對付下層階級時的殘忍和敲詐勒索而維持起來的。統治階級多以坦誠和慷慨的態度，來解除他們彼此之間的義務。

㉔ 但背信在義大利城市很常見，在北方城堡裡也不十分罕見。人們常以暗殺和毒藥的方式，來謀殺他們的熟人；主人向客人提供食物和飲料時，經常要自己先品嚐。正如一個畫家在當地把最高貴的面孔呈現在他的畫布上，而盡可能把卑鄙的面孔隱藏在背後一樣，因此受歡迎的歷史學家可能有理由藉由這樣的歷史圖片，來激發年輕人的模仿，亦即高貴的男人和女人的生活，以突出的方式呈現在畫面上，而把大部分周圍墮落的生活都掩蓋起來。但是，當我們想要評判世界的進步時，我們必須考慮過去的時代確實存在過的弊端。善待我們的祖先們，就是苛待我們種族中的佼佼者。

㉔他們的生活也不缺乏含有高貴因素的理想；因此，他們的性格總會對有思想的歷史學家，以及對記敘場面壯觀與有浪漫情節的戰爭編年史家具有一定的吸引力。但是，當他們按照自己的階級所要求的責任守則行事時，他們的良心就得到了滿足；而守則中的一條就是確保下層階級不逾矩；即使他們對待那些與他們日常有接觸的家臣與僕人，的確經常是親切的，甚至是摯愛的。

　　就個人苦難的情況而言，教會努力保護弱者，並減輕窮人的痛苦。那些爲教會服務所吸引的較優秀教士，若不受禁欲誓言所束縛，並且能夠與世俗交融的話，也許可以發揮更廣泛和更好的影響。但這並沒有理由低估神職人員，尤其是僧侶們，給較貧窮階級所帶來的救濟。修道院是工業的發源地，特別是農業科學的發源地；這些地方是學習者的安全學習之所，也是苦難者的醫院和救濟院。教會是大、小事務的調解者；在教會許可之下舉辦的節日和集市，爲交易提供了自由和安全的條件。㉕

教會在某些方面，促成了經濟自由的增長。

㉕ 我們往往也許過於強調教會對「高利貸」和某些類別商業的譴責。那時借資金給商業使用的機會很小，即使有的話，許多方法都可用來逃避禁令，而其中有些方法的確是教會本身所批准的。儘管聖‧克里索斯頓說：「把所獲取的物品，未經改變而全賣掉，以獲利的人，死後就不能上天堂了」；然而，教會卻鼓勵商人在展覽會和其他地方買賣未經改變的財貨。教會和政府當局以及人民的偏見加在一起，給那些大量購買，以便零售而謀取利潤的人帶來了難度。雖然這些人的生意大部分都是合法的，但是其

此外，教會也反對階級的排他主義。教會的組織就好像古羅馬的軍隊一樣，是民主的。教會總是願意不論出身，把最有能力的人提升到最高的職位上去；其神職人員和各僧侶教團為人民的物質和道德幸福做了很多有益的事；有時甚至領導人民公開抵抗其統治者的暴政。㉖

但在其他方面，則阻礙了經濟自由的增長。

但是另一方面，教會並沒有努力幫助人民發展自立和自決的能力，同時也未幫助人們獲得內在真正的自由。雖然認可那些具有特殊天賦的人應該在自己的組織中升到最高的職位，但教會為封建主義提供了幫助，而非阻礙的力量。他們努力於使勞動階級成為一群無知、缺乏進取精神、並在每一方面都依賴於上位者的人。條頓族的封建主義在本質上比古羅馬的軍事統治要仁慈；雖然俗人和牧師並不完全理解基督教義所闡述的人的尊嚴，但卻深受此教義所影響。儘管如此，中世紀早期鄉村地區的統治者，把東方神權階級的微妙之處和羅馬的紀律和果決力量中所具

中有一些肯定有類似於現代農產品市場的「囤積居奇」（rings and corners）。請參閱艾胥列的《經濟史》一書中關於「聖典學說」（Canonist Doctrine）的優異章節和休因斯（Hewins）在《經濟評論》（*Economic Review*）第四期中的書評。

㉖ 教會透過促成十字軍東征（Crusades），間接促成了進步；英格拉姆說（《歷史》，第二章）：他們「透過許多情況，把封建酋長的財產轉移到產業階級，而產生了強大的經濟影響，同時透過讓不同國家和民族接觸，擴大了居民的視野，打開居民的觀念，同時經由航行的特殊刺激，提供了國際貿易新的活動。」

有最強大的東西統合起來；他們運用這些結合的力量，來
全面的阻止底層人民力量的成長和獨立性格的發展。

封建主義的軍事力量則長期因地方的猜忌而削弱了。
在查理大帝（Charles the Great）的英才之下，用封建主
義很巧妙地把一個廣大地區整合成一個政府的有機體；但
是一旦這種領導天才消失後，組成這個整體的各個構成部
分很容易就會潰散。義大利長期以來一直由其城市統治，
其中一個的確具有羅馬人的雄心壯志和堅定不移的意志的
城鎮，直到相當現代一直掌握其水道以抵抗所有的攻擊。
而在尼德蘭（Netherlands）和歐洲大陸的其他地方，自由
城市長期以來抵抗著周圍的國王和男爵的不懷好意，但最
終在奧地利、西班牙和法國建立了穩定的君主制。一個由
少數能者輔佐的專制君主制，訓練並組織了由大量無知但
堅強的鄉下人組成的軍隊；而自由城市的進取精神、其產
業和文化的高尚結合，還來不及脫離其早期的錯誤，就提
前中斷了。

城市的瓦解。

如果在當時沒有湧現新的力量，打破束縛，並把自
由傳播到廣闊的土地上，那麼世界也許就會倒退。在很短
的時間內，印刷術發明了、出現了文藝復興（Revival of
Learning）、宗教改革（Reformation）、發現了通向新大
陸（New World）和印度（India）的新航路。這些事件當
中的每一個，都足以開創一個歷史的新紀元；但是他們卻
是一起來到，並都朝著同一個方向發揮作用，因而產生了
一場全面的革命。

印刷術的發明、宗教改革與新大陸的發現。

思想變得比較自由，知識也已不再是人民無法接觸到

的。希臘人自由的氣氛復甦了；強有力的自決人物獲得了新的力量，並且能夠把他們的影響擴展到其他人身上。一個新的大陸為有思想的人啓開了各種新的問題，同時對於廣大的勇敢冒險家，提供了一片新的天地。

第9節

航海發現的利益最初歸為西班牙半島所有。

　　帶頭在新航海中冒險的國家是西班牙半島（Spanish Peninsula）的那些國家。有一段時間，世界的領導權看起來似乎要從最初的地中海最東端的半島移到中部的半島，最終歸屬於地中海和大西洋的西部半島。但是到此時，產業的力量已足以在北方的氣候下維持財富和文明。西班牙和葡萄牙無法長期對抗北方民族那種較持久的精力和較寬大的精神。

但很快就進一步向前轉移到荷蘭；

　　尼德蘭民族早期的歷史，的確是一部輝煌傳奇史。他們以捕魚和紡織為基礎，建立了一套高貴的藝術、文學、科學和政府的架構。但正如波斯之前所為那樣，西班牙也致力於摧毀不斷攀升的自由精神。而就像波斯壓制了愛奧尼亞（Ionia），[21]但卻激起了希臘本土的士氣那樣，奧西帝國（Austro-Spanish Empire）雖然制服了比利時的尼德蘭（Belgian Netherlands），但卻強化了荷蘭的尼德蘭（Dutch Netherlands）和英格蘭的愛國主義和精力。

---

[21] 譯者註：位於小亞細亞，包括愛琴海的島嶼。西元前十一世紀曾為古希臘工商業和文化中心之一。

　　荷蘭雖然因爲英格蘭嫉妒其商業而受到侵害，但更多的侵害則來自法國不停歇的軍事野心。很快就能清楚看到荷蘭爲捍衛歐洲的自由，而對抗法國的侵略。然而，在歷史的關鍵時刻，荷蘭原本預期來自當時信奉新教的英格蘭的援助，卻沒能如願；即使從1688年開始，荷蘭得到了大量來自英格蘭的援助，但那時荷蘭最勇敢、最慷慨的國民，已經都戰死在沙場，且已債務累累了。荷蘭雖然已經從世界舞臺退出：但是英格蘭人應該要比其他國家的人民更感激荷蘭爲自由和企業精神所付出的及所做的貢獻。

　　於是乎剩下法國和英格蘭爭奪海上的霸權。法國擁有的自然資源比歐洲北方任何其他國家都要多，而其新時代的精神也比歐洲南方任何國家都要旺盛；法國有一段時期是世界上最強大的國家。但是，法國在無休止戰爭中揮霍了其財富，並犧牲了從宗教迫害中倖存的美好公民的生命。啓蒙思潮的進步並沒有帶來統治階級對被統治者的寬大，也沒有帶來花錢的智慧。　　*（也轉移到法國；）*

　　美國革命戰爭大大的鼓舞了受壓迫的法國人民起義對抗統治者，然而，法國人十分缺乏那種使北美殖民者有別於其他地區自我節制的自由。法國人的精力和勇氣，在偉大的拿破崙戰爭中再次展現出來。但他們的過度野心，使之最終不得不把海洋事業的領導權讓位給英格蘭。因此，新大陸的產業問題就在英格蘭人性格的直接影響下解決了，而在某種程度上，舊大陸的工業問題也在其間接影響下解決了。讓我們接著更詳細地回溯英格蘭自由企業的發展情況。　　*（又轉移到英格蘭。）*

第10節

英格蘭的地理位置吸引了歐洲北部最強種族中最強的成員；一種自然淘汰的過程，使那些最勇敢和最自力更生的人接續移民來到英格蘭，這裡的氣候比北半球任何其他地區都更適合於維持精力。該地無高山的阻隔，其領土的任何一地，距離可通航的水道都不超過二十英里，因此英格蘭不同地區之間的自由交往，沒有任何重大的障礙；諾曼王朝㉘和金雀花王朝國王們的力量和英明的政策，阻止了當地權貴設立的人為障礙。

就如同羅馬在歷史上的成就來自於其把一個大帝國的軍事力量，與住在一個城市裡寡頭政治執政團的進取心和堅定意志結合起來一樣，英格蘭的偉大在於，有如荷蘭以前在小規模所做的那樣，把中世紀城市的自由風氣，與一個國家的力量和廣泛基礎結合起來。英格蘭的各個城市沒有像其他國家城市那麼特點顯著；不過英格蘭比其他任何國家都更容易使這些城市變成相同，因此從長遠來看，英格蘭從這一特點獲得極大的利益。

長子繼承制度的習俗，使貴族家庭長子以外的其他兒子需要自行另謀生路；而當他們不再享有階級特權後，他們容易與普通人打成一片。這種不同階級的融合，使政治

㉘ 譯者註：該王朝共有四位國王先後統治英格蘭，統治時間由1066年諾曼公爵威廉征服英格蘭，建立王朝開始，直至1154年，當亨利二世繼位之後，英格蘭就開始金雀花王朝時期了。

高效有序；同時也以貴族血統的強烈果敢和浪漫的抱負，激發了商業冒險的性格。一方面堅決抵抗了暴政，另一方面經由理性證明有道理時，他們便會順服於權威，這樣英格蘭人進行了多次的革命；但每一次都有明確的目的。在改革憲法時，他們也同時遵守了法律：除了荷蘭人之外，只有他們知道如何把秩序和自由結合起來；只有他們把對過去徹底的敬畏之情，與爲未來，而不是爲過去生活的力量聯合起來。但後來使英格蘭成爲製造業進步領導者的性格力量，首先主要表現在政治、戰爭和農業方面。

　　英格蘭的弓箭手是該國技術工的先驅。他們爲其食物和體格比歐洲大陸的競爭對手優越，而感到驕傲；對於如何完美的使用自己的雙手，有同樣不屈不撓的毅力，有同樣的自由獨立和同樣的自制力及處理危機的能力；在適當的時候，也同樣的能表現出幽默的習慣，而在危機出現時，即使面對艱難和不幸，也同樣能保持紀律。㉙

（當他們還是一個農業國家時，他們就顯露出有組織現代行動的能力。）

　　但是，英格蘭人的產業才能很長的一段時間是潛藏著的。他們對於文明的舒適品和奢侈品，既不太熟悉，也不太關心。在各種製造業產品中，他們落後於拉丁㉚國家、

㉙ 爲了進行統計比較的目的，富裕的自耕農必須與現今的中產階級並列，而不是與技術工並列。至於比富裕自耕農還要富有的人爲數很少；而一般大眾遠比富裕的自耕農要貧窮；並且幾乎在所有各方面的處境，都比現在還要糟糕。

㉚ 譯者註：「拉丁」一詞一般是用來指稱包括使用浪漫主義語言和西方基督教文化的人，特別是指其文化是從羅馬派生出來的歐洲人；這些國家都具有濃厚的羅馬法律和文化傳統。

義大利、法國和西班牙，以及北歐的自由城市。較富裕的階級逐漸喜歡上進口的奢侈品，而英格蘭的貿易也才逐漸增加了。

貿易是他們在生產與在航海上的成果。

但很長一段時間以來，從表面上看不出英格蘭的未來商業有什麼發展的跡象。這的確是其特殊環境的產物，或者更多的是其人民天性偏愛的產物。他們原本就未特別喜歡交易和討價還價，現在仍然是如此，也沒有如同猶太人、義大利人、希臘人和亞美尼亞人（Armenians）那般喜愛較抽象的金融業務；與英格蘭人做生意，一向是要採取具體的行動，而不是採用策略和投機的方式。即使是現在倫敦證券交易所（London Stock Exchange）最微妙的金融投機活動，也主要還是由那些繼承交易才能的種族來操作，而英格蘭人卻以行動來完成。

農業資本主義式的組織，為製造業資本主義式的組織開闢了道路。

導致英格蘭往後時期，在不同環境下探索世界，製造並運銷財貨到其他國家的這些特質，使其甚至得以在中世紀就開創了現代農業組織，從而建立了以後大多數其他現代商業的典範。英格蘭率先把勞役轉變為以貨幣支付，這一變革大大增加了每個人根據自己的自由選擇來籌畫人生道路的能力。無論是好或壞，人們可以自由交換對土地的權利和義務。下列因素加速了習俗束縛的鬆綁：一是在十四世紀的「黑死病」（Black Death）後，實質工資的大幅上升；二是在十六世紀由於白銀貶值、硬幣成色降低、把修道院的收入撥用於宮廷的鋪張浪費，而造成的工資大幅下降；最後是綿羊養殖業的拓展，使許多工人搬離了老家，從而降低了那些未搬離居民的實質所得，並改

變了他們的生活方式。隨著都鐸王朝皇室權力的擴張，這種變動進一步擴大了。這個王朝權力的增強結束了私人戰爭，並使貴族和鄉紳所豢養的大批門人變得毫無用處。把不動產傳給長子，並把動產分配給家庭所有成員的這種習慣，一方面增加了地產規模，另一方面縮小了地主用於經營土地的資本。[31]

　　上述這些因素促使英格蘭建立了地主和佃農之間的關係；特別是在十六世紀，外國對英格蘭製造品的需要，和英格蘭對外國奢侈品的需要，導致了許多小土地的持有，集中在由資本主義農民經營的大型牧羊場中。也就是說進行管理和承擔農業風險的農民人數大幅增加，他們提供一些自己的資本，但是每年支付一定費用，以租借土地，然後利用工資僱用勞動；後來英格蘭新興企業家階級也以同樣方式，肩負製造業經營管理的工作並承擔風險，自己提供一些資本，但支付利息借入其餘的部分，並利用工資僱用勞動。自由企業精神快速而猛烈地發展，但作用是單向的，對於窮人是殘酷的。不過，確實地，以借用資本而經營的英格蘭可耕地和畜牧地的大型農場，實為該國工廠的先驅，就像弓箭手是該國技術工的先驅一樣。[32]

――――――――――

[31] 羅傑斯說，在十三世紀，耕地的價值只是耕種該地所需資本的三分之一；他相信只要土地所有者養成自己耕種土地的習慣，那麼長子經常會用各種方法，把他部分的土地轉給他的弟弟們，以換取他們的一些資本。請參考《六個世紀以來的工作與工資》，頁51-52。

[32] 這種並行性在第六篇中有進一步的闡述；請特別參見該篇第九章第5節。

第11節

以宗教改革
為基礎的精
神，大大影
響了英格蘭
的工業。

　　與此同時，英格蘭人的性格也在日益深化。定居在英格蘭海岸的堅毅種族天性中的嚴肅和剛勇，使他們欣然接受宗教改革的教義；這些教義又反映在他們的生活習慣當中，也影響了他們產業的風貌。人們直接被引領到他的造物主（Creator）面前，不需要人類的媒介；歷史上首次有大量粗野和無文化的人，可以追求精神上絕對自由的奧祕。如果正確理解，每個人的宗教責任與其同伴們的宗教責任隔開，實為最高精神進步的必要條件。[33]但這個概念對於這個世界是新穎的、赤裸的，尚未孕育出宜人的特性；即使在和善的本性中，個性也表現得十分銳利，而在較粗俗的本性中，則變得不自在及自負。特別是在清教徒（Puritans）中，對於賦予他們的宗教信條邏輯的確定性和精確性的渴望，成了一種狂熱的情感，使他們敵視所有較輕鬆的思想和娛樂。當必要時，他們可以採取聯合行動，這種行動因其堅定的意志而變得無法抵抗。但是他們沒什麼社交的歡樂；他們避開了公共娛樂，寧願選擇安靜

---

[33] 宗教改革「是對個性的……肯定……個性並非生命的總和，而是在為個體和為整體工作時，我們的性情和工作的每個領域中的一個主要部分。我們必須要孤獨面對生和死，只有上帝作伴。這是真理，但不是真理的全部。」韋斯科特（Westcott）的《基督教的社會面》（*Social Aspects of Christianity*），頁121。也請參照黑格爾的《歷史哲學》，第四部分第三篇第二章。

放鬆的家庭生活；並且，必須要承認的是，他們中的有些人對藝術採取敵視的態度。㉞

　　因此，在最初成長的力量蘊含了點粗魯和不禮貌的因素在內；但是，這種力量卻是下一階段向上發展所需要的。這種力量需要透過大量的淬煉來淨化和軟化，要變得既不脆弱，又不變得那麼武斷，以便在新的本能可以圍繞著該力量而成長之前，把舊的集體傾向中最美麗、最堅實的東西恢復成更高的形式。這種力量強化了塵世情感中最豐富和最充實的家庭情感；也許以前從來沒有任何如此強大，而又如此精細的物質，可用來建構一種高尚的社會生活組織。

　　荷蘭和其他國家都同樣經歷了英格蘭在中世紀結束時，由精神劇變而開啓的巨大考驗。但是從許多觀點，尤其是經濟學家的觀點來看，英格蘭的經驗是最有啓發性和最徹底的；並且是所有其他經驗的典範。英格蘭透過自由和自決的精力和意志，引導了產業和企業邁向現代演化的

宗教改革爲社會生活的下一階段提供了必要的力量。

────────────

㉞ 某些形式的藝術放縱，使得嚴肅但狹隘的人，對於所有的藝術產生了偏見；爲了報復，現在社會主義者奚落宗教改革，認爲宗教改革已經傷害了人類社會和藝術的本能。值得懷疑的是，宗教改革所產生的感情強度，對藝術所造成的豐富程度，是否眞的多過於所產生的感情緊縮，對藝術所造成的傷害程度。他們開發了自己的文學和音樂；如果他們讓人類輕視自己手中作品的美感，他們肯定會增強人們欣賞自然美感的能力。風景畫大多都出現在新教盛行的國家，這絕非是偶然的。

路途。

第12節

從歐洲大陸
吸引過來的
逃難技術
工，強化了
英格蘭人嚴
肅的性格。

　　許多其他國家信奉新教的人，爲了避開宗教迫害來到英格蘭尋求庇護這一事實，強化了英格蘭工商業的特質。經過一種物競天擇，法國人、佛蘭德人（Flemings）及性格最類似於英格蘭人，且由於這種性格而講究製造技術工作的完美性的其他人，便前來和英格蘭人交流，並傳授那些與他們的性格完全相符的技術。[35]在十七和十八世紀期間，王室和上層階級或多或少都還留存著一些輕浮和荒淫；但是中產階級和某部分的勞動階級則採取了嚴肅的生活觀；他們不喜歡那些妨礙工作的娛樂，且他們對那些只能通過不懈努力才能獲得的物質舒適品有很高的標準。他們致力於生產那些具有堅實和持久效用，而不只是適合節慶和炫耀之用的物品。這種趨勢，一旦開始之後，就會爲氣候因素所推進；因爲雖然這裡的氣候不是很寒冷，但卻特別不適合於輕鬆的娛樂；而爲在這種氣候下舒適生活所必須的衣服、房間和其他必需品，都特別昂貴。

　　英格蘭現代工業生活便是在對物質舒適品的渴望下，使人們不斷的努力，以極大化每週工作這樣的條件下發展

---

[35] 史邁爾斯曾經指出，儘管歷史學家對英格蘭從這些移民所獲得利益評估的已相當高了，但是英格蘭從此所獲的利益仍要大於這些歷史學家所想像的。

起來的。每一個行動都得透過審愼的理性判斷才作出堅定
的決議，使得每個人不斷地問自己，是否能透過改變自己
的企業或是改變自己的生產方法，來提升自己的地位。而
最後，完全政治的自由和安全使得每個人都能依照最符合
自己利益的方式，來調整自己的行爲，且無所畏懼地把自
我和財產都投入到新的和久遠的事業上。

　　簡而言之，奠定英格蘭及其殖民地現代政治風貌的相
同原因，也奠定了他們現代企業的風貌。賦予他們政治自
由的那些因素，也帶給他們在工商業上自由企業的精神。

第13節

　　產業和企業的自由，就其影響所及，往往會使每個人
都把其勞動和資本使用到能夠產生出最大的利益爲止；這
又使他試圖在某項特定工作中，獲得特殊技術和才能，透
過這種技術和才能，他可以獲得購買自己所缺乏物品的所
得。因此而產生了分工極爲精細之複雜的產業組織。

　英格蘭的自
由企業精神
自然地促進
了分工的趨
勢，

　　在任何一種長期存在的文明當中，無論其形式多麼原
始，的確都會出現某種類型的分工。即使在非常落後的國
家，我們也能找到高度專業化的行業；但我們發現並不是
每個行業的分工都精細到企業的規劃和安排、經營管理和
風險都是由一組人承擔，而所需的體力勞動則由雇工完成
的程度。這種分工方式既是現代世界一般的特徵，同時也
是英格蘭民族的特徵。這可能只是人類發展的過渡階段，
可能會爲使其存在的那種自由企業精神的進一步發展所掃

除。但就目前而言，無論是好或壞，這種分工代表了現代
文明方式的主要事實，是現代經濟問題的核心。

特別是促進
了企業管理
的趨勢，

迄今為止，產業生活中那些最重要的變化，都是圍繞
著「企業家」（*Undertaber*）㊱的這種成長而來的。我們
已經看見企業家如何在英格蘭農業的早期階段出現，農民
從他的地主那裡租借土地，並僱用必要的勞動，他自己負
責企業的經營管理並承擔風險。這樣的農民的確不是由完
全自由競爭所決定，而是在某種程度上受到了繼承和其他
影響的限制，這些因素往往導致農業的領導權落入那些無
特殊農業經營才能者手中。但是，英格蘭是唯一的一個物
競天擇發揮著相當重要作用的國家；歐洲大陸的農業制度
允許出生這個偶然因素，來決定每個人耕種土地或管理耕
種這些事情。即使英格蘭僅以這種狹隘物競天擇的作用，
所獲得的較大的精力和彈性，也足以使英格蘭的農業領先
於其他所有的國家，並且使之能夠比在相似土壤環境上投
入同等勞動量的歐洲任何其他國家所獲得的產出都要多的
多。㊲

㊱ 此一具有亞當・史密斯的權威，且習慣在歐洲大陸使用的名詞，
似乎最能恰當地指那些把承擔風險和企業管理，都看成是自己在
組織產業工作中應盡責任的人。

㊲ 特別是在十八世紀下半葉，農業的改良進展得非常快。各種工具
都得到了改良，按科學原理處理排水；貝克韋爾（Bakewell）的
天才徹底改革了農場牲畜的飼養方法；蕪菁、苜蓿、黑麥草等都
已普遍使用了，且以輪耕替代休耕，使土地得以恢復生產力。這

但是，對於創辦、組織和經營管理企業的物競天擇，在製造業具有更大的適用範圍。在英格蘭對外貿易的重大發展之前，製造業創辦者的成長趨勢已經開始了；事實上，這種趨勢的跡象可以在十五世紀的羊毛製造中看到。但是，新開發國家大型市場的開放直接或間接通過其對產業地區化的影響，對該種變動產生了巨大的刺激作用，所謂產業地區化是指，某特定生產部門集中在某些地區。

中世紀集市和行商的記錄顯示，有許多東西都只集中於一、兩個地方生產，從那裡再往東南西北分銷到整個歐洲各處。但是這種地區性的生產，再運銷至遠方的物品，幾乎總是價格高且體積小；較便宜且較笨重的商品，則都是由各地區自己提供。然而，在新大陸的殖民地，人們並不總是有閒暇為自己提供製造品；甚至他們原本可以自己製造的產品，往往也不允許自行製造；這是因為儘管英格蘭對待其殖民地比其他任何國家對待其殖民地都要寬厚，但卻仍認為其為這些殖民地所花的費用，足以成為強迫其殖民地從自己那裡，購買幾乎所有類型製造品的正當的理由。對印度和野蠻種族出售的簡單商品的需要量也很大。

這些因素導致了大部分較重製造品的生產都地區化了。在需要具有高度技術訓練和豐富想像力人員的工作

也促進了產業地區化的趨勢。

需要簡單商品的海外消費者的增加，促進了這類的趨勢。

些和其他變革不斷增加土地耕種所需的資本；同時從貿易而獲得財富的增長，使那些有能力，並願意透過購買大量不動產，而在鄉村社會立足的人數目增加了。因此，現代商業精神在各方面都擴散到農業去了。

中，組織有時是次要的。但是，當需要的物品是整船的幾
樣簡單樣式的貨物時，組織大量工人的能力就是一種無法
抗拒的優勢。因此，由於相同的一般原因，地區化與資本
主義企業家制度的成長，是同時進行的兩個變革，而且彼
此相互促進。

企業家一開
始時只組織
供給，並不
監督產業，
那還是由小
雇主來做。

工廠制度和製造業中昂貴設備的使用，都是在較後的
階段才出現的。一般都認為這些東西是企業家掌握英格蘭
產業動力的根源；毫無疑問地，這些東西增加了此動力。
但在人們感覺到該些東西的影響之前，這種動力已經清
楚地顯示出來了。在法國大革命（French Revolution）時
期，無論是投資在水力，還是蒸汽動力的機器都不多；工
廠規模不大，數量也不多。但是，英格蘭幾乎所有的紡織
產品都是採用承包制來生產。這個產業受到相對較少企業
家所控制，這些企業家決定了何種、何地及何時最有利於
購買和出售，以及製造什麼是最有利可圖的。然後，他們
與分散在全國各地的許多人簽訂合同，讓他們來製作這些
東西。企業家一般提供原料，有時甚至也提供簡單工具；
那些承攬合同的人，用自己和家人的勞動來進行生產，並
且有時，但並不總是，也由少數助手來生產。

隨著時間的推移，機械發明的進展使工人愈來愈聚
集在水力附近的小工廠；當蒸汽取代水力時，工人轉而聚
集在大城市的大型工廠。因此，承擔製造的主要風險，而
不直接負責管理和監管的大企業家，開始讓位給富裕的雇
主，這些雇主從事整個大規模製造的業務。這些新的工廠
連最粗心的觀察者都注意到了；而不同於先前的那些變

動，最後這一變動連那些沒有實際從事該行業的人也都無法忽視。㊳

　　因此，早已行之有年的那種產業組織的巨大變化，最後終於引起人們普遍的關注了；我們可以看到，由工人自己管理的小企業制度，正爲由那些具有專門才能的資本主義企業家所管理的大企業制度所取代。即使沒有工廠，這種改變也會像所出現的那樣發展出來；即使由電力或其他

但是，漸漸地企業家把大量勞工聚集到工廠。

㊳ 從1760年開始的四分之一個世紀，製造業一個接一個的改良，甚至比農業的改良更加迅速。在此期間，因爲布林德利（Brindley，譯者註：十八世紀英格蘭人，他是該國運河建設者的先驅。）的運河，使重型貨物的運輸變得便宜；瓦特蒸汽引擎所產生的動力，科特（Cort）煉鐵和軋鋼生產鐵的方法，以及羅布克（Roebuck）用煤煉鐵，取代了變得稀少的木炭煉鐵的方法等等，使生產費用降低了；哈格里夫斯（Hargreaves）、康普頓（Crompton）、阿克賴特（Arkwright）、卡特賴特（Cartwright）和其他人所發明的可織幾條線的紡紗機、走綻精紡機、梳理機和動力織布機，使紡織工作變得更經濟了；威基伍德爲已經迅速發展的陶器貿易，提供了巨大的推動力；從圓筒印刷、用化學藥劑漂白到其他生產方法等，都有重大的發明。在該期間最後一年的1785年，建立了第一個直接使用蒸汽動力的棉紡織廠。十九世紀初期出現了汽船和蒸汽印刷機，且城市裡也使用煤氣照明設備了。不久之後，又出現了火車頭、電報和照相術。對於更詳細的情形，請參閱克拉漢（Clapham）教授在《劍橋現代史》（*Cambridge Modern History*）第10卷所發表的精彩文章。

從此以後製
造業的勞工
就成批地受
僱了。

生產要素以零售方式分配，使得目前在工廠所做的那些工作，有一部分可以拿到工人家中去做，這種改變也會出現。㊴

第14節

這種新的變革，無論是其早期的形式，還是後來的形式，都不斷在鬆綁過去幾乎把每個人的生活定在其出生教區的束縛。這種變革爲勞動開闢了自由市場，促使人們前來尋找就業機會。由於這種變革，使得那些決定勞動價值的因素，也開始出現了變化。直到十八世紀，製造業的勞動，原則上主要以零星方式受僱；然而在此之前，可以整批受僱的大而流動的勞動階層，於歐洲大陸的特定地區和在英格蘭的產業中已產生相當大的作用了。但在十八世紀，至少在英格蘭翻轉了這個原則；同時勞動的價格不再由習俗或小市場討價還價所決定了。在過去的100年來，勞動的價格愈來愈取決於一個城市、一個國家，或全世界等，這樣的一個廣大地區的供需情況。

伴隨著新組
織出現了許
多弊端，這
些弊端有許
多是其他因
素造成的。

這種新的產業組織大大提升了生產效率；這是因爲該組織確保了每個人的勞動都恰好能致力於他最擅長的最高級別的工作，並確保了每個人的工作都能得到當時的財富和知識所可提供的最好的機械和其他幫助。但也帶來了巨大的弊端。我們無法分辨哪些弊端是不可避免的，因爲

㊴ 請參閱黑爾德（Held）的《英格蘭社會史》（*Sociale Geschichte Englands*）第二篇第三章。

就在變革發生得最快的時候，英格蘭遭受了幾乎是史無前例的災難的聯合襲擊，雖然無法言明這些災難有多大的部分，但是卻有很大一部分是歸因於突然爆發出來的無限制競爭所造成的。英格蘭喪失了大部分殖民地後，緊接著很快的捲入英法大戰，使其耗費了超過戰爭一開始所累積所有財富的總價值。一連串史無前例的歉收使得麵包出奇的昂貴。而最糟的是，所採取的〈濟貧法〉的執行方法，削弱了人民的獨立性和活力。

因此，上個世紀的前半段中，我們看到了自由企業在英格蘭有利的環境下建立起來了，也看到了該制度的弊端也在加劇，而其有益的影響則由於外部的厄運而遭遇妨礙。

第15節

在過去保護弱者那些行業的習俗和行會的規章，現在已不再適合新的產業了。這些習俗和規章於某些地方，在有共識之下廢棄了；在其他地方，則成功維持了一段時間。但這是一個致命的成功；因為在舊的束縛之下無法發展起來的新產業，離開了那些地方，而到比較自由的地方去了。[40]於是工人們轉而要求政府執行國會所訂的行業繼

有一些無益的企圖想要恢復管制勞工的舊法令。

---

[40] 產業從行會過度管制的地方脫離的趨勢其來有自，並且在十三世紀就已經顯現出來了，儘管那時比較微弱。見葛洛斯，《行會商人》，卷一，頁43及52。

續經營方法的舊法律，甚至要求恢復由治安法官執行價格和工資的管制。

這些努力必然會失敗。那些舊規章是當時的社會、道德和經濟思想的表現；那些規章是摸索出來的，而不是仔細構想出來的；是在幾乎未變的經濟條件下，生活的好幾代的人，近乎直覺的經驗所總結出來的。在新的時代變化來得如此之快，沒有時間慢慢摸索規章。每個人都必須做自己眼前認為是對的事情，而過去的經驗難以做為指導；那些努力守住舊傳統的人，迅速就被排擠掉了。

新的企業家階層主要包括那些獨立自主、堅強、敏捷，且有進取心的人；當這些人看到憑自己努力而獲得成功時，就往往認為窮人和弱者應該要為他們的不幸受到指責，而不應得到憐憫。他們對於那些試圖支持為進步潮流削弱經濟安排的人，其愚蠢行為留下了深刻的印象，他們往往也認為除了讓競爭完全自由，並讓最強者走自己的路之外，沒有什麼更為人們所需要的了。他們讚美獨立的個性，並不急於尋找一個取代早先使人們團結在一起的束縛社會和產業的現代替代品。

與此同時，各種不幸已經減少了英格蘭人民的總淨所得。在1820年，光國債利息的支出就占了總淨所得的十分之一。因新發明而變得低廉的商品主要是一些製造品，而這些物品，工人所消費的比例很小。當時英格蘭幾乎獨占了製造品，如果允許製造品可以自由交換國外種植的穀物的話，的確可以廉價地獲取糧食；但這遭到了控制國會的地主們所禁止。勞工們的工資，就其花在普通糧食上來

旁註：

這些法令在他們那個時代利弊參半，但是並不適合於現在這個快速變動的時代。

製造商主要都是自立自強的人，他們只看到競爭的好的一面。

戰時租稅的壓力與糧食的缺乏，降低了實質工資，

說，只等於勞力被迫耕種非常貧瘠的地，以補足肥沃土地上供應不足的產量。他不得不在一個即使自由工作，供需關係也只能給他帶來微薄工資的市場上出售其勞動。但他並沒有享有經濟自由的全部利益；他與同行之間沒有有效的聯盟；他既無市場的知識，也沒有商品賣方那種囤貨以維持底價的能力，他不但鞭策自己，也鞭策家人，在長時間和不健康的條件下工作。這影響了工人的效率，因此也影響了他們工作的淨價值，從而也降低了他們的工資。僱用年幼的童工長時間工作，並不是什麼新鮮的事；這在十七世紀的諾里奇（Norwich）[41]和其他地方就已經很常見了。但是在十九世紀的第一個25年，因為在惡劣條件下過度工作，而造成精神上和身體上的痛苦和疾病者，在工業人口中都達到了頂點。這些人在往後的第二個25年中緩慢減少，並在此後更快速的減少了。

並誘發了不健康及過度的工作，降低了賺取工資的能力。

　　在工人們意識到企圖恢復舊有管制產業規章是愚蠢的之後，就再也沒有任何意願去限制企業的自由了。英格蘭人民在最壞的情況下所遭受的痛苦，永遠無法與法國大革命以前缺乏自由，所造成的那種痛苦相提並論；有人認為，如果不是從其新產業中獲得的力量，英格蘭可能會臣服於一個獨裁的外國軍事之下，正如之前那些自由城市所經歷的那樣。英格蘭的人口雖然很少，但有時卻幾乎是獨

但是，新制度拯救了英格蘭，使之免於法國軍隊的占領，同時工人也接受了新制度。

---

[41] 譯者註：英格蘭歷史上著名的古城，十一世紀時曾是全英格蘭第二大城市，僅次於倫敦，是英格蘭治安良好的城市。

自承擔了對抗一個幾乎控制歐洲大陸絕大部分資源的征服者的戰費；而在其他時候，英格蘭又得資助那些與該征服者對抗的較大，但較貧窮的國家。無論是對或錯，當時人們都認為若不是英格蘭產業的自由力量，提供了戰爭資源，以對抗他們共同的敵人，整個歐洲可能會如同早期陷入羅馬統治那樣，永遠為法國所統治。因此，此後幾乎未出現過對自由企業的過度抱怨；相反的，抱怨對自由企業受到限制，而阻止了英格蘭人以目前可以輕易生產的製成品，換取國外進口糧食者反而居多。

工會政策的轉變。

即使是正要開始大放異彩，但卻波折不斷的，其發展歷程幾乎比英格蘭歷史上其他任何事情，都更充滿趣味性和啟發性的工會，也進入了一個不求當局的幫助、只求不被打擾的階段。他們透過慘痛的經驗了解到，企圖執行政府指導產業走向的舊規章是愚蠢行為；且對於透過自己的行動，來管理行業尚無遠大的看法。此時他們主要關心的是透過取消反對工人組織工會的法律，來增加自己的經濟自由。

第16節

人們不能像我們一樣看到，當經濟自由墮落到變成為放縱時，其弊端有多大。

因為經濟自由的突然增長，而產生的所有的弊端，到了我們這一代才為人所察覺。現在，我們才首次逐漸了解到，對其新職責還未經訓練的資本主義雇主們，把自己致富的欲望置於所僱用工人的福利之上的程度有多大；現在，我們也正首次了解到堅持富人除了享受權利之外，還

要讓他們以個人與集體的身分盡義務的重要性；現在，新時代的經濟問題才首次如實地顯現在我們的面前。這有部分是源自於較廣泛的知識和愈來愈高漲的熱忱。然而，無論我們的祖先是多麼有智慧和善良，他們因為總是被緊急的需要和嚴重的災難而催趕忙碌著，因此不可能像我們一樣看待事物。⑫

我們必須以更嚴格的標準來評斷自己。這是因為儘管英格蘭最近需要再次為國家存在而奮鬥，但其生產能力卻大大提高了；自由貿易和蒸汽動力交通工具的發展，使其能夠在簡單的條件下，獲得足夠一個人口大量增加的糧食供給。人民的平均貨幣所得增加了不只一倍，而除了動物性食品和住房之外，幾乎所有重要商品的價格都下降了一半，甚至更多。的確，即使是在現在，就算是財富分配平均，國家的總產量也只足以為人民提供必需品和更急需的舒適品，而且就如事實所呈現的那樣，許多人幾乎僅有生活的必需品。但是，這個國家在財富、健康、教育和道德方面都有所發展；而且，我們不再被迫把所有其他考慮，都置於增加產業總產量的需要之後了。

> 現在我們有較多的財富，因此也必須要有較高的目標。

---

⑫ 在承平時期，沒有人敢公開把金錢與人類生命列為同等重要；但在一場耗費龐大戰爭的緊急關頭中，金錢往往可用來拯救生命。儘管沒有人敢公開為保護承平時期的少數軍用物資，而犧牲士兵生命的將軍辯護，但是一個在關鍵時刻犧牲生命，以保護物資的將軍，人們卻視其行為為正確的，因為失去這些物資，將會導致許多人失去生命。

對自由的新限制，主要是爲了婦女與兒童的利益。

　　具體說來，雖然爲了更高和更大的最終利益，我們必須暫時忍受一些物質上的損失，但是這種日益增長的繁榮，已使我們富強到足以對自由企業施加新的限制了。不過，這些新的限制與舊時的限制不同。這些新的限制不是作爲一種階級統治的手段；而是爲了在那些無法使用競爭力量，來保護自己的情況下來保護弱者，特別是孩童和孩童的母親。目的是審愼和及時地建構能適應快速變化的現代產業環境的補救措施；從而在不保留弊端的情況下，獲得在過去其他時代逐漸由習俗演化出來的，保護弱者的長處。

電報和印刷機得以使人們針對弊端，決定他們自己的補救辦法。

　　即便在很多世代，產業的性質都基本維持著不變，但習俗的成長過於緩慢，也過於盲目，以致於無法在有利的時候施加壓力；並且在最近這個階段，習俗越發的利少弊多。但是，借助於電報和印刷機、代議制政治和工會，人們仍然可能爲自己的問題想出解決之道。知識的成長和自立能力的提升，讓人們獲得了眞正自制的自由，使人們能夠以自己的自由意志，來約束自己的行爲；而集體生產、集體共有和集體消費這些問題，正進入一個新的階段。

因爲立基於一種強烈自律的個體，我們正逐漸邁向較過去更高級的集體行動方式。

　　一如既往，巨大而急劇變革的計畫注定要失敗，並且會引起反作用；如果我們的改變快到使我們新的生活方式完全超過了我們的本能，我們就無法安穩地前進。的確，人性可以改變；正如歷史所顯示的那樣，新的理想、新的機會和新的行動方法，甚至可以使人性在幾代中就出現很大的轉變；人性的這種轉變，也許從未像現在這一代一樣，涵蓋著如此廣闊的範圍，而且轉變得這麼快速。但這仍然是一種成長，因此仍是漸進的；我們社會的組織必須

隨著人性的轉變而改變，因此社會組織的改變也必須是漸進的。

　　但是，儘管社會組織是隨著人性的改變而改變，但往往也可能較人性的改變要領先一點點，往往透過給予人們一些新的和較高級的工作，以及一些要奮鬥的實際理想，可以促進我們邁向更高級的社會發展。如此，我們就可以逐漸達到一種社會生活的秩序，在這種秩序中，大眾的利益會凌駕於個人的自私任性，其程度甚至比個人主義開始之前的那個時代還要大。但是，此時無私是出自於慎思；且個人的自由，雖然是出於本能的驅使，但卻將自行發展成為集體的自由。這與舊的生活秩序形成鮮明的對比；在舊的秩序中，個人受習俗的奴役，導致了集體的奴役和停滯，唯有憑藉專制或變化無常的革命才能打破。

第17節

　　到目前為止，我們一直都是從英國的角度來檢視此一變動。但是，其他國家也正朝著同一方向在邁進。美國以如此無畏而率直的精神來面對新的實際困難，以致於在一些經濟事務上已經獲得了領導權；該國為這個時代的最新經濟趨勢，提供了許多最具啟發性的例子，例如各種形式的投機和職業工會的發展等，且可能在不久的將來就會扮演起世界其他地區的開路先鋒者。

美國在某些經濟問題上，正在發揮著啟迪的作用。

　　澳大利亞也顯示出活力的跡象，且其人民的高同質性，確實使其比美國更具有一些優勢。因為雖然澳大利亞

澳大利亞。

人來自於許多不同的國家，因此可以透過他們各種各樣的經歷和思維習慣，相互刺激彼此的思想和企業精神，但是，他們卻幾乎都屬於同一個種族，而加拿大人也幾乎是如此；與彼此之間沒有任何親緣關係種族的社會制度相比，其社會制度的發展必須要針對能力、性情、嗜好和欲望而調整，在某些方面，可以進行得較容易，且較快速。

在歐洲大陸，通過自由結社取得重要成果的力量，小於英語系國家；因此，在處理產業問題方面，所能採取的辦法比較少，也比較難以徹底。但是這些問題的處理，在任何兩個國家都不完全相同；每個國家採行的方法都各自有一些特色和啓發性；尤其是在政府行爲方面。在這一方面，德國處於領先地位。晚於英格蘭而發展的德國製造業，對德國是一個很大的利得，使其受益於英格蘭的經驗，並避免許多英格蘭所犯過的錯誤。[43]

在由政府爲人民管理企業上，德國有試驗上的特殊能力。 在德國，有極大的一批國內最優秀的知識分子在政府部門工作，且世界上可能沒有第二個國家的政府擁有如此多訓練有素的高級人才。不過，英格蘭和美國所打造出的最佳企業人士的精力、創造力和膽識，直到最近才在德國充分發展出來。在另一方面，德國人民具有很強的服

---

[43] 李斯特提出了一個很有啓發性的見解，即一個落後國家不要從較先進國家當代的行爲中吸取教訓，而是要從與其處於同一狀態的這些國家目前的行爲中吸取教訓。但是，正如克尼斯所顯示的那樣（《政治經濟學》第二篇的五章），貿易的成長和交通工具的改善，使得不同國家的發展趨於同步。

從性，這一點與英格蘭人很不同。英格蘭人並非天生的順服，而是只有在有強大的機會出現時，才憑著意志力徹底遵守紀律。在德國，可以看到由政府管理產業的最好和最有吸引力的形式；與此同時，私營企業的特殊優點、活力、彈性和才略，也開始在德國充分的發展。以結果來說，德國對政府經濟職能的問題進行了非常仔細的研究，其成果對英語系的人來說也許非常有啓發性；前提是，他們要能記住最適合德國人性格的安排，對他們來說，卻可能不是最好的；因爲即使願意，他們也無法與德國人那種不變的順服，以及能輕易滿足於廉價的食物、衣著，住房和娛樂這些特質相互競爭。

並且，德國擁有比其他任何國家都要多的最有教養的人，他們在宗教感情的強烈和在企業投機的敏銳等方面，一直都是世界的領導者。在每一個國家，尤其是德國，許多最傑出及最具啓發性的經濟實務及經濟思想都來自於猶太人。且對於個人與社會之間的利益衝突，與這些衝突的根本經濟原因及其可能的社會主義的補救措施等許多大膽的推測，我們特別要感激德國的猶太人。

但我們正進到附錄二的主題了。在這裡，我們已經看到了經濟自由如何在近代發展出來，以及經濟學目前所要研究問題的內容有多麼新穎；我們接下來要探究事件的發展和偉大思想家個人的特點，如何塑造這種問題的形式。

附錄二①

經濟學的發展

---

① 請參閱第一篇第一章第5節。

第1節

現代經濟學
受惠於古代
思想間接者
甚多，但直
接者很少。

我們已經得知經濟自由如何起源於過去，但這主要還是相當近代的產物；接下來我們要探究經濟學相應的發展。當代的社會條件是在希臘思想和羅馬法律的幫助之下，從早期的雅利安和閃族的制度發展起來的；但是，現代經濟思潮一直很少受到古代理論的直接影響。

的確，當古典學派學者的研究復興時，正是現代經濟學與其他學科都共同起源的時間。但是，一個以奴隸制為基礎的工業制度以及蔑視製造業和商業的哲學，對那些為他們的手藝和職業，以及他們在參與管理政府上，都感到驕傲的吃苦耐勞的自由市民來說是格格不入的。這些強壯但卻粗俗的人，可能從過去時代偉大思想家的富於哲理氣質和廣泛興趣中獲益匪淺。但是事實上，他們卻是自己為自己解決問題；現代經濟學在其起源時，就有些粗糙且範圍有限，並且偏見地把財富視為目的，而不是人類生活的手段。現代經濟學直接關注的大體上是公共收入以及稅的產生和影響；在這一點上，隨著貿易變得日益擴大，且戰爭費用日益加大，自由城市和大帝國的政治家們，發現他們的經濟問題也愈加急迫和棘手。

與美洲大陸
貿易的影
響。

在歷代當中，特別是在中世紀的早期，政治家和商人都忙於透過管理貿易，以努力使其國家富裕。他們關注的主要目標是貴金屬的供給，他們認為無論是個人，還是國家，這個貴金屬的供給，即使不是物質繁榮的主要原因，也是最好的指標。但瓦斯科・達伽馬（Vasco da

Gama），②和哥倫布的航行，在西歐國家中，把商業問題從次要提升到主要的地位。關於貴金屬重要性以及獲得這些貴金屬供給最佳手段的理論，在某種程度上成為公共政策的主導者，決定了和平與戰爭，並決定了結盟，從而造成了國家的興衰；有時這些理論在很大程度上影響了各民族在全球上的移民。

關於貴金屬貿易的管制，只是一大批條例中的一類而已，這些條例以不同程度的綿密性和嚴厲性，為每個人安排他應該生產什麼、如何生產、應該要賺什麼，以及應該如何使用他賺的錢。條頓族天生的依附性，使得其習俗在中世紀早期具有非凡的力量。當在應付那些發生於美洲大陸的貿易中，所直接或間接產生的無休止變革時，這種非凡的力量幫助了職業行會、地方當局和各國政府。在法國，這種條頓人的偏見，透過羅馬的天才而變成為制度，且使溫情主義的政治達到了頂峰；科爾伯特（Colbert）③的貿易管制已成為一句格言了。就在這個時候，經濟理論初步成形了，所謂的重商主義變得重要了；管制以前所未有的嚴厲程度加以執行。

早期貿易的管制。

隨著歲月的推移，出現了一種經濟自由的**趨勢**，那些反對新思潮的人，聲稱上一代重商主義的權威是站在他

重商主義的理論鬆綁了貿易的束縛。

---

② 譯者註：是葡萄牙探險家，他在1498年從歐洲航海到印度洋，是歷史上首位達成這種航海的人。

③ 譯者註：於1661年3月9日，開始擔任法國財政總監。他在任內推行重商主義政策，透過國家干預政策，以增加政府的收入。

們這一邊的。但是，在重商主義的制度中所發現的管制和限制的精神，只是屬於那個時代的；該制度本身所帶來的許多變動，都朝向企業自由方向而發展。尤其是，與那些希望絕對禁止出口貴金屬的人相反，他們認為在任何情況下，只要長期間貿易為該國帶進來的黃金與白銀較之流出去的還要多時，就應該要允許貴金屬出口。這樣就產生了以下這個問題，亦即在某個特定的情況下，國家是否會因為允許貿易商隨其所願的經營其業務，而蒙受其害。透過提出這個問題，他們興起了一種新的思潮；這種思潮在不知不覺中邁向了經濟自由，而在邁進中，受到當時環境的協助，不亞於受到西歐人思想中的風格與性情的協助。這種運動日益擴大，一直持續到十八世紀下半葉，以下這種學說出現的時機已然成熟為止。該學說認為當國家試圖以自己人為的管制，來對抗每個人都以自己的方式，處理自己事務的這種「天賦」（natural）自由權時，社會的福祉幾乎總是會受損。[4]

第2節

重農學派者堅稱管制是人為的，自由才是自然的。

　　大約在十八世紀中葉，法國一群政治家和哲學家，在路易十五一位崇高的御醫揆內（Quesnay）的領導下，首

---

[4] 與此同時，「財政學派」（Cameralistic）的研究，正在開展對公共事業的科學分析，一開始僅在財政方面，但是從1750年以來，愈來愈關注於與人有別的國家財富的物質狀況。

次有系統的嘗試在廣泛的基礎上建構了經濟學。⑤他們政策的
基石是順從大自然。⑥

---

⑤ 康帝榮於1755年寫的內容廣泛的〈論商業本質〉（Sur la Nature de
　Commerce），的確堪稱為是一篇有系統的論文。這篇論文是尖銳
　的，且在某些方面超越他的時代；雖然現在看起來，有幾個重要的觀
　點早在60年前尼古拉斯・巴邦（Nicholas Barbon）就已經在他的著作
　中提到了。考茨是第一個認識到康帝榮著作重要性的人；傑逢斯稱康
　帝榮是政治經濟學真正的創始人。有關康帝榮在經濟學中地位的公平
　評價，請參閱希格斯在《經濟學季刊》第六卷中的一篇文章。

⑥ 在前兩個世紀，研究經濟問題的學者不斷地訴諸於自然；每個討論者
　都聲稱，自己的構想比其他人的更接近於自然，而十八世紀的哲學家
　中，一些對經濟學有很大影響力的人，常常想要找與自然符合的對錯
　標準。尤其是洛克（Locke）曾預見到法國經濟學家大部分的著作當
　中，都具有他訴諸自然的一般風格，且具有他理論上的一些重要細
　節。但是，揆內和其他與他共事的法國經濟學家，除了受到那些在英
　格蘭發揮作用的因素所影響之外，也受到若干其他因素的影響，而吸
　引他們去研究社會生活的自然法則。
　使法國覆亡的宮廷奢靡以及上流社會的特權，顯示出矯揉造作文明最
　糟糕的一面，讓有思想的人渴望回歸到更自然的社會狀態。我們發現
　許多法國最具有精神和道德力量的法學家，熟知羅馬帝國後期的斯
　多葛法學者所發展出來的「自然法則」（Law of Nature），並且隨
　著歲月的推移，由盧梭（Rousseau）所點燃的，對美國印第安人「自
　然」（natural）生活的讚嘆之火，開始影響經濟學家。不久之後，這
　些經濟學家就稱為重農學派（Physiocrats）或自然法則的擁護者；這
　個名字源自杜邦（Dupont de Nemour）在1768年發表的 *Physiocratie*

他們是最先把自由貿易學說當做行爲的廣泛原則的人，在這方面，他們甚至超越了達德利・諾斯爵士（Sir Dudley North）[7]這樣先進的英格蘭學者；他們處理政治和社會問題的態度與風格，其中有很多都成爲後來時代的前奏。然而，他們陷入了一種思想的混亂，而思想混亂是他們那個時代的科學家所共有的特點，但是在經過長期的努力之後，自然科學已排除了這種混亂。他們混淆了倫理上順從自然原則與探究大自然的因果法則，前者是以命令語氣來表達，並規定了某些行爲的法則；而後者則是以陳述語氣，來表達透過對自然的研究，而爲科學所發現的法則。由於這個原因和其他原因，他們的著作幾乎沒有直接的價值。

他們帶給經濟學家現代博愛的精神。

然而，該學說對目前經濟學地位的間接影響卻非常大。首先因爲他們論證的清晰和邏輯上的一致性，使他們對後來的思想產生了極大的影響。其次，他們研究的主要動機，並不像他們大多數的前輩那樣，是要增加商人的財富，以擴大國王的財源；而是在於減少極端的貧困，所造成的苦難和墮落。因此，他們給經濟學帶來了現代的目

---

*ou Constitution Naturelle du Gouvernement le plus avantageux au Genre Humainu*一書名稱中的*Physiocratie*。這裡要提的是，他們對農業及對農村生活的自然和樸實的嚮往，部分來自於他們的斯多葛大師。

[7] 譯者註：是17世紀下半葉的一位英格蘭商人、政治家和經濟學家，他主張自由貿易。

標，即追求可能有助於提高人類生活質量的知識。⑧

第3節

在前進中的下一個大步，是經濟學前所未有的最大一步，不是一個學派的著作，而是一個個人的著作。亞當·史密斯並不是他那個時代唯一偉大的英格蘭經濟學家。在他著書之前不久，休謨和斯圖亞特已經對經濟理論做了重要的增補，安德森（Anderson）和楊格也發表了關於經濟事實出色的研究了。但亞當·史密斯的廣度足以包括他同

亞當·史密斯的天才。

---

⑧ 即使是寬大的旺邦（Vauban）（寫於1717年）也不得不爲他對人民福祉的關心而辯解，他辯稱要使國王富庶，唯一的一個辦法就是要使人民富庶，亦即貧窮的人民（Pauvres paysans），就是貧窮的國家（Pauvre Royaume）；而貧窮的國家，就是貧窮的國王（Pauvre Roi）。另一方面，對亞當·史密斯影響很大的洛克，助長了重農學派強烈的博愛主義，同時也促成了他們一些奇特的經濟觀點。他們最喜歡的一句話就是自由放任、自由流通或沒有約束（laisser aller），現在普遍遭到誤用了。自由放任意味著任何人都應該允許隨其所好製造物品；所有行業都應向所有人開放；正如科爾伯特派（Colbertists）所主張的那樣，政府不應該規定製造商布料的樣式。自由流通意味著，應該允許人員和貨物，從一個地方自由通行到另一個地方，特別是從法國的一個地區通行到另一個地區，而不受通行費、稅收以及惱人的規定所約束。可以指出的一點是，沒有約束是中世紀元帥讓格鬥雙方在比賽中解除束縛的信號。

時代人所有的精華，無論是法國人還是英格蘭人；雖然他毫無疑問地參考了其他人很多的東西，但是如果我們愈把他和他之前及之後的人相比，就愈顯露出他所具有的優越的天份、淵博的知識及精準的判斷力。

他在法國居住了很長一段時間，與重農學派學者有過親身的交往；他仔細研究了那個時代英、法的哲學，他對這個世界的了解係透過廣泛的旅行和與蘇格蘭商人的密切聯繫而得到的。在這些優勢之外，他還有無與倫比的觀察力、判斷力和推理能力。這個結果使得他與前輩不同，他比他們更接近正確；同時，現在我們所知道的經濟學的真理幾乎他都看到了。而且，由於他是第一個就所有主要社會層面，撰寫財富論著的人，僅憑這個理由，他就足以被視為現代經濟學的創始人了。⑨

---

⑨ 請參照瓦格納的《政治經濟學的基礎》第三版頁6及其他各頁，對亞當・史密斯具有無上權威的簡短、但有力的陳述；也請參照哈斯巴赫（Hasbach）的《對亞當・史密斯的研究》（*Untersuchungen über Adam Smith*）（其中關於荷蘭思想對英格蘭和法國的影響特別有趣）；和布萊斯在《經濟期刊》第3卷中的〈亞當・史密斯及其與近期經濟學的關係〉（Adam Smith and His Relations to Recent Economics）一文。坎寧安在《歷史》（*History*）一書，第306節，極力主張：「他偉大的成就在於把國家財富的概念分離出來，而以前的學者是有意識地把國家財富置於國家權力之下」；但也許這種對比被分得太過明顯了。坎南在《亞當・史密斯的演講》（*Lectures of Adam Smith*）一書中的序言，曾指出哈奇遜（Hutcheson）對亞當・史密斯影響的重要性。

　　但他所開闢的領域太大了，以致於無法由一個人全面徹底地探究完；他所看到的真理，不時地在另一時候又會從他的視線中消失。因此，可以引用他的權威，來支持許多的錯誤；儘管經過檢視，我們仍會發現他總是邁向真理之路。[10]

　　他以如此大的才智，對實際商業環境如此廣博的知識，發展了重農學派的自由貿易學說，以致於使該學說得以成為現實生活中一股巨大的力量；他在國內、外最為人所知悉的，就是他對政府干涉貿易通常會造成傷害的論點。他一方面舉了許多說明經由這些途徑，追求自利可能使個別貿易商不致於對社會造成損害的例證，另一方面他也主張即使政府以最大的善意採取行動，但是對大眾的

他大力闡揚了自由貿易的學說，

---

[10]　例如，他並未完全擺脫在他那個時代所流行的，把經濟學的法則和與符合自然的倫理規律混在一起的情況。對他而言，「自然的」（Natural）有時意味著現有的力量所實際產生的或即將產生的東西，有時則又意味著他自己的人性使他希望這些力量所應該產生的東西。同樣地，他有時把闡述一種科學，視為是經濟學家的本分，而有時則又把提出一部分政治管理技術，當作是經濟學家的本分。雖然他的語言經常是鬆散的，不過我們仔細研究後，會發現他自己非常清楚他說的是什麼。當他探索因果法則，也就是說，現代所謂的自然法則時，他使用的是科學方法；而當他說的是實際的規則時，他一般都知道他只是表達自己對應該如何的看法，即使他似乎主張這些規則具有自然的根據，也只是表達自己的這種看法而已。

貢獻，幾乎總是比個別貿易商的企業精神對大眾的貢獻還糟，無論貿易商多麼自私自利。他對該學說的捍衛，給世人留下了如此深刻的印象，以致於大多數德國學者在談到史密斯主義（*Smithianismus*）[11]時，他們主要指的就是這一學說。

但是他的主要成就在於為價值理論找到統一經濟學的一個共同核心。

但畢竟這不是他主要的偉績。他主要的偉績在於綜合和發揚與他同時代和前輩的法國和英格蘭學者對價值的研究。他在思想方面所提出的劃時代的主張就是，首次以價值衡量人類動機的方式，來進行詳細且科學的探究；其中一方面衡量了購買者獲取財富的欲望，另一方面又衡量了財富的生產者所付出的努力和犧牲（或「實際的生產成本」（Real Cost of Production）。[12]

---

[11] 在德國，這一名詞的廣泛使用，不僅意味著亞當・史密斯認為個人利益的自由發揮，對公眾利益的幫助比政府的干預要大，且進一步的意味著，這種自由的發揮幾乎總是按最理想的方式產生作用。但是，首要的德國經濟學家都十分清楚，他一直堅持私人利益和公共利益之間經常是衝突的；史密斯主義一詞的舊用法正在逐漸變得不足為信了。比如，克尼斯，《政治經濟學》，第三章第3節中，從《原富》（國富論）一書中徵引的一長序列的此類衝突。也請參見費爾包躬（Feilbogen）的《史密斯和特哥》（*Smith und Turgot*）以及蔡斯（Zeyss）的《史密斯及利己主義》（*Smith und der Eigennutz*）。

[12] 重農學派和許多早期的學者，已經指出了價值和生產成本之間的關係，其中可以一提的有哈里斯、康帝榮、洛克、巴邦、佩帝，

可能連他自己都未了解他正在做的工作的全部大意，無疑地，他的追隨者當中許多人也都沒有了解到其中的大意。但是儘管如此，在《原富》（國富論）之後的最佳經濟學著作與之前著作的區別，在於較清晰的洞察了用貨幣一方面權衡擁有一種物品的欲望，另一方面權衡爲製造該物品直接和間接作出的各種努力和自我節制等問題。雖然其他人在這個方向上所做的努力也是重要的，但是他所作出的貢獻是如此之大，以致於他真正打開了這種新的觀點，並因此而開創了一個新紀元。在這一點上，他和他前後的經濟學家，並未發明一個新的學術觀念；他們只是明確定義並精確化了普通生活中所熟悉的概念而已。事實上，頭腦沒有分析習慣的一般人，容易認爲用貨幣來衡量動機和幸福，比實際上所做的要嚴密和準確；而這部分是因爲他沒有想出進行衡量的方式。經濟學的語言似乎是技術性的，不像一般生活的語言那麼真實。但事實上經濟學的語言更真實，因爲這種用語更加謹慎，且更考慮到各種差異和困難。⑬

甚至霍布斯（Hobbes）雖然說得含糊不清，但卻也暗示了富裕有賴於人類使用勞動和節制，來加工和累積陸地和海洋上的大自然的恩賜（*proventus terræ et aquæ, labor et parsimonia*）。

⑬ 亞當‧史密斯很清楚地知道，雖然經濟學必須要立基於對事實的研究，但事實是如此複雜，以致於這些事實通常不能直接告訴我們什麼；這些事實必要要透過仔細的推理和分析來加以解釋。正如休謨說過的那樣，《原富》（國富論）「以如此多的奇妙事實來作說明，因此必然會引起公眾的注意」。這正是亞當‧史密斯所做的；他並不常用詳細的歸納法來證明一個結論。他的證據的資料主要都是每個人所知道的物質、精神和道德的事實。但他用奇妙的和有啟發性的事實，

第4節

事實的研究。

亞當・史密斯同時代的人和他不久之後的直接後繼者，都沒有像他那樣的開闊和有條不紊的頭腦。但是他們卻也都做了出色的貢獻，他們每個人都能致力於某一類問題的研究，之所以研究這些問題，有些是受到他天賦的自然傾向所吸引，有些則是爲其著書時代的特殊事件所吸引。在18世紀其餘的時間裡，主要的經濟學著作都是歷史性和描述性的，且關注的是工人階級，特別是農業區工人階級的生活狀況。亞瑟・楊格繼續他那無與倫比的旅行記錄，艾登寫的窮人史，成爲所有接下來的產業史學家的基礎和範本；而馬爾薩斯則經由對歷史的詳細探究，指出了實際上支配不同國家和不同時期人口成長的因素是什麼。

邊沁反對沒有正當理由的對貿易習俗設下限制，這在上世紀初大大地影響了英格蘭的經濟學家。

但總的來說，亞當・史密斯不久之後的直接後繼者中最有影響力的人是邊沁。他自己在經濟學方面的著述很少，但卻奠下十九世紀初興起的英格蘭經濟學派的風格。他是一個堅定的邏輯學家，反對所有沒有明確理由的限制和管制；他嚴格的要求這些限制和管制，必須要證明其

作爲他的證據；因此，他賦予這些事實生命和力量，使他的讀者感到這些事實與論據是在討論現實世界的問題，而不是處理抽象的東西；而他的書雖然布局得不是很好，但卻提供了一種方法的範例。尼科爾森教授在《劍橋現代史》（*The Cambridge Modern History*）第十卷第二十四章中很清楚地指出，亞當・史密斯和李嘉圖兩個人都在其各自的專長，有至高無上的地位。

存在的正當性等這些論點，得到當時環境的支持。英格蘭因為
迅速適應每一個新的經濟變動，而贏得了其在世界上獨特的地
位；而中歐各國由於固守其過時的方式，以致於使他們無法利
用豐富的自然資源。因此，英格蘭的企業家往往認為習俗和感
情，對企業是有害的，而在英格蘭，這種傷害正逐漸在減少之
中，至少已經在減少了，且很快就會消失；邊沁的追隨者毫不
遲疑地下結論說，他們不需要過多地關注習俗。在假設每個人
始終保持警覺，以找出哪種方法最能促進他自己的利益，且自
由而迅速地採取這種方法之下，就足以讓他們討論人的行為的
傾向了。⑭

　　因此，於上個世紀初，在英格蘭的經濟學家所遭到以下的
指責當中，有些是有其正當性的。這些指責有些認為他們沒有
以足夠謹慎的態度，來探究相對於個人的行為，在社會和經濟
事務中，是否不需給予集體行為較大的關注，同時有些則認為
他們誇大了競爭的力量和競爭作用的速度；而且也有些指責他

---

⑭ 他影響周圍那些年輕經濟學家的另一種方式，是透過他對安全的熱切
　渴望。他的確是一位熱心的改革家。反對把所有不同階層的人進行人
　為的區分；並強調說任何一個人的幸福，都和其他人的幸福一樣重
　要，所有行為的目的都應該是要增加總的幸福；同時他承認，在其他
　條件不變之下，財富分配愈平均，這種幸福的總和就會愈大。然而，
　他心中如此的充滿了對法國革命的恐懼，認為對安全最小的攻擊，都
　會帶來如此巨大的禍害，以致於像他這樣勇敢的分析家，不只自己感
　受到，也培養他的門徒一種對現有的私有財產制度崇拜到幾乎是迷信
　的程度。

們的著述受到一定的外觀生硬，甚至語氣刻薄的損害。這些指責雖然都是微小的，但也都不無道理。這些缺點部分是受到邊沁的直接影響，部分是受到邊沁所倡議的時代精神的影響，但也有部分在於經濟學的研究，又大量落到了一些把力量用在精力充沛的行為當中，而不是用在哲學思想的人當中。

第5節

他們當中有許多人偏愛迅速的普遍化。

　　政治家和商人再次把自己投入到貨幣和對外貿易的問題，所花的精力甚至比在中世紀末期，經濟發生巨大變革的早期，這些問題初次出現時還要多。乍看之下，由於與現實生活的接觸、廣泛的經驗以及對事實的廣泛了解，似乎可能會使他們對人性進行廣泛的探究，並把他們的推理建構在廣泛的基礎上。但是，對實際生活的淬煉，往往導致他們過於迅速地把個人的經驗普遍化。

他們對貨幣研究的成就是卓越的，

　　就自己的領域來說，他們的研究是很優異的。貨幣理論正是經濟學中忽略人類的任何動機，除了對財富的欲望之外，幾乎都不會造成任何傷害的這樣一部分；李嘉圖所領導的傑出的演繹推理學派，就是在這裡奠下其安全的基礎。⑮

---

⑮ 李嘉圖經常被稱為是英格蘭人的代表；但他正好不是這樣。他那強烈的原創力，是所有國家最高天才的標誌。但是，他對歸納法的厭惡以及對抽象推理的喜歡，並不是因為他英格蘭的教育，而

　　經濟學家接下來就是研究對外貿易的理論，並填補亞當·史密斯在此所留下的許多不足之處。除了貨幣理論之外，沒有經濟學的其他部分，幾乎完全落入到純演繹推理的範圍之內。的確，要充分討論自由貿易政策，必須要考慮到許多不嚴格地屬於經濟學範圍的問題；但其中的大部分，雖然對農業國家，特別是對新開發的國家而言很重要，但對英格蘭的情況卻沒什麼影響。

對外貿易的研究也是如此，

是像白芝浩指出的那樣，是他的閃族人的血統。幾乎每個閃族的分支，都有一些處理抽象問題的特殊天份，其中有幾支偏好於與貨幣交易行業及現代貨幣交易發展相關的抽象計算；而李嘉圖不用透過錯綜複雜的途徑，就可以輕易達到新的和意想不到結果的這種能力從未被超越。即使是英格蘭人也很難跟上他的思路；而外國評論家通常並未探查出他著作的真正大意和目的。因為他從不解釋自己，也從未說明自己的研究首先立基在一個假設之上，然後又轉到另一個假設的目的是什麼，以及如何透過適當地結合不同假設所得到的結論，而把各種各樣的實際問題涵蓋進來。他最初著書的目的不是為了要出版，而是為了要釐清自己和或許是幾個朋友，在特殊困難點上的疑慮。他們和他一樣，都是對生活事務的事實有廣泛了解的人；這就是何以他偏愛與一般經驗相結合的廣泛原理，而比較不偏好從選定類別的事實中得出歸納的一個原因。然而，他的知識是片面的，他理解商人，但不理解工人。不過，他卻同情工人；支持他的朋友休謨主張，工人和他們的雇主一樣，都有籌組工會，以互助的權利。請參照下面的附錄九。

他們也沒有
忽視統計與
工人階級狀
況的調查。

　　於整個這段時間當中，在英格蘭也未忽視對經濟事
實的研究。圖克、麥克洛克和波特爾巧妙地繼續進行著佩
帝、亞瑟‧楊格、艾登和其他人的統計研究。儘管在他們
的著作中，過度著眼於與商人和其他資本家有直接相關利
益的事實，但在經濟學家的影響下，所帶來的國會對工人
階級狀況的一系列令人讚嘆的調查，卻不能說成是同樣著
眼於此。事實上，在十八世紀末和十九世紀初，英格蘭產
生的官方和私人統計和經濟史數據的收集，可以完全看作
是經濟學系統的歷史和統計研究的起源。

但是他們缺
乏比較方法
的知識。

　　然而，他們的研究卻有一定程度的狹隘性；雖然這
的確是屬於歷史性的研究；但大部分並不是「比較性的」
（comparative）研究。休謨、亞當‧史密斯、亞瑟‧楊
格和其他人，一直由他們自己天賦的本能和孟德斯鳩的範
例所引領，偶爾也比較不同年代和不同國家的社會實情，
並從這些比較當中汲取教訓。但沒有人在系統的研究中，
掌握住歷史比較研究的概念。因此，那個時代的學者，在
尋找實際生活事實時幹練而認真，但是在研究上卻頗為雜
亂無章。他們忽略了我們現在認為至關重要的整群事實，
且往往也未能充分利用他們所收集的那些事實。當他們從
事實的收集，轉到對這些事實的一般推理時，這種狹隘性
就更加劇了。

第6節

　　為了簡化論證，李嘉圖和他的追隨者似乎經常把人看作是一成不變的，且從不多加麻煩自己去研究人的變化。他們最熟悉的人是都市人；他們有時如此粗心大意地表達，以致於幾乎暗示了其他英格蘭人都非常像他們所認識的都市裡的人。

　　他們知道其他國家的居民有其值得研究的特點；但他們似乎認為這種差異是表面的，且只要一旦其他國家掌握了英格蘭人準備教他們的較好的方式時，這些差異肯定就會消除掉。這種心態導致我們的律師，把英格蘭的民法強加於印度人身上，也使我們的經濟學家們在世界是由都市人組成的這個暗中的假設之下，推演出他們的理論。雖然只要他們討論的只是貨幣和對外貿易的話，這幾乎沒有什麼太大的害處，但如果討論的是不同的產業階級之間的關係的話，就會誤入歧途。這會使他們把勞動說成是一種商品，而不是把他們自己投身於工人的觀點來看待問題；未深思並考慮到勞動者人的情感、他的本能和習慣、他的同情心和憎惡心、他的階級嫉妒心和階級依附性，他的缺乏知識及機會，以進行自由和有力的活動。因此，他們把供給和需要的作用，看成是遠比現實生活中所看到的還要機械和規律；他們所推演出來的利潤和工資的法則，即使對

對簡化的追求，導致他們有時認為全人類與都市的人一樣都有相同的思維習慣。

他們沒有充分考慮到人性對環境的依賴。

於那時的英格蘭來說也是不適用的。⑯但他們最致命的錯誤，在於沒看到工業的習慣和制度有多麼容易變動。尤其是他們未曾看到窮人的貧困是衰弱與低效率的主要原因，而衰弱與低效率又是導致他們貧困的原因；他們也沒有現代經濟學家對工人階級的狀況有可能大大改善的信念。

---

⑯ 關於工資，在他們從其自己的前提，所推導出來的結論當中，甚至還存在一些邏輯上的錯誤。這些錯誤若追本溯源，也只不過就是表達方式粗率而已。但那些不在乎經濟學的科學研究，而只在乎徵引經濟理論，好讓工人階級維持於原來地位的人，急切地抓住了這些錯誤；也許沒有其他偉大學派的思想家，曾經因其「寄生蟲」（parasites）（這是一個在德國經常使用到他們身上的名詞）這個稱號，而受害如此之深。這些寄生蟲在自稱簡化經濟學說時，實際上並沒有以讓經濟學說成立所需的條件，來真正闡明這些學說。馬蒂諾小姐（Miss Martineau）在她以激烈言詞反對〈工廠法〉的著作中，使這些陳述看起來似乎稍微可信；西尼爾的著作也是持這種看法。但是就經濟學家這個字的嚴格含意來說，馬蒂諾小姐並不是一個經濟學家；因為唯恐這會給她的思想造成太大的困擾，她承認自己在寫一篇說明經濟學原理的故事之前，所讀過經濟學書籍從未超過一章以上；在她去世以前，曾表達了她對經濟學原理（她所理解的）是否成立表示懷疑。當西尼爾剛剛開始學習經濟學時，就寫文章反對〈工廠法〉；幾年後，他正式撤回了他的意見。有時候人們說麥克洛克是〈工廠法〉的反對者；但事實上，他衷心支持這些法案。圖克是小組委員會的主持人，該委員會關於礦坑僱用婦女和兒童的報告，喚起了輿論對此採取堅決的反對行動。

　　社會主義者的確主張可以使人類達到完美。但他們的
觀點卻很少立基於歷史和科學的研究；且以一種誇張的方
式來表達其觀點，因而造成當時有條不紊的經濟學家的蔑
視。社會主義者並未對他們所攻擊的學說加以研究；同時
我們可以毫無困難地指出，他們未曾了解現有社會經濟組
織的性質和效率。因此，經濟學家不用勞煩自己去仔細檢
視他們的任何學說，尤其是他們對人性的推測，更不用去
檢視了。[17]

　　但是，社會主義者是那些感覺強烈，且對人的行為
所隱藏的根源有所了解的人，而經濟學家們則未曾考慮到
人類行為所隱藏的根源。在他們狂熱的著作中，埋藏著敏
銳的觀察和意義深長的啟發，從中有許多值得哲學家和經
濟學家學習的。漸漸地，他們的影響開始顯露出來了。孔
德（Comte）[18]深深地受到他們的影響；約翰‧斯圖亞特‧
密爾的生命轉折點，正如他在自傳中所告訴我們的那樣，
也是從讀他們的著作而來的。

社會主義者。

―――――――――

[17] 對馬爾薩斯必須做部分例外的處理，他對人口的研究是受到戈德
　　溫論文的啟發。但他並不完全屬於李嘉圖學派，他也不是一個商
　　人。半個世紀之後出現的巴斯夏是一個通俗的作家，而不是一個
　　深厚的思想家，他曾堅持了以下這種學說，即在競爭的影響下，
　　社會的自然組織不僅是實際上可以實現當中最好的，而且甚至是
　　在理論上可以構思出來的最好的。

[18] 譯者註：1798-1857年法國實證主義哲學家。

第7節

經濟學家把
人性可變性
納入考慮的
趨勢日益增
長

　　當把財富分配重要問題的現代觀點，與十九世紀初普遍存在的觀點進行比較時，我們會發現，除了所有細節上的變化和科學推理準確性的改進之外，在問題的處理上也有根本的改變；因爲早期的經濟學家在論證上，似乎把人的性格和效率視爲一個固定的數量，但現代經濟學家始終牢記一個事實，那就是人的性格和效率是他所處生活環境下的產物。經濟學角度的這種轉變，部分是由於上世紀的最後50年之中人性的變化如此之迅速，以致於迫使人們不得不對此加以關注；部分是由於個別學者、社會主義者和其他人的直接影響；而部分則是由於自然科學在某些部門中類似變化的間接影響。

這部分是由
於生物學研
究的影響。

　　在十九世紀初，數學物理這一類的學科正方興未艾；這些學科儘管彼此之間有巨大的差異，但卻有著以下的共同點，即其處理的對象在所有國家和所有時代都沒變。人類對科學的進步很熟悉，但對科學處理對象的發展卻很陌生。生物學這一類的學科也與時俱進地逐漸在發展著，人們對有機體成長的性質也逐漸有了較清晰的認識。他們逐漸了解到，如果科學處理的對象經過了幾個不同的發展階段，那麼適用於某一階段的法則，很少能在不加修改之下，適用於其他的階段；科學的法則必須與其所處理對象的發展而相應發展。這一新概念的影響，逐漸傳播到與人有關的學科；並在歌德（Goethe）、黑格爾、孔德及其他人的著作中表現出來。

最後，生物學的研究往前邁進了一大步；其發現吸引了世界的注意力，就像早年物理學的發現那樣；同時道德和歷史學的風格也出現了顯著的變化。經濟學也加入這種一般的變動當中；並對人性的可塑性，以及人性對財富的生產、分配和消費盛行方法的影響，以及反過來後者對人性的影響等問題日益關注。約翰・斯圖亞特・密爾令人讚嘆的《政治經濟學原理》一書中，顯示了這種新變革的第一個重要跡象。[19]

約翰・斯圖亞特・密爾。

---

[19] 詹姆斯・密爾以邊沁和李嘉圖的最嚴謹的教義，教育了他的兒子約翰・密爾（John Mill），並在他的頭腦中植入了一股追求清晰和明確的熱忱。在1830年，約翰・密爾寫了一篇關於經濟學方法的文章，建議要使經濟學的抽象理論輪廓更加清晰。他對抗李嘉圖以下這個隱含的假設，即經濟學家不需要考慮財富欲望之外的任何行為的動機；他認為，只要沒有明確陳述出來，這個假設就是危險的；他半承諾要寫一篇審慎並公開立基於這個假設的論文，但沒有兌現這個承諾。在1848年出版了偉大經濟學著作之前，他的思想和感情發生了變化。他稱這本著作為《政治經濟學原理及其對社會哲學的若干應用》（*Principles of Political Economy, with Some of Their Applications to Social Philosophy*）（他沒有把這本書稱為是《對社會哲學其他部門的應用》〔*to Other Branches of Social Philosophy*〕，這是有意義的；請參照英格拉姆的《歷史》，頁154），且在這本著作中，他並沒有試圖用一條嚴格的線，把那些假設人的唯一動機是追求財富的推理，與那些不做這種假設的推理中劃分開來。他的態度的這種轉變是他周圍世界正在發生巨大變革的一部分，儘管他並不完全了解這些巨大變革對他自己的影響。

最近英格蘭
的經濟學
家。

　　密爾的追隨者拋開李嘉圖的直接追隨者所採取的立場，朝這個方向繼續向前邁進；有別於機械因素，在經濟學中人的因素取得愈來愈重要的地位。克里夫‧萊斯利的歷史探究以及白芝浩、卡尼斯、湯恩比和其他人的多方面著作都表現出了這種新的趨勢，更不用提現在仍然活著的學者了。但以傑逢斯的著作最為顯著，他把許多最優異的特點巧妙結合起來，而在經濟史上獲得了永垂青史的地位。

現代英格蘭
著作的特
色。

　　一種較高層次的社會責任概念，正在四處擴散。在國會、在媒體和在講壇上，人文精神更加確實地，且也更加熱切地表述出來了。密爾和跟隨其後的經濟學家，幫助推進了這一普遍的變革，而他們又反過來受到此一潮流的推動。部分由於這個原因，部分由於現代歷史學科的發展，他們對事實的研究更廣泛也更具哲學性了。的確，一些早期經濟學家在歷史和統計上的研究，如果曾經為後人所超越的話，也只有很少數。但許多他們當時所無法觸及的資料，現在每個人都可以接觸到了；既沒有麥克‧洛克那麼熟悉實際的企業，又沒有他那麼豐富歷史知識的經濟學家，也能對經濟學說與真正生活事實的關係，提出比他更廣泛且更清楚的看法。在這一點上，這些經濟學家是獲益於歷史方法在內的所有科學方法的普遍改進。

教條的放
棄，分析方
法的發展。

　　因此，經濟學的推理在各方面，現在都比以前要嚴謹；在任何研究中，對於假設的前提，其敘述都比以前更加精確了。但這種思想的較為嚴謹性，卻具有部分破壞的作用；這顯示了許多一般推理較舊式的應用，現在都變

得無效了，因爲以前沒有注意到要思考隱含的所有假設，並看看這些假設是否可以適用於討論中的特殊情況下。結果，許多教條只是因爲表達鬆散，因此看起來似乎十分簡單，就被打破了；但也由於這個原因，這些教條成了黨派爭議者（主要是資本家階級）在鬥爭中，爲自己準備的武器庫。這種破壞性的工作，乍看之下似乎好像削弱了經濟學中一般推理過程的價值，但實際上結果卻相反。這種破壞性的工作爲建構更新及更強大的理論架構掃清了障礙，使我們得以穩步且耐心地建立起這些架構。這種破壞性的工作使我們能夠比那些首當其衝，面對經濟難題的優秀和偉大者，更廣泛地看待生活，雖然前進較緩慢，但卻較穩當、較科學，且較不武斷；我們應該感謝這些人的開創性研究，使我們得以踏上較平坦的路途。

這種變化也許可以視爲是從早期階段的科學方法發展，往前走向較高的階段。在早期這個階段，是爲了能夠以簡短的句子，很簡單地來描述大自然的運轉；而在較高的階段，我們爲了更仔細地描述大自然的運轉，且更接近於該些運轉所代表的眞象，而犧牲了一些簡單性、明確性甚至是清晰性。因此，在這一代人當中，經濟學中的一般推理，雖然在每一步都受到不友善的批評，但比其在聲名最隆，且其權威很少受到挑戰的時代中，進展要來得快，且地位也要來得穩固。

到目前爲止，我們僅從英格蘭的觀點，檢視最近經濟學的發展：但英格蘭的發展只是擴展到整個西方各國廣泛變動中的一個面向而已。

第8節

英格蘭的經濟學家在國外有許多追隨者，也有許多批評者。法國學派在十八世紀從其本國偉大的思想家那裡，得到了繼續不斷的發展，並且避免了許多的錯誤和混淆，特別是在工資方面，這種錯誤與混淆在二流的英格蘭經濟學家中很常見。從賽伊（Say）以來，法國學派就已經完成了大量有用的研究。庫爾諾是這一學派當中一位最具天才的建設性思想家；而傅立葉（Fourier）、聖賽蒙（St Simon）、蒲魯東（Proudhon）和路易斯·布蘭克（Louis Blanc）則提出了許多最有價值，同時也是最狂熱的社會主義的建議。

法國的經濟學家。

近年來相對上發展最快的，也許是美國。在一代以前，「美國學派」（American school）的經濟學家，被認為是由追隨卡瑞所領導的一群「保護主義者」（Protectionists）所組成的。但是，精力充沛的思想家所組成的新學派，現在正在發展當中；同時有許多跡象顯示，美國正在邁向取得經濟思潮領導地位的路途上，正如在經濟學實務上所已取得的地位那樣。

美國學派。

經濟學在荷蘭和義大利這兩個發祥地，正顯示出大有生機復活的跡象。更特別的是，奧地利經濟學家積極的分析工作，吸引了各國極大的關注。

但總的來說，近期歐洲大陸最重要的經濟學研究是在德國。除了確認亞當·史密斯的領導之外，德國經濟學家比任何其他人，都更為他們所認為的狹隘而自信的李嘉圖

德國的經濟學家。

學派所激怒。對於英格蘭自由貿易倡議者所隱含的以下這個假設，德國經濟學家尤其感到不滿。這些自由貿易的倡議者假設像英格蘭這樣的製造國所能成立的一個命題，可以不經任何修改，而適用到農業國家。李斯特（List）揚溢的才華和愛國的情操，推翻了這一假設；他指出了李嘉圖主義者幾乎沒有考慮到自由貿易的間接影響。就英格蘭而言，忽視這些影響，傷害也許不會很大；因為在那裡，這些間接的影響主要是有益的，且因此而加強了其直接影響的力量。但他指出在德國，自由貿易的許多間接影響都是有害的，在美國更是如此；他認為這些害處超過其直接的利益。雖然他的許多論點都是無法成立的，但其中有些卻並非如此；而當英格蘭的經濟學家輕蔑地拒絕對他的這些論點作耐心的討論時，對他的這些論點留下深刻印象的有能力且具有愛國心的人，為了達到鼓動群眾的目的，則默認了那些不科學，但是對工人階級具有較大煽動力的論點。

　　美國製造商以李斯特作為他們的辯護者；李斯特為美國這些製造商人所寫的一篇論文，在美國廣為流傳，所以在美國他的名聲就起來了，同時保護主義學說在美國也得到有系統的倡導了。[20]

李斯特。

---

[20] 我們已經注意到，李斯特忽視現代交通的趨勢，使不同國家得以發展的這一點。他的愛國熱忱使他在許多方面濫用了他的科學判斷力；但是德國人熱切地傾聽他的論點，認為每個國家都必須要經歷與英格蘭所歷經的相同發展階段，並且當從農業過渡到

德國人支持國家主義的主張，一方面反對那些個人主義者的主張，另一方面也反對世界主義者的主張。

德國人喜歡說重農學派和亞當・史密斯學派，低估了國民生活的重要性；說他們傾向於一方面爲自私的個人主義，另一方面爲軟弱的博愛世界主義，而犧牲國民的生活。德國人極力主張李斯特在刺激愛國主義的情感方面貢獻很多，而這種愛國主義的情感比個人主義的情感更廣大，也較世界主義的情感更加堅固和確定。可能有人會質疑重農學派學者和英格蘭經濟學家世界主義的情感，是否像德國人所認爲的那麼強烈。但毫無疑問地，德國近代的政治史影響了其經濟學家朝向愛國主義這個國家方向的風格。在強大與侵略性的大軍環繞下，德國只有藉助於強烈的國家情感才能生存；且德國學者熱切地，或許過於熱切地堅持，利他主義的情感在國家之間的經濟關係上，比個人與個人之間的經濟關係，範圍要狹小。

製造業階段時，必須要保護其製造業商人。他眞誠地渴望眞理；他的方法與德國各學派學者，尤其是德國的歷史學家和法學家，正在積極採用的比較研究法一致；他的思想所帶來直接和間接的影響非常大。1827年，他的《新政治經濟制度大綱》（*Outlines of a New System of Political Economy*）這本書在費城問世了，而1840年他的《國家政治經濟的體制》（*Das nationale System der Politischen* Œ*konomie*）也問世了。卡瑞是否受惠於李斯特很多，是個爭議的點；請參看赫斯特小姐（Miss Hirst）的《李斯特的生平》（*Life of List*），第四章。至於他們的學說之間的一般關係，請參閱克尼斯，《政治經濟學》，第2版，頁440及其他各頁。

　　但是，雖然他們在情感上是國家主義的，德國人在研究上，卻是豪邁的國際主義的。他們在經濟學的「比較」（comparative）研究，和通史的比較研究都起了帶頭的作用。他們把不同國家和不同時代的社會和產業現象並排；使這些現象之間可以彼此相互闡明，且把所有這些現象都與有啟示的法理學的歷史聯繫起來一起研究。[21]德國學派當中少數人的研究由於有誇大的瑕疵，甚至由於他們自己根本不理解李嘉圖學派的大意和目的，而對李嘉圖學派的推理產生了狹隘的蔑視；這引來了許多激烈和乏味的爭論。但除了很少數的例外之外，這個學派的領導人幾乎都沒有這種狹隘的心理。他們與其在其他國家的同行，在追蹤和解釋經濟習慣和經濟制度的歷史面向所完成工作的價值，是很難高估的。而這卻是我們這個時代的偉大成就之一；並且是對我們實質財富的一項顯著的增加。這比幾乎任何其他方面的事情，都更能拓寬我們的思想，增加我們對自己的認識，並幫助我們理解人類道德和社會生活的演變，以及促進我們了解道德和社會生活所體現的「神聖原則」（Divine Principle）。

他們在以比較法研究經濟史上，和經濟史與通史及法理學之間關係的研究上，有偉大的成就。

　　他們把注意力集中在科學的歷史處理上，以及把科學應用在德國社會和政治生活條件，特別是應用在德國官僚的政治經濟職責上。但是，在赫爾曼出色天才的領導之

他們在經濟理論及經濟分析上的成就。

---

[21] 這項卓越的研究也許部分歸因於在德國和歐洲大陸其他國家，對於許多職業，所進行的法律和經濟研究的結合。瓦格納對經濟學的貢獻，就是一個精彩的例子。

下，他們進行了仔細而意義深遠的分析，這些分析對我們的知識貢獻良多，同時也大大擴展了經濟理論的範圍。[22]

德國的社會主義。

德國的思想也推動了社會主義和國家職能的研究。近代對於利用世界財產以造福社會，而不必多去注意到現有所有權的歸屬的主張當中，其中為這個世界所接受的最徹底的大部分，都是來自於德國的學者，其中一部分來自於猶太血統的德國學者。經過仔細的研究後，會發現他們的著作的確沒有像乍看之下，那麼有獨創性，那麼意義深遠；但是從其辯證的機智、才氣煥發的風格，以及在某些情況下，雖然扭曲了歷史知識，但範圍卻相當廣泛等這些特性當中，他們的著作獲得了巨大的力量。

除了革命的社會主義者之外，德國還有大量的思想家，他們堅持認為現有形式的私有財產制度，缺乏從歷史推演出來的權威性；並依據廣泛的科學和哲學的理由，要求重新考慮個人相對於社會的權利。與英格蘭人相比，德國人民的政治和軍事制度，最近增加了他們較依賴政府，

---

[22] 在這些方面，英格蘭人、德國人、奧地利人以及事實上各個國家對自己成就的主張，都比其他國家願意承認的要多。這部分是因為每個國家都有其自己知識上的優點，而在外國人的著作中卻沒有這些優點；同時每個國家又都不太了解別的國家人對其缺點的抱怨。但主要的原因是，由於一個新的想法通常是逐漸發展出來的，並且通常在同一個時間裡，並不只是由一個國家發展出來的，這些國家中的每一個都可能會聲稱這個新的想法是自己發展出來的；因此，每個國家都往往低估其他國家的獨創性。

而較不依賴個人企業的自然傾向。在涉及社會改革的各
種問題當中，英格蘭和德國有很多可以彼此相互學習的東
西。

　　但是，在這個時代各種歷史知識和改革的熱忱當中，
經濟學研究是一項困難，但卻是很重要的工作這一點，可
能有遭人忽視的危險。經濟學的普及在某種程度上，有忽
視謹慎和嚴謹推理的傾向。所謂科學的生物學觀點日益引
人注目，已經把經濟法則和經濟衡量的觀念置於不重要的
地位；好像這些概念過於刻板和僵化，無法適用於活生生
的和不斷變動的經濟有機體。但是生物學本身告訴我們，
有脊椎的有機體是最發達的。現代經濟的有機體是有脊椎
的；因此研究該有機體的科學應該不是無脊椎的。經濟學
應當具有使其能夠緊密適應於這個世界的真實現象，所需
要的細微而敏感的觸覺；不過，還是必須要具有嚴密推理
和分析的堅實脊柱。

嚴肅和較不
通俗的徹底
科學推理工
作，有被忽
視的一些危
險。

附錄三^①

經濟學的範圍與方法

---

① 請參閱第一篇第二章。

第1節

無論我們如
何想要得到
一個統一的
社會科學，
但是就好像
經驗所顯示
的那樣，終
究還是難以
獲得，

　　有些人和孔德一樣都認爲，對人類在社會中的行爲任何有益的研究範圍，都必須要與整個社會科學範圍同樣廣闊。他們也認爲社會生活的各方面，都如此緊密相關，以致於對其中任何一個方面單獨進行研究，都必然是徒勞無功的；他們力勸經濟學家放棄各自爲政的角色，而致力於統一和全面社會科學的一般研究。但是，人類在社會中的行爲，整個範圍太廣泛且太過多樣，以致於無法透過單一知識分子的努力，來進行分析和解釋。孔德本人和赫伯特・史賓賽都已經爲此工作帶來了難以超越的知識和巨大的創造力；他們透過廣泛的探究和具有啓發性的暗示，開創了思想上的一個新紀元；但即使就建構一個統一的社會科學而言，也很難說他們已經開先鋒了。

也可以從自
然科學史中
推斷出來。

　　在有才氣煥發，但缺乏耐心的希臘天才只堅持要追求一個單一的基礎，以解釋所有的自然現象之下，那麼自然科學的進展就會很緩慢；自然科學現在之所以能快速的進步，是由於把廣泛的問題分解爲許多部分。無疑地，所有的自然力量底下，都存在一個統一性；但是無論在發現這個統一基礎上做出什麼進步，除了依靠把自然領域當作一個整體，進行間斷地廣泛研究之外，還是要依靠持續專門的研究來獲取知識。爲提供材料，以便使後輩比我們更加理解左右社會有機體發展的各種因素，需要做類似的耐心周密的工作。

　　另一方面，也必須完全承認孔德以下的觀點，亦即，

即使在自然科學，那些把他們的主要心力奉獻給有限領域的人，也有責任與那些從事相近領域的人保持密切且持續的聯繫。那些視線從不超過自己領域的專家，往往無法看出事情的真相；他們所聚集的大部分知識，相對上沒什麼用處；他們不停地在研究舊問題的細節，這些問題已經失去了大部分的重要性，且已爲來自於新觀點所產生的新問題所取代；他們沒能從對周圍問題的比較和類推，所引發出的每一種科學的進步當中，獲得很大的啓發。因此，孔德的一大貢獻是堅決地認爲，社會現象的統合性，必然使社會科學家獨自一人所做的工作，比自然科學家獨自一人所做的工作，更加徒勞無用。密爾承認這一點後，接著說：「一個什麼也不懂的人，不太可能成爲一個優秀的經濟學家。社會現象彼此之間相互產生作用，若將之孤立，就無法正確地理解這些現象了；但這絕不是說無法從社會的物質和產業現象本身，導出有用的法則，而只是說這些法則必須要與某一特定文明型態和特定社會發展階段相關聯」。[②]

（右欄批註）孔德妥善地指出極端專業化的弊端，

（右欄批註）但卻無法證明應該沒有這些弊端。

---

② 密爾著《論孔德》（*On Comte*）頁82。孔德對密爾的攻擊，說明了在討論方法和範圍時的一般原則，即當一個人堅稱自己的方法有用時，則幾乎總認爲自己是對的，而當他否認其他人的方法有用時，則又幾乎總是認爲他人是錯的。在美國、英格蘭和其他國家，目前社會學的變革，確立了對經濟學和社會科學的其他部門進行深入研究的必要。不過，也許社會學一詞的用法還不成熟。因爲這一用法似乎聲稱了社會科學的整合已經在望；儘管

第2節

經濟因素的
結合是物理
式，而非化
學式的。

　　的確，經濟學所討論的因素，對於演繹法的處理具有優勢，正如密爾所觀察到的那樣，這些因素的結合方法是物理的，而非化學的。也就是說，當我們分別知道兩個經濟因素的作用時，例如，某個行業工資率的提高和工作難度的減少，分別對這個行業勞動供給所產生的影響時，我們就可以對這兩種因素的聯合作用做很好的預測，而無需等到這些作用真正的出現。[3]

但是經濟學
與任何自然
科學都無親
緣關係。

　　不過，即使在物理學當中，一長串的演繹推理，也只能直接適用於實驗室發生的事情。這種長串的推理本身很少能提供充分指南，以處理現實世界異質的材料以及各種因素複雜而不確定的結合。為此目的，這些長串的演繹推理必須要輔以具體的經驗，且必須要應用於與新事實結合之無休止的研究，及與新歸納法結合之無休止的探索，

　　以社會學的名義，已經發表了一些優異的深入研究，但到目前為止，為整合所做的努力，以為我們後代的指導鋪路，並在陷阱之處設立危險的信號，是否取得了巨大的成就，這個問題是值得懷疑的，而後代對這項巨大工程的才智，並不比我們這一代要差。

[3] 密爾誇大了可以做到這一點的程度；從而過於強調經濟學中的演繹法。請參閱他的《論文集》的最後一篇；他的《邏輯學》一書第六篇，特別是第九章；也請參閱他的《自傳》（*Autobiography*）頁157-161。就像對經濟學方法有各種意見的許多其他學者一樣，他的實際應用不像他的表白那麼極端。

且時常要附屬於新的歸納法。例如，工程師能夠非常精確地計算出一艘裝甲艦，在靜止水面失去穩定的角度；但是在這個工程師預測這艘艦將會在風暴中如何移動之前，他必須利用經驗豐富的水手的觀察，這些水手曾經觀看過這艘艦，在平常的海面上移動的狀況；經濟學所必須考慮的因素比物理學的因素還要多、還要不確定，而爲人所知的卻更少，且性質差異更多；而這些因素所影響到的材料更不確定，且更不齊一。此外，經濟因素與化學明顯的不規則相結合，多過於與純粹物理學簡單規則相結合的情況，既不稀少，也非不重要。舉例來說，一個人所得少量的增加，一般會略微增加他在各方面的購買量；但是所得的大量增加時，也許會改變他的習慣，也許會提高他的自尊心，並使他完全不喜歡某些東西。一種時尚從較上等社會階層，擴散到較低的社會階層，可能會使這種時尚消失於較上等階層。此外，增進我們照顧窮人的熱忱，可能會使施捨變得更加闊氣，或者也可能會完全破壞對某些施捨形式的需要。

最後，藥劑師所處理的事物始終是不變的：而有如生物學，經濟學所研究的事物，其內在性質、結構和外形，都不斷地在變動。藥劑師的預測都依賴於以下的潛在假設，即操作的樣本是如所假設的那樣，或者至少其中的不純是可以忽略的。但是，即使是藥劑師，當在處理與生命有關的事物時，也很少能在無具體經驗的情況下，安全地進行；他主要必須依靠經驗，來告訴他一種新藥會如何影響人的健康，還要告訴他這種新藥將如何影響患有某種疾

若廣義地詮釋，經濟學是生物學的一個分支。

病的人；甚至在有一些一般性的經驗之後，他可能會發現該新藥對不同體質的人所會產生的作用，或在與其他藥物做新結合使用時，會出現意想不到的結果。

然而，如果我們檢視一下商業信貸和銀行業、工會或合作社等這些嚴密經濟關係的歷史時，我們會發現，在某些時間和某些地方，一般成功的運作方式，在其他時間和其他地方上卻一律都是失敗的。這種差異有時可以簡單地解釋爲一般教化程度的差異、或者品德的力量和相互信任習慣的差異所致。但時常是更難以做出解釋。在某個時間或地點，人們很能彼此相互信任，且會爲了共同的福祉而犧牲自己，但這只限於某些方面；在另一個時間或地點會有類似的限制，但限制的方向卻不同；而每一次的這種變動都限制了經濟學的演繹範圍。

就我們目前的目的而言，種族的易變性比個人的易變性更重要。的確，個人性格部分是以明顯的隨意方式，部分是根據眾所周知的法則在變動。例如，參與勞資糾紛的工人平均年齡，的確是任何預測其運作方式的重要因素。但是，一般說來，當年輕人和老年人、樂觀者和沮喪者的比例，在一個地方和另一個地方，而且在一個時間與另一個時間，大致上相同時，個人性格的特徵和性格的變化，對於演繹方法普遍應用的妨礙，比乍看之下來得小。因此，透過對自然耐心的探究和分析的進展，法則的支配就進入到醫學和經濟學的新領域當中；同時對於不斷增加的各種要素，單獨和聯合的作用，不經由具體經驗而進行某種預測，也逐漸變得可能。

第3節

　　那麼在經濟學中，分析和演繹的功能，不在於鍛造一些推理的長鍊，而是在於正確地鍛造許多短鍊和單獨的鏈接環。然而，這不是一項細微的工作。如果經濟學家迅速且輕率地去推理，那麼他就很容易在工作的每一個轉折點，產生不良的聯繫。他需要小心地使用分析和演繹法，因為只有借助這些方法，他才能選擇出正確的論據，正確地把這些論據分類，並使這些論據能夠在思想上有啓發性，而在實踐上則有指導作用；同時，因為每次演繹都必須要以歸納為基礎，所以每個歸納過程都必然涉及並包括分析和演繹。或者換句話說，對過去的解釋和對未來的預測，並非不同的操作，而是在相反的方向，進行同樣的操作，一個從結果到原因，另一個從原因到結果。正如史穆勒所說的：「為了要獲得『個別原因的知識』，我們需要歸納法；其最終的結論，的確只不過是演繹法所用的三段論的倒置……歸納法和演繹法建立在同樣的趨勢、同樣的信念，以及同樣需要我們理性的基礎上。」

　　只有透過以下的方式，即首先發現可能影響一個事件的所有事件，以及這些事件對該事件各自的影響方式，我們才能完全解釋該事件。只要我們對這些事實或關係中任何一個的分析不完整，只要我們的解釋可能是錯的；潛藏在內的推論就已經走向了似是而非，實際上是錯的歸納途徑上了。同時，只要我們的知識和分析是完整的，我們就能透過倒轉我們的思維過程，來演繹和預測未來，

> 分析和演繹、解釋與預測的工作，是以相反的方向同樣的運作。

其準確的程度幾乎就像我們以類似的知識基礎，來解釋過去一樣。只有當我們越過第一步時，預測的確定性和解釋的確定性之間才會產生很大的差異；因爲在預測第一步所產生的任何錯誤，會在第二步中累積和加深；而在解釋過去時，錯誤就不太可能如此地累積；因爲觀察或有記錄的歷史，在每一步都可能給這種錯誤一個新的截室。在解釋潮汐歷史中一個已知的事實和預測一個未知的事實時，幾乎都能夠以相同的方式，來使用同樣的歸納或演繹的方法。④

解釋事實的困難。 那麼始終都要記住的是，雖然觀察或歷史可能告訴我們，一個事件與另一個事件在同一時間發生，或在之後發生，但是無法告訴我們第一個事件是否是第二個事件的原因，只有對事實進行推理，才能做到這一點。當在說歷史上某個事件教導了這個或那個，我們從未正式把該事件發生時所存在的所有條件都列入考慮；其中有些條件若非無意地，也是隱含地假設與該事件無關。在任何特殊的情況下，此一假設可能是有道理的，但也可能是沒有道理的。更廣泛的經驗、更仔細的探究，可能指出造成該事件的原因，若無其他的協助就無法產生該事件；甚至於也許指出該些原因會阻礙此一事件的發生，雖然有該些阻礙的原因存在，但是該事件是由其他未注意到的那些原因所造成的。

在關於我們自己國家當代事件的最近爭議中，已使

---

④ 請參照密爾《邏輯學》第六篇第三章。

這一困難變得突出了。每當從這些事件得出一個結論，而遭到反對時，就必須要經得起某種考驗；要提出不同的解釋；要揭露出新的事實；要對舊事實進行檢驗和重新整理，而在某些情況下，還要指出與支持最初從這些舊事實援引出的結論相反的結論。

由於沒有任何兩個經濟事件在所有方面都完全相同，因此加大了分析的難度和分析的需要。當然，兩個簡單事件之間可能十分相似；兩個農場的租約條件，可能幾乎決定於相同的因素；向仲裁委員會（Boards of Arbitration）提交的兩份工資相關的案件，提出的問題可能幾乎大致上是相同的。但即使是在小規模之內，也不可能完全重複。然而，無論兩個事件是多麼一致，我們都必須要決定兩者之間的差異，是否因為這種差異實際上的不重要，而可以忽視；即使這兩事件指的時、地都相同，這可能都不是一件容易的事。

如果討論的是遙遠時期的事實，我們就必須要考慮到在這段時間，經濟生活的整體性質所發生的變化；然而，無論今天的問題與歷史上所記載的另一個問題，表面上如何相似，很可能經過仔細的檢視後，會發現這些問題在本質上存在著根本的差異。直到做到這一點之後，我們才能從一個問題所得到的論點，推導出另一個問題的有效論點。

從遙遠的過去所取得的表面證據的不可靠。

第4節

這使得我們要考慮到，經濟學與遙遠時代事實之間的關係。

經濟史學家的工作是各式各樣的。

經濟史的研究各有不同的目的，因此相應的也就各有不同的研究方法。作為通史的一個部門，經濟史研究的目的，也許在於幫助我們理解「在不同時期，社會制度的架構是什麼，各種社會階層的組織及其相互之間的關係是什麼」；該門研究可能「問的是社會生存的物質基礎是什麼；生活的必需品和便利品是如何生產的；提供和指導勞動的組織是什麼；這樣生產出來的商品是如何分配的；立基於這個指揮與分配之上的制度是什麼」等等這些問題。⑤

並非所有的工作都要藉助於細緻的分析；

對於這項工作而言，雖然其本身就是有趣且重要的，但並不需要很多的分析；最需要的可能就是人自己就能提供的積極及愛追根究柢的頭腦。充滿宗教和道德、文化和藝術、政治和社會環境等這些知識的經濟史學家，即使他也許只滿足於觀察那些接近於表面的類似事件以及其間的因果關係，也可以擴展我們知識的範圍，並可以提出新的及有價值的見解。

但是都需要從過去推導出現在的指引。

但是即使在不知不覺中，經濟史學家的目的也肯定會超越這些範圍；並將包括以下的一些企圖，即發現經濟史的內在意義，揭示習俗的成長和衰退及其他現象的奧祕，

---

⑤ 艾胥列，《論經濟史研究》（*On the Study of Economic History*）。

這些現象我們已不再滿足於都將之視為是自然所給定的最終的和不可解的事實；經濟史學家也不再能完全排斥從過去的事件中，推論出一些建議，以供當前的指導之用。的確，人類的思想憎惡對於那些生動呈現出來的事件，其間因果關係的概念留下空白。透過僅僅按照一定的順序把歷史事件排列起來，並有意或無意地提防錯誤的因果，經濟史學家就擔負了某種引導的責任。

　　舉例來說，隨著英國北部引入固定貨幣地租的長期租佃制度而來的是，那裡的農業和人民一般的生活狀況都得到了巨大的改善；但在推斷這是改善的唯一，甚至是主要的原因之前，我們必須要探究同時發生了哪些其他的變化，以及有多少的這種改善來自於每個這類的變化。例如，我們必須要考慮到農產品價格的變化，以及邊境地區社會秩序建立的影響。要做到這一點，需要謹慎和科學的方法；直到做到這一點之後，對於長期租佃制度的一般趨勢，才能得出值得信賴的推論。但即使做到這一點，我們也不能在未考慮各種農產品，在國內和世界市場性質上的差異，也不能在不考慮黃金和白銀的生產和消費可能發生的變化等等這些因素下，就從英國北部的這種經驗，建議愛爾蘭現在也採行這樣一個長期的租佃制度。土地租佃制度史充滿了好古研究者的關注；但是，除非借助於經濟理論，加以仔細分析和解釋，否則對於任何國家現在採用的最佳土地租佃應該是什麼這個問題，就無法提供任何值得信賴的闡釋。如此，有些人就認為由於原始社會通常都是共同持有土地，土地上的私有制度必然是一種不自然的且是過渡性的制度。其他一些人則同樣自信地認為，既然土地私有財產制度隨著文明的進

步而擴大了範圍，因此這是進一步發展的必要條件。但是要從歷史上汲取這一主題的真正教義，需要分析過去土地共同持有的影響，以便發現每種影響總是以同樣的方式發揮作用的程度有多大，隨著人類的習慣、知識，財富和社會組織的改變，可以改變的程度有多大。

甚至更為有趣和更具啟發性的是職業史，這種歷史是由產業和國內、外貿易中的行會和其他社團法人與工會所構成的，這些組織利用其整體的特權，以謀求公眾的利益。但是要對這個問題作出完整的判斷，且要更進一步從中推導出我們自己時代的合理指引，不僅需要經驗豐富的歷史學家淵博的知識和敏銳的直覺，還需要掌握許多與獨占、對外貿易、稅收歸宿等有關的最難的分析和推理。

那麼，如果經濟史學家的目的是發現世界經濟秩序中隱藏的源頭，並從過去的經驗中獲得啟示，以對現在提出指導，他應該利用各種辦法來助其發現為名稱或外觀的相似性所掩蓋的真正差異性，以及為表面差異所掩蔽的真正相似之處。他應該力求找出各個事件真正的原因，並給予每個原因適當的重要性；最重要的是，要查出造成變動的更遙遠的原因。

來自於海軍史的一個比喻。

借用海軍事務的例子作為類比。對於使用過去時代戰役裝備的那些細節，研究那些時代通史的學者可能非常重要；但對於今天的海軍指揮官來說，這些細節所能提供的有用指導可能就很少了，今天的指揮官必須處理完全不同

的戰爭事務。因此，正如馬漢上校（Captain Mahan）⑥令人欽佩地指出，今天的海軍指揮官應更關注於戰略，而非過去的戰術。他關注的是，那些主要作戰原則的實例，而不是那些個別戰役的細節。這些作戰原則能夠讓他掌握全部軍事的力量，又可以給每一部分軍事力量足夠的機動性；保持廣泛的聯繫，但又能夠迅速地集結起來，並以優勢力量，選擇一個攻擊點。

　　同樣地，一個深諳某一時期通史的人，可以生動地描繪某場戰役的戰術，這種描繪在主要輪廓上是正確的，即使偶爾有錯，也幾乎無傷大雅；因為沒有人會去抄襲一個裝備已經過時的戰術。但要理解一個戰役的戰略，要區別過去某一大將真正的動機與表面的動機，這個人他自己必須是一個戰略家。如果他要負責地，無論多麼謙虛謹慎地提出今天的戰略家，從他記錄的故事中，所必須學習的教訓；那麼他必須要徹底地分析今天及他在撰寫著作那個時代的那些狀況的海軍狀況；他必須要忽略從許多國家研究戰略難題的許多人著作中所得來的，對此目的無幫助的部分，就像海軍史一樣，經濟史也是如此。

　　僅在最近，相當於戰爭中戰略和戰術區別的經濟學方面的

---

⑥ 譯者註：生於1840年，卒於1914年，是一名美國海軍上校及預備役少將。主要著作有《海權對歷史的影響：1660-1783》（*The Influence of Sea Power Upon History, 1660-1783*）、《海權對法國革命及帝國的影響：1793-1812》（*The Influence of Sea Power Upon the French Revolution and Empire, 1793-1812*）、《海權的影響與1812年戰爭的關係》（*Sea Power in Relation to the War of 1812*）、《海軍戰略論》（*Naval Strategy*）等書。

區別，才開始受到注目，這在很大程度上，是受惠於歷史學派批評的影響。與戰術相當的是那些經濟組織的外形和偶然事件，這些都取決於臨時或地方的習性、習俗和階級關係；取決於個人的影響；或取決於不斷變化中的生產設備和需要。而與戰略相當的是經濟組織的更基本的實質內容，這主要取決於諸如每個地方的人身上都可看到的這種欲望和活動、偏好和厭惡；這些的確在形式上並不總是相同，甚至在實質上也不完全相同；但都具有足夠永久和普遍的因素，使其在某種程度上，可以放在一般性陳述之下，因而從某個時間和某個時代的經驗，可以闡明另一個時間和另一個時代的難題。

這種區別類似於在經濟學中使用物理學類比和使用生物學類比的區別。經濟學家在十九世紀初還未充分認識到這一點。李嘉圖的著作中顯然缺乏這一點；而當人們注意到這一點時，所注意的並非在李嘉圖研究方法所體現的原則，而是在他所得到的特殊結論；當這些結論變為教條，並未加修飾地應用到不同於他的時代或地點的情況時，那麼就幾乎毫無疑問地是純粹的弊害。他的思想就像尖銳的鑿子一樣，因為這些鑿子的柄如此難以操作，因此特別容易割傷自己的手指。

一中有多和多中有一。　現代經濟學家在對李嘉圖未加修飾的表達方式去蕪存菁、摒棄教條，但在發展分析和推理原理時，發現了一中有多（Many in the One）和多中有一（One in the Many）的原理。例如，他們知道他分析的地租原理，在很大程度上並不適用於當今一般所謂的「地租」這個名稱；同時

在更大程度上，也不能適用於中世紀歷史學家所普遍，但不正確描述的所謂地租的那些東西。但是，該原理的應用卻正在擴大，而不是縮小。因爲經濟學家也了解到了，該原理在小心的使用之下，可以適用於各式各樣的事物上，這些事物在每個文明階段，乍看之下根本不具有地租的性質。

不過，當然沒有任何一個戰略學者可以忽略戰術。而且，雖然沒有任何一個人的生命長到，足以對人類在面對經濟困難時的每場戰役的戰術進行深入詳盡的研究；然而，除非把經濟戰略廣泛問題的研究，與在某個特定時代和某個特定國家，人類在與困難進行鬥爭的戰術與戰略密切相關的知識結合起來，否則這種研究可能就沒有多大的價值了。而且更進一步的是，每個學者都應該根據自身的觀察，對某一組特定的細節，進行細緻的研究，未必是爲了出版，而是爲了訓練他自己；這將十分有助於他解釋和權衡從出版物或著作中所獲得的，無論是現在還是過去時代的證據。當然，每一個有思想和善於觀察的人，從談話和當前的著作中，總是都可以獲得他自己時代，尤其是他自己周圍的經濟事實的知識；他在不知不覺中所庫存起來的事實，在某些特殊方面，有時比他從偏遠地區和遙遠時代所有記錄下來現存的某些類別的事實，所獲取的還要全面且徹底。但除此之外，任何一個嚴肅的經濟學家，對於特別是他自己那個時代的事實進行任何直接和正式的研究，所需要的時間將遠超過純粹分析與理論的研究；即使他可能是把觀念看得比事實都要重要的那些人當中的一個，即使他可能認爲收集新事實遠不如對已經收集的事實做更好的研究，這種研究正是我們現在最迫切需要的，或者是最能有助於我們改善人類對抗困難

所採用的戰術及戰略。

第5節

常識和天生
的智慧能夠
幫助我們進
行深入的分
析，

　　無疑地，這項工作的大部分都不太需要精細的科學
方法，而比較需要機敏的天生智慧，判斷輕重緩急的好能
力和豐富的生活經驗。但另一方面，如果缺乏這種精細的
科學方法，有很多工作還是很難做到。天生的直覺可以迅
速選擇與手邊問題相關的各種事項，並恰當地綜合這些事
項；但這種天生的直覺主要是能從那些他熟悉的事項當中
進行選擇；卻很少能引導他深入到表面下很遠之處，或者
超出他個人經驗範圍很遠之處的事項。

但是，要達
到所有的目
的，僅靠常
識和天生智
慧還是遠遠
不足。

　　碰巧的是，在經濟學中，那些原因已知的結果，及
那些結果已知的及最明顯的原因，一般說來都不是最重要
的。「那種看不到的」經常比「那種看得到的」更值得研
究。特別是如果我們所處理的不僅僅是一些地方利益或暫
時利益的問題，而是在為公共利益尋求制定一項影響深遠
政策的指導；或者，如果由於任何其他原因，我們較不關
注直接原因，而是較關注成因的原因（causae causantes）
時，則更是如此。因為經驗顯示，正如人們所預料的那
樣，常識和直覺不適合這項工作；即使是經過有條理的訓
練，也不總是引導人們去找出超出其直接經驗範圍之外的
那些成因的原因；因此即使他嘗試這樣去做，這項訓練也
不總是能給他很好的指導。為了要幫助做到這一點，每個
人都必然要依靠過去幾代逐漸建立的強大思想和知識的機

制。因為確實有系統的科學推理在知識的創造中所扮演的
角色，與機器在財貨的生產中所扮演的角色類似。

　　當必須以相同的方式，一再重複進行相同的操作時，
一般說來就值得製造一部機器來進行這項工作；雖然當細
節變化太多，以致於使用機器無利可圖時，這種財貨就必
須要以手來製造。在知識方面也一樣，當有任何研究或
推理的過程，必須以同類的方式一再重複進行同類工作
時；那麼就值得把這個過程制度化，把推理方法組織起
來，並提出一般的命題，當作機器一樣使用，以便處理事
實，並像老虎鉗一樣，把這些事實牢牢地栓在工作的位置
上。儘管以下這個情況是事實，即經濟原因以如此多的不
同方式，與其他原因混合在一起，以致於確切的科學推理
很少能讓我們很容易地導出結論；然而拒絕自己利用這種
科學推理的幫助，卻是愚蠢的。而假設僅是科學本身就可
以完成所有的這種工作，且沒有任何實際的直覺和訓練有
素的常識可以完成這種工作，這一相反的極端也同樣是愚
蠢的。一個建築師在實際智慧和美學的直覺尚未發展出來
時，無論其機械學的知識多麼全面，所能建造的也只是一
間不美的房子：但是，一個對機械學一無所知的建築師，
所建造的房子若非不安全的，就是在建造上出現浪費的事
情。一個沒有理論指導的布林德利，可能會比一個無論訓
練的如何良好，但天生智慧差的人，所做的建築工程都要
好。一個以天生的同情心，來照顧其病人的聰明護士，在
某些方面比一個醫術高明的醫生可能提出更好的建議。但
是，工程師不應該忽視解析機械學的研究，醫護人員也不

科學的機械
與生產產品
的機械之間
的類比

應該忽視生理學的研究。

　　因爲智力如同手工技巧一樣，都會隨著擁有這些東西的擁有者的逝去而逝去；但每一代人對製造的機械或科學研究法的改進所作的貢獻，卻都會代代相傳下去。現在也許沒有任何一個雕塑家比那些在帕德嫩神廟（Parthenon）⑦工作的雕塑家更能幹，也沒有任何一個思想家比亞里士多德更具天生的智慧。但是，思想工具和物質生產工具一樣，其發展都是累積的。

　　無論是藝術和科學的觀念，或是體現在實際工具中的觀念，都是每一代人從其前輩承襲而來的最「眞實的」（real）禮物。世界的物質財富在毀滅後，很快就會被取代，但用來製造物質財富的那些觀念卻都會保留下來。然而，如果這些觀念遺失了，即使物質財富沒有遺失，但物質財富也會減少，那麼世界將會重新陷入貧困。如果我們大部分純事實的知識遺失，但有建設性的思想觀念卻仍然留下來的話，那麼其中大部分這方面的知識就能迅速恢復；然而如果這些觀念遺失的話，世界將再次進入黑暗時代（Dark Ages）。因此就字面上最嚴格的意義上來說，與事實的收集相比，追求觀念的工作並非較不「眞實」（real）的；雖然收集事實可能在某些情況下，用德語來稱即爲「實際的研究」（Realstudium），也就是一項特別適合於「實科教育」（Realschulen）的一種研究。就眞實這個詞最廣的用途來說，對經濟學廣泛範圍中任何一個領域的研究都是最「眞實的」。在這種研究當中，事實的收集以及與之相

---

⑦　譯者註：在希臘雅典，祭祀雅典娜女神的神廟。

關的觀念的分析和建構，都能按照最能增進知識，並促進
該特殊領域發展的比例組合起來。而至於這個比例是什麼
卻無法隨便加以決定，只能通過細緻的研究和具體的經驗
來加以解決。

第6節

　　經濟學比任何其他社會科學的分支都取得了更大的
進步，因為該學科比任何其他學科都更加明確和精準。但
是，其範圍的每一次擴大，都會減弱一些這種科學的精確
度；這個損失究竟是大於或小於其範圍的擴大所帶來的利
益的問題，無法由任何明確嚴格的原則來決定。

　　對於經濟問題的研究，是相當重要的，卻不是最重
要的這個議題，是有很大爭論的一個點；每個經濟學家都
可以合理地自行決定，在這個領域上他要奉獻多少心力。
他愈遠離他研究的中心據點，就會愈來愈關注於那些在某
種程度上愈無法掌握在科學方法之內的生活條件和行為動
機，他就愈來愈無法自信地發表意見。無論何時只要他所
極力研究的條件和動機，其表現形式無法簡化為任何明確
的標準時，他就必須要放棄幾乎所有來自於古今中外其他
人的觀察和思想的所有幫助與支持；他必須主要依賴於自
己的直覺和推測；他必須要謙虛地說出那是屬於他個人的
判斷。但是，如果他深入到鮮為人知，且不太能為人所知
的社會研究領域，並充分意識到自己研究的局限性時，他

經濟學範圍
的每一次擴
大，都同時
會帶來利與
弊。

最好是每一
個人都傾心
地去工作，
永遠不要忘
記他的局限
性。

就會以審愼的態度從事其研究工作，並做出優越的貢獻。⑨

---

⑨ 由於米開朗基羅（譯者註：原文爲Michael Angelo，但應該是
Michaelangelo才對。）的模仿者，只模仿了他的缺點，所以卡萊爾、
羅斯金和莫里斯發現，今天現成的模仿者，都同樣缺乏良好的靈感和
直覺。

附錄四

經濟學中抽象推理的用途[1]

---

① 請參閱第一篇第三章。

第1節

經濟學不包
含一長串的
演繹推理。

　　在分析和演繹的幫助之下，歸納法收集、整理、分析了各類適當的事實，並從中推導出一般性的陳述或法則。在這之後的一段時間，演繹法扮演主要的角色：該法把這些通則中的一部分彼此相互聯繫起來，嘗試從這些通則當中得出新的且較廣泛的通則或法則，然後再次使用歸納法來完成收集、篩選和整理這些事實的工作，以檢定和「證明」（verify）這一新法則。

數學訓練的
益處。

　　顯而易見的，經濟學並無進行一長串的演繹推理的餘地：沒有任何一個經濟學家，甚至包括李嘉圖在內也未曾嘗試過這樣做。乍看之下，由於經濟學研究中經常使用數學公式，的確可能會作出與前面論述相反的結論，但是深究之後便會發現這是一種錯覺。一個可能的例外是當純數學家為了數學上的趣味，而使用經濟學的假設；因為此時他所關注的是，在為數學方法提供適合的素材的經濟學研究上，展示數學方法的潛力。他對所使用的素材並不負任何技術上的責任，並且通常不了解這些素材是如何不足以承受其強大運算方法的壓力。但是，數學上的訓練有助於使用十分簡潔且準確的語言，來清楚表達某些一般性的關係和一些簡短的經濟推理過程；這些的確可以用日常的語言來表達，但卻無法像採用數學語言那樣清晰準確。並且更重要的是，以數學方法處理實際問題的經驗，能促進掌握經濟變化的相互作用，而沒有任何其他方式能達成同樣的效果。最近，以數學推理方式來發現經濟學真理這個方

法的直接應用，爲大數學家們在統計學的平均數和概率，
以及衡量相關統計數據一致程度的研究上，提供了很大的
貢獻。

第2節

　　如果閉上雙眼無視現實，我們可以憑想像建構一座純
水晶大廈，而間接了解實際的問題；這對於那些根本沒有
像我們這類經濟問題的人，也許是有趣的。這種有趣的想
像，往往有意想不到的啓發性；這種想像爲頭腦提供了良
好的訓練；且只要清楚了解其目的，似乎就會帶來好的結
果。

必須讓想像
自由發揮。

　　舉例來說，使貨幣在經濟學中占了主導地位的因素，
是來自於貨幣是一種動機的衡量，而不是來自於貨幣是一
種努力的目的這一主張，可以透過下面的想法加以說明：
貨幣幾乎完全用作動機的衡量，可以說是一種在我們之外
的世界不存在的偶然現象。當我們想促使一個人爲我們做
任何事情時，我們一般會給他錢。的確，我們可能會訴諸
於其慷慨或責任感；但這只是使他已經存在的潛藏動機激
起作用而已，而不是提供新的動機。如果我們必須要提供
一個新的動機，我們通常會考慮多少錢，才恰好可以讓他
覺得值得去做。的確有時候，感激、尊重或榮譽作爲一個
行爲的誘因時，可能看起來像是一種新的動機；尤其是如
果這個動機能夠以某種明確的外在表現，而使其具體化
時更是如此；例如，有權使用一種縮寫字母C. B.的三等

比如，我們
可以想像經
濟學也許存
在於一個無
實體貨幣的
世界當中。

勛章，或佩戴星章或佩戴嘉德勛章。②這種勛章相對較少，只與少數事件有關；因此這些東西不能作為支配人們每天生活行為中那些普通動機的衡量尺度。然而，政治上的貢獻較常以這些榮譽，少用其他任何方式做為獎勵；所以我們養成了不用貨幣，而以榮譽來衡量政治貢獻的習慣。比如，我們說，某甲為其黨或國家（視情況而定）的利益，而作出的努力，值得授予爵士的爵位；但是這種爵位對某乙來說卻是寒酸的，因為他已經獲得了一個男爵的爵位了。

很可能在某些世界，沒有任何一個人聽說過對於物質的東西，或者沒聽說過對於一般人所理解的財富有私有財產權；但是，每個人對他人所做的每一善行，都依據分等表格派給他公共榮譽作為報酬。如果這些榮譽在沒有任何外部權威干預的情況下，可以從一個人手裡轉讓到另一個人手裡，那麼這些榮譽就可以用來衡量動機的強度，正好和貨幣為我們所做的那樣方便和準確。在這樣一個世界裡，也許會有一篇關於經濟理論的著述，與我們現在有的非常相似，儘管在這種著述當中，很少提及物質的東西，也完全未提及貨幣。

堅持這一點，看起來似乎是微不足道，但事實上並非如此。因為在經濟學中居支配地位那些動機的衡量，與完全關注於物質財富，而忽略其他更高尚欲望的目標之間，在人們心目中已經形成了一種錯誤的聯想。為經濟目的而使用的動機衡量

---

② 譯者註：授予英國騎士的一種勛章，是今天世界上歷史最悠久的騎士勛章。

尺度所需具備的唯一條件是，這種衡量尺度應該要是明確的和可轉移的。採用物質形式作為衡量的尺度，實際上很方便，但卻不是必要的。

第3節

當限制在適當的範圍之內時，追求抽象是一件好事。但是，在英格蘭及其他國家的一些經濟學者，低估了與經濟學有關的那些人性種類的多樣化；德國經濟學家因為強調這一點，而做了很多的貢獻。然而，他們似乎錯誤地認為英國經濟學的創始人也忽視了這一點。英國人的習慣是留下很多由讀者用常識去補充的東西；在這種情況下，太過於保持沉默，以致於導致了國內、外頻繁的誤解。低估人性的多樣化，使人們認為經濟學的基礎較其真正的情況要狹窄，也與現實生活環境的聯繫較不密切。

但是嚴肅的工作必須要緊密地聯繫現實。

因此，密爾的聲明，即「政治經濟學認為人僅僅關注於財富的獲取和消費」（《論文集》頁138與《邏輯學》第六篇第九章第3節），受到了極大的關注。但是人們卻忘記了他在那裡指的是，經濟問題的抽象處理，他曾經確實考慮過要進行這種抽象的處理；但卻從未付諸行動，而選擇將之寫在《政治經濟學的原理及其對社會哲學的若干應用》一書上。人們也忘記了他曾經繼續說：「或許，人的一生中除了追求財富的欲望之外，沒有任何其他的行為既不受任何立即的，也不受任何遙遠的動機所影響」；同時也忘記了，他對經濟問題的處理，不斷考慮到對財富的

德國人由於堅持經濟學動機的廣度，從而作出了很大的貢獻。

渴望之外的許多其他的動機（見上文，附錄二第7節）。然而，他對經濟動機的討論，無論在實質上或方法上，都不如與他同時代的德國人，特別是赫爾曼。在克尼斯《政治經濟學》的第三章，可以看到以下這樣一個具有啓發性的論點，即不可購買到，也不可測量到的快樂，隨著不同的時間而異，並且隨著文明的進步而增加；英文的讀者可以參考賽姆（Syme）的《產業科學大綱》（*Outlines of an Industrial Science*）。

瓦格納對經濟動機的分類。

在這裡可以提一下，在瓦格納不朽的論著第三版中，分析了經濟行爲動機（*Motive im wirthschaftlichen Handeln*）的主要項目。他把這些動機分爲「利己的」（Egoistic）和「利他的」（Altruistic）兩大類。前者又分成爲四類。第一類也是在行爲上最不間斷的一類，是爲自己力爭經濟的利益，以及擔憂自身經濟需要得不到滿足。接下來是懲罰的畏懼和獎勵的希望。第三類是榮譽感和力爭「承認」（*Geltungsstreben*），包括渴望他人道德上的認可，以及對羞恥和輕視的畏懼。最後一種利己的動機是渴望職業、活動的樂趣；以及工作本身及工作環境的快樂，包括「追逐這些東西的快樂」。利他的動機是「支配道德行爲內在的『推動力』（Trieb）、責任感的壓力，以及內心自責的恐懼，即對良心折磨的恐懼。在純粹的形式上來講，這種動機似乎是一種『無上的命令』（Categorical Imperative），人們之所以遵守這種命令，是因爲在一個人的靈魂當中，感受到照這種或那種方式行事的命令，並且感到這種命令是正確的……。命令的遵

循毫無疑問的經常與『快樂的感覺』（*Lustgefühle*）結合在一起，並且不遵循這種命令，會感到痛苦。現在，這些感受在驅動著我們，或者參與驅使我們繼續或放棄行爲時，與無上的命令所發揮的作用也許一樣強烈，或甚至更強烈。而就這種情況而言，這種動機本身也有利己的因素在其中，或者至少與之融合爲一體。」

附錄五[1]

資本的定義

———————

[1] 請參閱本書前面第二篇第四章最後一個註解。

第1節

前文已經說明過在使用營業資本這一名詞，所遇到的各種困難。

在第二篇第四章中觀察到了，經濟學家對於資本這個詞，別無選擇，只能遵循普通商業中既定的習慣，使用營業資本一詞。不過，這種用法的缺點很多，也很明顯。例如，這種用法會迫使我們把遊艇看成是資本，但不把遊艇製造商的馬車看做是資本。因此，如果他過去常年一直在租用這輛馬車，現在不繼續租用馬車，而是賣遊艇給過去一直租用遊艇的馬車製造商，並買了一輛馬車供自己使用。雖然沒有任何東西遭到損毀；且雖然儲蓄品仍然相同，而這些物品本身帶給當事人及社會的利益與以前一樣，甚至比以前還要多，但是結果將使該國的資本存量減少一艘遊艇和一輛馬車。

這並不包括促進勞動就業的所有財富。

在這裡，我們也不能利用資本提供了勞動就業的優越力量這個觀念，而把資本與其他形式的財富區別開來。因為事實上，當遊艇和馬車掌握在交易商手中，從而算為資本時，比遊艇和馬車在私人手中，因而不計為資本時，所提供開遊艇或駕馬車的勞動就業量要少。就好像專業的飲食店和麵包師（在這裡所有的設備都算做是資本）取代私人的廚房（在這裡沒有任何一樣東西算做是資本）一樣，勞動的僱用量只會減少，不會增加。在專業僱主的領導下，工人雖然也許享有較多的個人自由；但若與私人僱主的寬鬆制度相比，相對於他們所做的工作來說，他們在物質上的舒適和工資都不如。

但這些不利之處一般都被人忽略了；眾多的原因結

合起來，使資本一詞的用法流行起來了。其中一個原因是私人雇主與受僱者之間的關係，很少引起雇主與受僱者之間，或者如一般所說的勞、資之間，戰略和戰術的抗爭行動。卡爾‧馬克思及其追隨者就曾強調過這一點。他們公然地使資本的定義轉向該定義；他們宣稱唯有在某個人或某一群人擁有，且通常是透過僱用第三者的勞動，來為另一個人的利益生產東西的生產工具，才能算做是資本；以這種方式，資本的所有者才有機會掠奪或剝削其他的人。

　　第二個原因是，資本這個名詞的這種用法，在貨幣市場與勞動市場皆很方便。營業資本習慣上與貸款有關。當某個人看到使用資本的好機會時，就會毫不猶豫地去借錢，以增加他可支配的營業資本；且為做到這一點，他在正常的交易過程中，以自己的營業資本作為抵押，比以他的家具或私人馬車作為抵押要簡易且頻繁。最後，人們會仔細計算他營業資本的帳目；理所當然要納入折舊的計算；好讓他保持其資本存量不動如初。當然，常年一直在租用馬車的人，能夠以出售利息遠少於他租用馬車租金的鐵路股票之所得，來購買這輛馬車。如果他把每年所得累積到馬車報廢時，這個所得比他購買一輛新馬車的花費還要多；這樣他的總資本存量，就會因這個變動而增加。但是，他也許不會這麼做；只要這輛馬車為交易商所有，他會以正常的商業程序，準備更換該輛馬車。

使資本這一名詞的用法流行起來的原因。

第2節

讓我們轉而從社會的觀點，來討論資本的定義。已經有人指出，大多數的數理經濟學學者所採取的定義，把「社會資本」（social capital）和「社會財富」（social wealth）視為涵蓋範圍相同的定義，才是唯一嚴格的邏輯主張；雖然這種用法使他們喪失了一個有用的名詞。但無論一個學者在開始時採用何種定義，他都會發現在這個定義中，所包含的各種元素，都以不同的方式進入到他必須處理的一連串問題當中。因此，如果他自稱定義是準確的，他將必須被迫透過解釋所討論問題中各種資本因素的關係，來補充這個定義；而這種解釋在本質上，很像其他學者的那些解釋。因此，最後都會趨於一致；而讀者無論透過何種途徑，也都得出了極為相同的結論；雖然要辨別出潛藏於形式和文字底下的差異在本質上是統一的，可能確實要費一些心思。這種一開始的分歧，其弊端就變得比看起來要少。

此外，儘管有這些文字上的差異，各時代和各國的經濟學者對資本所下的定義，在基調上卻是連續的。的確，有些人較強調資本的「生產性」（productivity），有些則較強調其「前瞻性」（prospectiveness）；而這兩個名詞中的任何一個都不完全精確，或者都未指出任何明確的劃分界線。但是，儘管這些缺陷對於精確的分類都是致命的，但卻都只是次要的問題。與人的行為有關的事情，從來都不能以任何科學的原則，來進行精確的分類。那些可

以分門別類，以供警官或進口關稅的稅務員參考的東西，也許可以制定出正確的表單；但這些表單坦白說來都是人爲的。我們應該謹愼保存的是經濟學傳統的精神，而不是文字。就好像我們在第二篇第四章末尾之處所指出的那樣，沒有一個聰明的學者不考慮到前瞻性或生產性的任何一方面的東西；但是有些人較側重某一方面，而其他人則較側重另一方面；雖然無論哪一方面都難以劃出一條明確的分界線。

接著，讓我們來看一看把資本視爲人類爲了進行各種東西的累積，以獲取將來的利益，而不是爲了現在的利益，所做的努力和犧牲這個概念。這個概念本身是很明確的，但卻無法讓我們進行明確的分類；正如長度的概念是明確的，但除非用一把尺，否則無法區別出長牆與短牆。當野蠻人收集一些樹枝，以便在夜晚保護他時，他展現了某種前瞻性；當他用桿子和獸皮，架起一個帳篷時，就表現出更多的前瞻性，而當他進一步建造一間小木屋時，就更有前瞻性了；當文明的人以堅固的磚屋或石屋取代小木屋，他顯示出日益增加的前瞻性。在任何地方都可以劃一條線，以便區別某些東西的生產，是爲了滿足未來巨大的欲望，而不是爲了現在的欲望；但這條界線卻是人爲的，且不穩定的。那些尋找一條這種界線者，會發現他們自己處在一個不穩固的斜面上；直到他們把所有累積的財富都納入資本爲止，他們都未能到達一個穩固的靜止之處。

許多法國經濟學家都正視了這種合乎邏輯的結果；他們依循重農學派所定的路線，使用資本這個詞，以含括一

社會資本被視爲是爲未來而做的準備。

切「累積的財富」（*valeurs accumulées*）；也就是說，包括
所有超過消費的生產結果，這與亞當‧史密斯與其直接的追隨
者使用「儲存物」（Stock）這個字的意義極為相似。雖然近
年來他們已經表現出以較窄的英格蘭學者所定義的意義，來使
用資本這個名詞的一個明顯的趨勢，但同時在德國及英格蘭，
卻有一些知識淵博的思想家，仍沿用較舊的和較廣的法國學者
的定義。這個做法特別顯著地表現在像特哥這類的學者身上，
他們一向都喜歡用數學的思維方式；其中以赫爾曼、傑逢斯、
瓦拉斯以及帕來圖和費雪教授最引人注目。費雪教授的著作提
出了一個精闢的論證，贊成資本這個名詞廣泛的用法，這個論
證非常具有啓發性。從抽象和數學的角度來看，他的論點是無
可爭辯的。但他對於維持現實討論與市場用語聯繫的必要，似
乎考慮得太少了；也忽略了白芝浩警告不要試圖「以一種固定
用法的狹窄字彙，來表達複雜東西的各種含義」。[2]

---

[2] 參見本書第二篇第一章第3節的2段末尾的註。

赫爾曼曾說（《國家經濟研究》第三章及第五章），資本包含那些
「具有交換價值的財貨當中，滿足的持久來源」的財貨。瓦拉斯
（《政治經濟學原理》（*Éléments d'Économie Politique*，頁197）把
資本定義爲「不會完全消耗掉，或者會消耗，但卻慢慢地消耗的各種
社會財富；每一種效用數量有限，在第一次使用後，仍然可以繼續使
用的社會財富；總之用一句話來說，就是可以使用不只一次的東西；
一棟房子，一件家具等等都是。」

克尼斯把資本定義爲「可以隨時滿足未來欲望」這種財貨的現有存
量。而尼科爾森教授則說：「亞當‧史密斯提出，並由克尼斯發展的

第3節

　　無論是在英格蘭還是在其他國家，大多數試圖嚴格定義資本的人，主要都強調其生產性，而比較忽略其前瞻性。他們把社會資本視爲「資本的取得」（*Erwerbskapital*），或「生產手段的存量」（*Productions-mittel Vorrath*）。但是對於這種一般性的概念卻有不同的處理方式。

被視爲是生產工具的社會資本，首先要從既是支持，又是輔助勞動的觀點來看；

　　根據舊時英格蘭傳統的看法，資本包含那些在生產上輔助或支持勞動的東西，或最近的說法，認爲資本包含那些若缺乏的話，就無法以相同的效率進行生產的東西，但是這些東西卻不是大自然免費的恩賜。正是從這個角度來看，才有正文中所提及的消費資本和輔助資本之間的區別。

　　對於資本的這種觀點，是由勞動市場上的事務所提出的；但從未完全一致過。因爲這種觀點已經讓資本包含了雇主直接或間接提供給受僱者工作所支付的每一個東西，如所謂的「工資資本」（*wage capital*），或者是「報酬性的資本」（*remuneratory capital*）都包括在內；但不包括任何維持他們自己、或建築師、工程師和其他自由職業

　　思想路線，被發現會導致這樣的結果：資本是爲滿足未來的滿足，而直接或間接儲存的財富。」但整個這句話，尤其是「儲存」這幾個字，似乎缺乏明確性，且逃避了，而不是克服了該問題的困難。

者生活所需的任何東西。但為了一致起見，資本應該要包括維持各階層工人效率的必需品；不過，也應該要排除體力勞動階層以及其他工人所使用的奢侈品。然而，如果把資本推到這個邏輯性的結論的話，那麼在討論勞、資關係時，資本就無法發揮重要的作用了。[3]

其次，才從是輔助，但不是支持勞動的觀點來看。

然而，在某些國家，特別是在德國和奧地利，有某種把資本（從社會的角度）限制於輔助或工具資本的趨勢。

---

[3] 下列是亞當·史密斯的英格蘭追隨者，對資本所下的主要定義。李嘉圖說：「資本是一個國家用於生產的那部分財富，包含了食物、衣著、工具、原料、機器等等這些使勞動能夠發揮效力所必要的財貨。」馬爾薩斯說：「資本是一個國家在生產及分配財富時，著眼於利潤，而保有或利用的那部分儲存物。」西尼爾說：「資本是人類勞動而得到的一種物品，用於財富的生產或分配。」約翰·斯圖亞特·密爾說：「資本為生產所做的是，提供工作所需要的遮蔽之所、保護、工具和物資，以便在生產中養活或維持勞工。任何指定做為這種用途的物品都是資本。」在討論到所謂的「工資基金」（Wages Fund）理論時，我們將會回到資本的這種概念；請參見附錄十。

正如黑爾德所說的，上個世紀早期突出的實際問題，提出了一些像這類資本的概念。人們都急切地堅持著，工人階級的福利決定於事先提供的就業和維生的手段；並強調在過度保護的制度及舊的〈濟貧法〉之下，人為地企圖為工人階級創造就業的危險。坎南在有啟發性及有趣的《1776-1848年的生產與分配》一書中，已經以極大的智慧，發揚了黑爾德的觀點；儘管一些早期經濟學家的發言，似乎提出比坎南的觀點，更為合理的其他解釋。

持這種論點的人認為，為了要使生產與消費之間的差異明確化，任何不直接消費的東西，都應視為是一種生產手段。但似乎沒有充分的理由說明，為何不能以雙重的資格來看待一種物品。④

也有人進一步主張，那些並非直接給人提供勞務，而是生產其他東西以供人使用時，間接提供勞務的物品形成了完整的一類；因為這些東西的價值來自於其幫助生產的那些物品的價值。雖然要為這類東西取一個名稱仍有很多意見；但資本是否是一個好的名稱，卻仍有懷疑的餘地；同時，對於這類東西是否像乍看之下那麼完整，同樣也仍有懷疑的餘地。

這樣，我們就可以把工具財貨定義為，包括有軌電車和其他從為人提供勞務，而獲得價值之物；或者我們可以效仿生產性勞動這一名詞的舊用法，而堅持只有其工作直接納入物質產品上的那些東西，才能正確地視為工具財貨。前一個資本的定義，使得這個名詞的用法相當接近於上一節所討論的定義，但也有模糊的缺點。後一定義稍微確定一些；但似乎造成了一種自然所沒有的人為的區分，且使其與生產性勞動的舊定義一樣，都變得不適合於科學分析的目的。

結論是：從抽象的觀點來看，費雪教授和其他學者所倡導的法國式的定義是一枝獨秀。一個人的大衣是過去的努力和犧牲所儲存的產品，用於提供未來滿足的手段，就好像工廠一

---

④ 關於這種意義的論點，以及對整個主題的困難傑出的討論，請參閱瓦格納，《政治經濟學的基礎》，第三版，頁315-316。

樣；兩者都直接提供他庇護，使其得以擋風避雨。而如果我們要尋找一個與市場有聯繫的現實經濟學的定義，那麼就需要小心謹慎地考慮那些在市場中視爲是資本，且不會落入於被納爲「中間」（intermediate）產品範圍之內的那些物品的總量。如有疑問時，最能與傳統一致的定義就是首選。就是這些考慮，引導我們從企業及社會的觀點，採用如上所述的資本的雙重定義。⑤

----

⑤ 請參見第二篇第四章第1節及第5節。雖然資本的生產性與其需要之間的關係，以及資本的前瞻性與其供給之間的關係，早已潛藏在人們的心目中了；但是這種關係多爲其他考慮所掩蓋了，其中許多的這種考慮，現在看起來，似乎都立基於錯誤的觀念上。有些學者較強調資本的需要面，而另一些學者則較強調供給面；但他們之間的差異，往往只是重點上的差異。那些強調資本生產性的人，並未忽視到人類不願意儲蓄，同時也未忽視人類不願爲未來而犧牲現在的這些事實。另一方面，那些把其思想專注於延遲消費，而引起犧牲的性質及程度的學者，已經把生產工具的儲存，大大增加人類滿足他們欲望的能力這類事實，看作是顯而易見的。總之，我們沒有理由相信龐巴衛克教授所提出的資本及利息的「自然的生產力理論」（naive productivity theories）、「效用理論」（use theories）等的解釋，會爲前輩學者接受，認爲是他們各自明智且完整主張的描述。他似乎也沒能成功地找到一個清晰且一致的定義。他說，「社會資本是一群用來進行進一步生產的產品；或者簡單地說，是一群中間產品。」他很正式地把（第一篇第六章）「住宅和直接用來享受、教育或文化之用的其他類型的建築物都排除在外。」爲了保持一致，他必須把旅館、電車、郵輪和火車等；甚至也許連爲提供私人住宅電燈的發電設備也都須排除

在外；但這似乎使資本這個概念的所有實際意義全都喪失了。我們似乎沒有充分的理由排除公共劇院，卻將有軌電車包括在內，這不能解釋爲何要包括從事家庭紡紗的設備，卻要排除那些從事製作花邊的設備。在回答這一反對意見時，他以充分的理由強力主張，每一種經濟分類都必須要考慮到任何兩個類別之間存在一條交界線，以包含那些同屬於兩類的那部分物品。但對於他的定義所提出的反對意見是，這些交界線相對於其所圍繞的範圍來說過於寬廣了；這完全抵觸了市場的用語；而且，還不像法國學者所定義的那樣，體現出一種完全一致且相互關聯的抽象概念。

附錄六

物物交易①

兩個人之間
物物交易的
比率是偶然
決定的。

讓我們考慮兩個人從事物物交易的情況。例如，甲
有一籃蘋果，乙有一籃堅果；甲需要一些堅果，乙需要一
些蘋果。乙從1個蘋果中所獲得的滿足，也許會超過他放
棄12顆堅果所損失的滿足；而甲從3顆堅果中所獲得的滿
足，也許會超過他放棄1個蘋果所失去的滿足。交易將在
這兩種比率之間的某一個比率開始；但是如果交易是逐漸
進行的，那麼甲失去的每1個蘋果，都會增加蘋果對他的
邊際效用，並使他較不願意再放棄更多的蘋果；同時他每
多得到的1顆堅果，都將降低堅果帶給他的邊際效用，降
低他對較多堅果的渴求；反之，對乙來說亦然。最後甲對
堅果相對於蘋果的渴望，將不再超過乙的渴望；則交易就
會停止，因為某一方所願意提出的任何條件，對另一方都
是不利的。到這一點為止，交易都會增加雙方的滿足，但
再進一步的交易就無法做到這樣時，均衡就已達到了；但
實際上這並不是「唯一」（the）的均衡，而是「一種」
（an）偶然的均衡。

有一種可以
稱為真正比
率的交換比
率；

然而，有一種均衡的交換比率，這個比率可以稱為真
正的均衡比率，因為如果一旦達到這一點，就會始終維持
於此而不動。很明顯地，如果從頭到尾都要以非常多的堅
果去交換1個蘋果，乙願意做的交易量就很少；然而，如
果1個蘋果只能換取很少的堅果，則甲願意做的交易量也
很少。必然會有一個中間的交易比率，他們願意在這個比
率上進行同量的交易。假設這個比率是1個蘋果可換取6顆
堅果；甲願意用8個蘋果，換取48顆堅果，而乙願意以這
個比率，換得8個蘋果；但是甲不願意為另外6顆堅果，再

提供第9個蘋果，而乙也不願意為第9個蘋果，再提供6顆堅果。這就是均衡的真正位置；但是沒有理由認為實際上會達到這個位置。

例如，假設甲的籃子裡原來有20個蘋果，而乙的籃子裡有100顆堅果，並且假設甲在開始時，誘使乙相信他不太在意有任何的堅果；因此想要以4個蘋果交換40顆堅果，然後再以2個蘋果交換17顆堅果，之後又以1個蘋果交換8顆堅果。現在也許已經達到均衡了，也許沒有任何進一步的交易會使雙方都獲利。甲有65顆堅果，甚至不願意再以1個蘋果來換取8顆堅果；而乙只有35顆堅果，對這些堅果的估價很高，且也不願意為另1個蘋果，而讓出8顆堅果。

但是，這個真正的比率實際上不太可能獲得。

另一方面，如果乙較嫻熟於討價還價方面的技巧，他也許可以誘使甲提供6個蘋果，以換取15顆堅果，之後再以2個蘋果，換取7顆堅果。甲現在已經放棄了8個蘋果，並獲得了22顆堅果；如果開始時的交易條件是6顆堅果換1個蘋果，而他的8個蘋果，就可換取48顆堅果，他甚至就不會願意放棄另外1個蘋果，以換取7顆堅果；但是他的堅果如此之少，以致於他急於想得到更多的堅果，因此願意再給2個蘋果，以換取8顆堅果，然後再以2個蘋果，換取9顆堅果，然後又以1個蘋果，換取5顆堅果；最後可能再度達到均衡；對於乙來說，在有13個蘋果和56個堅果的情況下，也許不願意為1個蘋果，提供超過5顆堅果，並且甲可能不願意放棄他剩下的少數蘋果當中的1個，以換取少於6顆的堅果。

在這兩種情況之下，只要交易進行下去，雙方的滿足都會增加；而當交易停止時，進一步的交易必會減少至少他們其中一方的滿足。在各種情況下，都會達到均衡的交易率；但這將是一個隨意的均衡。

兩群人之間物物交換的情況，也不會好太多。

接下來，假設有100個人與甲的情況相似，每個人大約有20個蘋果，並且與甲對堅果的渴望都相同；另一方面，有相同數量的人，與原來乙的情況相似。那麼市場上最敏銳的交易者可能有些是在甲這一邊，而有另一些是在乙這一邊；無論整個市場是否存在訊息互通，像兩個人之間的物物交換一樣，討價還價的平均值不會與一個蘋果換取6顆堅果的比率差異太大。但是，這個交易的比率不太可能像我們在穀物市場所看到的那樣，非常緊密地固著於這一點。那些在甲這一邊的人極有可能在議價當中，於不同程度上勝過乙這一邊的人，因此過一段時間以後，700個蘋果也許可換取6,500顆堅果；那麼那些在甲這一邊的人，因為已有如此多的堅果，除非一個蘋果至少可以換取8顆堅果以外，否則也許不願意再多做任何的交易。而在乙這一邊的人平均每人都只留有35顆堅果，也許拒絕在那個比率之下，再放棄更多的堅果。另一方面，乙這一邊的那些人可能於議價當中，在不同程度上勝過甲這一邊的人，因此過一段時間以後，結果只以4,400顆堅果換取1,300個蘋果；那麼乙這一邊的人在有了1,300個蘋果及5,600顆堅果之下，可能不願意提供超過5顆堅果來換取一個蘋果，而甲這一邊的人每人平均只留有7個蘋果，可能會拒絕這個比率。在某個情況之下，均衡會出現在8顆堅

果換1個蘋果的這個比率，而在另一個情況之下，則是5顆堅果換取1個蘋果的這個比率。在兩種情況之下，都會達到一個均衡，但都不是唯一的一個均衡。

　　達到均衡交換率之所以不確定，在間接上是因為以物易物，而不是以物易貨幣這一事實。因為貨幣是一般的購買工具，很可能有很多交易者可以很方便地收回或釋出大量的貨幣；這往往可以使市場趨向穩定。但是，在盛行物物交易的地方，蘋果可能會在一種情況下換成堅果，在另一種情況下換成魚，而在另一種情況下換成箭等等；在物物交易的情況，不存在把一個以貨幣來表示價值的市場結合起來的穩定因素；因此我們不得不把所有商品的邊際效用視為是變動的。然而，的確如果堅果種植是我們物物交易區域的主要產業，而兩邊的所有商人也都有大量堅果的庫存，而只有甲這一邊的人有蘋果；那麼交換幾把堅果不會明顯地影響堅果的庫存，或明顯改變堅果的邊際效用。在這種情況下，則這種交易的所有基本原則與普通穀物市場的買賣相似。

　　因此，舉例來說，令某個單獨的甲有20個蘋果，而與某個單獨的乙交易。假設甲願意出售5個蘋果，換15顆堅果，第6個蘋果換4顆堅果，第7個蘋果換5顆堅果，第8個蘋果換6顆堅果，第9個蘋果換7顆堅果等等；不論在先前的交易當中，他是否占了乙的便宜，堅果的邊際效用對他永遠不變，因此他恰好願意出售第8個蘋果，以換取6顆堅果，其餘以此類推。同時令乙在不願意沒有蘋果之下，寧願以50顆堅果換取最初的5個蘋果，以9顆堅果換第6個蘋

如果兩種商品當中的一個其邊際效用接近於固定，則很多不確定性都可消除。

果，以7顆堅果換第7個蘋果，以6顆堅果換第8個蘋果，只以5
顆堅果換第9個蘋果；堅果的邊際效用對他來說是不變，[2]所以
他爲第8個蘋果，恰好願意支付6顆堅果，無論他先前買的蘋果
是便宜還是貴。在這種情況之下，既然放棄6顆堅果，可得到
第8個蘋果，那麼交易必須在轉移8個蘋果中結束。但是，當然
了，如果甲最初的交易中已占了便宜了，那麼他從最初的7個
蘋果中，也許已換回了50或60顆堅果；然而，如果乙在最初的
交易中就占了便宜，那麼他或許從最初的30或40顆堅果，就
換回了7個蘋果。這與正文中所討論的穀物市場相當，大約會
以最終的交換價格爲36先令出售700個夸特的穀物；但如果賣
方在最初的交易中占了便宜，那麼支付的總價格可能是大於36
先令乘以700[3]相當的多；然而如果是買方在最初的交易中占了
便宜，那麼總價格可能是小於36先令乘以700相當的多。買賣
理論與物物交易理論之間的眞正區別在於，下列假設的正確與
否，亦即在市場中所庫存的商品中的一種和另一種東西交換的
數量是非常大，且握在很多人的手中。這種假設在買賣理論通

---

② 譯者註：此處數字可能有誤。若要維持堅果的邊際效用不變，則一開
始10顆堅果換取1個蘋果（因爲正文說，50顆堅果換取最初的5個蘋
果）；接著9顆堅果換第6個蘋果，因此到此爲止，1個蘋果的邊際效
用是1顆堅果。但是，之後卻以7顆堅果換第7個蘋果，因此1個蘋果的
邊際效用變成爲2顆堅果，蘋果的邊際效用並非固定的；不過以後6顆
堅果換取第8個蘋果，以5顆堅果換第9個蘋果，則又是1個蘋果的邊際
效用是1顆堅果了。

③ 譯者註：即36*700 = 25,200先令。

常是正確的，而在物物交換理論通常不是正確的；因此，在前一種情況下，這個商品的邊際效用實際上幾乎是不變的。請參見數學附錄中的註12-2。

附錄七^①

地方稅的歸宿及政策的一些建議

---

① 請參閱第五篇第十一章第7節第一段及第六篇第十章最後一段的討論。

第1節

所有地方稅
的歸宿都受
到人口遷移
及稅的使用
方式所影
響。

我們已經知道，②對印刷業課徵一個新的地方稅，其歸宿與國稅的歸宿不同，主要是因為課徵地方稅，會使地方印刷業可以方便遷移到課徵該稅範圍之外的地方去。那些需要在當地印刷的客戶，會為此付出相當高的價格。排字工人也將遷出，直到留下的人在當地所能賺到的工資與以前相同為止；有些印刷業的處所將改為其他產業之用。對不動產所課徵的一般地方稅的歸宿，在某些方面依循不同的方式運作。就好像對印刷業課徵地方稅的情況一樣，遷移到該稅邊界以外的力量是一個很重要的因素。但也許更重要的是，地方稅的很大一部分是直接用於有利於當地居民和工人的福利，否則的話這些居民和工人可能會被迫離開。這裡需要兩個專門的用語。

無償稅。

「無償」（Onerous）稅是那些支付這些稅的人，沒有得到任何補償利益的稅。一個極端的例子是為用於支付市政當局為經營不善，已經被放棄的企業，所舉借款的利息課徵的稅。還有一個更具代表性的例子是對富裕階層課徵的濟貧稅。無償稅當然會有驅逐那些納稅人到別處去的趨勢。

另一方面，「受益」（beneficial）稅或「有償」（remunerative）稅是用於照明、排水和其他用途的稅

---

② 請參見前面第五篇第九章第1節。本附錄主要立基於那裡所提到的備忘錄。

項；以便為那些納該稅的人提供某些生活上的必需品、舒
適品和奢侈品，這些東西由地方當局提供，較任何其他方
式提供要來得便宜。這些稅如果巧妙且誠實地管理，可以
為納該稅的人帶來淨利益；而這些稅的增加也可以吸引，
而不是排除人口和產業。當然，一種稅對某一階層的人來
說，可能是無償的，而對另一階層的人來說，則可能是有
償的。為了提供優質中、小學而課徵的高額稅，可能會引
來技術工居民，同時也會逼走富裕者。那些在「性質上主
要是全國性的服務，一般是無償的」；而「那些在性質上
屬於地方性的服務，則一般會給納稅人或多或少與負擔相
稱的直接且特殊的利益」。③

受益稅或有
償稅。

　　但是，「納稅人」（rate-payer）這一用語，需要針
對不同類型的地方支出，做不同的解釋。用在街道上灑水
的稅，對於住戶來說是有償的；但是當然，那些花在永久
改良上的稅，所獲得的報酬只有一部分是屬於住戶所有；
長期間則大部分都會歸給房東。

　　住戶一般把從他那裡所徵收的稅，視為是構成他租金
總額的一部份；但他也會考慮地方有償稅的支出，所提供
的生活上的便利；也就是說，在其他條件不變的情況下，
他傾向於選擇租金和無償稅的總和較低的地區租屋居住。
但是，要估計這個考慮實際上對人口遷移的影響程度有多

可以假設住
戶是具有流
動 性 的 程
度。

---

③ 《皇家地方稅務委員會的最終報告》（*Final Report of Royal
　Commission on Local Taxation*），1901年，頁12。

大是很難的。遷移受到無知和漠不關心所阻礙的程度，可能與一般所認為的要小，而受到每個人特殊要求的阻礙要大。德文郡④的低稅不會吸引那些喜歡倫敦生活的人搬到那裡去；某些類型的製造商對他們落腳的地方，幾乎沒有任何選擇的餘地。除了個人和商業的關係以外，房客還因搬家的費用和麻煩，而受到進一步的阻礙；如果搬家費用和麻煩相當於兩年的房租，除非在30年內，每年一英鎊的稅都獲得2先令的利益，⑤否則搬家將會造成他的損失。然而，當一個人出於任何原因，而改變他的居所時，他可能會充分考慮到適合他居住的不同地區，現在和未來的稅。

在某些方面，工人階級的流動性大於富裕階級的流動性；但是，當該稅加重時，有時會對房客的遷移產生阻力，並延遲這種新負擔移轉給他的部份。製造商受到工人住宅稅的影響，經常與受他自己住宅稅的影響一樣大；且雖然高稅可能是迫使一些製造商離開大城市的眾多原因之一，但是如果稅的管理得當的話，住宅稅是否在這方面有很大的淨作用，這是頗值得懷疑的。從住宅稅而來的大部分新費用，在能幹和正直的運用之下，從工人的角度，如果不是從製造商本人的角度來看的話，會顯著地增加當地的舒適，或減輕當地的不舒適。此外，雖然大部分的證據都顯示承租人會仔細考慮現在和也許是最近將來的地方稅，但他們無法看得很遠，他們甚至很少嘗試看很遠。⑥

---

④ 譯者註：是英格蘭西南部的大郡。

⑤ 譯者註：一英鎊等於20先令，所以也就是說10%。

⑥ 在本附錄註3所提到的委員會，採用了關於這些問題的大量的證據。

　　任何對稅的歸宿所提供的分析，所指的都是一般的趨勢，而不是指實際的事實。阻礙這些趨勢應用於預測上的因素，與阻礙把數學推理應用於逆流中一艘搖動船甲板上一顆球的方向的那些因素類似。如果這艘船只向某一方傾斜，則可以計算出球的移動。但是，在任何一種趨勢有時間產生大量結果之前，這種趨勢就已經停止了，接續而來的趨勢則無法預測。就因為這樣，儘管幾乎在近一個世紀以前，經濟學家們已經一勞永逸地解決了租稅轉嫁的一般趨勢了；然而，不同地方無償稅的相對重要性經常變化如此之快，以致於在一些無法預測的變動中止或逆轉之前，一種趨勢可能便告中斷了。

當變動是快速，而調整卻是緩慢時，預測的難度。

第2節

　　我們已經得知，一個建築商為任何一個場址，所願意支付的地面租金，取決於他在那個場址上所蓋建築物所增加價值的估計。在租賃這個場址之前，他的資本和他為此目的而借的資金是「自由的」（free），且可以用貨幣來表示。他投資的預期所得也可以用貨幣來表示。他一方面要決定他的建築費用；另一方面，要決定該建築物及該場址的價值，超過他承諾將要付的地面租金的金額。他也許粗略且憑直覺，而不是以明確的算術方式算出，在他租約的（比如說）99年當中，這個超過金額折現過的現值。最後，如果他看見可以獲得豐厚的利潤；且他手邊的企業又

建築價值該名詞。

沒有較好的機會，他就會租下該場址。⑦

他盡其所能地設法使這個場址和蓋在場址上的房屋（或其他建築物）永久彼此相稱。只要他成功做到這一點，未來任何時候該房地產的租金，就是每年場址的價值和每年建築物價值的總和；在考慮了一個相當冒險產業的保險費之後，他預期這個款項能夠使他的支出獲得充分的利潤。這種租金的第二部分通常稱爲（每年）房屋的建築物的價值或建築物的租金，雖然這種說法嚴格說來也許不適當。

如果一棟建築物已不適合於其場址，則整個價值也許就只剩下場址價值而已。

隨著時間的推移，貨幣的購買力可能會改變；適合該場址的房屋類別，可能也會發生變動；而建築技術肯定也會改進。因此，該房地產往後每年的總價值，包括了該房地產每年的場址價值，連同建造一棟房屋成本的利潤，這棟房屋提供了與當時既有的房屋同樣有令人滿意的便利條件。但所有這一切都受制於一個主要的條件，即房屋的一般性質一直都適合於其場址；如果不適合，就無法對總價值、場址價值和建築價值之間的關係，做出精確的陳述。例如，如果需要建造一間倉庫或性質相當不同的住宅，來使該場址發揮其全部的物力，那麼該房地產的總價值可能

---

⑦ 請參見前面第五篇第十一章第3及第8節。建築商一般都希望在其租賃期間尚未到期前，出售他的租賃權。但他希望得到的價格是剩餘年期中，該房地產的租金價值扣除地面租金的差額（折現值）；因此他計算的內容幾乎與他打算把該房地產保留在自己手中相同。

會低於場址的價值。因爲如果不拆除那些建築物，並建造新的建築物，該場址的價值就無法產生。在考慮隨之而來的阻礙和時間的損失之後，那些建築物中舊材料的價值，可能低於將之拆掉的成本。

第3節

在其他方面都具有同樣條件的兩棟建築物之間，住戶每年都要爲場址位置較好的那棟，支付相當於其特殊優勢的年租總金額：不過，他並不在意這筆款項的哪一部分屬於租金，哪一部分屬於稅項。因此，對場址價值所課的無償稅往往會從房東或出租人收到的租金中扣除；只要這些稅項可以預見得到，就會從建築商或其他任何人爲一個建築物租約，所願意支付的地面租金中扣除。有償的地方稅在長期間由住戶支付，但對他來說並非眞正的負擔。「在長期間」這個條件很重要；比如說，一個城市的改善在未來幾年內將阻塞公共的街道，而無法得到任何好的效果，則對這個改善所付的利息與償債基金而課的稅，如果由房客來支付的話，對他來說是無償的。從嚴格公正的意義上來說，這個稅應從他的租金中扣除；因爲當改善效果完全發揮時，特別是當債務已經還清，以致於該稅取消後，該房地產的所有者將獲取因改善，而向最初房客所課無償稅帶來的利益。[8]

對場址價值所課的無償稅，只要事先能預計得到的，就會從新租約的地面租金當中扣除。

---

[8] 這是假設無論土地的用途爲何，都課相同數額的稅。對於一個特

第4節

如果對建築物價值所課的稅在全國各地都統一的話，除非他所選擇的是較不昂貴的建築物，否則房客就無法逃避該稅。

　　對建築物價值所課的稅卻立於不同的立足點。如果該稅在全國各地都統一的話，這種稅就無法改變有利場址的差別優勢；因此，也不會，至少不會直接，降低建築商或其他任何人，對一個好的場址支付高的地面租金的意願。如果這種稅如此沉重，以致於大幅縮小了建築地面的面積，則的確會降低所有建築物地面的價值；也會使特殊場址的價值隨著其他場址價值的下降而下降。但是這種稅在這方面的影響太小了，以致於說建築價值的統一稅不會落到地面所有者身上，不會有太大的錯誤。當建築商預計到這類稅時，他就會根據這些稅來調整他的計畫；他的目的是建造只有這樣費用的建築物，能夠出租給房客，好讓他獲得正常的利潤；而住戶要支付這些稅。他當然可能會算錯；但長期看來，建築商作為一個階級，就像所有其他能幹的企業家一樣，幾乎都不會算錯。而在長期間，對建築價值所課的統一稅會落在房客身上；或者如果他把這棟建

　　殊的用途課以額外稅的情況，可以用第五篇第十章第6節中所提的相同方法來處理。如果免除農業土地的稅，那麼鄉村的房屋或工廠的租戶，將會逃避部分的場址稅，該部分稅是按建築用地價值超過其農用價值的差額來課徵的。這也許會略微增加城市的集中度，從而減輕了城市場址所有者（site owners）的負擔；但這不會對城市中心的場址價值產生顯著的影響。另參見下面第6節的討論。

築物用作商業用途，他的競爭對手也繳納類似的稅的話，則該稅最後會落在他顧客的身上。

　　但若對建築價值課徵特別高的地方無償稅的話，情況就大不相同了；在這裡，就出現了對不動產課徵國家稅的歸宿與課徵地方稅的歸宿之間的主要差異。從該稅而來的有利支出，會使生活便利性的增加大於其成本，當然不會驅逐房客；對建築價值所課徵的那部分稅由房客支付，但這並不是他真正的負擔；正如我們對場址價值所課的有償稅的情況所看到的那樣。

有償稅當然不是淨負擔。

　　但是，對建築價值所課的那部分無償稅，超過其他地點相應稅的差額，主要並非落在房客身上。任何額外的負擔都會導致房客移出該稅範圍之外的地方，移出的人數足以減少對當地房屋和其他建築物的需要，直到這些額外稅的負擔，落在土地的承租人或土地的所有者身上為止。因此，只要建築商可以預見未來，就會從他們願意支付的地面租金當中，扣除對建築價值所課的這些額外的無償稅和對場址價值所課的各種稅。

對建築價值課額外的無償稅會轉嫁給所有者，轉嫁的方式如同對場址價值課稅一樣。

　　但是，對這種稅進行這種大量扣除的情況並不多，也不重要。因為無償稅永久性的不平等雖然很大，但卻比人們一般所認為的要小；其中的許多，是由於不易預料的事件所造成的，諸如當地某一類地方的行政人員管理不善。的確存在一個廣泛的，也許是永久性的不平等的因素，使這種弊端在此之前就顯現出來了，亦即富裕者從擁擠的地區搬遷到寬敞且時髦的郊區的趨勢；因此讓工人階級承擔了為非常貧窮者而徵收的國稅中一個不適當的份額。但

無償稅的嚴重不均，很難持續很長時間。

是，這種不平等的弊端一旦變得明顯時，立刻就會引起立法糾正這種不平等，例如透過立法擴大某些稅的範圍與其他方式，以便把貧窮和富裕的地區納入於同一預算之下。

某個地區的特別無償稅，對其他地區擁有地面權的地主來說是一項補貼。

需要記住更重要的一點是，對建築價值所課徵的額外無償稅，雖然降低這類租金適用地區場址的租金，也降低了適用地區新租約的地面租金，但是對整體土地的所有者來說，負擔似乎並不像乍看之下那麼重。因為這種稅所抑制的大部分建築企業，不會被消滅，而是轉到其他地區去，提高了那裡新建築租賃的競爭。

第5節

在財產出售以前就已建立的舊稅，並不是購買者的負擔。

一種很久以前就已建立的稅，對房客徵收，而不是對房東徵收，對稅的歸宿的影響很小；雖然這種歸宿受到以何種比例的場址價值及建築物價值來評估稅的影響極大。另一方面，無償稅上升頭幾年的歸宿，受到徵稅方式的影響很大。如果這種稅的一部分是向房東徵收，或者房東允許房客從租金當中扣除部分的稅額，則房客所繳納的稅要比如果不是這樣少。這僅適用於正在發展區域的四周地區。在人口逐漸減少，且建築業的發展已經停頓的地區，無償稅往往由房東負擔，但在這些地方，經濟衝突一般說來都很強烈。

稅驟然大幅的改變所帶來的弊端。

看來似乎很有可能的是，對建築投機事業和其他臨時的房東課徵無償稅，對他們的總負擔並非很大；因此他們所抱怨的許多稅，其實是使他們富裕了。但是，稅的變

動卻會略微增加建築行業的巨大風險，社會無可避免地為
這些風險所支付的費用要超過其保險統計所計算的。所有
這些都指出了稅課大幅且驟然的增加，都會帶來嚴重的弊
端，特別是相對於房客的淨所得，房地產的課稅價值很高
時，更是如此。

　　無論如何，只要商人，特別是店主，所處理的東西無
法輕易從遠處獲得的話，他就經常能夠把所負擔的稅轉嫁
一部分給其顧客。但是店主的稅相對於其所得來說很大；
且他一部分稅的支出，從富裕居民的角度來看是有償的，
但對他卻似乎是無償的。他的工作是屬於經濟進步對供給
的促進，比其對需要的促進要多的這一類。不久之前，
他以犧牲社會為代價，而把他的報酬人為地提得很高；
但現在則其報酬下降到較低的，但也許是較公平的水準，
他卻不輕易承認這個新的情況。當稅突然提高時，他的
思緒緊緊繫在所面臨的真正不公正上；並把實際上由於更
深層的原因所造成的一些壓力，全都歸咎於那個不公平。
他的不公平感會因為他與房東一直都不能在一個相當對等
的條件下議價而加深了；因為即使他只是稍微搬到有點
遠，但卻同樣好的房屋去，他也可能會失去很大一部分的
顧客，更不用說設備費和一般搬遷的費用。然而，必須要
記住的是，店主有時的確會遷移，他的頭腦很靈敏，並且
充分考慮到稅；因此，幾年後，他會以幾乎比任何其他階
級的人都要徹底的程度，把無償稅的負擔轉嫁給房東和顧
客。（旅館老闆和公寓的房東在這裡可以與店主並列為一
類。）

<small>小店主的情況。</small>

第6節

在一個空置的建築用地，對其資本價值估稅，

　　靠近一個正在發展的城市，但仍是農用的土地，也許產生的淨地租很少，但仍然是一個有價值的地產。其未來的地面租金已計入其資本價值當中了；尤有甚者，其所有權可能會讓其收到貨幣租金以外的一種滿足的所得。在這種情況下，即使按其全部租金課稅，稅也很容易遭到低估；因此引起了是否應該按其資本價值的百分比，而不是按其租金的百分比來課稅這樣一個問題。

　　這樣的方法會加速建設，因而往往會使建築市場供過於求。故而房租會趨於下降，建築商將無法負擔高地面租金的建築租約。因此，這種變動會把一部分要移轉給一般人民的土地「公有價值」（the public value）歸為地主所有，且地主所有的那部分正在增加或將增加。但除非都市當局採取積極的行動，規劃城市應該發展的路線，否則將導致倉促和不當的建築；這是一個將導致未來好幾代都要付出失去美麗，和或許是健康高昂代價的錯誤。

把估稅的方式從建築價值部分轉變為場址價值，也許可以運作得很好。

　　這樣的方法所立基的原則可以廣泛應用；最近引起某些關注的一種極端性的建議，可以提一提；其大意是在未來，稅應該主要或甚至完全以場址價值來課徵，而少參考或不參考建築物的價值。這種建議的直接影響是以犧牲其他地產為代價，而提高了某些地產的價值。這種建議特別會使高聳且昂貴建築物價值的提高幅度，在重稅地區甚至超過低稅地區；因為這樣可以減輕較沉重的負擔。但這種建議會降低高稅地區大場址上的低矮陳舊建築物的價值。

經過一段時間後，在一個場址上建築物的數量受制於法規，一般會隨其地理位置的優勢而有所變動；而不是像現在這樣，部分與這些優勢成比例變動，而部分則與稅成反比例變動。這會加大集中度，並傾向於提高有優勢地區的總場址價值，但也會增加從這種稅而來的總支出；且因爲這種支出將落在場址價值上，淨場址價值可能會非常的低。整體而言，很難說人口集中度是否會增加，因爲在郊區也許會出現大量的建築物，那裡的空地再也無法逃脫沉重的稅負。集中度會如何變動，很大程度上取決於建築法規；如果法規嚴格規定高層建築物的後面和前面，都應該有一個很大的自由空間，則也許就可以大大減輕集中度。⑨

⑨ 例如，假設一個有100萬平方英尺的地，要蓋40英尺高，40英尺深的幾排建築物；建築章程規定天空必須前後呈45度對向地面，這將使各排之間的距離爲40英尺；並且總建築容量將是40英尺乘以總面積的一半（譯者註：原來爲100萬平方英尺，現在變爲一半，所以是50萬平方英尺。），即2,000萬（＝40*50萬）立方英尺。現在假設建築物的高度爲3倍。根據相同的章程，排之間的距離必須爲120英尺：且根據假設，不能把房屋的深度增加到40英尺以上，建築物的總量將是120英尺乘以總面積的四分之一，也就是3,000萬（＝120*100/4）立方英尺。因此，總容量只會增加一半（亦即(3,000 – 2,000)/2,000）；而不是像各排之間仍保持40英尺的舊距離那樣增加3倍。

第7節

農村的租
稅。

前面已經提到過，在英國農業佃農和地主之間的潛在夥伴關係。[10]農村的競爭不如城市地區有效，但另一方面，地主運用農業資本的貢獻是富有彈性的，並且易於隨環境的壓力而改變。這些調整掩蓋了農業稅的歸宿，有如風吹過一棟屋頂時，往往會使雪花往上飛，雖然會壓抑，但不會破壞萬有引力的趨勢；因此，這就產生了以下這個一般的說法，即如果對農地的競爭激烈，農民既要支付他自己那一份的新稅，也要支付地主那一份的新稅。然而，如果地主有理由擔心佃農會把農地退租，那麼他就會支付全部的稅。

然而，農村居民所負擔的無償稅，可能比一般所認為的要少。他們由於警察服務的改善和通行稅的廢除而獲益，且他們獲得來自於鄰近城市的租稅所帶來的便利愈來愈多，而他們對這些稅並沒有貢獻，且這些稅通常遠高於他們自己的稅。只要稅在目前是有償的，儘管住戶支付了這些稅，但這些稅對他來說也不是淨的負擔。但是，農民的淨所得中，稅占了相當大的比例；在農村無償稅大幅上揚時，農民的負擔往往很沉重，但這些情況很少。正如已經指出的那樣，限制在一個地區的無償稅可能會比全國各地實施的無償稅，帶給當地的地主和農民較大的壓力。[11]

---

⑩ 請參閱第六篇第十章第10節。

⑪ 請參閱第五篇第十章第6節。

第8節

本書主要著重在科學的探討；但是，對提供經濟研究動機的那些實際問題，也並非毫不考慮。[12]因此在這裡，關於稅的一些政策的討論似乎是必要的。因為所有的經濟學家都同意，一個早開發國家，在很多方面土地都與其他形式的財富類似，而在另外一些方面則有所不同；在最近，一些有爭議的著作似乎都有把差異之點置於次要地位，而把那些相似之點幾乎都放在絕對顯著地位的趨勢。如果只有那些相似之點對迫切的實際問題非常重要的話，那麼適度偏重於這個方向也許是明智的，但事實上，恰恰相反。因此，也許最好要好好討論一些財務行政的重大問題，而這其中土地的特性占最重要的地位，其他形式的財富大多數並不享有這些特性。不過，首先必須先談一下公平的問題。

當為了某個特定目的，而徵收一項特別稅，同時是在政府當局並未對現存所有權進行任何干預的情況下實施的，例如當建立一個土地排水幹線系統時，受益的該地產所有者可以適當地根據「股份原則」（joint stock principle）來繳稅。根據該原則，股東按照他們在該共同事業中出資的比例，計算應該負擔的稅額。每項這類的稅是否公平，必須要分開來判斷。但另一方面，所有無償稅

超出本書一般內容的理由，以及把這些考慮應用在實際問題的理由。

對於各別的有償稅可分別來判斷，但對於無償稅卻須要加以整體判斷。

---

[12] 請參閱第一篇第四章第2-4節。

是否公平，則必須從整體上來判斷。幾乎每一項無償稅本身，都會對某些階級或其他階級造成過度的負擔；但是，只要每種稅的不平等為其他稅的不平等所抵銷，且各部分的變動都同步發生，則這一點就無足輕重了。如果這一困難條件滿足了，該租稅制度可能是公平的，儘管其中任何一部分單獨看來都是不公平的。

對房屋所課的稅大致上是與支出成比例的，而且他們本身是公平的。

　　其次，人們都有一個共識，就是稅制應該或多或少按人們的所得，或者最好是根據他們的支出而急速地累進調整。因為他所儲蓄的那一部分所得在消費掉之前，都會再次對國庫有貢獻。因此，當考慮到我們目前的課稅制度，無論是國稅或地方稅制度，對房屋造成過重負擔的這一事實時，應該記住的是大的房屋通常也需要大的支出；同時一般的支出稅，特別是累進的支出稅，給稅務員帶來技術上很大的困難；並且更有甚者，一般的支出稅給消費者直接或間接帶來的課稅成本，遠遠超過累進的支出稅給國家帶來的收入；而房屋稅的課稅技術是簡單的、徵稅成本低廉、不易逃稅，而且易於累進課徵。⑬

---

⑬ 在古時，把一棟房屋的窗戶視為這棟房屋的代表，且課以相當重的稅：但這種稅的原意並不是只針對窗戶的所有者和使用者；其用意是針對房子的所有者和使用者。而且，正如窗戶或多或少可以代表房屋；房屋一般也代表著家庭支出的某種規模和樣式，且也許是一個更好的代表；當對房屋徵稅時，則該稅是，且其原意也是在某種舒適和社會地位的條件下，對其生活資產的所有權和使用權課稅。如果免除房屋稅的一部分，並且對家具和室內傭人

第三，但是這種論點不適用於住宅以外的建築物。因為這個理由，對商店、倉庫、工廠等等所課的稅，比對住宅所課的稅要低，這也許是公平的，無論如何，對新稅來說是如此；舊稅的負擔已經從營業處所的使用者那裡，一部分轉嫁給他們的房東，一部分轉嫁給他們的顧客了。這種轉嫁的過程持續不斷地在進行；因此，如果對市區的商業階級每一便士一次課徵一法新的新稅；而其餘三法新的一部分或全部，則以很小的百分比往後再逐年徵收，就不會給他們帶來很大的痛苦。如果城市地方政府的支出繼續快速增加的話，那麼某些這類的方法也許是必要的。

對商業建築課徵重稅，只有在這些稅轉嫁時是公平的，然而新稅卻不能迅速轉嫁。

以上這種種考慮使我們要重申，無論在一個早開發的國家或一個新開發的國家，一個有遠見的政治家在為土地立法，比為其他形式財富立法時，對子孫後代感到的責任來得大；而且，從經濟和從倫理的觀點來看，土地本身必須在任何地方都應該總是單獨歸為一類的東西。如果國家從一開始就把真正的地租保留在自己手中，那麼勤勉和累積的力道就未必受到損害，儘管在極少數的情況下，新開發國家的墾拓也許會有點延緩，但對於人類所創造的物產所獲取的所得，卻絕不能這麼說。然而，所涉及的公共利益很大，使得在討論土地公共價值的公平問題時，特別需要牢記於心的是，曾經是國家所承認的私人所有權的

在土地立法上，政治家有重大且多方面的責任。

課稅，來補充其不足的部分，那麼稅的實際歸宿幾乎與現在相同。

財產所產生的任何所得，突然遭到國家的侵占，將會破壞安全，並動搖社會的基礎。突然和極端的措施將是不公平的；雖然不完全，但卻部分為了這個理由，這樣的措施並非是實事求是的，甚至是愚蠢的。

謹慎是必要的。但是，高場址價值的原因在於人口的集中，這正使新鮮空氣、光線和遊戲空間受到嚴重缺乏的威脅，以致於降低了年輕一代人的活力和歡樂。因此，私人豐厚利得的產生，不僅僅是公共性質的，而非私人性質的因素所造成的，而且還犧牲了主要公共財富形式當中的一種。取得新鮮的空氣、充足的光線以及遊戲空間，需要大量的支出。這筆支出最合適的財源，似乎是那些土地私有的極端權利，這些權利從國王代表國家唯一的土地所有者的時代以來，幾乎就已經在不知不覺之中形成了。私人僅是土地持有者，有義務為公共福利效力；他們沒有以擁擠的建築，來破壞那種公共福利的合法權利。

第9節

要避免對舊稅的突然干擾。

於是，似乎可以提出以下幾點實際的建議：關於舊稅，突然改變納稅人，似乎是不智的；但是，只要方便的話，應該向稅的最終負擔者徵收新的稅；除非像甲種所得稅那樣，是從佃戶[14]那裡徵收來的，並說明佃戶可從其地

---

[14] 譯者註：以下本節所說的佃戶，英文為tenant，包含了農田及房屋的承租人。在中文，若是指農田的承租人，則應該翻為佃戶，

租⑮當中扣除。

　　這樣做的理由是因為根據土地的公有價值或場址價值評估而課的舊稅，幾乎全部都已經由所有者（包括承租人在內，雖然那些稅是舊稅，但他們在簽訂租約時，並未預期到）承擔了；而幾乎所有其餘的稅，全都由佃戶或其顧客所承擔。允許佃戶從他的地租中扣除所付稅金的一半，或甚至扣除全部的稅，都不會對這個結果產生很大的干擾；雖然這樣的法律會冒一些把地主⑯的部分物產轉移到承租人的風險，這些人在簽訂租約時，就已經把他們要支付那些舊稅計算在內了。另一方面，對分配做增加的新稅的規定有很大的好處；無論是農場、營業場所，還是房屋的使用者，都要從他的租金中扣除新稅的一半；他的直接地主再按照他向上級地主所付地租的比例扣除，以此類推。此外，正如剛剛已經建議的那樣，對各種營業場所徵收新的地方稅，最初可以課徵少於全額的稅；然後再逐漸增加。透過這些規定，農民、店主和其他商人可以免於偶爾的不公平以及對不公平的持續恐懼，這些不公平現在與

新稅應該要向那些最後支付該稅的人徵收。

　　若是指房屋的承租人，則是指房客。

⑮ 譯者註：以下本節所說的地租，原文為rent，包含了農田及房屋的租金。在中文，若是指農田的租金，則應該翻為地租，若是指房屋的租金，則是指房租。

⑯ 譯者註：以下本節所說的地主，原文為landlord，包含了農田及房屋的出租人。在中文，若是指農田的出租人，則應該翻為地主，若是房屋的出租人，則是指房東。

突然的不成比例增加特殊階級的公共負擔有關。

都市土地可
以課以一般
性的場址稅
以及特殊的
「新鮮空氣
稅」。

關於場址價值似乎可以規定，無論技術上是否是屬於都市的土地，所有土地如果清除建築物後，甚至都能以適中的高價，比如說一英畝200英鎊出售者，則都應視為具有特殊的場址價值。此時就可按其資本價值課徵一般的場址稅；此外，也可以徵課「新鮮的空氣稅」（fresh air rate），完全在地方當局集中管理之下，把這筆稅用於上述的目的。這種新鮮空氣稅對所有者來說不會是一個非常沉重的負擔，因為一大部分的新鮮空氣稅，會讓那些留下來的建築場址以具有較高的價值這種形式，償還給他們。事實上，大都會公共花園協會（Metropolitan Public Gardens Association）[17]等這一類的私人社團的開支，以及為公共改良設施而對建築價值課徵的大部分稅，實際上都是向已經很幸運的所有者提供一份免費的財富了。

租稅必須是
累進的，但
無一人可以
完全免除租
稅。

對於農村和都市地區都一樣，在計算土地的初次稅課之後，其餘的必要資金也許最好是透過不動產的課稅來取得，在地方當局的酌情考量之下，再輔以一些次要的地方稅。除非有老年退休金等任何重大的新支出的需要，否則或許可以廢除「住宅稅」（Inhabited House Duty）；而主要的稅或許也應該採取像目前住宅稅那樣的累進稅制；但對於中等大小的房屋，累進的程度要較溫和，而對於

---

⑰ 譯者註：於1882年成立，致力於保護和改善倫敦的花園、被忽
　視的景點和綠色的開放空間。

非常大的房屋，累進的程度要更爲急劇。但是，任何人都不應該完全免除稅課；因爲只要一個人對租稅的徵收和支出有投票權，就都會使他完全逃避這些稅，這是不妥之舉。然而，用相當於他所支付稅款的利益，以增加身心健康和活力的方式，來回報給他或他的子女，但又不會造成政治的腐敗，這或許是妥當且合理的。⑱

---

⑱ 最近，地方稅務委員會爲解決場址價值評估的難題，忙得不可開交；並且更加難以解決的是，要制定臨時（*ad interim*）的政策，以便使一個長期設計最終要由地主支付的稅當中，從使用人轉移合理的部分（不論是多或少）給承租人。（請特別參見《最終報告》（*Final Report*），頁153-176。）這種評估的難度雖然無疑地非常大，但是經由經驗，這種難度可以快速減少；最初1,000次的評估，會比後來的20,000次評估的麻煩也許較多，準確性也較低。

附錄八①

關於報酬遞增靜態假設使用的限制

---

① 請參閱第五篇第十二章第3節。

第1節

要探究困難
的性質。

　　對於那些依循報酬遞增法則的商品，其均衡理論所遇到的困難，我們在前面已經提出了一些暗示。現在對於這些暗示要再做一些說明。

　　最重要的一點是，對生產成本隨產量的增加而逐漸遞減的商品來說，生產的邊際這個詞在長期間並沒有意義；而在短期間一般並不存在報酬遞增的傾向。因此，當我們討論那些符合這種傾向的商品，其價值的特殊條件時，應該要避免使用「邊際」一詞。就需要的短暫且快速的波動而言，邊際這個詞當然可以用於這些商品以及所有其他的商品；因為當涉及到這類波動時，這些商品的生產，如同其他商品的生產一樣，都符合報酬遞減，而不是報酬遞增的法則。但是，在報酬遞增傾向有顯著效力的那些問題上，卻無明確定義的邊際產品。在這些問題當中，我們必須要選擇較大的單位，必須要考慮代表性的廠商，而不是某一個別廠商的條件；最重要的是，我們必須要考慮整個生產過程的成本，而不是把單一商品，諸如一把來福槍或一碼布料的生產過程的成本單獨考慮。的確，當整個工業部門幾乎都掌握在一些巨大企業手中時，其中沒有一個可以完全稱之為具有「代表性」。如果這些企業結合為一個托拉斯，或甚至是彼此緊密結合在一起，則「正常生產費」一詞就不再具有精確的意義了。而且，正如本書後面所要充分論證的那樣，在初步上這必須視為一種獨占；其程序必須要按照第五篇第十四章的路線來分析。雖然十九

世紀的最後幾年及二十世紀最初的幾年已經顯示，即使在這種情況下，競爭仍然有強大的力量，而「正常」一詞的使用看來似乎也不像先驗上那樣不合適。

第2節

讓我們回到時尚運動所引起的無液氣壓計需要增加的情況，這種情況經過一段時間後，導致了組織改善和供給價格的下滑。[②]最終，當時尚的力量消失後，對無液氣壓計的需要又完全要依據其實際的效用；因此，這個價格就可能高於或低於相應生產規模的正常需要價格。在前一種情況下，資本和勞動將避開該行業。在已經開業的企業中，儘管淨利得低於他們所期望的，有些也許還是會繼續經營下去；但是，另一些將漸漸轉到一些比較繁榮的相近生產部門；隨著舊企業單位的減少，很少有新企業單位去填補他們的位置。生產規模將再次縮小；舊的均衡點在面對衝擊時，會表現得相當穩定。

但是，現在讓我們轉到另一個情況，在這種情況下，增加產量使長期供給價格下滑如此之大，以致於需要價格仍然高於供給價格。在這種情況下，期望在那個行業展開企業的企業家，考慮了該企業繁榮和衰退的機會，並把該企業未來的支出和未來的收入折現後，得出下面這個結論，即收益的現值會大於支出的現值。因此，資本和勞動

一個實例的說明。

---

② 請參閱第五篇第十二章第1節。

將迅速流入該行業；在需要價格下降的幅度變得與長期供
給價格下降幅度一樣大，且已經達到穩定的均衡點之前，
產量也許會增加10倍。

兩個穩定的
均衡點，理
論上是可能
的。　　因爲的確，儘管在第五篇第三章所描述的需要和供給
圍繞著一個穩定均衡點振盪，正如一般所做的那樣，暗示
在一個市場上只能存在一個穩定的均衡點；然而事實上，
在某些可以想像，但極少見的情況下，可能存在兩個或更
多個眞正供需的均衡點，其中的任何一個均衡點與該市場
的一般情況都同樣是一致的，且其中的任何一個均衡點，
一旦達到的話，直到出現某種很大的干擾以前，都將是穩
定的。③

---

③ 除了穩定的均衡點外，在理論上至少還有不穩定的均衡點；這些
　是兩個穩定均衡點的分界線，可以說是把兩個流域分開的所謂分
　水嶺，且價格就趨向於從這些不穩定的均衡點，流向於穩定均衡
　點中的任何一點。

　當需要和供給處於不穩定的均衡狀態時，如果生產規模受到一點
　干擾，而偏離其均衡點時，就會迅速移開到其穩定均衡點之一；
　有如一顆直立的雞蛋，受到一點震動就會倒下平躺一樣。正如一
　顆雞蛋直立理論上是可能的，但實際上是不可能的一樣，生產規
　模在不穩定的均衡中保持均衡，理論上也是可能的，但實際上卻
　是不可能的。

　因此，在圖38這兩條曲線相交若干次，而Ox上的箭頭表示R按照
　這個方向，沿著Ox而移動其位置。該圖指出了如果R在H或L這
　兩點，並且往兩個方向中的任何一方略微移位一點，一旦干擾因

素消失之後，將返回到移位以前的均衡點；但是如果R在K點，並往右移位，則即使在干擾因素停止後，R點仍會繼續向右移動，直至到達L點為止，如果向左移動，則R也會繼續向左移動，直至達到H點為止。也就是說，H和L是穩定的均衡點，而K則是不穩定的均衡點。由此，我們得出以下的結論：

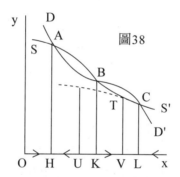

圖38

需要和供給曲線的交點所對應的供、需均衡點是穩定的或是不穩定的，決定於在該交點左側的需要曲線是在供給曲線之上或之下而定；或者，相同的說法是，根據在該交點右側的需要曲線是在供給曲線之下或之上而定。

我們已經得知需要曲線整條線都是負向的。由此可見，如果在任何交點的右側，供給曲線位於需要曲線之上；那麼，如果我們沿著供給曲線向右移動，則勢必都在需要曲線之上，直到達到下一個交點為止；也就是說，接下來在穩定均衡點右邊的均衡點必定是一個不穩定的均衡點；並且，以類似的方式，同樣可以證明左邊相鄰的交點也必定是如此。換句話說，在曲線彼此相交不只一次的情況下，穩定及不穩定的均衡點是交替出現的。

第3節

　　然而，必須要承認的是，只要該理論假設一種商品的正常生產增加，之後再次減少到原先的數量，需要價格和供給價格都將回到原來那個數量的位置，則這一理論就與實際生活脫節。④

需要價格表
是不變的假
設，並不太
歪曲事實；

　　無論一種商品符合報酬遞減或遞增法則，由於價格下降只會引起消費逐漸的增加；⑤而且尤有甚者，當某一商品在價格低時，一旦養成使用該商品的習慣之後，則在價格再次上漲後，就無法很快拋棄該習慣。因此，在供給逐漸增加之後，萬一有些供給來源阻絕了，或者萬一發生任

　　當我們向右移動時，則最後的一個交點必定是一個穩定的均衡點。因為如果產量無限增加，則賣出的價格必然降到幾乎零的水準；但是，足以涵蓋生產費用所需的價格不會下降如此之多。因此，如果供給曲線向右延伸到足夠遠的距離，則最終必會位於需要曲線之上。

　　當我們從左到右移動時，第一個交點可能是穩定的，也可能是不穩定的均衡點。如果這是一個不穩定的均衡點，則這一事實顯示，該商品的小規模生產，將使生產者無利可圖；因此，除非以下的情況出現，否則其生產根本無法開始，亦即一些偶發的事故，暫時導致對該商品的迫切需要，或暫時降低了其生產費；或者除非某一個有企業精神的廠商，準備投下大量的資金，以克服生產的最初困難，並使銷售的價格可以保證造成大量的銷售。

④ 請參見第五篇第三章第6節。

⑤ 請參見第三篇第四章第6節。

何其他使商品缺乏的原因，則許多消費者很難放棄他們所習慣的方式。舉例來說，如果不是以前的低價格，使美國棉花普遍用來滿足那些由於低價格帶來的需要的話，那麼在內戰期間棉花的價格也許就不會那麼高了。因此，適用於某種商品生產向前變動的需要價格表，很難適用於向後變動的情況，一般需要價格表都需要提高。⑥

此外，供給價格表也許很能代表當一物供給正在增加時，供給價格實際下降的情形；但萬一如果需要也下降，或者由於任何其他原因，萬一供給必須要減少，供給價格將不會按原來的路徑變回來，而會向一個較低的價格變動。適用於向前變動的供給價格表，將不適用於向後變動的表，而必須以較低的供給價格表來取代之。無論商品的生產依循報酬遞減或報酬遞增的法則，這個結論都是正確的；但是在商品生產依循報酬遞增法則時，這個結論就特別重要，因為商品生產依循這一法則的事實，證明了生產的增加，會導致組織的巨大改進。

但是供給的價格表是不變的這個假設，對報酬遞增的商品就不適合了。

因為，當任何偶然的干擾促使任何商品生產大幅增加，從而促成大規模經濟產生後，這些經濟就不容易喪失。機械設備、分工和運輸工具的發展，以及各種類型組織的改進，一旦獲得之後，就不容易棄置。當資本和勞動一旦用於任何特定工業，如果對其所生產商品的需要

---

⑥ 也就是說，對於出售量的任何向後變動來說，可能需要提高需要曲線的左端，以使其代表新的需要狀況。

下滑，則資本和勞動的價值的確可能會貶低；但這些資本及勞動卻不能迅速轉為其他行業所使用；其競爭將暫時阻止需要減少，導致商品價格的上漲。⑦

---

⑦ 例如，在圖38中供給曲線的形狀，隱含了如果所討論的物品每年都以 OV 的規模生產，那麼生產的經濟將如此之大，以致於能夠使其以 TV 的價格出售。如果這些大規模經濟一旦實現，那麼 SS′ 曲線的形狀可能就無法再準確代表供給的情況。例如，OU 產量的生產費在比例上，將不再大於 OV 產量的生產費用那麼多。因此，為了使曲線可以再次表示供給的狀況，有必要如圖中的虛線曲線那樣，畫一條較低的曲線。布洛克教授，在《經濟學季刊》（1902年8月，頁508）認為，這條虛線無論傾斜度多麼小，都不應該從 T 向上傾斜，而是應該向下傾斜，以表明減產「通過迫使最弱的生產者」倒閉，而降低邊際成本，因此未來的邊際成本，將是那些比以前更有能力的生產者的邊際成本。這個結論是可能的。但必須要記住的是，最弱生產者的邊際成本並不決定價值，而只能說明決定價值那些因素力量的大小。只要大規模的生產經濟是「內部的」，即屬於個別廠商的內部組織的經濟，則較弱的廠商必會為較強的廠商迅速驅逐出去。較弱廠商的持續存在，證明了強大廠商無法無限制地增加其產量；部分是由於難以擴大其市場，而部分則是因為一個廠商無法永久維持其實力。今天強大的廠商在過去一段時間裡，可能因為年輕而很弱；也可能此後某個時期因衰老了而變弱了。在產量較小時，仍有在邊際上較弱的廠商存在；他們或許在一段時間之後，會比如果總生產規模得以維持時更為衰弱。同時，外部經濟也將減弱。換句話說，代表性廠商可能會較小、較弱，且外部經濟也較少。請參閱《經濟學季刊》（1904年2月）佛魯克斯教授的文章。

　　部分由於這個原因，即使所有商人都能確知市場上所有相關的事實，同時出現可供選擇兩個穩定均衡點的情況並不多。但是，如果萬一某一製造業部門的生產規模大幅擴大，使供給價格迅速下降時；那麼，一個對商品需要增加的暫時性干擾，也許會導致穩定均衡價格的大幅下跌；因此而會有比以前多很多的產量，以遠較以前低的價格出售。如果我們能夠向前追溯需要和供給價格表到很遠時，我們就總會發現這兩者緊密連在一起。[8]因為如果產量大量增加後的供給價格，僅略高於相應的需要價格，則需要溫和的增加，或比較微小的一個新發明，或其他使價格降低的生產，都可能會使供、需價格相等，從而產生一個新的均衡點。這種變動在某些方面類似於從一個穩定的均衡點，變動到另一點，但與後者不同。不同之處在於，除非正常需要或正常供給的條件有所變動，否則不會出現這種變動。

　　上述這些結果無法令人滿意，部分是因為我們分析方法的不完善，並且由於科學方法的逐步改進，可以想像得到的是這種令人不滿意之處，在以後的時代可能會大大減少。如果我們能夠把正常的需要價格和供給價格，表示為正常的產量和該數量變為正常產量的時間這兩者的函數，我們就已經取得了很大的進步了。[9]

需要或供給一個小小的變動，時常會引起均衡價格出現很大的變動。

---

[8] 也就是說，當在離均衡點右側相當遠時，供給曲線僅略為高於需要曲線。

[9] 有一個困難來自下面這個事實，即擴大一次生產規模引入的經濟

第4節

只有在穩定
狀態之下，
平均費用才
會等於邊際
及正常的費
用。

接下來讓我們回到平均價值和正常價值之間的區別這個問題上⑩。在穩定狀態之下，可以事先準確預期到每個生產設備所賺取的所得，這個所得將代表創造該所得所需要的努力和犧牲的正常衡量尺度。

那麼，我們可以把這些邊際費用乘以商品的單位數；或者把該商品各部分的所有實際生產費用加在一起，並加入生產中差別優勢所賺取的所有地租，就可以求得生產總

所需要的時間，不足以擴大另一次更大的生產規模，因此我們必須要由手邊的特殊問題的可能指示，事先確定相當長的時間，並以之調整全部序列的供給價格。

如果我們舉一個比較複雜的圖解加以說明，則可以大為接近於問題的性質。我們可以採用一系列的曲線，其中第一條曲線是某一年內生產規模擴大一次，第二條曲線是第二年內生產規模擴大一次，第三條線是第三年內生產規模擴大一次等等，所可能產生的經濟。把這些線從紙板中剪下且將之並立，我們就可以得到一個平面，其中三個象限分別代表數量、價格和時間。如果我們在每條曲線上標示出對應於該數量的點，可以預見到這個產量似乎可能就是與該曲線有關的那一年的正常數量，那麼這些點將在這個平面形成一條曲線，這條線就是一條依循報酬遞增法則的那種商品相當長期的正常供給曲線。請參照坎寧安先生在1892年《經濟期刊》上的一篇文章。

⑩ 請參見前面第五篇第三章第6節；第五章第4節；及第九章第6節。

費用。經由這兩種方法中的任何一種所決定生產總費用，再除以商品的數量，就可以求出平均費用；所得到的這一結果無論是長期或是短期，都是正常的供給價格。

　　但是，在我們生活的世界裡，「平均」（average）生產費用這個詞有些令人誤解。因為製造某一商品的大多數物質和人力的生產設備，很久以前就已經存在了。因此，這些東西的價值不可能恰好是生產者原來所預期的那樣；其中有一些價值會較大，而另一些則價值會較少。因此，這些項目目前所獲得的所得，將由其產品的需要和供給之間的一般關係來決定；且把這些項目的所得資本化之後，就可以得到其價值了。因此，當求出一個正常的供給價格表，和正常的需要價格表合在一起，以決定正常價值的均衡點時，我們若把這些生產設備的價值視為理所當然，就會陷入循環論證的毛病。

　　這種警告對於有報酬遞增傾向的產業而言特別重要，可以利用在靜態狀態之下，可能出現的供需關係的圖解法來加以強調，但也只限於在靜態狀態下而已。在那個靜態下，每一件特定的東西都占有補充成本當中適當的份額；對於一個生產者來說，除非按總成本的價格來接受特定訂單，否則將是不值得的，這個總成本也包括了建立代表企業的商業聯繫和外部組織的工作所需要的費用。這個圖解並無積極的價值；只是避免抽象推理中可能出現的錯誤而已。⑪

＊這可以用一個圖解來說明。

---

⑪ 在圖39中，*SS'* 並不符合於我們生活的這個世界情況的一條真正

的供給曲線；但卻具有經常錯誤地歸諸於這樣一條曲線的特質，我們
將其稱爲「特殊費用的曲線」（*particular expenses curve*）。照往常
那樣，Ox衡量商品的數量，Oy衡量其價格。OH是每年生產的商品數
量，AH是該商品一單位的均衡價格。假定第OH單位的生產者沒有差
別的利益（differential advantages）；但是第OM單位的生產者有差別
的利益，這使得他可以用PM生產費來生產，如果沒有這些利益，則
他生產一單位，要花AH的費用。P的軌跡就是我們特殊費用的曲線；
這條曲線是這樣畫出的，在其上取任何一點P，並在該點畫PM垂直於
Ox，PM就表示生產第OM單位所引發的特殊生產費用。AH超過PM 的
值爲QP，這就是生產者的剩餘或地租。爲方便起見，差別利益的所有
者可以從左到右按下降的順序排列；因此SS'變成向右上傾斜的一條曲
線。

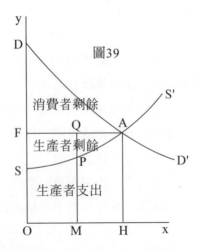

圖39

按照消費者剩餘或地租（第三篇第六章第3節）的情況來進行，我們
可以把MQ視爲一個很細薄的平行四邊形或一條直線；當M沿著OH連

續移動時，我們得到一些由曲線*SA*切成兩半的粗直線，每條直線的下半部分代表每單位商品的生產費用，而上半部則是該單位對地租的貢獻。下半部的粗線組合起來，填滿整個空間*SOHA*的面積；因此，這代表了*OH*的總生產費用。上半部的粗線組合在一起，填滿了空間*FSA*的面積，因此這代表了生產者的剩餘或普通意義上的地租。除了根據前面（第三篇第六章第3節）所提到的，*DFA*代表消費者的剩餘，等於從*OH*量所獲得的滿足，超過以貨幣總額*OH***HA*所表示的部分。

現在，特別費用曲線和一條正常供給曲線之間的差異，在於前者把生產的經濟從頭到尾都視為固定和統一的，而後者則不然。特殊費用曲線從頭到尾都立基於這樣的假設，即若總產量是*OH*時，所有生產者都可以得到屬於這個生產規模的內部和外部經濟；並且，仔細記住這些假設之後，這條曲線就可用來表示無論是農業還是製造業等，任何產業的特殊情況；但卻不能用來代表產業一般的生產情況。

只能用正常的供給曲線，才能代表該產業的一般生產情況，其中*PM*代表生產第*OM*單位的正常費用，假設是生產*OM*單位（不是任何其他數量，如*OH*單位）；並且假設可得到的外部和內部的生產經濟，是屬於總生產量為*OM*的代表性廠商。這些經濟一般都小於如果生產總量是較大的*OH*數量；因此，*M*在*H*的左邊時，供給曲線在*M*的縱坐標，將大於為總產量為*OH*所畫的一條特殊費用曲線。

由此可知，在我們目前的圖形中，代表總地租*SAF*的面積，將小於如果*SS*'過去是農產品的正常供給曲線（*DD*' 是正常的需要曲線）時的總地租。因為甚至在農業中，一般的生產經濟也會隨著總生產規模的擴大而增加。

然而，如果我們為了任何特殊的理由，而選擇忽略這一事實；也就是說，如果我們選擇假設*MP*是在最困難的情況下（所以不支付地

租），生產OM單位那部分產品的生產費用，即使已生產了OH單位時，MP仍然是第OM單位的生產費用（地租除外）；或者換句話說，如果我們假設生產從OM增加到OH，不會改變第OM單位的生產費用，則即使SS'是正常供給曲線，我們也可以認爲SAF代表總地租。這樣做有時可能很方便，但是當然每次都要注意到所作的特殊假設的性質。

但是，如果一種商品依循報酬遞增法則，則其供給曲線就不能作這種假設了。這樣做將在名詞上造成一種矛盾。商品的生產依循報酬遞增法則的這一事實，意味著當生產總量很大時可得到的一般經濟，大於其生產總量很小的情況如此之大，以致於超越了大自然提供來增加該產業生產所使用原料不斷加大的阻力。在特殊費用曲線的情況下，無論商品是否依循報酬遞增或遞減法則，MP總是小於AH（M在H的左邊）；但另一方面，在供給曲線的情況下，對於依循報酬遞增法則的商品，MP一般會大於AH。

還有一點需要提出的是，如果在我們所討論的問題中，其中甚至有些人工製造的生產工具，暫時必須要視爲是一個固定的數量，因此其報酬將具有準租的性質；此時我們就可以繪製一條特殊費用曲線，其中MP代表排除這種準租的狹義生產費用；因此SAF的面積就代表了眞正地租與這些準租的總額。這種處理短期正常價值問題的方法具有吸引力，也許最終還會有用：但需要謹愼地處理，因爲其所根據的假設非常不可靠。

附錄九①

李嘉圖的價值理論

---

① 請參照第五篇的結語和附錄二第5節。

第1節

李嘉圖有實
際的經驗，
但作爲一個
著述者來
說，他的文
章是抽象，
且無系統
的。

李嘉圖在對大眾發表演講時，都大量引用他對生活事實廣泛且深入的知識，使用這些事實來「說明、證明或論證他的前提」。但是在《政治經濟學原理》一書中，他「在討論同樣的問題時，卻完全不涉及周遭的現實世界」。[2]他於1820年5月寫給馬爾薩斯的信（馬爾薩斯同年出版了他的《政治經濟學原理，著眼於其實際的應用》〔*Principles of Political Economy Considered with a View to Their Practical Application*〕）中說：「我認爲，我們的差異在某些方面，可以歸因於你認爲我的書實際的程度，比我想要使其實際的程度還大。我的目的是闡明原理，爲此，我想出了一些強有力的情況，以這些情況，我可以說明這些原理的運作。」他毫不假裝自己的書是有系統的。他在別人費力勸進之下，才出版該書；若在寫書時，有考慮到任何讀者的話，那這些讀者主要就是與他有來往的政治家和商人。因此，他故意省略了許多使其主張合乎邏輯的完整所必需的，但卻被認爲是顯而易見的東西。更有甚者，正如他在後來的10月，對馬爾薩斯所說的那樣，他「只是一個不擅長遣詞用字的人」。他的闡述有如他深邃的思想一樣令人費解；他以很不自然的含意遣詞

[2] 請參閱已故的鄧巴（Dunbar）教授在哈佛大學《經濟學季刊》第一卷中，所發表的關於〈李嘉圖使用的事實〉（Ricardo's Use of Facts）這篇令人讚揚的文章。

用字，且不加以解釋這種不自然的含意，又不堅守這種不自然的含意；並在沒有說明的情況下，他就從一個假設轉到另一個假設。

那麼，如果我們要正確理解他，就必須要從寬廣的角度來解釋他，比他自己對亞當‧史密斯的解釋還要寬廣。當他的文字含糊不清時，我們必須要用他著作中的其他段落所表明的意思，加以解釋這些含糊的字。如果我們這樣做，是爲了確定他的眞正含意，那麼雖然他的學說離完善還很遠，但卻可擺脫許多歸因於這些學說的錯誤的影響。

舉例來說（《原理》，第一章第1節），他認爲儘管效用對於價值的衡量並非絕對必要的，但對於（正常的）價值卻是「絕對重要的」；而物品的價值「在其數量非常有限時……，是隨著那些渴望擁有這些物品者的財富和喜好的變動而變動。」而在其他地方（同上引書第四章），他堅持市場價格的波動，一方面由可供出售的數量，而另一方面則由「人類的欲望和願望」來決定的。

此外，在對「價值與財富」之間的區別意味深長的，但非常不完全的討論中，他似乎覺得自己是在探究邊際效用和總效用之間的區別。因爲他認爲所謂的財富指的是總效用，他似乎總是在強調價值與財富的增加是一致的這一點，而價值相當於增加來自於恰好值得購買者去買的那部分商品所產生的財富增量。同時，他也論述了當供給短缺時，無論是由於偶發事故出現的暫時不足，還是由於生產成本的增加而造成的永久不足所致，以價值來衡量的財富，其邊際增量將上提，同時從商品所獲得的總財富或總

他把效用視爲理所當然的，因爲效用的影響比較單純；

效用都會減少。雖然（對微積分的簡潔用語一無所知）他
並沒有找到簡單而又正確的詞彙，來對這一法則進行很好
的說明，但在整個討論過程中，他都試圖說出，對供給的
任何抑制，都會提高邊際效用，降低總效用。

第2節

而他也分析
了生產成
本，因爲生
產成本的影
響比較不明
顯。

　　雖然對效用是非常重要這個主題，他不認爲有太多話
要說，但他卻認爲對於生產成本與價值之間的關係，人們
並未完全理解；且他也認爲這個問題的錯誤看法，可能會
使國家在稅收和財政的實際問題上誤入歧途；所以他自己
專門針對這個主題進行了研究。但他在這裡也走了捷徑。

　　因爲，儘管他知道商品按報酬遞減、報酬不變或報
酬遞增的法則而分爲三類；不過他卻認爲在一個可適用所
有商品的價值理論中，最好忽略這種區別。隨意選擇的一
種商品，可能符合報酬遞減，同時也可能符合報酬遞增法
則；因此，他認爲自己有理由暫時假設所有商品都依循報
酬不變的法則。在這一點上，他或許有道理，但他犯了一
個錯誤，就是沒有明確說出他在做什麼。

1.生產成本
取決於直接
使用的勞動
數量；

　　在書中第一章第1節，他認爲「在社會的初期階
段」，幾乎沒有使用任何的資本，且任何一個人的勞動，
幾乎與任何其他人的勞動，價格都相同，從廣義上來講，
的確「商品的交換價值或者可換得另一種商品的量，取決
於生產該商品所需要勞動的相對數量。」也就是說，如
果兩種物品可以分別由12個人和4個人一年的勞動製造出

來，所有人都是同一級別的，那麼前者的正常價值，將是後者的3倍。因為如果必須要加上投資於某個情況下的資本10%的利潤，也需要在另一個情況所投的資本加入10%的利潤。（如果w是這一類工人一年的工資，生產成本將是4w*（110/100）和12w*（110/100）；兩者的比例就是4：12或1：3）。

不過，他繼續指出在文明的後期階段，不適宜做這樣的假設，而且價值與生產成本的關係，比他開始時所陳述的更為複雜；他的下一步就是在書中第2節加入了「不同品質的勞動，得到不同的報酬」這樣一個因素。如果一個寶石匠的工資是普通工人工資的兩倍，那麼寶石匠一小時的勞動必須算為普通工人兩小時的勞動。如果他們的相對工資發生變化，那麼他們所生產物品的相對價值當然也會有相應的變化。但是，他不像這一代經濟學家所做的那樣，分析寶石匠從一代到另一代的工資相對於普通勞動從一代到另一代的工資變動的因素，而是心滿意足地說這種差別不會很大。

接下來的第3節。他敦促在計算某一商品的生產成本時，不僅要計算直接投入該商品生產的勞動，也要計算協助這些勞動的器械、工具和建築物上所投入的勞動的成本；在這裡，還必須要引入他在開始時，置於腦後的時間因素。

因此，在第4節中，他更充分地討論了對「一組商品」價值的不同影響（他有時用這種簡單的方法，來規避主要成本與總成本之間區別上的困難）；特別是他考慮

2.取決於勞動的素質；

3.取決於先前用在工具上的勞動；

4.取決於財貨運到市場銷售之前，所經過的時間長度；

到使用一次性消耗掉的流動資本和固定資本所產生的不同結果；也考慮了把勞動投入用來製造商品的機械的製造時間。如果那個時間很長，則這些商品將有較高的生產成本，且需要「更大的價值，以彌補這些商品推到市場之前，所必須要經歷那段較長的時間。」

5.取決於由此而造成的利潤率對相對價值的影響。

最後，在第5節中，他總結了時間長度不同的投資，對直接的或間接的相對價值的影響；他正確地主張說，如果全部的工資都同時漲落，這種變動對不同商品的相對價值不會有永久性的影響。但他認為，如果利潤率下降，就會降低那些在進入到市場之前很長一段時間，就需要投入資本才能生產的那些商品的相對價值。因為如果在某一種情況下，平均投資時間長度是一年，需要在工資總額上加入10%作為利潤；在另一種情況下，平均投資時間長度是兩年，需要加上20%作為利潤；那麼，當利潤下降五分之一時，則後一種情況需要加上的利潤，會從20%下降到16%，而前者只會從10%下跌到8%。（如果他們的直接勞動成本相等，他們的價值在利潤變動之前的比率，將是120/110或1.091；而在改變之後，則為116/108或1.074；降低了將近2%。）他公開承認其論證只是暫時性的；在後面的幾章中，除了考慮投資期間之外，他還考慮了造成不同行業利潤不同的其他原因。他在第一章中，已經強調過時間或等待以及勞動是生產成本的因素了，但很難想像他還能如何對這個問題進行更多的強調。然而遺憾的是，他喜歡很短的語句，並認為他的讀者總會為他所提供的暗示，自己進行解釋。

　　的確，在第一章第6節末尾的註當中，他曾說過：「馬爾薩斯先生似乎認為，一物的成本和價值應該是相同的這一點，是我的學說當中的一部份；如果他說的成本包括了利潤的『生產成本』的話，那他的說法就正確了。但在上一段中，他所指的不是這個意思，因此他並未清楚地了解我。」然而，羅德伯特斯和卡爾‧馬克思都聲稱，李嘉圖對物品的自然價值僅僅包括花在該些物品的勞動這個陳述具有權威；即使那些最極力反對這兩位學者結論的德國經濟學家，也經常認為他們正確地解釋了李嘉圖，他們的結論在邏輯上是從李嘉圖的結論而來的。

他修正了馬爾薩斯對馬克斯誤解的預測。

　　這一點以及類似的其他事實都指出，李嘉圖的不加解釋容易引起一種判斷上的錯誤。如果他不時地重複下面這個陳述就會好得多，即在長期間，兩種商品的價值可以視為與製造該些商品所需的勞動成比例，但這只有在其他條件不變的情況下才成立。也就是說，在兩種情況下，所使用的勞動技術都相同，因此報酬也都一樣高；都有等比例的資本量協助，也考慮了其投資的期間；因此利潤率就會相等。他並未明確說明，在正常價值問題中，各種因素如何彼此相互決定，而不是一長串的因果關係依序決定，在某些情況下，他或許沒有完全清楚體認到這一點。而且他致力用很短的語句來表達重要經濟學說的壞習慣，使他幾乎比任何其他人都犯了更大的錯誤。③

但是他太吝於言辭。

③ 作為企圖〈重建李嘉圖〉（Rehabilitation of Ricardo）（《經濟

第3節

傑逢斯出色
的單邊主
義。

　　現代的學者當中，很少有像傑逢斯那樣接近於李嘉圖獨創性的人。但他對李嘉圖和密爾的評斷似乎都過於嚴苛，並把他們的學說看的比他們實際主張的要狹隘和較不具科學性。他想要強調李嘉圖和密爾未曾充分討論價值理論一個方面的意圖，在某種程度上可以用以下他的話來說明，「反覆的思考和探究，使我得到了價值完全取決於效用這樣一種新奇的觀點」（《理論》，頁1）。這種說法

　　期刊》，第一卷）的一部分，艾胥列教授對這篇註解提出了一個具有啓發性的批判，他堅決地主張人們一般都相信，李嘉圖事實上習慣於認為只有勞動的數量才構成生產成本，並決定價值，這種看法只是需要「略加修改」即可；並且堅決地認為對他的這種解釋與他的整個著作最為一致。毫無疑義地，這種解釋已為許多有能力的學者接受了；否則的話，就沒有必要對他的學說進行重建了，也就是說對他那質樸的學說加上較多的修飾。但是，是否只因為他未經常重複其中所包含的解釋子句，就認為李嘉圖書中的第一章並沒有說出什麼，這個問題是每個讀者必須要根據自己的習性來判斷的；這無法由辯論來解決。這裡並不是聲稱他的學說包含了一個完整的價值理論；而只是說他的學說迄今為止大體上仍然是正確的。羅德伯特斯和馬克思對李嘉圖學說所進行的解釋，認為利息不納入決定（或是參與決定）價值的生產成本之中；關於此點，當艾胥列教授（頁480）對於李嘉圖「把利息的支付，亦即超過只是更新替換資本的部分，視為是理所當然」，也認為是毫無疑義時，他似乎完全同意這裡所主張的看法。

與李嘉圖因為經常不慎的省略，而對價值取決於生產成本
這種說法，所引起的片面的、零碎的情況相比不會較少，
而所引來的誤解卻更多；但李嘉圖只把這種說法視為是整
個更大學說的一部分，而在其他的部分，他也曾嘗試對此
加以解釋。

　　傑逢斯繼續說：「我們只要仔細找出商品效用的變
化，決定於我們擁有商品數量的自然法則，以便求得一個
令人滿意的交換理論，而普通的供、需法則是該理論的必
然結果……人們經常認為勞動決定價值，但勞動只能透過
增加或限制供給，來改變商品的效用程度，從而才能間接
決定價值。」正如我們即將看到的那樣，這兩個陳述中的
後面那個，之前由李嘉圖和密爾幾乎以同樣鬆散和不準確
的方式陳述過了；但他們不會接受前面那個陳述。因為雖
然他們認為效用變化的自然法則太明顯，以致於不需要詳
細解釋，雖然他們承認，如果生產成本不會影響生產者
運往市場銷售的數量，那麼生產成本對交換價值也就沒有
影響了；他們的學說隱含了凡是對於供給是正確的，經過
必要修正之後（*mutatis mutandis*），對於需要也同樣是
正確的，如果商品的效用對購買者從市場買走的數量無影
響，則可能對其交換價值也就沒有影響了。那麼讓我們轉
而檢視傑逢斯在他第二版有系統地闡述其中心論點的因果
關係鏈，並將其與李嘉圖和密爾論點進行比較。他說（頁
179）：

　　　「生產成本決定供給；

傑逢斯的中心論點。

供給決定最終的效用程度；

最終的效用程度決定價值」。

現在如果這一連串的因果關係鍊確實存在，那麼在省略中間部分，並說生產成本決定價值，就不會有太大的損害。因為如果甲是乙的原因，乙是丙的原因，而丙又是丁的原因的話；則甲就是丁的原因。但實際上不存在這樣一連串的因果關係。

傑逢斯暗指在一個市場上，使彼此相互平衡的東西就是效用，而這些東西則是效用的間接衡量尺度。

對於傑逢斯理論的初步反對意見，是他對「生產成本」和「供給」這兩個名詞的定義含糊不清；傑逢斯應該可以借助於半數學用語的技術工具，來避免這種含糊不清，但李嘉圖卻沒有這種工具可以協助他。一個更嚴重的反對意見是針對他的第三個陳述。因為在市場中，各種購買者為某件物品所願意支付的價格，不僅僅取決於該物品對於購買者的最終效用程度，還由這種效用的程度與購買者各自可以隨意處置的購買力數量聯合起來一起決定。一個物品的交換價值在整個市場上都是一樣的；但與交換價值相對應的最終效用程度，在市場的任何兩個地方則都不相等。當傑逢斯在討論決定交換價值的原因時，他以「最終效用程度」（final degree of utility）取代了「消費者恰好願意支付的價格」，這樣他自認為更接近於交換價值的基礎，本書把該詞句濃縮為「邊際需要價格」（marginal demand price）。例如，當傑逢斯在描述（第二版，頁105）「一個只擁有穀物的交易團體和另一個只擁有牛肉的交易團體」決定進行交易時，他把他的圖表製作成代表

「一個人」獲得一份效用，並沿著一條線衡量他所獲得的這份效用；而失去一份效用，則沿著另一條線來衡量。但這不是真正發生的情況；一個交易團體並非「一個人」（a person），一個交易團體放棄的東西，對於所有成員來說，都代表相同購買力，但卻有非常不同的效用。傑逢斯自己的確意識到了這一點；同時他透過一連串的解釋，使其敘述能與生活事實保持一致，這種解釋實際上以「需要價格」和「供給價格」取代「效用」和「負效用」；但是，經過這樣的修改後，他的學說就失去了對舊學說的批判力了。如果兩者都嚴格地按字面上的意義來解釋的話，那麼舊的說法雖然不完全準確，但似乎比傑逢斯和他的某些追隨者所一直努力想要取代的這舊學說的理論更接近事實。

　　但是，對他的中心學說正式陳述當中最大的反對意見，是他的陳述並未把供給價格、需要價格和產量表示為彼此相互決定（在某些其他條件之下），而是表示為在一連串當中一個決定一個。就好像甲、乙和丙三顆球，在一個碗裡相互靠在一起，他不是說這三顆球的位置，在地心引力的作用下，彼此相互決定，而是說甲決定了乙，而乙決定了丙。然而另一個人也許同樣可以合理地說，丙決定了乙，而乙決定了甲。我們可以透過顛倒他提出的順序，並用以下說法，提供一個與他的學說同樣真實的因果關係的系列，來回答傑逢斯：

他以一連串的原因替代相互的因果關係。

　　效用決定了必須要供給的數量，

　　必須要供給的數量決定了生產成本，

　　生產成本決定了價值。

　　因為該成本決定了使生產者繼續生產所需的供給價格。

李嘉圖在處理效用時考慮了時間因素，雖然不充足，但卻是正確的。

　　接著，讓我們轉回來討論李嘉圖的學說，這一學說雖然不系統，且引起了許多的反對，但似乎在原理上更具哲學性，且更接近於實際生活的事實。在前面所引用的他給馬爾薩斯的信中，李嘉圖說：「當賽伊先生認為一種商品的價值與其效用成比例時，他對價值的意義並沒有正確的概念。如果只是買家決定商品的價值，這就是正確的；這時我們也許會預期到，所有的人都願意依據他們對自己持有這些商品的估計，成比例地決定商品的價格；但事實上，我認為買者是世界上決定價格力量最弱的人；價格完全都是由賣者的競爭來決定的，然而無論買者真的多麼願意為鐵支付較黃金高的價格，他們不能這樣做，因為供給由生產成本決定。……你說需要和供給調節價值（原文如此說）；但我認為這等於什麼都沒說，理由我在這封信的開頭已經提出了，是供給決定了價值，而供給本身則相對上是由生產成本控制的。以貨幣衡量的生產成本，是指勞動的價值以及利潤的價值。」（請參閱伯納博士對這些信件優異的編輯版本頁173-176。）在他的下一封信中，他又說：「我不會爭辯需要對穀物價格或所有其他物品價格的影響；但供給緊隨在需要之後，很快就掌握決定價格的力量（原文如此說），並且在決定價格時，供給由生產成本來決定。」

　　當傑逢斯寫書時，這些信件的確尙未發表，但李嘉圖的《原理》中有非常相似的陳述。在討論貨幣的價值時，密爾也談到了（第三篇，第九章第3節）「已經公認適用於所有商品，同樣也適用於貨幣和其他大多數物品情況的供需法則，是受到生產成本法則所控制，而不是爲生產成本法則所棄置，因爲如果生產成本對供給沒有影響，那麼對價值也就沒有影響了。」在總結他的價值理論時（第三篇，第十六章，第1節），李嘉圖又說了：「從這一點來看，需要和供給似乎決定著各種情況下價格的波動以及各種物品供給的永久價值，而所有物品的供給又都是由自由競爭以外的任何因素所決定的；但是，在自由競爭的制度下，平均而言，各種物品都按照對所有各類生產者都能提供同等利益的期待，這樣的價值相互交易，並以這樣的價格出售，只有在物品以其生產成本的比率相互交易時，才能夠做到這樣。」而在下一頁，談到具有連帶生產成本的商品時，他說到，「既然生產成本在這裡無法讓我們繼續分析下去，我們必須要訴諸於存在於生產成本之前的，且更基本的價值法則，即需要和供給法則。」

　　傑逢斯（頁215）在參考了這最後一段後，談到「密爾觀念中的一個錯誤，在於他又回到了一個『先在的價值法則』（*an anterior law of value*），即供需法則，事實上是在引入生產成本原理時，他從未放棄供需法則。生產成本只是決定供給的一個事項，因而間接影響了價值。」

　　雖然這種批評最後一部分的措辭有可以反對的理由，但似乎也包含了一個重要的眞理。如果這個批評在密爾所

傑逢斯的論點比所顯示的差異要小，

處的時代發表出來的，那麼傑逢斯也許會接受這個批評；
而且可能因爲「先在的」（anterior）這個詞無法表達出
他的眞實含意，而將之撤回。「生產成本原理」和「最終
效用」原理，無疑地是決定一切供需法則的組成部分；每
個部分都可以比喻爲一把剪刀的一片刀片。當某一刀片靜
止不動時，而移動另一片，仍然可以剪裁東西，我們可以
粗略地說，剪裁是由第二片完成的；但該陳述不能作爲正
式的說法，也不能作爲深思熟慮過的辯護之詞。④

同時他也低
估了供、需
之間廣泛的
對稱。

　　傑逢斯曾陷入這樣的習慣，他把實際上只存在於需要
價格和價值之間的關係，說成好像李嘉圖和密爾所認爲的
效用和價值之間的關係一樣；同時如果他像庫爾諾那樣也
用數學形式，可能會使他也強調供、需和價值之間存在的
一般關係的基本對稱，該種對稱與那些一般關係在細節上
的顯著差異是共存的。如果沒有陷入這樣的習慣，那麼也
許傑逢斯與李嘉圖和密爾的對立程度就不會那麼大了。的
確，我們絕不應該忘記，在他著書時，人們大爲忽視了價
值理論需要的一方面，他因爲引起人們關注並發展價值理
論的這一方面，著實做了極大的貢獻。很少有思想家能夠
像傑逢斯那樣，受到我們這麼竭誠地感激，但這種感激之
情絕不能讓我們輕率地接受他對其偉大前輩們的批評。⑤

---

④ 請參閱第五篇第三章第7節。

⑤ 請參閱本書作者於1872年4月1日在《學術期刊》（Academy）所
　　發表的一篇關於傑逢斯《理論》的文章。他的兒子在1911年爲
　　他出版的《理論》內，有一篇關於他對利息說明的附錄，特別參

選擇傑逢斯的批評作爲答覆李嘉圖的做法似乎是正確的，因爲無論如何在英格蘭，傑逢斯的批評比任何其他人的批評都更引人關注。但是，許多其他學者對李嘉圖的價值理論也進行過類似的批評。其中可以特別提到的是麥克勞德（Macleod）先生，他在1870年之前的著作中先就最近對於古典學派的價值與成本的關係，在形式上和內容上作批評，這些批評有來自於與傑逢斯同時代的瓦拉斯和卡爾・孟格，以及在傑逢斯之後的龐巴衛克教授及維塞爾。

　　李嘉圖的批評者效仿其對時間因素的疏忽，因而成爲

考了本人的這篇文章（也請參閱前面第六篇第一章第8節）。他認爲他父親的理論「至目前爲止都是正確的」，儘管他「追隨了李嘉圖學派的不幸做法，爲了論述起見，而把某些觀念抽象化，並假設他的讀者熟悉這些觀念之間的關係，並同意他的觀點。」他的兒子可以視爲是其父親的眞正闡釋者；經濟學受惠於傑逢斯無疑地是如此之大，以致於可以與經濟學受惠於李嘉圖之大相提並論。然而，傑逢斯的《理論》一書既有建設性的一面，也有爭議性的一面。他的書中有很大一部分是對他在序言中所稱的，「這個能幹卻又固執己見，把經濟學開向一條錯誤路線上去的大衛・李嘉圖」所作的攻擊。因爲假設李嘉圖認爲價值決定於生產成本，而與需要無關，因此他對李嘉圖的批判，在辯證上取得了一些明顯不公正的勝利。這種對李嘉圖的誤解在1872年曾造成了巨大的傷害；似乎有必要指出，如果按照傑逢斯對李嘉圖的解釋方式來解釋的話，則他自己的「利息理論」（Theory of Interest）是站不住腳的。

雙重誤解的一個來源。因爲他們試圖透過立基於以暫時變動的原因和價值短期波動的論點，來反駁關於生產成本與價值之間關係的最終趨勢、原因的原因（*causae causantes*）等學說。無疑地，當他們在表達自己的觀點時，幾乎他們所說的每一件事情，按照他們所指的意思來說都是正確的；其中有些意見是新的，而有大部分在形式上都有很大的改進。但是，在主張他們已經發現一個與舊學說截然不同的新價值學說，或主張他們已經對舊學說做出了任何重大的修正，因而得到與舊學說的發展和延伸有所不同的新價值學說等這些方面時，他們似乎並未取得多大的進展。

在這裡所討論的只是李嘉圖的第一章關於支配不同物品的相對交換價值的原因；因爲他對後來思想的主要影響是在這一方面。但該章的內容，最初是與勞動價格在多大程度上，可以作爲衡量貨幣一般購買力良好標準的爭議有關。在這方面，該章的重要性主要是歷史性的；但是，可以參考郝蘭德（Hollander）教授在1904年《經濟學季刊》中，對這一點發表的一篇有啓發性的文章。

附錄十①

工資基金學說

---

① 請參閱第六篇第二章倒數第二段。

第1節

在上世紀初，有些因素使人們強調了勞動對資本協助的依賴性，

在十九世紀初，雖然英格蘭人民十分窮困，但是歐洲大陸的人民更窮。大多數國家的人口稀少，因此糧食很便宜；但儘管如此，他們還是吃不飽，無法為自己國家提供戰爭的資源。法國在最初的幾次戰勝之後，透過強迫其他國家的捐獻而度日。但若無英格蘭的援助，中歐國家就無法支持自己的軍隊。即使是擁有豐沛精力和龐大資源的美國也不富裕；因而也無法補助歐洲大陸的軍隊。當時的經濟學家尋求解釋，發現這主要是因為英格蘭累積的資本，雖然根據我們現在的標準來看，這個量很小，但在當時卻遠遠大過於任何其他國家。其他國家十分羨慕英格蘭，都想跟隨其腳步；但他們卻無法這麼做，的確部分是出自於其他原因，但主要是因為他們沒有足夠的資本。他們的年所得都供立即消費之用。他們當中沒有一大群的人存有不需要立刻消費的大量財富，可用之來製造機器和其他東西，以協助勞動，使其能夠生產一個較大量的東西，以供未來消費之用。由於到處都感到資本的缺乏，即使在英格蘭也一樣；由於勞動愈來愈依賴機器設備；最後，又由於盧梭追隨者的愚蠢，他們告訴工人階級若完全沒有任何資本，他們會變得更好等這些原因，使得這些經濟學家以一種特殊的語調，提出了他們的論證。

因此，當時的經濟學家極為強調以下的陳述：首先，勞動需要資本的支持，即需要有已經生產出來的好衣服等；其次，勞動需要資本的協助，而資本可以是工廠或原

料的存量等形式。當然，工人或許可以自己提供資本，但實際上他自己只有幾件衣服和家具，也許也有少許的一些簡單的工具，而其他的每一件東西，都需要依賴別人的儲蓄。勞動者獲得的是馬上可以穿的衣服，可以吃的麵包，或可用以購買這些東西的貨幣。資本家獲得的是把羊毛紡成的紗線，把紗線織成的布料或耕作的土地，只有在少數情況下，才獲得可以直接使用的商品，立即可以穿的衣服，或者馬上可以吃的麵包。無疑地，有一些重要的例外情況，但雇主和雇工之間普通的交易是，後者接受了可立即使用的物品，而前者獲得的是有助於製造以後可以使用的物品。經濟學家用以下這樣的用語，來表達這些事實，亦即所有勞動都需要資本的支持，無論這個資本是勞動者自有的，或是其他人所擁有的；當有任何人受僱於人時，他的工資通常會從他雇主的資本中預付給他，所謂的預付就是說，無需等到他所從事製造的東西可供使用就先支付了。這些簡單的陳述受到了很多的批評，但是只要任何人都以其原意來理解的話，這些陳述就不會遭到否定了。

　　然而，早期的經濟學家們繼續說，工資數額受制於資本的數量，這種陳述使人難以接受；充其量這只是一種草率的說法。這種說法讓某些人有這樣一種觀點，即一個國家在比如說一年中可以支付的工資總額，是一個固定的數額。如果因為罷工的威脅或任何其他方式，一群工人獲得了較高的工資，則他們就都會被告知，這會使其他的工人群體都遭受損失，而其他人失去的總額恰好等於他們所多獲得的總額。那些說這個話的人，或許是想到了一年只

但是這種依賴性因為一些草率的陳述，而被誇大了。

有一種的農產品。如果在一次收穫時得到的所有小麥，肯定會在下一次收穫之前吃掉，且如果沒有進口，那麼的確如果任何人所分到的小麥數額增加了，那麼其他人所分到的就恰好減少一樣多。但這並不能證明一個國家可以支付的工資數額，由其資本所決定的這種說法，這種說法稱為「庸俗形式的工資基金理論」（the vulgar form of the Wages-fund theory）。[2]

第2節

在還未接觸到價值理論之前，密爾就曾試圖討論過工資了。

前面已經指出了（第一篇第四章第7節[3]）密爾晚年時，在孔德、社會主義者和公眾情緒的一般趨勢等共同影響下，特別強調經濟學中受人重視的是人的因素，而非機械的因素。他希望引起人們注意到，經由風俗和習慣、不斷變動的社會制度以及不斷變化的人性等因素，對人類行為所產生的影響；他同意孔德認為早期經濟學家低估了這些要素的易變性。正是這種願望，給了他下半生從事

---

[2] 這三段摘自本人為《合作年鑑》（*Cooperative Annual*）所寫的一篇論文，並轉載於1885年的《工業薪酬會議報告》（*Report of the Industrial Remuneration Conference*）中，該報告包含了本書第六篇前兩章核心論點的大綱。

[3] 譯註者：此處可能是附錄二第7節的誤植。因為本書第一篇第四章只有6節，無第7節。而經查附錄二第7節的前幾段正好談的就是經濟學家如何把人的因素引入到經濟學中來。

經濟學研究工作主要的刺激，而這有別於他在撰寫《論未解決問題的文集》（*Essays on Unsettled Questions*）的年代；這種願望也促使他把分配與交換分開來，並主張分配法則決定於「特定的人類制度」（particular human institutions），且隨著人們的感情、思想和行爲的習慣，而從一個狀態轉到另一個狀態，不斷地變動。因此，他把分配法則與生產法則進行比對，認爲後者是建立於不變的物理性質基礎上；同時他也把分配法則與交換法則進行比對，認爲交換法則有些地方與數學的普遍性非常類似。的確，他有時似乎把經濟學說成主要是研究財富的生產和分配的學科，因此似乎隱含了他把交換理論視爲分配理論的一部分。然而，實際上他卻把兩者分開處理；他在書中的第二篇和第四篇，討論了分配問題，並在第三篇討論「交換的機制」這個問題（請參閱他的《政治經濟學原理》，第二篇，第一章第1節，第十六章第6節）。

　　在這樣的處理當中，使他對經濟學提供一種更合乎人性色彩的熱忱，獲得了較好的判斷力，並使他以一個不完全的分析，繼續他的研究工作。因爲，經由把主要的工資理論置於供、需關係的說明之前，使他失去了以令人滿意的方式，來討論工資理論的一切機會；而事實上，他被引導主張說（《原理》，第二篇第十一章第1節）：「工資主要取決於……人口與資本之間的比例」；或者更確切地說，有如他後來所解釋的那樣，取決於「受僱工作的……勞動階級的人數」和「包括用來直接僱用勞動的那部分流動資本……，可以稱爲工資基金的總額」之間的比例。

他因此得到一個不完全的論述，在他書中第四篇對此的修正卻一直未受到普遍的注意；

事實是分配和交換理論是如此緊密地聯繫在一起，以致於有如同一問題的兩個面向；其中每個面向都有一個「機械式的」（mechanical）精確性和普遍性的要素在其中，因此在每個面向當中，都有取決於一個「特定的人的制度」這個要素，這個要素是變動的，且也可能會因時因地而異。如果密爾已經認識到這個偉大的真理，他就不會像在他第二篇所說的那樣，利用工資問題的陳述，來取代工資問題的解決：而會把第二篇的描述和分析，與第四篇對決定國民所得分配的因素，所做的簡短但深奧的研究結合起來；因而大大地加快了經濟學的發展。

部分是因為他在答覆桑頓時，提出的論點較不科學。

事實上，當他的朋友桑頓（Thornton）追隨郎格（Longe）、克里夫·萊斯利、傑逢斯和其他人之後，使他相信在第二篇他的用詞站不住腳的時候，他完全接受並讓步了；且誇大了自己過去的錯誤及他不得不對攻擊者讓步的程度。他說（《論文集》（*Dissertations*），第四冊，頁46）：「所有的自然法則都可能會使工資上升到不僅吸乾他（雇主）所打算用於經營其企業的基金，而且也吸乾了他生活必需品以外的全部私人費用。工資上升的真正限度是實際上考慮上升多少，會斷送他的企業或迫使他放棄企業，而不是工資基金無法動搖的限度。」他並未說清楚這個陳述是指直接的或是最終的效果，指的是短期還是長期；但無論是哪一種情況看起來似乎都是站不住腳的。

工資理論對於特殊行業衝突問題的影響是間接的，且是微乎其微的。

就長期效果來說，該限度訂得過高；因為工資不能永遠上升到吸走國民所得到如此接近於此處所指的那麼大的

份額。而且就短期的效果來說，該限度又訂得不夠高；在關鍵時刻，組織一場良好的罷工，在短時間內就可以強迫雇主支付當時的原料數額之後，還支付超過其產出全部價值的數額；從而使他的毛利潤暫時變爲負數。的確，無論是較舊的，還是較新形式的工資理論，都與勞動市場中任何個別的鬥爭問題沒有直接的關係；而是取決於鬥爭雙方的相對實力。但工資理論對資本與勞動關係的一般政策則有很大的影響；因爲該理論指出了哪些政策會或哪些政策不會，帶來自身最終失敗的種子；哪些政策在適當組織的幫助下得以維持下去，哪些政策無論組織多麼完善，最終都會使勞資雙方兩敗俱傷。

　　不久之後，卡尼斯在他的《主要原理》一書中，經由某一種形式來闡述工資基金理論，以致力於該理論的復興，他認爲這種形式可以規避工資基金理論曾經受到的攻擊。但是，雖然在他大部分的闡述當中，成功地避免了從前的陷阱，但他之所以能做到這一點，只不過是因爲他把該理論如此大部分的特徵都給解釋沒了，以致於只剩下其中很小的一部分，不足以證明該學說名稱的合理性。然而，他曾指出（頁203）「在其他條件不變之下，工資率與勞動供給呈反向變動。」就勞動供給突然大幅增加的直接結果來說，他的論點是有效的。但是，在人口成長的一般過程當中，不僅會出現資本供給的某些增加，同時也會引來勞動較大的分工和較高的效率。他使用「反向變動」這一詞，容易使人誤解。他應該說「暫時至少呈反向的變動」。他繼續得出一個「意想不到的結果」，即與固定資

卡尼斯以極端的方式，解釋清楚了工資基金理論中生硬的部分；

但他的論點並不清楚。

本和原料一起使用的勞動供給增加時，「隨著分享工資基
金的人數增加，會導致工資基金的減少」。但是，只有當
工資總量不受生產總量的影響時，才會產生這種結果；事
實上，最後這個因素是所有影響工資因素中最強大的一
個。

第3節

工資基金學
說只與問題
的需要面有
關係。

我們可以指出，工資基金理論的極端形式，把工資看
做完全取決於需要；雖然需要可以粗略表示為決定於資本
的存量。但是某些有名氣的經濟學的解釋者，似乎同時主
張這種學說和工資鐵律，後者所代表的工資，嚴格地取決
於人類的養育成本。當然，他們可以像卡尼斯後來所做的
那樣，同時放寬這兩種理論，然後把兩者合併為一個多少
是和諧的整體。但他們似乎並沒有這樣做。

工資基金學
說可以用來
支持一些重
要的真理，
但這些真理
若沒有該學
說還是能成
立。

「產業受資本的限制」（*Industry is limited by
capital*）這一論點，往往被解釋成實際上可以與工資基金
理論互換。這一論點可以被解釋成是正確的，但類似的解
釋也會使「資本受到產業限制」此一說法同樣正確。然
而，密爾使用這種論點主要與下面的說法有關，即透過保
護性關稅或以其他方式，以阻止人們經由他們比較喜歡的
那種方式，來滿足他們的欲望，通常不能增加勞動的總就
業。保護性關稅的影響非常複雜，這裡無法討論；但密爾
以下的說法顯然是正確的，即一般說來，由這種關稅創造
出來的任何新興的產業，所用以支持或協助勞動的資本，

「必然是從其他某些產業撤出或因停辦某些產業而來的，在這些產業中，資本所能提供的或勢將提供的勞動就業量與其在新產業所能創造的就業量大致上相同。」或者，以較現代的方式來陳述該論點，即這種立法初步看來，既不會增加國民所得，也不會增加勞動所分配到的那部分所得。因為這並不會增加資本的供給；也不會以任何其他方式，促使勞動的邊際效率相對於資本的邊際效率上升。因此，不會降低使用資本所需支付的成本；國民所得也沒有增加（實際上幾乎可以肯定的是會減少）；因為在分配國民所得時，勞動或資本任何一方都無法獲得任何新的利益，因此都不會受益於這種立法。

　　這個學說可以顛倒過來說，亦即在保護性關稅所創造出來的一個新興產業中，使用資本所需要的勞動，必然是從某些其他產業撤離或因停辦某些產業而來的，在這些產業中勞動所能使用的或勢將使用的資本，與新興產業大致上相同。不過，雖然這種說法同樣正確，但卻不會同樣為一般人所接受。因為雖然一般都認為，貨物的買者給予賣者特殊的利益，但事實上是買賣雙方長期間協調，彼此相互提供勞務；所以雖然一般都認為，雇主給予他所僱用的工人特殊的利益，但事實上雇主和雇工雙方之間也是長期間協調，彼此相互提供勞務。這一對事實的原因和結果，在我們以後的討論階段當中，還會大篇幅的討論。

　　一些德國經濟學家曾經認為，雇主支付工資的資金來自於消費者。但這似乎會引來一種誤解。如果消費者對個別雇主所生產的東西預付款項，那麼對這個雇主來說，上

資本與勞動一些關係的對稱。

個別雇主的資源透過對顧客的銷售而得到報酬。

面的說法也許是成立的；但實際上這個法則卻是以另一種方式運作；消費者對現成商品的付款往往是延後的，對所買的現成商品只是給一種延後的支配權。不可否認的是，如果生產者不能出售他的財貨，他可能暫時無法僱用勞動；但這只是意味著生產組織部分失靈；如果一部機器其中的一根連接桿出現故障，則該機器可能會停止運作，但這並不意味著該機器的驅動力在這根連接桿上。

其次，雖然工資金額一般都受到雇主對消費者預計將支付給他的價格很大的影響，但是雇主在任何時候支付的工資金額，並不是取決於消費者對其生產的商品所支付的價格。的確，在長期且在正常情況之下，消費者確實支付給他的價格，和他們將付給他的價格實際上是相同的。但是，當我們從個別雇主的特殊支付，轉向一般雇主的正常支付時，我們現在所關注的實際上只是後者，則消費者不再是一個單獨的階級了，因為每個人都是一個消費者。就廣義上來說，國民所得全都流到消費者的手裡。所說的廣義是指當羊毛或一部印刷機從其所在的倉庫或製造工廠，轉移到一個羊毛製造商或一個印刷業者手裡時，就說這些東西進入到消費的狀態了，而這些消費者也是生產者，也就是說是勞動、資本和土地等這些生產要素的所有人。而他們所供養的小孩和其他人，以及對他們課稅的政府，③

但是從廣義來看，所有的人都是消費者，而且說生產者的資源來自於消費者，只不過是說來自於國民所得罷了。

---

③ 除非我們確實把政府所提供的安全和其他利益，當做是國民所得的獨立項目。

這些人都消耗了他們部分的所得。因此，說一般雇主的資源，最終都來自於一般消費者，這無疑的是正確的。但這只是下面這句話的另一種說法，即所有被轉爲適合於推遲使用，而不是立即使用的資源，都是國民所得的一部分；如果這些資源中的任何一部分，現在應用於立即消費之外的任何其他目的，那麼可以預期到的是，將由國民所得的流入（以增量或利潤）來取代。④

　　密爾的第一個基本命題與第四個基本命題是密切相關的，後者是對商品的需要，不是對勞動的需要（*Demand for commodities is not demand for labour*）；他對這個命題又再次沒能好好地表達出他的意思。的確，那些購買任何特殊商品的人，一般不會提供幫助和支持生產這些商品的勞動所需的資本；他們只是把資本和就業從其他行業轉移到生產他們需要增加的產品等那些行業上去而已。但是，密爾不滿足於證明這一點，他似乎暗示了花錢直接僱用勞動，比花錢購買商品，對勞動者來說更有利。從某個

> 對商品的需要一般說來就是對勞動的需要。

---

④ 沃克的著作以及與之相關的爭論，對工資基金這個主題已有相當精闢的闡述了。他所蒐集的那些在領款之前就提供勞務的雇工的例子，與這個爭論的某些說法有強烈的關係，但卻與其他主題無關。坎南的《1776-1848年間生產與分配》一書中，有對早期工資理論尖銳的批評，有時甚至還過於嚴苛。陶希格在其重要的著作《資本與工資》（*Capital and Wages*）中，採取了較爲保守的態度；對於文中所提及的德國學說進行了更全面的描述和批評，英文的讀者特別要參考該書。

方面來說，這包含了些許眞理。因爲商品的價格包括了製
造商和中間商的利潤；如果購買者充當雇主的話，他會稍
微減少對雇主階級勞務的需要，並增加對勞動的需要，有
如他可以透過購買手工編織的，而不是機器織造的飾帶，
而增加勞動的需要那樣。但是這個論點假定勞動的工資在
工作進行中就支付，就像通常實際的做法那樣；且商品的
價格也像通常實際的做法那樣，在商品製造出來之後才支
付的；我們會發現，在密爾所選擇用來說明這個學說的每
一種情況當中，他的論點都隱含了當消費者從購買商品轉
到僱用勞動時，就推遲了他消費自己勞動成果的日期，儘
管他似乎未曾意識到這一點。如果購買者的支出方式沒有
發生變化，同樣的推遲也會給勞動帶來同樣的利益。⑤

第4節

在整個國民所得的討論過程當中，一家旅館廚房的
用具和私人家中的那些廚房用具與廚師就業的關係，都視
爲是相同的。也就是說，從廣義上來看，資本不僅僅限於
「營業資本」（trade capital）。但在這個問題上，還可
多討論一點。

的確，人們經常會認爲，雖然那些自己本身只有很少
或根本沒有累積財富的工人，可以透過狹義資本的增加，

工資收入者
從不是他自
己所有的且
非產業資本
形式表示的
財富的增加
中，所獲得
的利益。

⑤ 請參見紐康（Newcomb）的《政治經濟學》（*Political
Economy*）第四篇附錄。

而獲得很多的利得。所謂狹義的資本是指幾乎可與支持和在工作中協助工人的產業資本交換使用的資本。然而，工人從不在他們手中所握其他形式財富的增加，所獲得的利得很少。無疑地，有幾種財富的存在，幾乎都不會影響工人階級；然而工人階級卻幾乎都直接受到每次（產業）資本的增加所影響。因為這種資本的大部分都是在他們工作中，作為工具或原料，由他們經手；而有相當大的一部分，則為他們直接使用或甚至為他們消耗掉。⑥因此，當其他形式的財富變為產業資本時，工人階級似乎必然會得利，反之亦然。但事實並非如此。如果私人一般都放棄保有車輛和遊艇，轉而從資本家經營者那裡租用這些東西，那麼對僱用勞動的需要就會減少。因為本來作為工資支付的部分，將會變為中間商人的利潤。⑦

也許可以反對的一點是，如果其他形式的財富大規模取代營業資本，那麼也許會造成協助勞動工作，或甚至是維持勞動所需之物就會變得不足。這在一些東方國家，可能是真正的危

---

⑥ 無論如何，根據大多數定義都是如此。的確，有些人把資本限制在「中間財貨」，因此必須要把旅館、出租的公寓及工人的住宅排除在外。但是在附錄五第4節，已經指明對採用這一定義的嚴正反對了。

⑦ 請參見前面附錄五第1節。此外，需要大量清潔工作的黃銅家具，以及需要許多室內外僕人協助的生活方式，對於勞動需要的影響，與取代昂貴的機器和其他固定資本製造財貨的手工製品一樣。的確，大量使用家庭僕人也許是一種不光彩且浪費大額所得的用法；但沒有其他同樣自私花費所得的方法，可以如此直接地增加工人階級從國民所得取得的份額。

險。但在西方世界，尤其是在英格蘭，資本總存量在價值上，與工人階級多年來消費的商品總量的價值相等；對那些直接滿足勞動需要的資本形式，相對於其他形式，其需要稍有增加，都會快速地使其供給也增加，這些增加的供給有些來自世界其他地方的進口，有些則是專門爲滿足新需要而生產出來的。因此，我們沒有必要爲此自尋煩惱。如果勞動的邊際效率維持於很高的水平，其淨產值也會很高；因此，勞動的報酬也會很高：並且不斷流入的國民所得，將按相應的比例分配，提供足夠的商品，以供工人直接消費之用，並配給那些商品的生產足夠的工具存量。當需要和供給的一般條件已經決定了其他社會階層可以隨意花費國民所得的那一部分時；而當那些階級的嗜好已經決定了他們在現在滿足和延遲滿足之間支出分配的比例時，則無論蘭花是來自私人的溫室，還是來自於職業花匠的溫室，因此是屬於營業資本，對於工人階級而言並不重要。

附錄十一

幾種剩餘

第1節

接著，我們要對各種不同種類的剩餘之間相互的關係，以及其與國民所得之間的關係，進行一些研究。這項研究很難，而又沒有多大的實際意義，但從學術的觀點來看，卻具有某種吸引力。

雖然國民所得被完全分配掉，但是每一個人作為消費者，都能夠得到超過由他支付所產生的價值之滿足，

雖然國民所得按每個生產要素的邊際價格，作為該些生產要素所有者的報償，而完全為所有者所吸收，但一般都對生產要素的所有者產生一個剩餘，這個剩餘有兩個不同的，但卻非獨立的面。作為一個消費者，國民所得提供給他的剩餘，是由商品帶來的總效用，超過他為該商品支付的實際價值的差額所構成的。對於那些恰好誘引他去購買的邊際購買量，總效用與實際價值是相等的；但是對於他寧願付出較高代價，也不願意完全沒有的這部分購買量，會得到一種滿足的剩餘；這是作為消費者，從他環境或機運提供給他的便利，所獲得的真正淨利益。如果他所處的環境改變了，以致於使他無法獲得這種商品的任何供給，並迫使他把花費於那個商品的資金，轉移到其他商品去（其中的一種也許是休閒），而在這些其他商品各自的價格之下，他目前都不願意購買的話，則他就會失去這種剩餘。

還有其他的剩餘是歸為工人及儲蓄者所有。

當一個人無論是透過直接勞動，或是透過獲取和儲蓄所擁有累積的物質資源，而被視為生產者時，那麼他都可以更清楚看出，從周圍環境中所獲得剩餘的另一面。作為一個工人，他全部的工作都按照與最後他恰好願意提供的

那單位勞動相同的工資率而獲得酬勞，因而取得了「工人的剩餘」（*worker's surplus*）；雖然在最後那單位勞動之前，大部分的工作也許會給他很大的快樂。作爲一個資本家（或者一般以任何一種形式累積財富的所有者），他所取得的「儲蓄者剩餘」（*saver's surplus*）是因爲他所有的儲蓄，也就是等待，都按照恰好能使他提供一些儲蓄的利率，而獲得報酬。即使他被迫爲其儲蓄支付保管費，並從這些儲蓄獲得負的利息，他仍然會進行一些儲蓄，他通常也能以這樣的利率獲得報酬。①

　　這兩組剩餘並非是獨立的，在計算時，很容易在加總他們時，把相同的項目計算兩次。當我們以一般購買力的價值計算生產者從他的勞動或儲蓄，所得到的剩餘時，假設給定他的性格及所處的環境，我們也已經暗中計算了他的消費者剩餘了。這個困難也許在分析上可以避免；但是實際上在任何情況下都不可能對這兩種剩餘進行估計，並加起來。任何一個人從其周圍的環境中，所能獲得的消費者的剩餘、工人的剩餘以及儲蓄者的剩餘，都取決於他個人的性格。這些剩餘部分決定於他分別對消費、工作與等待的滿足及不滿足等各自的一般敏感度；而部分也決定於他敏感度的彈性，也就是說，決定於隨著消費的增加、工作的增加以及等待的增加，敏感度變動的比率。消費者剩餘首先與個別商品有關，且該剩餘的每個部分都與影響獲得該商品條件的機運變動有直接的關係；而兩種生產者的剩

---

① 戈森和傑逢斯都強調這一點。另請參閱克拉克的《勞動的剩餘收益》（*Surplus Gains of Labour*）。

餘總是以機運所賦予一定數量購買力，所得到的一般報酬的方式來表示。這兩種生產者的剩餘都是獨立的及累積的，在一個人為他自己使用的東西，而工作及儲蓄的情況之下，這兩種剩餘彼此之間也有明顯的不同。這兩種剩餘和消費者剩餘之間的密切關係，可以用下列這樣一個事實來說明，即在估計魯濱遜生活的酸甜苦樂時，估計他的生產者剩餘最簡單的方式，就是納進他整個消費者的剩餘。

這種剩餘必須要與一種生產工具的報酬和超過該工具參與工作所引發之主要生產成本的差額區別開來。

　　工人報酬的很大一部分具有他為工作做準備的麻煩與費用，所得到的延遲報酬的性質；因此，要估計他的剩餘會有很大的困難。幾乎他所有的工作可能都是愉快的；他可以為整個的工作賺取一個很高的工資；但在合計人類的幸福與苦難時，我們還必須要考慮他父母與他自己過去所承受的許多努力與犧牲。但是，我們無法說清楚到底有多少。在少數人當中，也許苦多過於樂；但有理由認為在大多數人中是樂多過於苦，而且在某些人當中，樂多過於苦很多。這個問題同時屬於經濟的，也屬於哲學的；由於人的活動本身既是生產的目的，同時又是生產的手段，而且難以把人努力的即時的和直接（或主要）的成本與其總成本清楚地劃分開，使這個問題變得更加複雜，因此必然無法完全解決。[2]

---

② 請參閱第六篇第五章。

第2節

　　當我們轉而考慮物質生產工具的報酬時，在某些方面這種情況較簡單。為提供這些工具所需要的工作和等待，已經為工人和等待者獲取了剛剛所提到的剩餘；此外，如果我們的關注僅限於短期的話，則還有總貨幣報酬超過直接費用的剩餘（或準租）。但是就長期來說，也就是說，在所有較重要的經濟學問題中，特別是在本章所討論的問題中，直接費用和總費用之間沒有區別。從長期看來，各生產要素的報酬，通常是在其邊際價格下，僅足以償還生產這些報酬所需的努力和犧牲的總和。如果低於這些邊際價格，則供給就會減少；因此整體而言，在這個方面，通常就沒有剩餘了。

　　最後的這個陳述在某種意義上，可以運用到最近開墾的土地；如果我們能夠追溯到早開發國家土地最早起源的紀錄的話，也許也可以運用到許多這樣的土地上。但這種做法在歷史上、倫理學上，和在經濟學上，都會引起一些爭議的問題；我們目前研究的目的是展望未來，而不是回顧過去；是要向前看，而不是向後看，同時在不考慮現有土地私有財產權是否公平和限制是否適當之下，我們就會知道為何作為土地報酬的那部分國民所得在某種意義之下是一種剩餘，而在相同意義之下，從其他生產要素而來的報酬，卻不算是剩餘。

　　從本章的觀點來陳述在第五篇第八章到十一章中已詳論過的學說：所有的生產設備，無論是機器、工廠及連同

至於物質生產要素，當所有的支出都已考慮進來時，這種額外的剩餘就消失了；

但是土地的情況，部分是例外的。

建造工廠的土地，或是農場，對於擁有和運用這些東西的人而言，都產生了大量超過特殊生產行為主要成本的剩餘；但是在長期間，在正常情況下，無法提供他一個超過為購買及使用這些東西，所付出的麻煩、犧牲及費用的特殊剩餘（與他的一般工人和等待的剩餘相對比之下，沒有特殊的剩餘）。但是，土地和其他生產要素之間存在著以下這種差異，即從社會的觀點來看，土地會產生永久性的剩餘，而人類製造的易腐壞的東西則不然。維持任何生產要素供給所需的報酬愈接近於正確，其供給的變動就愈會使其從國民所得中可取走的份額與維持供給的成本一致。而在一個早開發的國家，土地處於特殊的地位，因為土地的報酬不受這個因素所影響。然而，土地和其他耐久性要素之間的區別主要是在程度上；土地地租研究很重要的意義，來自於該研究提供了一個貫穿於經濟學各個部分一個偉大原理的實例說明。

附錄十二①

李嘉圖關於稅收及農業改良的學說

---

① 請參照第六篇第九章第4節。

李嘉圖在關於地租及農業改良的研究上，放較多的注意力於近似的結果，而放較少的注意力在最終的結果上，馬爾薩斯曾對他的這種不一致提出公正的批評。

我們已經討論了很多關於李嘉圖卓越的思想及其不完善的表達方式，並特別指出了導致他建構報酬遞減法則，而不加適當限制的種種因素。對於他處理農業改良和租稅歸宿的影響，也可做同樣的評述。他對亞當·史密斯的批評特別草率；正如馬爾薩斯所公道指出的那樣（《政治經濟學》第10節的總結）：「李嘉圖先生一般注意到的都是永久的和最終的結果，但對於地租，他卻總是採取相反的政策。唯有根據暫時的結果，他才能反駁亞當·史密斯以下這個陳述，即種植稻米或馬鈴薯比種植小麥獲得的地租要高。」而當馬爾薩斯加上了以下這句話：「實際上，有理由相信，從小麥到稻米的變化必然是漸進的，甚至也不會出現地租的暫時下降」，則他前述的主張也許就不會有大錯了。

然而，在李嘉圖的時代，堅持以下這一論點，不但具有重要的實際意義，即使現在認識到這一點，也很具有科學的意義，即在一個不能進口大量小麥的國家，可以很容易的調整耕種的稅課和阻礙改良，以使地主暫時獲利，並使其他人陷入貧困。無疑地，當人們貧困交迫時，地主們的腰包也會受到波及；但這一事實並未削弱李嘉圖下面的這個主張，即在他有生之年所發生的農產品價格和地租的大幅上漲，顯示了對國家的傷害大大地超過地主所獲得的利益。但是，現在讓我們來檢討李嘉圖的一些論證。他喜歡從明確定義的假設開始這些論證，以便獲得引人注意的清晰結果；讀者可以自己綜合這些結論，使之能夠應用於實際的生活事實。

　　首先，讓我們假設某個國家所種的「小麥」（Corn）是絕對必需的；也就是說，對於小麥的需要完全沒有彈性，其邊際生產成本的任何改變動，都只會影響人們對其所支付的價格，而不會影響其消費量。讓我們再假設沒有小麥進口。那麼，對小麥課十分之一稅的效果，將會引起其實際價值上升，直到之前十分之九的小麥其價值上升到足以抵補邊際那一組而能足以抵補每一組要素為止。因此，每塊土地的小麥總剩餘都將與以前一樣；而十分之一做為稅被取走，剩下的將是原來小麥剩餘的十分之九。然而，因為小麥各部分的實際價值，都會按10比9的比例上提，因此實際剩餘將不變。

　　但是，對於農產品的需要絕對無彈性的這個假設，是個非常極端的假設。事實上，價格的上漲，即使不會導致主要穀物，也會使某些產品的需要立即下降；因此小麥的價值，也就是說總產量的價值，永遠不會與稅收同比例地上漲，且使用在所有土地耕種的資本和勞動將會較少。因此所有土地的小麥剩餘都會減少，但並非所有的土地都減少相同的比例；由於小麥剩餘的十分之一被稅收取走，同時，其每一部分的價值將會以小於十比九的比率上升，實際的剩餘會出現雙重的下跌。（第四篇第三章的圖12-14可以立即把這些推理轉變為幾何式子。）

　　在現代的條件之下，小麥的自由進口將使其實際價值不會因為稅而上升很多，因此實際剩餘將立即下滑非常多。即使在沒有進口的情況下，如果小麥實際價值的上升，使人口的數量減少的話，也會逐漸產生同樣的結果；

但是讓我們追隨李嘉圖的假設，而假設對小麥的需要是固定的，則對小麥課稅就不會影響地租。

或者至少很有可能，如果小麥實際價值上升，有降低生活水準和工人效率的效果的話，那也會逐漸產生同樣的結果。這兩種效果對生產者剩餘所產生的作用非常類似；兩種效果都會使勞動對雇主來說變得昂貴，而工人效率降低也會降低雇主付給勞工實際的計時工資。

李嘉圖對所有這些問題的推理都頗難令人理解；因為當他不再討論相對於人口成長來說，是「立即的」（immediate），且屬於一個「短期」（short period）的結果時，他往往不做出任何的暗示，就轉而討論那些「最終的」（ultimate）與「長期」（long period）的結論，在這個長期中，未加工農產品的勞動價值，將有時間對人口的數量產生顯著的影響，從而影響對未加工農產品的需要。如果加了這樣的解釋句子，則他的推理很少有不能成立的。

在同樣的假設之下，改良若會使每組投入的資本報酬增加同等數量，這將促成實際地租的加倍下滑。

現在我們可以轉到李嘉圖對於農業技術改良影響的主張，他把這種改良分為兩類。他對於第一類的處理，特別具有科學上的重要性，這一類的改良是指「我可以用較少的資本，獲得相同的產量，而不會擾亂相繼各部分資本生產力之間差異的那些改良」；[2]當然，為了其一般性的論證，可以忽略下面這一事實，即任何一種給定的改良，對於某一塊特定土地的貢獻較其他土地要大（請參見前面

---

[2] 《著作集》（*Collected Works*）第二章頁42。請參照坎南的《1776-1848年間生產和分配》，頁325-326。李嘉圖對他的兩類改良的區分，並不完全感到滿意，因此不需要在這裡討論。

第四篇第三章第4節）。和前面一樣，假設對小麥的需要沒有
彈性，他證明資本將從較貧瘠的土地上撤出（並從較肥沃土地
的較集約耕種中撤出）。因此，以小麥衡量使用資本所獲得的
剩餘，或小麥的剩餘，正如我們所說的，在最有利的條件下，
相對於不是像以前處於那種耕種的邊際那麼貧瘠的土地來說，
將是一種剩餘；而根據假設，使用任何兩種情況下的資本，其
生產力的差異都不變，所以小麥的剩餘勢必會下降。當然，這
種剩餘的實際價值和勞動價值的下降，在比例上將較小麥的剩
餘下降大得多。

　　圖40可以清楚地說明這一點；圖
中曲線AC代表把整個國家的土地視為
一塊農田，於該農田上所使用的各組
合資本和勞動的報酬，這些資本及勞
動的組合不是按其使用的順序，而是
按其生產力的順序排列。在均衡時，
使用OD組合，小麥的價格使得報酬

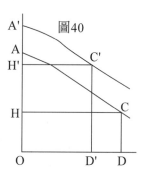

圖40

DC恰好抵補一組的費用；小麥的總產量以AODC來表示，其
中AHC代表小麥的總剩餘。我們可以指出，本圖所指的是全
國，而不是單一塊農田，因此在解釋這個圖形時，唯一的變
動來自於，我們現在不能像過去那樣假設所有各不同組合的資
本都在同一塊鄰近土地上使用，因此，同一類農產品同量的價
值都相等。但是，我們可以把運送這些產品到一個共同市場的
費用，算為其生產費用的一部分就可以克服此一困難；把每組
資本和勞動中的某一部分都算作是運輸費用。

　　現在，如果出現一個李嘉圖的第一類改良，將會使最有利

條件下所使用的那個資本與勞動組合的報酬從OA增加到OA'，而其他組合的報酬不是按相同的比例增加，而是按相同的量增加。結果新產量曲線$A'C'$是舊產量曲線AC的複製，但是會增高AA'的距離。如果對小麥的需要是無限的，因此使用舊的各個組合OD都仍然有利可圖，則小麥總剩餘將與變動以前相同。但事實上，這樣一個產量的立即增加不可能是有利的；因此，這類的改良勢必會減少小麥的總剩餘。根據李嘉圖在這裡所做的假設，總產量根本沒有增加，只使用OD組合的資本與勞動量，OD'由$A'OD'C'$等於$AODC$這個條件所決定；小麥總剩餘將縮減至$A'H'C'$。該結果與AC的形狀無關；也就是說，與李嘉圖用於證明其論點，而選擇用來作數字說明的特定數字無關。

在這裡，我們可以藉此機會指出，一般只能把數字實例安全地當作說明之用，而不能作為證明之用；因為要知道為特殊情況所舉的數字，是否能把結果暗中假設在其中，比要獨立決定該結果是否正確，一般說來要難得多。李嘉圖本人沒有數學的訓練。但他的直覺是獨一無二的；很少訓練有素的數學家能夠像他那樣，安全地掌握了最危險的推理過程。即使是密爾所具有的那種敏銳的邏輯思維，也無法勝任此一工作。

密爾指出一種改良對於使用於各種不同種類土地的資本，其報酬等比例增加的可能性，遠高於等量增加的可能性。（請參見他《政治經濟學》，第四篇第三章第4節所舉的第二個例子。）他沒有注意到由於這樣做，他剔除了

李嘉圖明確界定的論證基礎，即那個改良並未改變資本不同應用所產生的差別利益。雖然他得到了與李嘉圖相同的結論，但這只是因爲他的結論已經隱含在他所選擇用來說明的數字之中而已。

　　圖41往往說明有一類的經濟問題，若無某些數學或圖表工具的幫助，則沒有李嘉圖那麼天才的人是無法可靠地處理的。這些工具或是數學，或是圖表，可以把無論是關於報酬遞減法則或者關於需要和供給法則等這些經濟力量的表格，都以一個連續的整體呈現出來。在這個圖形當中，曲線AC與上一個圖形的意義相同；但是，這個改良會增加每個組合資本和勞動的報酬達三分之一之大，也就是說報酬以等比例，而不是等量的增加；而新產量曲線A'C'高於AC的幅度，在左端遠大於右端。耕種限於OD'組合的投入量，其中A'OD'C'面積代表新的總產量，與之前相同等於AODC；而A'H'C'也與以前一樣，是小麥的新的總剩餘。那麼可以很容易地證明A'H'C'是AKE的三分之四，而這大於或小於

AHC，端看AC的特定形狀而定。如果AC是一條直線或幾乎是一條直線（密爾或李嘉圖的數字，都代表一條直線產量線上的點）A'H'C'必將小於AHC；但是在我們的圖中，所畫的AC的形狀，A'H'C'大於AHC。因此，密爾的主張是把其結論

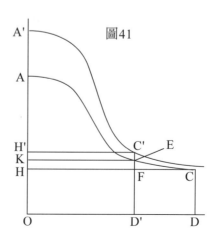

圖41

建立在總產量曲線所假定的特殊形狀上，而李嘉圖的主張則不是。

密爾假設一個國家所耕種的土地有三個數量，都以相同的費用，而分別有60、80和100蒲式耳的收穫量，然後他指出，對各組資本都增加三分之一報酬的一個改良，都會以60對$26\frac{2}{3}$的比率降低小麥的地租。但是，如果他把一個國家土地肥沃度分為三類，這三類土地若都以相同的費用，分別可以獲取60、65和115蒲式耳的收穫量，正如在我們的圖中大致所做的那樣，那麼他就會發現，在那種情況之下，這個改良會使小麥的地租，以60對$66\frac{2}{3}$的比率提高。

李嘉圖的悖論應用於都市土地的分析。

最後可以指出的是，李嘉圖關於改良對土地地租可能影響的悖論，既可以適用於農業的土地，也可以適用到都市的土地。舉例來說，美國的建築商店計畫建造有鋼架的16層樓高，且配有電梯的建築物，可以預期在建築、照明、通風和電梯製造技術的改良之下，會變得非常有效率、經濟和方便。在這種情況下，每個城市的商業用地部分所占的面積將比現在少；大量的土地都會轉為報酬較低的用途；最終的結果可能是使該城市的總場址價值下跌。

數學附錄

註1（第三篇第三章第1節第5段及該段的註②）

邊際效用遞減法則可以用以下方式表示：如果 u 是 x 數量的某一商品在某一時間內給某人的總效用，則邊際效用以 $\frac{du}{dx}\delta x$ 來衡量；而 $\frac{du}{dx}$ 衡量的則是「邊際效用程度」（*marginal degree of utility*）。傑逢斯及其他一些學者使用「最後效用」（Final utility）一詞來表明傑逢斯在其他地方所稱的最後效用的程度。究竟哪種表現方式較方便仍未有定論，但在作決定時不涉及到原則問題。在文中所提的限制條件之下，$\frac{d^2u}{dx^2}$ 永遠都是負的。

註2（第三篇第三章第3節最後一段）

如果 m 是某人在任何時候可支配的貨幣或一般購買力的數量，而 μ 代表該貨幣數量給他的總效用，則 $\frac{d\mu}{dm}$ 就代表貨幣給他邊際效用的程度。

如果 p 是他為帶給他總快樂 u 的商品數量 x，恰好願意支付的價格，那麼：

$$\frac{d\mu}{dm}\Delta p = \Delta u \; ; \; \frac{d\mu}{dm}\frac{dp}{dx} = \frac{du}{dx}$$

如果 p' 是他為帶給他總快樂 u' 的另一個物品數量 x'，恰好願意支付的價格，則

$$\frac{d\mu}{dm} \cdot \frac{dp'}{dx'} = \frac{du'}{dx'} \; ;$$

所以 $\dfrac{dp}{dx} : \dfrac{dp'}{dx'} = \dfrac{du}{dx} : \dfrac{du'}{dx'}$

（請參考傑逢斯〈交易理論〉，頁151）

他的財富的每一次增加，都會降低貨幣帶給他的邊際效用程度；也就是說 $\dfrac{d^2\mu}{dm^2}$ 永遠都是負的。

因此，一種商品數量x給他的邊際效用不變時，他財富的增加會使 $\dfrac{du}{dx} \div \dfrac{d\mu}{dm}$ 增加；也就是說增加了 $\dfrac{dp}{dx}$ ，那就是他對於該商品進一步的供給，所願意支付的價格。我們可以把 $\dfrac{dp}{dx}$ 視爲是m、u、x的函數；那麼，我們的 $\dfrac{d^2p}{dm\,dx}$ 就始終都是正的，當然 $\dfrac{d^2p}{du\,dx}$ 也始終都是正的。

註3（第三篇第四章第1節最後一段及該段末的註①）

令P及P'是需要曲線上兩個連續的點；並畫PRM垂直於Ox，且讓PP'線與Ox及Oy分別相交於T與t；因此相應於每單位商品價格PR的減少，需要量增加了P'R。

因此，P點的需要彈性可由以下公式來測量：

$$\frac{P'R}{OM} \div \frac{PR}{PM} \quad 即 \quad \frac{P'R}{PR} \times \frac{PM}{OM}$$

$$即 \quad \frac{TM}{PM} \times \frac{PM}{OM},$$

$$即 \quad \frac{TM}{OM} \quad 或 \quad \frac{PT}{Pt}$$

當 P 與 P' 之間的距離無限地縮小時，PP' 變成一條切線；因此證明了第三篇第四章第1節末尾的註解所陳述的論點。

經由推論就可清楚地看到，同時等比例地改變與 Ox 和 Oy 平行距離的尺度，不會改變彈性的測量結果。但是利用投影的方法，可以很容易地得到該結果的幾何證明；如果曲線 $y = f(x)$ 按新的比例尺來繪製，則其方程式就變為 $qy = f(px)$，式中 p 和 q 都是常數，以分析的方式來說明很明顯，作為測量彈性解析式的 $\dfrac{dx}{x} \div \dfrac{-dy}{y}$，並不會改變其值。

如果該商品在每一個價格下，需要彈性都等於1，則任何價格的下跌，都會造成購買量等比例的增加，因此購買者購買該商品的總支出將不變。這樣一種需要可以稱為「支出不變的需要」（constant outlay demand）。代表此一需要的曲線可以稱之為「支出不變的曲線」（constant outlay curve），該曲線是一條以 Ox 和 Oy 為漸近線的直角雙曲線；下圖中的虛線代表一系列的這樣的曲線。

看慣這些曲線的形狀有些好處；當我們看到一條需要曲線時，可以立即判斷出該曲線在任何一點彎成直角時，其角度是否大於或小於通過該點的一條支出不變曲線的角度。一個較準確的方法是在一張薄紙上描繪出支出不變的曲線，然後再把這張紙放在需要曲線上。舉例來說，以這個方法可以立即看出以下的事實，即圖中的需要曲線在 A、B、C 及 D 各點所代表的彈性大約都等於1；在 A 及 B 之間，及在 C 及 D 之間，每點所代表的彈性都大於1；而在 B 與 C 之間，每點代表的彈性都小於1。我們會發現這種做法很容易偵測出關於一種商品需要性質的假

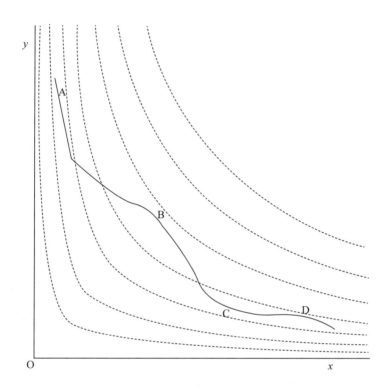

設特性為何，這些假設都隱含在繪製任何一條特殊形狀的需要曲線當中；且這種做法也可防止無意識引入未必確實的假設。

在每個點上，代表彈性等於n的需要曲線，其一般方程為$\frac{dx}{x} + n\frac{dy}{y} = 0$，也就是 $xy^n = C$。

值得一提的是，在 $\frac{dx}{dy} = -\frac{C}{y^{n+1}}$ 這樣一條曲線中；也就是說，由於價格的小幅下滑，引起需要量增加的比例，與價格的第(n+1)次方成反比的變動。而在支出不變曲線的情況下，價格的小幅下滑，引起需要量增加的比例，與價格的平方成反比變動，或與數量的平方成正比變動，兩者是同一回事。

註4（第三篇第四章第5節最後一段及該段末的註⑨）

假如時間的經過是沿著Oy軸向下衡量，而所記載的消費量則是以距離Oy大小來衡量的；那麼P'和P就是消費量成長曲線上相鄰的兩個點，因此在一個很小單位的時間$N'N$之內的增長率是

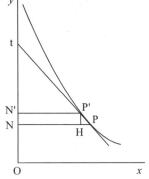

$$\frac{PH}{P'N'} = \frac{PH}{P'H} \cdot \frac{P'H}{P'N'} = \frac{PN}{Nt} \cdot \frac{P'H}{P'N'} = \frac{P'H}{Nt}$$

因為PN和$P'N'$在極限上是相等的。

如果我們以一年作為時間的單位，可以求出每年增長率為Nt年數的倒數。

如果Nt等於c，亦即等於曲線上各點的常數，那麼增長率是固定的，且都等於 $\frac{1}{c}$。在這種情況下，所有x的值都是$-x\frac{dy}{dx} = c$；也就是說，這條曲線的方程式為 $y = a - c \log x$。

註5（第三篇第五章最後一段及該段末的註⑥）

我們從正文中已經得知，在不同的人之間，未來快樂的折現率差異很大。令r為年利率，必須要把這個加到現在的快樂當中，以使現在的快樂恰好等於未來的快樂，對於快樂的享受者來說，此一未來的快樂當其降臨時，與現在的快樂相等；那麼對於某個人來說，r可以是50%，或甚至是200%，而對於他的鄰居來說，則可能是一個負數。此外，還有一些快樂比其他快樂更為急需；甚至可以想像得到的是，某人可以用不規則方式，隨意對未來的快樂進行折現；對於某個快樂，延後一年與

延後兩年，可能對他來說幾乎是一樣的；或者，另一方面，他可能極力反對長期的推延，但卻幾乎完全不反對短期的推延。關於這種不規則性是否經常出現，還有一些不同的意見；這個問題不易確定，因為既然快樂的估計完全是主觀的，如果確實發生不規則性快樂的話，就很難察覺到。在沒有這種不規則的情況之下，折現率對於每個時間因素都是相同的；或者，換句話說，都將遵循指數法則。如果 h 是機率為 p 的未來快樂，並且如果這種快樂出現的話，將在時間 t 發生；且如果 $R = 1 + r$；那麼，快樂的現值是 phR^{-t}。但是，必須要牢記的是，這個結果屬於快樂學（Hedonics），而不屬於經濟學。

根據相同的假設，我們可以論證說，如果 ω 是某人在時間因素 Δt 中，擁有比如說一架鋼琴，所取得快樂因素 Δh 的機率，那麼這架鋼琴給他的現值是 $\int_0^T \omega R^{-t} \dfrac{dh}{dt} dt$。如果我們把在任何時間距離，此一事件所帶來的所有快樂都包括進來，我們必須要讓 $T = \infty$。如果用邊沁的話來說，快樂的來源是「不純的」（impure），則對於 t 的某些值來說，$\dfrac{dh}{dt}$ 可能是負的；當然，這個積分的整個數值可能也是負的。

註6（第三篇第六章第4節第1段及該段末的註⑧）

如果 y 是某一商品數量 x 在某個市場上，可以找到買者的價格，而 $y = f(x)$ 是需要曲線的方程式，那麼該商品的總效用可以由 $\int_0^a f(x)\, dx$ 來衡量，式中 a 是消費量。

然而，如果該商品的數量 b 是維生所必需的，則在 x 的值小於 b 時，$f(x)$ 將是無限大，或者至少是無法確定的大。因此，我們必須把生命視為理所當然的，而單獨估計該商品超出絕對必

需品供給的總效用；這當然就是 $\int_b^a f(x)\,dx$。

如果有幾種滿足同一迫切需要的商品，例如水及牛奶兩者都可以解渴，那麼我們會發現，在一般生活的條件下，採用以下這一簡單的假設不會有大錯，亦即必要的供給只來自於最便宜的商品。

應該指出的是，在討論消費者剩餘時，我們假設貨幣對個別購買者的邊際效用始終都不變。嚴格的說，我們應該要考慮到這樣一個事實，即如果他花在茶葉的貨幣較少，那麼貨幣對他的邊際效用就會低於現在那樣，現在原本無法給他任何消費者剩餘的其他物品，他用某些價格去購買，就會給他帶來消費者的剩餘。但是，立基於我們整個推理基礎的假設，即他對任何一個物品，例如茶葉的支出，都只是他全部支出的一小部分，這種消費者剩餘的變動（第二階微分）可以忽略（請參考第五篇第三章第3節[①]）。如果出於某種理由，想要考慮他在茶葉的支出對貨幣給他的價值所產生的影響，那麼只需要在上面所給的積分當中，把$f(x)$乘以$xf(x)$（即他已經花在茶葉的貨幣數量）的函數即可，這代表了當他貨幣的存量減少了這個數量時，貨幣對他的邊際效用。

註7（第三篇第六章第6節第1段）

因此，如果a_1、a_2、a_3、…代表各種商品的消費量，其中b_1、b_2、b_3、…就是生存所必需的，令這些生存必需品需要曲

[①] 譯者註：經查該處並未討論此一問題，而是在第三篇第三章第3節才有此一問題的討論，因此此處可能是誤植。

線的方程式為 $y = f_1(x)$，$y = f_2(x)$，$y = f_3(x)$、…，且假設我們可以忽略所有財富分配的不平均；如果我們能夠找到一種方法，把所有滿足同樣欲望且是互競的物品，都納入於一條共同的需要曲線，同時把每一組在服務上是互補的物品（參見第五篇第六章），也都納入於一條共同的需要曲線當中，那麼在把生存視為理所當然之下，所得的總效用，可以用 $\Sigma \int_b^a f(x)dx$ 來表示。但是我們不能這樣做，因此，這個公式只是一般性的表達而已，沒有實用的價值。參見第三篇第六章第3節最後一段末尾註解的說明；也可參見後面註14的後半部分。

註8（第三篇第六章第6節第2段末註⑪第1段）

假設 y 是某人從所得 x 所獲得的快樂；如果依循伯努利的假設，無論所得是多少，他每增加1%的所得所增加的快樂都不變，就可得到 $x\dfrac{dy}{dx}=K$，所以 $y = K \log x + C$，式中 K 和 C 都是常數。再依循伯努利的假設，令 a 為提供最基本生活必需品的所得，當所得低於 a 時，痛苦超過快樂，當所得等於 a 時，兩者就相等；那麼我們的方程式就變成 $y = K\log\dfrac{x}{a}$。當然，K 和 a 都隨著每個人的性情、健康、習慣和所處的社會環境的不同而不同。拉普勒斯（Laplace）把 x 稱為「物質財富」（*fortune physique*），而把 y 稱為「精神財富」（*fortune morale*）。

伯努利自己似乎認為 x 和 a 代表一定數量的財產，而不是所得的數量；但是，在未了解財產支持生活的時間長度，亦即不真正地把財產視為所得時，我們就無法估計維持生活所必需的財產。

也許在伯努利之後，最引人注目的推測是克萊默爾（Cramer）的建議，他提出由財富所提供的快樂，會隨著其數量的平方根而變化。

註9（第三篇第六章第6節第2段末註⑪第2段）

一般立基於伯努利的假設或其他一些確定的假設，認為公平賭博是經濟上錯誤的論述。但除了下面兩個假設之外，並不需要其他進一步的假設。首先是，賭博的快樂可以忽略不計；其次在所有x的值之內，$\phi''(x)$都是負的，其中$\phi(x)$為從等於x的財富中所獲得的快樂。

假設某特殊事件發生的機率是p，且某人以py對$(1-p)y$來公平打賭這件事將會發生。透過這樣做，他會把他預期得到的快樂，從$\phi(x)$變成為：

$$p\phi\{x+(1-p)y\}+(1-p)\phi(x-py)$$

這個方程式透過泰勒定理（Taylor's Theorem）展開後，就變為：

$$\phi(x)+\frac{1}{2}p(1-p)^2y^2\phi''\{x+\theta(1-p)y\}+\frac{1}{2}p^2(1-p)y^2\phi''(x-\Theta py)$$

假設在x所有的值域中，$\phi''(x)$都是負的，則上面這個式子將永遠都小於$\phi(x)$。

的確，這種可能快樂的損失，不一定都大於從賭博的刺激所得到的快樂。那麼，我們又回到邊沁的說法，賭博的快樂是「不純的」（impure）這個歸納點上了，因為經驗顯示，賭

博可能會產生一種不安、瘋狂的性格，因此既不適於穩定的工作，也不適於生活中較高尚且較充實的快樂。

註10（第四篇第一章第2節）

依循前面註1相同的方式，讓我們以v來表示勞動量l的負效用或不方便，那麼 $\dfrac{dv}{dl}$ 就可測量勞動的邊際負效用程度；在正文所提到的限制條件之下，$\dfrac{d^2v}{dl^2}$ 為正。

假設m是某人可以支配的貨幣數量或一般購買力，μ是該貨幣帶給他的總效用，因此，$\dfrac{d\mu}{dm}$ 是該貨幣數量的邊際效用。這樣，如果 Δw 是為讓他投入 Δl 勞動量，所必須支付的工資，則 $\Delta w\dfrac{d\mu}{dm}=\Delta v$，而 $\dfrac{dw}{dl}\cdot\dfrac{d\mu}{dm}=\dfrac{dv}{dl}$。

要是我們假設他對勞動的厭惡並不是固定的，而是一個變動的數量，我們可以把 $\dfrac{dw}{dl}$ 視為是m、v和l的函數；那麼 $\dfrac{d^2w}{dm\,dl}$ 和 $\dfrac{d^2w}{dv\,dl}$ 將永遠都是正的。

註11（第四篇第八章第5節第3段及該段末的註⑤）

如果任何一種鳥類開始養成水棲習性，這種習性無論是物競天擇的作用逐漸形成的，還是突變形成的，則其腳趾之間蹼的每次加大，都會使他們發現這些趾蹼更有利於水棲生活，並讓他們有機會遺傳給後代，使後代更依賴於趾蹼的這種增加。這樣，假設$f(t)$為在時間t，趾蹼的平均面積，那麼隨著趾蹼的每次增大，趾蹼的增加率（在某個限度之內）也會增加，因此$f''(t)$是正的。現在我們透過泰勒定理知道：

$$f(t+h)=f(t)+hf'(t)+\frac{h^2}{1\cdot2}f''(l+\theta h)$$

而如果 h 很大的話，那麼 h^2 就會非常大，即使 $f'(t)$ 很小，$f''(t)$ 也永遠都不會很大，那麼 $f(t+h)$ 將大於 $f(t)$ 很多。十八世紀末和十九世紀初把微積分應用到物理學的進步以及進化論的興起，這兩件事之間不僅只有表面上的關聯而已。一如在生物學中一樣，在社會學，我們也逐漸學會觀察各種力量的累積影響，這些力量起初雖然很弱，但是由於其影響的增大，而愈來愈強；而其一般的形式就是泰勒定理，其中每一個這樣的事實都是其特殊的體現；或者，如果考慮同時有多過於一個原因在起作用時，就應該要有幾個變數函數相應的表達式。即使進一步研究證實了一些孟德爾學派學者所提出的，種族的逐漸演化是來自於個體與一般類型的巨大差異這個見解，前述的結論仍然是有效的。因為經濟學是對人類、特定的國家、特定社會階層的研究；而對特殊天才，或特別邪惡和暴力者的生活，只是間接的關注而已。

註12-1（第五篇第二章第1段）

如同在註10中那樣，如果，v 是一個人為了獲得 x 數量的商品，以便從中獲得快樂 u，所付出的勞動的不便，那麼當 $\frac{du}{dx}=\frac{dv}{dx}$，則增加商品供給所得到的快樂，將等於獲得這些商品所付出去的痛苦。

如果把勞動的痛苦視為負的快樂；且我們把這個負的快樂寫為 $U\equiv-v$，那麼 $\frac{du}{dx}+\frac{dU}{dx}=0$，亦即 $u+U$ 為他停止勞動那一點的最大值。

註12-2（附錄六最後一段）

艾吉沃思教授在1891年2月的《經濟學家雜誌》上發表的一篇文章中，繪製了下面這個圖，

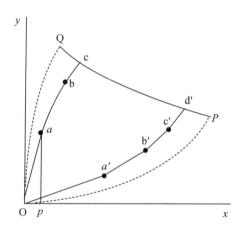

這個圖代表了本書附錄六所描述的蘋果與堅果交換的各種情況。Ox軸衡量蘋果的量、Oy軸衡量堅果的量；其中Op等於4、pa等於40；而a代表第一次交易結束時，4個蘋果交換到40顆堅果。在這種情況之下，甲在一開始時占了優勢；b表示第二次交易的情況，而c表示最後一次交易的情況。另一方面，在一套乙一開始占有優勢的交易中，a'代表第一次，而b'、c'、d'則分別表示第二、第三和最後一次交易的情況。QP是c與d'兩者必須同時在其上的軌跡，艾吉沃思教授稱之為「契約曲線」（Contract Curve）。

依循他在1881年出版的《數理心理學》（*Mathematical Psychics*）一書中所採用的方法，U代表當甲放棄了x蘋果，而得到y堅果時，蘋果和堅果帶給他的總效用，而V則是當乙得到

x蘋果，而放棄y堅果時，蘋果和堅果帶給乙的總效用。如果增加 Δx 量的蘋果，以換取 Δy 量的堅果，如果

$$\frac{dU}{dx}\Delta x+\frac{dU}{dy}\Delta y=0$$

則這個交易對甲來說是無差異的，而如果 $\frac{dV}{dx}\Delta x+\frac{dV}{dy}\Delta y$ = 0，則該交易對乙來說也是無差異的。因此上面兩個式子分別代表圖中OP與OQ的無異曲線；這條契約曲線就有以下這條漂亮的方程式：

$$\frac{dU}{dx}\div\frac{dU}{dy}=\frac{dV}{dx}\div\frac{dV}{dy}$$

而這條契約曲線是對甲及乙都無差異的交易條件的所有點的軌跡。

如果堅果對甲及乙的邊際效用都是常數，則 $\frac{dU}{dy}$ 和 $\frac{dV}{dy}$ 也就都變為常數；U變為 $\Phi(a-x)+ay$，而V變為 $\Psi(a-x)+\beta y$；契約曲線則變為$F(x)= 0$；或$x = C$；也就是說，是一條與Oy軸平行的直線，兩條無異曲線的任何一條所給出的 $\Delta y : \Delta x$ 的值都是C的函數；這就證明了，無論物物交易從哪一個路線開始，均衡都將出現在交換C個蘋果的那個點上，而最後的交換比率是C的函數；也就是說，那也是一個常數。應用上述艾吉沃思數學方法說明物物交換理論，以證明正文所得到的結果，起初是由培利先生所提出的，並在1891年6月發表於《經濟學家雜誌》上。

艾吉沃思教授把U和V表示為x和y的一般函數的方法，對數學家很有吸引力；但該方法與傑逢斯把蘋果的邊際效用只視為是x的函數相比，似乎較不適於表達經濟生活的日常實情。在那種情況下，如果甲在一開始時沒有堅果，如同在討論的那個特殊情況中所假設的那樣，則U的形式為：

$$\int_0^x \phi_1(a-x)\,dx + \int_a^y \psi_1(y)dy$$

V的形式也是近似於此。那麼契約曲線方程式的形式就是：

$$\phi_1(a-x) \div \psi_1(y) = \phi_2(x) \div \psi_2(b-y)$$

這是傑逢斯《政治經濟學理論》，第2版，頁108中交易方程式中的一條。

註13（第五篇第四章第1節第2段末的註①）

使用與註5中相同的符號，讓我們把開始建造房屋的日期視為時間的起點，並令T'為建造房屋所占用的時間。那麼他預期從房子所獲得快樂的現值是：

$$H = \int_{T'}^T \omega R^{-t} \frac{dh}{dt} dt$$

令他在 Δt 時間間隔中（在時間t和時間 $t+\Delta t$ 之間），在建築房屋所付出的勞力因素為 Δv，那麼勞力總量的現值是：

$$V = \int_0^T R^{-t} \frac{dv}{dt} dt$$

假如對於所將需要的勞動，有任何的不確定性，那麼每一種可能的因素都必須要計算在內，並乘上其所需要勞動的概率 ω'；則 V 變成為 $\int_0^{T'} \omega R^{-t} \frac{dv}{dt} dt$。

如果我們把起點移到房屋完工的日期，則我們就有：

$$H = \int_0^{T_1} \omega R^{-t} \frac{dh}{dt} dt \ \text{及} \ V = \int_0^{T'} \omega' R^t \frac{dv}{dt} dt$$

式中 $T_1 = T - T'$；雖然從數學的觀點來看，這個起點可能不那麼自然，但從日常工作的觀點來看則較自然。採用這一起點，則我們就得知 V 是預計遭受痛苦的總和；可以說是每一個痛苦都背上了等待的累積負擔，這種等待發生在遭受痛苦的時間與開始產生成果的時間之間。

傑逢斯在資本投資的討論中，假設代表投資的函數是一次式的，因為這個假設是不必要的，使該討論受到了一些損害；在描述戈森的著作時，傑逢斯本人指出了反對戈森（及惠威爾（Whewell））用直線來代替代表經濟數量變化真實性質的多形曲線的方法時，這種損害就更加顯著了。

註14-1（第五篇第四章第4節第3段及該段的註⑧）

假設 a_1、a_2、a_3、…是某人按既定計畫建造房屋，所使用的各種不同類型的勞動，例如鋸木、運石、挖土等等的數量；β、β'、β'' 等則為該計畫可以提供的不同種類的住房，例如起居室、臥室、辦公室等等的數量。那麼，與前一註解的用法一

樣，使用V和H，則V、β、β'、β''都是a_1、a_2、a_3、…的函數，而H則為β、β'、β''、…的函數，也是a_1、a_2、a_3、…的函數。因此，我們必須找出各種用途的各種勞動的邊際投資。

$$\frac{dV}{da_1} = \frac{dH}{d\beta}\frac{d\beta}{da_1} = \frac{dH}{d\beta'}\frac{d\beta'}{da_1} = \frac{dH}{d\beta''}\frac{d\beta''}{da_1} = \cdots$$

$$\frac{dV}{da_2} = \frac{dH}{d\beta}\frac{d\beta}{da_2} = \frac{dH}{d\beta'}\frac{d\beta'}{da_2} = \frac{dH}{d\beta''}\frac{d\beta''}{da_2} = \cdots$$

這些方程式代表勞力與利益之間的一個平衡。他花在伐木和加工木材額外勞動的實際成本，恰好與他這樣作可以得到的額外起居室或臥室的利益相等。然而，如果他不是自己做這些工作，而是付錢請木匠來做，則我們用V來代表的，就不是他的總勞力，而是他一般購買力的總支出。那麼，他為增加的勞動，所願意付給木匠的工資率，即他對木匠勞動的邊際需要價格，可用$\dfrac{d\beta}{da}$來衡量，而$\dfrac{dH}{d\beta}$與$\dfrac{dH}{d\beta'}$則分別是額外起居室和臥房帶給他的邊際效用的貨幣度量，即他對這兩種物品的邊際需要價格；$\dfrac{d\beta}{da}$及$\dfrac{d\beta'}{da}$則是蓋這兩種房間的木匠勞動的邊際效率。這些方程式都顯示了木匠勞動的需要價格，等於額外起居室的需要價格乘上用以增建起居室的木匠勞動之邊際效率，也等於額外臥室的需要價格乘上用以增建臥室的木匠勞動之邊際效率等等，而對於每個要素都要選用適當的單位。

當把這個陳述一般化，以涵蓋市場上對木匠勞動的各種不同需要時，這個陳述就變成：木匠勞動的（邊際）需要價格等於木匠勞動在增加任何產品供給的（邊際）效率，乘上該產

品的（邊際）需要價格。或換句話說，一單位木匠勞動的工資，等於木匠貢獻的勞動，所生產的任何一種產品當中某些部分的價值，而這部分的價值代表了一單位木匠勞動對該產品的邊際效率；或者使用一個我們在第六篇第一章中大量使用的說法，即木工勞動的單位工資等於其勞動「淨產值」（net product）。這個命題非常重要，且命題本身包含了分配理論需要面的核心在內。

那麼，讓我們假設某位建築商盤算要建造某些建築物，並正在考慮要提供什麼樣的房屋；例如住宅、倉庫、工廠和零售商店。他有兩類問題需要決定，即每種房屋要建造多少，以及用何種方式來建造。這樣，除了決定是否要建造有一定房間數量的別墅住宅外，他還須要決定用哪些生產要素，及各種要素的比例是什麼；例如是否要用瓦或石板瓦；要用多少石頭；是否要用蒸汽動力來製造泥漿，或僅用蒸汽動力於起重機的起吊工作；如果在一個大城市，他是否要僱用那些專業工人來搭架，或讓普通勞工來做等等。

然後，再假設他決定提供 β 數量的別墅住屋、β' 數量的倉庫、β'' 數量的工廠等等，且每種都按一定的等級來建造。但是，不像以前那樣假設他只僱用 a_1、a_2、a_3、…數量的不同類型的勞動，而是把他的支出分成以下四種項目：(1)工資、(2)原材料價格、(3)資本的利息、(4)他自己的工作和企業精神的價值。

如此，再令 x_1、x_2、…為不同類別的勞動量，包括他僱用的監工勞動；每種勞動的數量由工作時間的長短和強度所構成。

假設 y_1、y_2、…是用於並包含在建築物當中的各種原材料的數量；假設這些建築物是可以自由出售且自由保有的不動產。在這種情況下，從目前的觀點來看，也就是從個別企業創辦者的觀點來看，這些建築物之下的土地，僅僅是特定形式的原材料而已。

接下來，令 z 爲不同用途所使用的資本量。在這裡，我們必須把所有形式的資本，都化約爲以共同貨幣計算的單位，其中包括工資與購買原材料的預付款；以及計算各種設備因使用而產生的磨損等；還要以同一個基礎來計算他的廠房本身和廠房用地。各種資本往往歷經的時間長度有所不同，無法比較或者直接加總；但都必須要以「複利率」，即根據幾何級數，化爲一個標準單位，比如說一年。

第四，假設 u 代表這個建築商，在各種工作所付出的勞動、擔憂、焦慮、折磨等等的貨幣價值。

此外，還有幾個項目也許可以單獨列項；但我們也可以假設這些項目與上面所提到的那些項目已經合併在一起了。例如，對於風險的計算就可以列入前述的最後兩個項目之下。經營企業的一般費用（「補充費用」，見第五篇第四章第6節），將適當地分配到以下四個項目之中，即工資、原材料、一個持續經營的企業組織（企業的商譽等）的資本價值的利息、以及建築商自己的工作、企業精神和操勞的報酬等。

在這些條件下，V 代表他的總支出，H 代表他的總收入；他努力的目標在使 $H-V$ 變爲最大的值。在這個方法之下，我們可以求出與前面類似的那些方程式，即：

$$\frac{dV}{dx_1} = \frac{dH}{d\beta} \cdot \frac{d\beta}{dx_1} = \frac{dH}{d\beta'} \cdot \frac{d\beta'}{dx_1} = \cdots$$

$$\frac{dV}{dx_2} = \frac{dH}{d\beta} \cdot \frac{d\beta}{dx_2} = \frac{dH}{d\beta'} \cdot \frac{d\beta'}{dx_2} = \cdots$$

......

$$\frac{dV}{dy_1} = \frac{dH}{d\beta} \cdot \frac{d\beta}{dy_1} = \frac{dH}{d\beta'} \cdot \frac{d\beta'}{dy_1} = \cdots$$

......

$$\frac{dV}{dz} = \frac{dH}{d\beta} \cdot \frac{d\beta}{dz} = \frac{dH}{d\beta'} \cdot \frac{d\beta'}{dz} = \cdots$$

$$\frac{dV}{du} = \frac{dH}{d\beta} \cdot \frac{d\beta}{du} = \frac{dH}{d\beta'} \cdot \frac{d\beta'}{du} = \cdots$$

也就是說，這個建築商願意為額外追加一點第一類勞動（即 δx_1）的供給所花的邊際支出，即 $\frac{dV}{dx_1}\delta x_1$，等於 $\frac{dH}{d\beta} \cdot \frac{d\beta}{dx_1}\delta x_1$；亦即等於他透過這個別墅房舍的增加量，而獲得總收入 H 的增加額，而這個房舍的增加量係來自於額外增加一點第一類勞動的供給所得到的；這也等於在倉庫房舍所得到類似的數額，其他以此類推。這樣，他會把他的資源分配到各種用途之間，以達到下列各種情況都無法獲利為止；即把任何勞動、原材料及資本等這些生產要素的任何部分，從這一類建築轉到另一類建築；把他自己的勞動及企業精神從這一類建築轉到另一類建築；同時以他企業的任何一個部門的某種生產要素，取代另一種生產要素，或者確實增減他使用的任何要素。從此一觀點來看，我們方程式的大意與本書第三篇第五章關於在相同物品不同用途之間的選擇的論點非常相似（請參照艾吉

沃思教授於1889年在英國學術協會出色演講中所附的註解當中最有趣的註解(f)）。

對於解釋無論是特殊種類的勞動，或其他生產要素中任何生產要素的「淨產值」這一名詞的困難，還有許多需要討論的（見第五篇第十一章第1節和第六篇第一章第8節）；雖然本註解的其他部分，與之前的內容類似，但也許留到後一階段再來閱讀，會比較方便。這個建築商為第一類勞動的最後一單位支付 $\dfrac{dV}{dx_1}\delta x_1$，因為那是這一單位勞動的淨產值；並且，如果這個單位的勞動用來建造別墅，則將為他帶來 $\dfrac{dH}{d\beta}\cdot\dfrac{d\beta}{dx_1}\delta x_1$ 的特殊收入。現在，令p為他從β數量的別墅住宅所得到的每單位價格，因而他從全部別墅β所得到的價錢為$p\beta$；如果為簡化起見，我們用 $\Delta\beta$ 取代 $\dfrac{d\beta}{dx_1}\delta x_1$，這是由於追加 δx_1 的額外勞動，所增加的別墅住宅的量；那麼我們所求的淨產值就不是 $p\Delta\beta$，而是 $p\Delta\beta+\beta\Delta p$；其中 Δp 是一個負數，且是由於該建築商增加別墅住宅的供給量，而引起的需要價格的下跌。我們必須要對 $p\Delta\beta$ 與 $\beta\Delta p$ 這兩個項目的相對大小進行一些研究。

如果該建築商獨占了別墅的供給，β將代表別墅的總供給量；如果當提供的數量為β時，而別墅的需要彈性恰好小於1，那麼他增加供給，總收入就會減少；而 $p\Delta\beta+\beta\Delta p$ 必為一個負數。但是，當然他不會讓生產恰好增加到需要如此無彈性這樣一個數量。他為自己生產所選擇的邊際，確定是負數 $\beta\Delta p$，且小於 $p\Delta\beta$，但不一定要小到在進行比較時，可以略而不計的量。這是第五篇第十四章中討論獨占理論中的一個很重要的

事實。

對於任何一個商業聯繫有限，但又無法迅速擴大的生產者來說，這也是一個重要的事實。如果他的顧客已經盡可能地向他買了他們喜歡的那麼多商品，以致於他們的需要彈性暫時小於一的話，則他會因為再多僱一個人，即使那個人免費為他工作，而遭受損失。這種暫時破壞一個人特殊市場的恐懼，對許多短期價值問題起著主要的影響（請參見第五篇第五、七及十一章）；特別是我們將在本書後半部分研究的那些商業蕭條時期，以及正式和非正式的同業公會的章程中，都起著更重要的影響。在那些隨著產量的增加，生產費用迅速減少的商品情況下，也存在著類似的困難；但是在這裡，由於決定生產極限的那些原因是如此複雜，以致於似乎不值得把這些原因用數學語言來表達。請參見第五篇第十二章第2節。

然而，當我們以說明決定各種生產要素一般需要的因素，其正常作用的觀點，來研究個別企業家的行為時，很明顯地似乎應該要避免這類的情況。我們應該把這些生產要素的特點，留到特殊討論中再分別進行分析，並從那些若是間接，也只是許多能有效率進入市場的眾多人之中，挑出一個人作為我們正常的實例。如果 $\beta\Delta p$ 在數值上等於 $p\Delta\beta$，其中β是一個大市場中的全部產量；而一個個別的企業家的產量為β'，是β的千分之一；那麼從增僱一個人所增加的收入是 $p\Delta\beta'$，這個數值和 $p\Delta\beta$ 相等；而從其中要減掉的只是 $\beta'\Delta p$，這只是 $\beta\Delta p$ 的千分之一而已，因此可以把它略而不計。所以，為了要說明分配法則一般作用的某一部分，我們有理由把任何一個生產要素的邊際淨產值，說成是以該產品的正常銷售價值計算的淨產值

的數額，也就是 $p\Delta\beta$。

我們可以指出，雖然以相關的價格，來衡量勞力和滿足的習慣，會使這些困難變得突出，但是所有這些困難都不取決於分工和工資支付的制度。魯濱遜為自己建造一棟房子，並不會覺得較之前住屋增加了千分之一，會使他的舒適程度增加千分之一。他所增建的部分可能與其他部分的性質相同；但是，如果某人把增建的部分，按給魯濱遜相同實際價值的比率來計算，那麼這個人就必須考慮到這樣一個事實，亦即新增的部分會使他原有部分的需要不那麼迫切，因此對他的實際價值要少一些（請參閱第五篇第九章第2節第5段末尾的註）。另一方面，報酬遞增法則可能使他很難計算出半小時真正的淨產值是多少。例如，假設一些既可作為調味料，又容易攜帶的香草，生長在他島上的某些地區，要去這些地區需要半天的時間；他有一次去那裡，取了幾束回來，後來由於只有少於半天的時間，這對他沒有重要的用途，他就用了一整天的時間去做這件事情，並帶回以前10倍的量。那麼我們就無法把最後半小時的報酬與其他時間的報酬分開；我們唯一的辦法是把一整天當作一個單位，把他滿足的報酬與用在其他方面的時間所得到滿足的報酬進行比較；而在現代工業制度中，為了某些目的，我們可以採用一種類似的方法，把整個生產過程當作一個單位，但這是一個更艱難的任務。

我們有可能擴展這類方程式系統的範圍到我們所曾考慮的那樣，並增加這些方程式的細節，直到包括分配問題的整個需要面在內為止。但是，雖然用數學說明一組確定原因的行為模式，其本身可能是完整的，且在其定義明確的範圍之內也可以

是極其準確的，然而企圖以一序列的方程式，解釋實際生活一個複雜問題的全部，或甚至是解釋其中的大部分的複雜問題，卻並非如此。因為許多重要的考慮因素，尤其是那些與時間因素有關的多種影響，無法輕易地以數學方程式來表達；這些因素必須要完全省略掉，或者要削減到類似於裝飾藝品中的鳥獸那樣。因此，出現了一種分派給經濟因素錯誤比例的傾向；因為那些最容易適合於分析方法的因素，往往就成為最被強調的因素。毫無疑問地，這種危險不僅存在於把各種數學分析應用於現實生活問題中，也存在於把任何一種分析應用於現實生活問題中。這是一種經濟學家都要時時謹記在心的大過於任何其他危險的危險，但要完全避免這種危險，就要放棄科學進步的主要手段；而在專門為數學讀者所寫的討論中，非常大膽的尋求廣泛的通則，無疑地是正確的。

比如，在這樣的討論中，以下的作法也許是對的，亦即把H看成是經濟因素給整個社會滿足的總和，而把V看作是不滿足（勞力、犧牲等）的總和；為了簡化這些因素起作用的概念，我們採用了類似於那些在各種形式的學說中，多少有意識地涉及到的假設。這個學說是說，這些因素不斷漸漸趨向於使這個社會的滿足淨總額達到最大（見上文第五篇第十三章第4-7節）；或者換句話說，有一種固定的趨勢，使得H-V對整個社會來說都是最大的值。在這個方法之下，所得到的與那些我們曾經討論過的那類微分方程式一樣，將可解釋為透過效用組與負效用組，滿足組與實際成本組之間的平衡，決定了經濟學各個領域中的價值。這樣的討論有他們的地位；但在目前的論述中卻並非如此，因為在目前的論述中，數學僅用來以簡練

和較精確的語言，表達那些普通人在日常生活中或多或少有意識採用的分析和推理的方法。

的確，有一點可以承認的是，這樣的討論與第三篇把總效用應用於特定商品的分析方法有一些相似之處。這兩種情況之間的差別主要只是程度上的而已；但這種程度上的差異如此之大，以致於實際上差不多等於種類上的差異。因為在前一種情況下，我們考慮的是與某個特殊市場有關的各種商品本身；我們仔細考量了消費者所處的時間和地點的環境。這樣，當在討論財政政策時，我們依循財政部長和普通人的做法，雖然也許更為謹慎小心。我們注意到少數商品主要由富人消費；因此，他們的實際總效用低於這些效用的貨幣衡量所顯示的。但是與世界其他地區的人一樣，我們假設在沒有相反的特殊原因之下，主要由富人消費的兩種商品實際總效用彼此之間的關係，與這兩種商品貨幣衡量的關係大致上是相同的；而這也適用於那些在富人、中產階級和窮人之間以相似的比例進行消費的物品。這種估計只是粗略的近似值，但是因為我們用語的精確，而更加突顯出各種特殊的困難及每一種可能錯誤的來源；我們不會引入那些在日常生活未隱含的假設；我們也不打算嘗試去處理在實際日常生活當中，那種不能以較粗略的方式處理，但卻是有益的工作；我們也未引入任何新的假設，而是清楚地闡明那些無法避免的假設。雖然在處理特定市場的特定商品時，這樣做是可能的，但對於包羅萬象的最大滿足學說中的無數經濟因素而言，這樣做似乎就不可能了。供給的因素特別異質且複雜；這些因素包括了各種工業等級中的人，所付出的直接或間接的各種勞力和犧牲；且如果對最大滿足這個學說的具體

解釋，沒有其他障礙的話，那麼致命的障礙就潛藏在這個學說的假設之中，這個假設是培育子女和爲他們的工作做準備的成本，可以用與製造一臺機器的成本相同的方式來衡量。

由於類似於上述這種典型例子中所提出的那些原因，隨著正文所討論的主題愈來愈複雜，我們的數學註解所涵蓋的範圍也就愈來愈小。以下的數學註解中有少數與獨占有關，這些註解提供了一些格外容易以直接分析來處理的面向。但下面絕大多數都將用來說明連帶和複合供需，這與本註解的內容有很多共同之處；而該系列註解中最後一個，亦即註21，對分配和交換問題將略作一般性的探究（未考慮到時間因素），但是到目前爲止，不過是在確保所使用的數學實例的說明都指向一套方程式系統，而這些方程式在數量上，既不多於，也不少於其所含的未知數。

註14-2（第五篇第六章第1節末的註④第2-4段）

在第五篇第六章的圖解中，供給曲線都是正斜率的；而當我們以數學語言來說明這些曲線時，必須要假設在決定生產的邊際費用時，其確定的程度在現實生活中並不存在；我們不考慮發展一個具有大規模生產的內部和外部經濟的代表性企業所需的時間；我們也要忽略第五篇第十二章所討論的，與報酬遞增法則有關的所有困難。採用任何其他的方式，都會導致數學的複雜性，這雖然也許並非一無是處，但卻不適合於像本書這類的論述。因此，只能把本註解和以下註解的討論視爲概要，而不是完整的研究。

假設商品A的生產要素爲a_1、a_2……；並令這些要素的供給方程爲 $y=\phi_1(x)$，$y=\phi_2(x)$ ……。假設生產x單位商品A所需

要素的單位數分別為m_1x、m_2x、$\cdots$；其中m_1、$m_2\cdots$通常都不是常數，而是x的函數。那麼A的供給方程式就是：

$$y = \Phi(x) = m_1\phi_1(m_1x) + m_2\phi_2(m_2x) + \cdots \equiv \Sigma\{m\phi(mx)\}$$

令$y = F(x)$為成品的需要方程式，則A商品的第r個要素a_r的衍生需要方程式為

$$y = F(x) - \{\Phi(x) - m_r\phi_r(m_rx)\}$$

但在這個方程式中，y不是一單位生產要素的價格，而是m單位生產要素的價格，且為了要求得以固定單位表示的一條方程式，令η代表一個單位的價格，並令$\xi = m_rx$，則 $\eta = \dfrac{1}{m_r} \cdot y$，且該方程式變為：

$$\eta = f(\xi) = \frac{1}{m_r}\left[F\left(\frac{1}{m_r}\xi\right) - \left\{\Phi\left(\frac{1}{m_r}\xi\right)m_r\phi_r(\xi)\right\}\right]$$

如果m_r是x的函數，比如說為$\Psi_r(x)$；則以ξ來表示，x必須由方程式$\xi = x\Psi_r(x)$來決定，因此可以把m_r寫為$x_r(\xi)$；代替這一式，我們可以把η表示為ξ的函數。a_r的供給方程就只是$\eta = \phi_r(\xi)$而已。

註15（第五篇第六章第1節末的註④第5-7及第2節第5段中的註⑦）

令刀的需要方程式為：

$$y=F(x) \tag{1}$$

令刀的供給方程式為：$y = \Phi(x)$ (2)

令刀柄的供給方程式為：$y= \phi_1(x)$ (3)

令刀片的供給方程式為： $y= \phi_2(x)$ (4)

則刀柄的需要方程式為：$y = f_1(x) = F(x) - \phi_2(x)$ (5)

式5的彈性為：$\left\{\dfrac{xf_1{}'(x)}{f_1(x)}\right\}^{-1}$

也就是：$-\left\{\dfrac{xF'(x) - x\phi_2{}'(x)}{f_1(x)}\right\}^{-1}$

也就是：$\left\{-\dfrac{xF'(x)}{F(x)} \cdot \dfrac{F(x)}{f_1(x)} + \dfrac{x\phi_2{}'(x)}{f_1(x)}\right\}^{-1}$

以下條件愈充分滿足，則上面這個彈性式子的值就愈小：

(1) $-\dfrac{xF'(x)}{F(x)}$ 必然是正的，其值愈大，則刀的需要彈性愈小；(2) $\phi_2{}'(x)$ 是正的，且很大，也就是說刀片的供給價格隨著供給量的增加，而迅速增加，且隨著供給量的減少，而迅速減少；以及(3) $\dfrac{F(x)}{f_1(x)}$ 應該要很大；也就是說，刀柄的價格應該只是刀價格的一小部分。

當生產要素的單位不是固定，而是像前一個註解中那樣可以變動時，則類似的，但更複雜的研究，將導出大致上相同的結果。

註16（第五篇第六章第2節第8段末註⑨）

假設m蒲式耳的蛇麻子用於製造一加侖的某種啤酒，而在均衡時，x'加侖的啤酒，以$y'= F(x')$的價格出售。假設m變為 $m+\Delta m$；結果，當仍然出售x'加侖的啤酒，令這些加侖的啤酒

以 $y' + \Delta y'$ 的價格找到買者。那麼，若 $\dfrac{\Delta y'}{\Delta m}$ 代表蛇麻子的邊際需要價格；如果該價格大於其供給價格，則啤酒製造商把較多蛇麻子投入於啤酒的釀造，就會獲利。或者，更一般地說，令 $y = F(x, m)$ 與 $y = \Phi(x, m)$ 為啤酒的需要和供給方程式，x 是加侖數，m 是每加侖啤酒所含蛇麻子的蒲式耳數；那麼 $F(x, m) - \Phi(x, m)$ 就是需要價格超過供給價格的差額。在均衡時，這個差額當然就是零；但如果可以透過改變 m，而使這個差額變為正數，那麼增加蛇麻子就可以實現需要價格大於供給價格的結果；因此（假設除了因為蛇麻子量的增加之外，無其他的因素使製造啤酒的費用發生顯著的變動）在 $\dfrac{dF}{dm} = \dfrac{d\Phi}{dm}$ 中，等號的左邊代表蛇麻子的邊際需要價格，右邊代表蛇麻子的邊際供給價格；因此這兩者是相等的。

當然，該方法也可以擴展到兩個或多個生產要素同時發生變動的情況。

註17（第五篇第六章第3節末的註⑫）

假設一個物品，無論是製成品，還是一種生產要素，都有兩種用途，因此假設在 x 總量中，用於第一種用途的部分為 x_1，用於第二種用途的部分為 x_2。令 $y = \phi(x)$ 為總供給方程式，而 $y = f_1(x_1)$ 及 $y = f_2(x_2)$ 分別是第一種及第二種用途的需要方程式。則在均衡時，這三個方程式 $f_1(x_1) = f_2(x_2) = \phi(x)$；$x = x_1 + x_2$ 決定了三個未知數 x、x_1 和 x_2。

接著，假設想要單獨求得該物品在第一種用途的需要和供給關係，則要有下面這個假設，即在第一種用途中無論有任何的擾亂，第二種用途的需要和供給仍維持於均衡；也就是

說，第二種用途的需要價格等於其實際生產總量的供給價格，
即$f_2(x_2)$永遠都等於$\phi(x_1 + x_2)$。從這個方程式中，我們可以用x_1
來決定x_2，從而以x_1來決定x；因此可以寫爲$\phi(x) = \Psi(x_1)$。這
樣，該物在第一種用途的供給方程式變成爲$y = \Psi(x_1)$；而聯合
該方程式與已知的方程式$y = f_1(x_1)$，就可以得到我們所需要的
關係。

註18（第五篇第六章第4節第1段末的註⑭）

令a_1、a_2、…爲連帶產品，各自的產量爲m_1x、m_2x、…，
而該生產過程的總產量爲x單位，這x單位的供給方程爲$y = \phi(x)$。令

$$y = f_1(x) \text{、} y = f_2(x) \text{、} \cdots$$

是其各自的需要方程式。那麼在均衡之下，

$$m_1 f_1(m_1x) + m_2 f_2(m_2x) + \cdots = \phi(x)$$

令x'爲該方程式所決定之x的值；則$f_1(m_1x')$、$f_2(m_2x')$等等
是各連帶產品的均衡價格。當然，如果有必要的話，可以用x'
來表示m_1、m_2。

註19（第五篇第六章第4節倒數第2段末）

這種情況加上必要的變更後，與前述註16討論的情況就一
致了。如果在均衡狀態下，每年供給的牛隻爲x'頭，售價爲y'
$= \phi(x')$；每頭牛產出m單位的牛肉；如果飼養者發現改變牛的
繁殖和飼養的方法，可以提高牛肉的產量 Δm 單位（生皮和其

它連帶產品的情況，在均衡時未改變），而這樣做的額外費用是 $\Delta y'$，則 $\dfrac{\Delta y'}{\Delta m}$ 代表牛肉的邊際供給價格；如果這個價格低於售價，那麼飼養者做這種改變就會有利。

註20（第五篇第六章第5節最後一段末的註⑲中第2段）

令 a_1、a_2、…為提供完全相同功能的物品。假設選擇這些物品中任何一種的一個單位，都相當於選擇任何其他種類物品的一個單位。令這些物品各自的供給方程式分別為 $y_1 = \phi_1(x_1)$、$y_2 = \phi_2(x_2)$、…

在這些方程式中，令其中的變數有所改變，並把改變後的方程式寫成 $x_1 = \psi_1(y_1)$、$x_2 = \psi_2(y_2)$、…。假設 $y = f(x)$ 是所有這些物品所提供勞務的需要方程式。則在均衡時，x 與 y 是由方程式 $y = f(x)$；$x = x_1 + x_2 + \cdots$，$y_1 = y_2 = \cdots = y$ 所決定的（這些方程式必須滿足：x_1、x_2、…都不能是負的。當 y_1 下降到一定水平時，x_1 將變為0；而當 y_1 低於這個水平時，x_1 仍維持於0；不會變成負數）。正如正文中所指出的那樣，必須假設所有的供給方程式都依循報酬遞減法則；也就是說 $\phi_1{}'(x)$、$\phi_2{}'(x)$…永遠都是正的。[2]

註21（第五篇第六章第6節最後一段末的註㉑）

我們現在可以概述連帶需要、複合需要、連帶供給和複合

---

[2] 譯者註：文中所說的報酬遞減，應該是指邊際報酬遞減。而邊際成本為邊際產出的倒數，所以邊際成本是遞增的。因為邊際成本為供給價格，因此供給價格隨產量的增加而上升，也就是說，供給曲線的斜率，亦即 $\phi_1{}'(x)$、$\phi_2{}'(x)$…都是正的。

供給同時出現這些問題，以便證實我們的抽象理論方程式與未知數一樣多，既不多，也不少。

在連帶需要的問題中，我們可以假設有 n 種商品，A_1、A_2、$\cdots$、A_n。令 A_1 有 a_1 個生產要素，A_2 有 a_2 個生產要素等等，因此生產要素的總數目為 $a_1 + a_2 + a_3 + \cdots + a_n$；令其等於 m。

首先，假設所有的生產因素都不同，所以無複合需要；其次，假設每個要素各自都有單獨的生產過程，因此沒有連帶產品；最後，假設沒有兩個因素可用於相同的用途，因此也沒有複合供給。那麼我們就有 $2n + 2m$ 個未知數，亦即 n 種商品和 m 種因素的數量和價格；為了要決定這些變數，我們就須要有 $2n + 2m$ 個方程式，即：(1) n 條需要方程式，其中每條方程式都表示每一種商品的價格和數量之間的關係；(2) n 條供給方程式，其中的每條都使該種商品任何數量的供給價格，等於其生產要素相對應數量價格之和；(3) m 條供給方程式，每條方程式都表示一種要素的價格與其數量間的關係；最後(4) m 條方程式，其中的每條都指出在生產一定數量的該商品，所使用的要素數量。

接下來，假設我們不僅要考慮連帶需要，也要考慮複合需要。令生產要素 β_1 含有相同的東西，比如說，具有一定效率木匠的勞動；換句話說，令木匠的勞動是 n 種商品 A_1、A_2、$\cdots$ 的生產要素當中之一種。那麼，由於木匠的勞動無論用於何種生產，都有相同的價格，因此這些生產要素當中的每一種都只有一個價格，這樣未知數減少了 $\beta_1 - 1$ 個；而供給方程式的數量也同樣減少了 $\beta_1 - 1$；其餘以此類推。

再接下來，讓我們再加以考慮連帶供給。假設用來生產商

品所用的東西γ_1是同一生產過程的連帶產品。則未知數的數目不變;但供給方程式的數量減少了$(\gamma_1 - 1)$條;然而,這個不足的數額可由連接這些連帶產品數量的一組$(\gamma_1 - 1)$條新方程式所補足;以此類推。

最後,假設使用的物品之一具有複合供給,是由δ_1個競爭來源所組成的;那麼,保留第一種競爭來源原有的供給方程式,我們有$2(\delta_1 - 1)$個增加的未知數,是由其餘$(\delta_1 - 1)$個競爭品的價格和數量所組成的。這些未知數都包含於$(\delta_1 - 1)$條競爭品的供給方程式和在δ_1個競爭品價格之間的$(\delta_1 - 1)$條方程式當中。

這樣,無論這個問題有多複雜,我們能夠得知這在理論上是有定值的,因為未知數的數目永遠都恰好等於我們所得到的方程式的數目。

註22(第五篇第十四章第3節末的註②)

如果$y = f_1(x)$、$y = f_2(x)$分別是需要和供給曲線的方程式,則提供最大獨占收益的產量為讓$\{xf_1(x) - xf_2(x)\}$成為最大值的那個量;也就是說,該產量是下列方程式的根,或諸根中的一個

$$\frac{d}{dx}\{xf_1(x) - xf_2(x)\} = 0$$

此處,供給函數是用$f_1(x)$來表示,而不是像以前那樣用$\phi(x)$來表示,部分是為了要強調以下個這個事實,即此處供給價格所指的意義,與之前註解中所指的不完全相同,部分原因在於要與曲線的編號系統一致,既然曲線的數量增加了,要用

這種系統來避免混淆。

註23-1（第五篇第十四章第4節第3段末的註③中第1段）

　　如果課一種稅，總額是$F(x)$，那麼爲了求出使獨占收益爲最大的x的值，我們得到 $\frac{d}{dx}\{xf_1(x) - xf_2(x) - F(x)\} = 0$ 這個方程式；很顯然地，如果$F(x)$或像一個執照稅那樣，是固定不變的，或是像所得稅一樣，隨著$xf_1(x) - xf_2(x)$變動而變動，則這個方程式的根與$F(x)$爲0的根相同。

　　若以幾何方式處理這些問題，我們會看到如果對獨占加上一個固定的負擔，足以使獨占收入曲線完全下降到低於Ox，且使q'爲圖35垂直於L下方新曲線上的點。那麼，在q'處的新曲線將與一系列直角雙曲線中的一條相切，這些直角雙曲線以Oy及Ox爲其漸近線。這些曲線可稱爲「固定損失」（Constant Loss）曲線。

　　再者，與獨占收益成比例的稅，比如說m（m小於1）乘上該收入，將有一條曲線來取代QQ'，該曲線的各個縱座標爲$(1 - m)*QQ'$上對應點的縱座標；亦即有相同橫座標的點。在QQ'的新與舊位置上相對應點的切線，將與Ox相交於同一點，有如通過投影方法，可清楚看到的那樣。但是對於有相同漸近線的直角雙曲線有一個法則，即如果畫一條與漸近線平行的線，使之與這些直角雙曲線相交，並在交點上畫出與這些直角雙曲線相切的線，則所有的切線都將在同一點與另一條漸近線相交。因此，如果q_3'是QQ'新位置上對應於q_3的點，且如果我們稱直角雙曲線與QQ'的共同切線與Ox相交的點爲G，則Gq_3'將是通過q_3直角雙曲線的一條切線；也就是說，q_3'是該新曲

線上最大收益的點。

本註解的幾何方法和分析方法，可以應用到正文第4節後面部分所討論的情況，其中稅是對獨占產品課徵的。

註23-2（第五篇第十四章第7節末的註⑩）

這些結果用牛頓的方法以及眾所周知的直角雙曲線的特性，都很容易從幾何上得到證明，也可用分析法來證明。如前所述，令$y = f_1(x)$為需要曲線的方程式；$y = f_2(x)$為供給曲線的方程式；獨占收益曲線方程式為$y = f_3(x)$，其中$f_3(x) = f_1(x) - f_2(x)$；消費者剩餘曲線方程式為$y = f_4(x)$；其中

$$f_4(x) = \frac{1}{x} \int_0^x f_1(\alpha)d\alpha - f_1(x)$$

總收益曲線方程式為$y = f_5(x)$；其中

$$f_5(x) = f_3(x) + f_4(x) = \frac{1}{x} \int_0^x f_1(\alpha)d\alpha - f_2(x)$$

當然這是可以直接求得的結果。折衷利益曲線（compromise benefit curve）方程式是$y = f_6(x)$，其中$f_6(x) = f_3(x) + nf_4(x)$；獨占者所計算的消費者剩餘為$n$乘以剩餘的實際價值。

為了求出OL（圖37③），也就是提供給獨占者最大收益的

---

③ 譯者註：此處原文是圖37，但是經查圖37並沒有文中所提到的L點，而圖34及圖36都有L點，但是因為在本註解的來源處，即第五篇第十四章第7節末的註中提到：「圖36的OY總是大於OL；其次n越大，OY就越大。（請參閱數學附錄註23-2。）」，因此判斷是圖36的誤植。

銷售量，我們用下列的方程式來表示：

$$\frac{d}{dx}\{xf_3(x)\} = 0 \text{ ; 即 } f_1(x) - f_2(x) = x\{f_2{}'(x) - f_1{}'(x)\}$$

該方程式的左邊必定是正的，因此右邊也是正的，這說明了如果使 Lq_3 延長到分別與供需曲線相交於 q_2 與 q_1，那麼在 q_2 處的供給曲線（如果是負斜率）與該處垂直線所形成的角度，必定大於需要曲線在 q_1 所形成的角度。

爲了求出 OW，也就是，提供最大利益的銷售量，我們用下列的方程式：

$$\frac{d}{dx}\{xf_5(x)\} = 0; \text{ 即 } f_1(x) - f_2(x) - xf_2{}'(x) = 0$$

爲了求得 OY，也就是，提供最大折衷利益（compromise benefit）的銷售量，我們用下列的方程式：

$$\frac{d}{dx}\{xf_6(x)\} = 0 \text{ ; 即 } \frac{d}{dx}\{(I-n)xf_1(x) - xf_2(x) + n\int_0^x f_1(\alpha)d\alpha\} = 0$$
$$\text{即 } (1-n)xf_1{}'(x) + f_1(x) - f_2(x) - xf_2{}'(x) = 0$$

如果 $OL = c$，當以 c 取代 x 時，則 OY 大於 ON 的條件是 $\frac{d}{dx}\{xf_6(x)\}$ 爲正的；亦即，當 $x = c$ 時，$\frac{d}{dx}\{xf_3(x)\} = 0$，所以如果 $x = c$ 時，$\frac{d}{dx}\{xf_4(x)\}$ 就是正的；亦即，$f_1{}'(c)$ 爲負的。但無論 c 的值爲何，這個條件都會滿足。這就證明了第五篇第十四章第7節結束之處，所提出的兩個結果中的第一個；第二個結

果的證明也是如此（這些結果及其證據的用語都暗中假設只有一個最大的獨占收益點）。

除了正文中的那些結論之外，可以再加入另一個結論。令 $OH = a$，則 OY 大於 OH 的條件是當以 a 取代 x 時，$\frac{d}{dx}\{nf_6(x)\}$ 爲正的；也就是說，因爲 $f_1(a) = f_2(a)$，所以 $(1 - n) f_1'(a) - f_2'(a)$ 爲正的。既然 $f_1'(a)$ 總是負的，則這個條件就變爲 $f_2'(a)$ 爲負的，即供給依循報酬遞增法則，且 $tan\ \phi$ 在數值上大於 $(1 - n)tan\theta$，其中 θ 和 ϕ 分別是供、需曲線上 A 點的切線與 Ox 所形成的角。當 $n = 1$ 時，唯一的條件是 $tan\ \phi$ 爲負的；亦即如果在 A 點供給曲線的斜率是負的，則 OW 大於 OH。換句話說，如果獨占者把消費者的利益看成與他自己的利益相同的話，那麼，只要該點附近的供給依循報酬遞增的法則，他的產量就會超過供給價格（就我們在這裡使用該名詞的特殊意義上來說）等於需要價格那個點；但是如果供給依循報酬遞減法則，則他的產量會遠少於該點。

註24（第六篇第四章第3節最後一段末的註③中第2段）

令 Δx 爲他在 Δt 時間內，所生產財富的可能數量，而 Δy 爲他可能的消費量。那麼，他未來勞務的折現值爲 $\int_0^T R^{-t}\left(\frac{dx}{dt} - \frac{dy}{dt}\right)dt$；其中 T 是他生命最長的可能時間。根據同樣的方法，他過去的養育和訓練成本爲 $\int_{-T'}^0 R^{-t}\left(\frac{dy}{dt} - \frac{dx}{dt}\right)dt$，其中 T' 是他出生的日期。如果我們假設他既不會增加，也不會減少他一生所居住國家的物質福利，我們就會得到 $\int_{-T}^T R^{-t}\left(\frac{dx}{dt} - \frac{dy}{dt}\right)dt = 0$；或者，採取他出生作爲時間的起始

點，且$l = T' + T$為他生命最大的可能長度，這樣就可以得到一個較簡單的式子，$\int_0^l R^{-t}\left(\dfrac{dx}{dt} - \dfrac{dy}{dt}\right)dt = 0$。

令Δx是他在Δt時間內可能生產的數量，這只是下面這個較精確表達方式的簡單說法：令在Δt時間之內，他生產財富因素$\Delta_1 x$、$\Delta_2 x$、…的機率為p_1、p_2、…，式中$p_1 + p_2 + \cdots = 1$；而$\Delta_1 x$、Δx④、…序列中的一個或多個可能為0；那麼

$$\Delta x = b_1 \Delta_1 x + p_2 \Delta_2 x + \cdots ⑤$$

---

④ 譯者註：此處應該是$\Delta_2 x$的誤植。

⑤ 譯者註：此式中的p應該是b的誤植。

阿弗瑞德・馬夏爾年表[*]

---

* 譯者註：本年表是參考以下書籍編纂而成的：

1. Whitaker, John K. ed. (1975), *The Early Economic Writings of Alfred Marshall, 1867-1890,* London: Macmillan for the Royal Economic Society.

2. Whitaker, John K. ed.(1996), *The Correspondence of Alfred Marshall, Economist,* Cambridge: Cambridge University Press.

3. Pigou, A. C. (1925), *Memorials of Alfred Marshall,* London: Macmillan and Co., Limited.

年　代	生　平　記　事
一八四二年	七月二十四日生於倫敦南邊的柏孟塞區（Bermondsey）；並於倫敦郊外的克萊芬（Clapham）成長。
一八五二～一八六一年	就讀於倫敦曼徹特泰勒學校（Merchant Taylor's School）。
一八六一年	獲獎學金，進入劍橋大學聖約翰學院，學習西洋古典學與數學。
一八六五年	以高分通過數學科的榮譽考試（Tripos, "second wrangler"）。 克利頓學院（Cliton College）數學代課老師。 獲聘爲劍橋大學聖約翰學院的助理。
一八六八年	獲聘爲劍橋大學道德哲學的講師。 到德國德勒斯登（Dresden），鑽研諸如康德及黑格爾等人的哲學作品。
一八七一～一八七五年	加入紐納姆學院（Newnham College）的教學工作。
一八七二年	四月一日在《學術期刊》發表〈傑逢斯政治經濟學理論的評論〉（Review of Jovons, *Theory of Political Eonomics*），請見《阿弗瑞德‧馬夏爾紀念集》（*Memorials of Alfred Mrshall*），頁93-100。
一八七三年	十月在《劍橋哲學學會論文集》（*Proceedings of the Cambridge Philosophical Society*）發表了〈經由一序列關於獨占經濟問題雙曲線的協助，而得到的圖示法〉（Graphic Representation by the Aid of a Series of Hyperbolas of Some Economic Problems Having Reference to Monopolies）。

年　代	生　平　記　事
一八七三年	十一月，[①]發表〈勞工階級的未來〉（The Future of Working Classes），請見《阿弗瑞德‧馬夏爾紀念集》，頁101-118。
一八七四年	四及五月分別在《蜂窩》（Beevie）期刊，發表了〈政治經濟學的法則〉（The Law of Political Economy）及〈政治經濟學的領域〉（The Province of Political Economy）。
一八七五年	六～十月訪問北美。
一八七六年	四月在《雙週評論》發表〈密爾先生的價值理論〉（Mr. Mill's Theory of Value），請見《阿弗瑞德‧馬夏爾紀念集》，頁119-133。
一八七七年	八月十七日與同為經濟學家的瑪莉‧帕雷（Mary Paley）結婚。 辭去劍橋大學的職位。 擔任創立於一八七六年的布里斯托爾大學學院的首任校長，並擔任該學院政治經濟學教授。
一八七九年	將一八七〇年代早期的零星作品集結為《對外貿易的純理論，國內價值的純理論》（The Pure Theory of Foreign Trade, the Pure Theory of Domestic Values）一書出版，請見《阿弗瑞德‧馬夏爾早期的經濟學著作》第二冊，頁111-236。

---

① 根據約翰‧惠特克（John K. Whitaker）所編的，《經濟學家阿弗瑞德‧馬夏爾的信件（第一冊，1868-1890）》（The Correspondence of Alfred Marshall, Economist ([Volume One, Climbing, 1868-1890])）一書所記載，本文發表於1874年，但是經查《阿弗瑞德‧馬夏爾紀念集》及《阿弗瑞德‧馬夏爾早期的經濟學著作》第一冊所載是一八七三年。

年　代	生　平　記　事
一八七九年	三月六日，在《布里斯托爾默丘里每日郵報》（*Bristol Mercury and Daily Post*）發表〈水是國家財富的一個要素〉（Water As An Element of National Wealth），請見《阿弗瑞德・馬夏爾紀念集》，頁134-141。 出版了與瑪莉・帕雷合著的《產業經濟學》一書。
一八八一年	《產業經濟學》修訂本出版；辭去布里斯托爾大學學院的職位；開始構思及並撰寫《經濟學原理》。 六月，在《學術期刊》發表了〈艾吉沃思數理心理學評論〉（Review of F.Y. Edgeworth's Mathematical Psychic），請見《阿弗瑞德・馬夏爾早期的經濟學著作》，第二冊頁265-268。 九月～一八八二年八月，在康乃迪克短暫停留，並在義大利巴勒莫（Palermo）過冬。
一八八二年	回布里斯托爾大學學院任教，擔任政治經濟學教授。
一八八三年	在布里斯托爾大學學院發表〈進步與貧困〉（Progress and Poverty）演說。 接續湯恩比，擔任牛津大學貝利爾學院（Balliol College）的講座，負責教授印度文官（Civil Service）試用人員政治經濟學。
一八八四年	三月，在《當代評論》發表了〈倫敦窮人何所歸〉（Where to House the London Poor），請見《阿弗瑞德・馬夏爾紀念集》，頁142-151。 十二月，接續亨利・法斯特（Henry Fawcett），獲聘爲劍橋大學政治經濟學教授。
一八八五年	獲選爲劍橋聖約翰大學（St. John's College）的專業研究員（Professeroal Fellowship）；發表了題爲〈政治經濟學的現狀〉（the Present Position of Political Economy）的就職演說，並將之出版，請見《阿弗瑞德・馬夏爾紀念集》，頁152-174。

年　代	生　平　記　事
一八八五年	在《合作社年鑑》（*Cooperative Annals*）上發表了〈關於工資的理論與事實〉（Theories and Facts about Wage），請見克勞德・吉爾博（Claude Guillebaud）編的《阿弗瑞德・馬夏爾的經濟學原理：（集不同版本而成的）第九版》（*Alfred Marshall's Principles of Economics: Ninth（Variorum）Edition*）第二冊，頁581-614。 在國際統計學會（International Statistical Congress）宣讀了〈統計學的圖解方法〉（Graphic Method of Statistics），並發表於該年5月《皇家統計學會期刊》紀念號，請見《阿弗瑞德・馬夏爾紀念集》，頁175-187。 為白芝浩的《英格蘭政治經濟的主張》再版撰寫序；重返紐納姆學院的教職。
一八八六年	向皇家委員會（Royal Commission），提出了一份關於貿易及產業的蕭條之書面證詞，請見《阿弗瑞德・馬夏爾的官方文件》（*Official Papers of Alfred Marshall*），頁1-16。 八月，巴利爾小農場建築完成。
一八八七年	發表了〈一個公平的工資率〉（A Fair Rate of Wages），該文轉載了為布萊斯的《產業的和平》（*Industrial Peace*）一書所提供的序文的重要內容，請見《阿弗瑞德・馬夏爾紀念集》，頁212-226。 三月，在《當代評論》發表了〈一般物價波動的補救措施〉（Remedy for Fluctuations of General Prices），請見《阿弗瑞德・馬夏爾紀念集》，頁188-211。 四月十三日，在《帕爾默爾報》（*Pall Mall Gazette*）發表了〈倫敦是否健康？〉（Is London Healthy?）。 七月，在《經濟學季刊》發表了〈企業利潤的理論〉（The Theory of Business Profits）的註解，以回應沃克的批評，請見《阿弗瑞德・馬夏爾的經濟學原理：（集不同版本而成的）第九版》第二冊，頁822-827。

年　代	生　平　記　事
一八八七～ 一八八八年	向皇家委員會，提出了一份關於黃金及白銀的價值的書面及口頭的證詞，請參看《阿弗瑞德·馬夏爾的官方文件》，頁17-195。
一八八八年	一月，在《經濟學季刊》發表了〈工資及利潤〉（Wages and Profits），以回應麥克文（M. S. Mcvane）的批評。
一八八九年	在六月十～十二日召開的第二十一次合作年會代表大會（Twenty-first Annual Cooperative Congress）會長致詞（Presidential Address），發表了〈合作社〉（Cooperation），請見《阿弗瑞德·馬夏爾紀念集》，頁227-255。
一八九〇年	《經濟學原理》第一版問世。 在英國科學促進協會（British Association for Advancement of Science）經濟學與統計學組報告〈競爭的一些面向〉（Some Aspects of Competition），請見《阿弗瑞德·馬夏爾紀念集》，頁256-291。
一八九二年	出版《產業經濟學的基本原理：經濟學基本原理第一冊》。
一八九三年	十二月，在《經濟期刊》發表了〈班傑明·喬伊特[2]〉（Benjamin Jowett），請見《阿弗瑞德·馬夏爾紀念集》，頁292-294。
一八九七年	一月，在《經濟學季刊》發表了〈老一代及新一代的經濟學家〉（The Old Generation of Economist and the New Generation），請見《阿弗瑞德·馬夏爾紀念集》，頁295-311。
一八九八年	三月，在《經濟期刊》上發表〈分配及交易〉（Distribution and Exchange）。

[2] 牛津大學的一位有影響力的導師和行政改革者、神學家，並且是柏拉圖和修昔底德（Thucydides）著作的翻譯家。

年　代	生　平　記　事
一八九八年	發表了〈在經濟學中的機械學和生物學的類比〉（Mechanical and Biological Analogies in Economics），此文來自於〈分配及交易〉，請見《阿弗瑞德・馬夏爾紀念集》，頁312-318。
一九〇〇年	十二月七日，在《劍橋大學報導》（Cambridge University Reporter）發表了〈亨利・西奇威克③〉（Henry Sidgwick），請見《阿弗瑞德・馬夏爾紀念集》，頁319。
一九〇一年	四月二十二日，在《時代雜誌》（Times）發表了〈對煤所課的出口稅〉（An Export Duty on Coal），請見《阿弗瑞德・馬夏爾紀念集》，頁320-322。
一九〇二年	向劍橋大學提出「開設一門經濟學與政治學相關學科的課程的請求」，該申請於次年批准了。
一九〇三年	在其推動之下，劍橋大學史上第一次舉行經濟學榮譽考試。
一九〇七年	三月，在《經濟期刊》發表〈經濟俠義精神的社會可能性〉，請見《阿弗瑞德・馬夏爾紀念集》，頁323-346。
一九一七年	發表了〈稅的公平分配〉（The Equitable Distribution of Taxation），本文收錄在一九一七年達森（W.H.Dawson）先生編的《戰後的問題》（After-War Problems）一書一篇文章的一部分，請見《阿弗瑞德・馬夏爾紀念集，頁347-357。
一九一九年	另一主要著作《產業與貿易》（Industry and Trade）出版，該書比理論化的《經濟學原理》更注重實證。
一九二〇年	《經濟學原理》第八版出版。
一九二三年	出版最後一本著作《貨幣、信用與商業》（Money, Credit, and Commerce），把他一生的理論彙集於該書中。
一九二四年	七月十三日，逝世於劍橋家中馬夏爾樓，享年八十一歲。

③ 生於一八三八至一九〇〇年，是英國功利主義的哲學家、倫理學家和經濟學家。

經典名著文庫 099

經濟學原理（下）

作　　　者 —— 阿弗瑞德‧馬夏爾（Alfred Marshall）
譯　　　者 —— 葉淑貞
導　　　讀 —— 吳惠林
發 行 人 —— 楊榮川
總 經 理 —— 楊士清
總 編 輯 —— 楊秀麗
文 庫 策 劃 —— 楊榮川
主　　　編 —— 侯家嵐
責 任 編 輯 —— 鄭乃甄
特 約 編 輯 —— 張碧娟
封 面 設 計 —— 姚孝慈
著 者 繪 像 —— 莊河源
出 版 者 —— 五南圖書出版股份有限公司
　　　　　　　　地　　　址 —— 臺北市大安區 106 和平東路二段 339 號 4 樓
　　　　　　　　電　　　話 —— 02-27055066（代表號）
　　　　　　　　傳　　　眞 —— 02-27066100
　　　　　　　　劃撥帳號 —— 01068953
　　　　　　　　戶　　　名 —— 五南圖書出版股份有限公司
　　　　　　　　網　　　址 —— https://www.wunan.com.tw
　　　　　　　　電子郵件 —— wunan@wunan.com.tw
法 律 顧 問 —— 林勝安律師事務所　林勝安律師
出 版 日 期 —— 2021 年 3 月初版一刷
定　　　價 —— 600 元

國家圖書館出版品預行編目資料

經濟學原理 / 阿弗瑞德.馬夏爾（Alfred Marshall）著；
　葉淑貞譯 . -- 初版 . -- 臺北市：五南圖書出版股份有
　限公司，2021.03
　　冊；公分
　　譯自：Principles of economics.
　　ISBN 978-986-522-387-8（上冊：平裝）. --
　　ISBN 978-986-522-388-5（下冊：平裝）

1. 經濟學

550　　　　　　　　　　　　　　　　　　　　　109020369